新 수학의

바이블

BOB

유형

중학 **3-1**

新 탁월한 구성과 특징

수학의 바이블 BOB만의

01

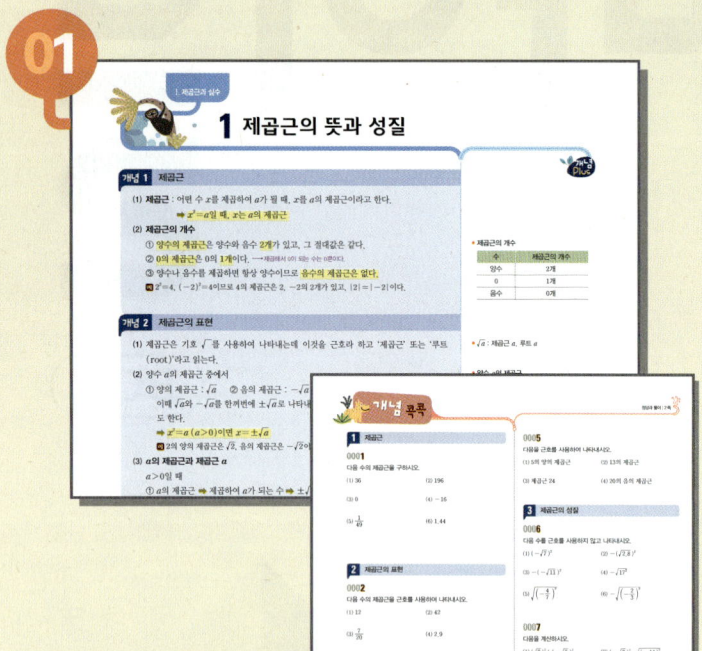

개념 & 개념 콕콕

- 꼭 알아야 하는 핵심 개념만을 모아 한눈에 알아볼 수 있도록 정리하였습니다.

- **개념 Plus** : 개념에서 부족한 설명을 좀 더 자세하게 보충하였습니다.

- 개념을 익힐 수 있는 간단하고 쉬운 문제를 수록하였습니다.

- 간단한 계산력 문제 또는 개념 익힘 문제로 구성되어 있어 개념을 좀 더 쉽게 이해할 수 있도록 하였습니다.

02

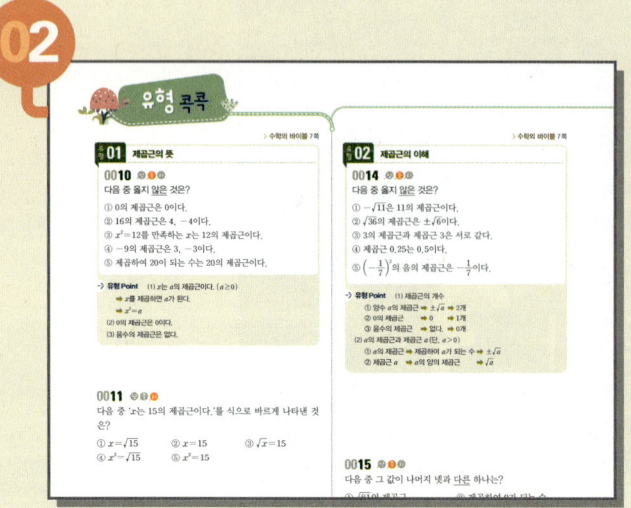

유형 콕콕

- 시험에 나오는 유형을 분석하여 문제 해결에 필요한 개념 및 해결 방법에 따라 유형을 세분화하였습니다.

- 대표 유형에 대한 핵심 개념인 → **유형 Point** 를 제시하여 문제 적용력을 스스로 향상시킬 수 있도록 하였습니다.

- 난이도를 **하 중 상** 3단계로 표시하여 각 문항의 난이도를 한눈에 알 수 있도록 하였습니다.

- 중요한 유형에 대해서는 ⭐ 표시를 하여 학습에 좀 더 집중할 수 있도록 하였습니다.

- 서술형 문제에는 **서술형** 표시를 하여 학교 시험의 서술형 문제에 대비할 수 있도록 하였습니다.

- 교과서에 나오는 문제 중 문제 해결력, 의사소통 능력, 추론 능력의 향상을 위한 문제에 **사고력 쑥쑥**을 표시하여 사고력을 강화할 수 있도록 하였습니다.

2015
개정
교육과정

新 수학의
바이블

BOB

핵심을 쉽게! 유형을 빠르게! 실력을 우월하게!

유형

중학 3-1

본 교 재

이투스북

STAFF

발행인 정선욱

퍼블리싱 총괄 남형주

기획·개발 김태원 이유미 김윤희 박문서 남은희 권오은

디자인 김정인 리트머스

유통·마케팅 서준성 김지희

제작 김한길 김경수

저자

강해기 권영기 김보현 김숙영 박성복 임상현 장이지 정란 천태선 홍창섭 / 이투스 중학 수학 연구회

新 수학의 바이블 BOB 유형 중학 수학 3-1 | 201908 제4판 1쇄 202507 제4판 10쇄
펴낸곳 이투스에듀㈜ 서울시 서초구 남부순환로 2547
고객센터 1599-3225 **등록번호** 제2007-000035호 **ISBN** 979-11-6442-297-5 [53410]

03

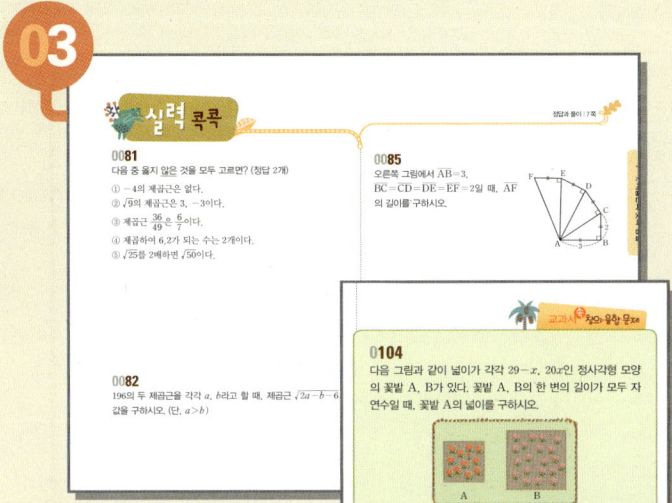

실력 콕콕

- 앞에서 학습한 개념과 유형을 토대로 실력을 다질 수 있도록 중단원 종합 문제를 수록하였습니다.
- 중요한 유형에 대해서는 ⭐ 표시를 하여 학습에 좀 더 집중할 수 있도록 하였습니다.
- 교과서에 나오는 문제 중 문제 해결력, 의사소통 능력, 추론 능력의 향상을 위한 문제에 **사고력 쑥쑥**을 표시하여 사고력을 강화할 수 있도록 하였습니다.
- 여러 가지 개념을 활용하여 해결해야 하는 심화 문제에 **심화의 쑥쑥**을 표시하여 융합 사고력을 강화할 수 있도록 하였습니다.
- 교과서에 있는 스토리텔링 문제인 **교과서 찾아 융합 문제**를 수록하여 창의 사고력을 강화할 수 있도록 하였습니다.

04

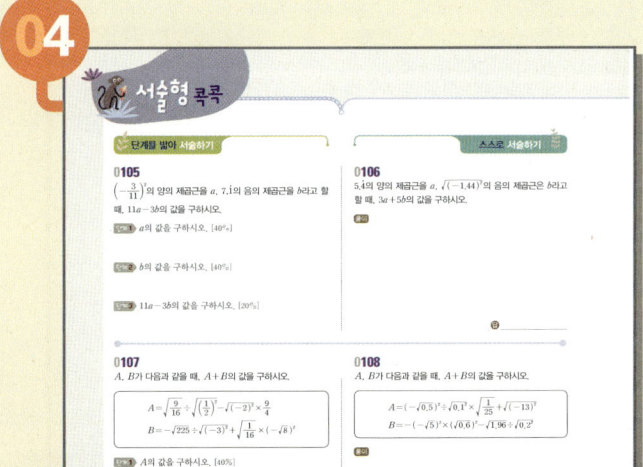

서술형 콕콕

- 학교 시험에 자주 나오는 서술형 문제를 수록하여 학교 시험을 완벽하게 대비할 수 있도록 하였습니다.
- 한 문제에 대하여 해결 방법을 단계별로 제시하여 쓰기 연습을 한 후 유사 문제를 스스로 서술해 보는 훈련을 통하여 서술력을 강화할 수 있도록 하였습니다.

05

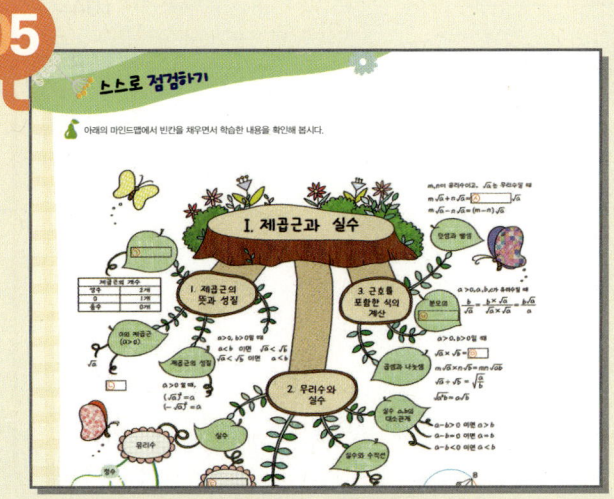

스스로 점검하기

단원의 내용을 학습한 후 마인드맵의 빈칸 채우기를 통하여 개념을 정리할 수 있도록 하였습니다.

이 책의 차례

I. 제곱근과 실수

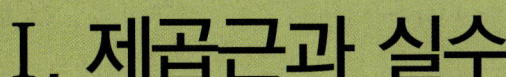

🌱 이해가 부족한 유형은 ☐ 안에 ✔️를 표시하고 다시 풀어 봅시다.

1 제곱근의 뜻과 성질

개념 1 제곱근

(1) **제곱근** : 어떤 수 x를 제곱하여 a가 될 때, x를 a의 제곱근이라고 한다.
➡ $x^2=a$일 때, x는 a의 제곱근

(2) **제곱근의 개수**
  ① 양수의 제곱근은 양수와 음수 **2개**가 있고, 그 절댓값은 같다.
  ② 0의 제곱근은 0의 **1개**이다. — 제곱해서 0이 되는 수는 0뿐이다.
  ③ 양수나 음수를 제곱하면 항상 양수이므로 **음수의 제곱근은 없다**.
  예 $2^2=4$, $(-2)^2=4$이므로 4의 제곱근은 2, -2의 2개가 있고, $|2|=|-2|$이다.

• 제곱근의 개수

수	제곱근의 개수
양수	2개
0	1개
음수	0개

개념 2 제곱근의 표현

(1) 제곱근은 기호 $\sqrt{}$ 를 사용하여 나타내는데 이것을 근호라 하고 '제곱근' 또는 '루트 (root)'라고 읽는다.

(2) 양수 a의 제곱근 중에서
  ① 양의 제곱근 : $\sqrt{a}$　② 음의 제곱근 : $-\sqrt{a}$
  이때 $\sqrt{a}$와 $-\sqrt{a}$를 한꺼번에 $\pm\sqrt{a}$로 나타내기도 한다.
  ➡ $x^2=a\,(a>0)$이면 $x=\pm\sqrt{a}$
  예 2의 양의 제곱근은 $\sqrt{2}$, 음의 제곱근은 $-\sqrt{2}$이고, 한꺼번에 $\pm\sqrt{2}$로 나타낼 수 있다.

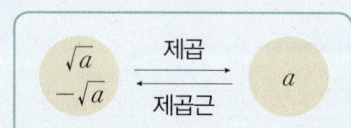

(3) **a의 제곱근과 제곱근 a**
  $a>0$일 때
  ① a의 제곱근 ➡ 제곱하여 a가 되는 수 ➡ $\pm\sqrt{a}$
  ② 제곱근 a ➡ a의 양의 제곱근 ➡ $\sqrt{a}$
  예 2의 제곱근은 $\pm\sqrt{2}$, 제곱근 2는 $\sqrt{2}$

• $\sqrt{a}$: 제곱근 a, 루트 a

• 양수 a의 제곱근
  ➡ 제곱하여 a가 되는 수
  ➡ $x^2=a$를 만족하는 x의 값
  ➡ $\pm\sqrt{a}$

• a의 제곱근과 제곱근 a의 비교 (단, $a>0$)

	a의 제곱근	제곱근 a
뜻	제곱하여 a가 되는 수	a의 제곱근 중 양의 제곱근
표현	$\sqrt{a}$, $-\sqrt{a}$	$\sqrt{a}$
개수	2개	1개

개념 3 제곱근의 성질

(1) **제곱근의 성질**
  $a>0$일 때 — a의 제곱근을 제곱하면 a가 된다.
  ① $(\sqrt{a})^2=a$, $(-\sqrt{a})^2=a$　**예** $\pm\sqrt{2}$는 2의 제곱근이므로 $(\sqrt{2})^2=2$, $(-\sqrt{2})^2=2$
  ② $\sqrt{a^2}=a$, $\sqrt{(-a)^2}=a$　**예** $\sqrt{2^2}=\sqrt{4}=2$, $\sqrt{(-2)^2}=\sqrt{4}=2$

(2) **$\sqrt{a^2}$의 성질** — 근호 안의 수가 어떤 수의 제곱이면 근호를 사용하지 않고 나타낼 수 있다.
  ① $a\geq0$일 때, $\sqrt{a^2}=a$ ⎤
  ② $a<0$일 때, $\sqrt{a^2}=-a$ ⎦ $\sqrt{a^2}=|a|$

• $\sqrt{a^2}$은 a^2의 양의 제곱근이므로 a의 부호에 상관없이 항상 음이 아닌 값을 갖는다.

개념 4 제곱근의 대소 관계

$a>0$, $b>0$일 때
(1) $a<b$이면 $\sqrt{a}<\sqrt{b}$ — $-\sqrt{a}>-\sqrt{b}$　　(2) $\sqrt{a}<\sqrt{b}$이면 $a<b$
예 $3<5$이므로 $\sqrt{3}<\sqrt{5}$ ➡ $-\sqrt{3}>-\sqrt{5}$

• 제곱근을 포함한 부등식
  $a>0$, $b>0$일 때, $a<\sqrt{x}<b$를 만족하는 x의 값의 범위는
  ➡ 각 변을 제곱하면 $a^2<x<b^2$

1 제곱근

0001

다음 수의 제곱근을 구하시오.

(1) 36   (2) 196

(3) 0   (4) -16

(5) $\dfrac{1}{49}$ (6) 1.44

2 제곱근의 표현

0002

다음 수의 제곱근을 근호를 사용하여 나타내시오.

(1) 12   (2) 42

(3) $\dfrac{7}{20}$ (4) 2.9

0003

다음 수를 근호를 사용하지 않고 나타내시오.

(1) $\sqrt{16}$ (2) $-\sqrt{169}$

(3) $\sqrt{\dfrac{4}{81}}$ (4) $\pm\sqrt{0.64}$

0004

다음 표의 빈칸에 알맞은 수를 써넣으시오.

a	a의 제곱근	제곱근 a
6	(1)	(2)
25	(3)	(4)
$\dfrac{1}{7}$	(5)	(6)

0005

다음을 근호를 사용하여 나타내시오.

(1) 5의 양의 제곱근   (2) 13의 제곱근

(3) 제곱근 24   (4) 20의 음의 제곱근

3 제곱근의 성질

0006

다음 수를 근호를 사용하지 않고 나타내시오.

(1) $(-\sqrt{7})^2$ (2) $-(\sqrt{2.8})^2$

(3) $-(-\sqrt{11})^2$ (4) $-\sqrt{17^2}$

(5) $\sqrt{\left(-\dfrac{4}{7}\right)^2}$ (6) $-\sqrt{\left(-\dfrac{2}{3}\right)^2}$

0007

다음을 계산하시오.

(1) $(\sqrt{8})^2+(-\sqrt{5})^2$ (2) $(-\sqrt{3})^2-\sqrt{(-11)^2}$

(3) $\left(\sqrt{\dfrac{2}{3}}\right)^2\times(-\sqrt{6})^2$ (4) $-\sqrt{64}\div\sqrt{(-4)^2}$

0008

다음을 근호를 사용하지 않고 나타내시오.

(1) $a>0$일 때, $\sqrt{(3a)^2}$ (2) $a>0$일 때, $\sqrt{(-2a)^2}$

(3) $a<0$일 때, $\sqrt{(5a)^2}$ (4) $a<0$일 때, $\sqrt{(-4a)^2}$

4 제곱근의 대소 관계

0009

다음 □ 안에 $>$ 또는 $<$를 써넣으시오.

(1) $\sqrt{12}\ \square\ \sqrt{15}$ (2) $\sqrt{13}\ \square\ 3$

(3) $-\sqrt{17}\ \square\ -4$ (4) $-\sqrt{\dfrac{1}{4}}\ \square\ -\sqrt{\dfrac{1}{5}}$

▸ 수학의 바이블 7쪽

유형 01 제곱근의 뜻

0010 상 중 하

다음 중 옳지 않은 것은?

① 0의 제곱근은 0이다.

② 16의 제곱근은 4, −4이다.

③ $x^2=12$를 만족하는 x는 12의 제곱근이다.

④ −9의 제곱근은 3, −3이다.

⑤ 제곱하여 20이 되는 수는 20의 제곱근이다.

→ **유형 Point** (1) x는 a의 제곱근이다. ($a \geq 0$)

➡ x를 제곱하면 a가 된다.

➡ $x^2=a$

(2) 0의 제곱근은 0이다.

(3) 음수의 제곱근은 없다.

0011 상 중 하

다음 중 'x는 15의 제곱근이다.'를 식으로 바르게 나타낸 것은?

① $x=\sqrt{15}$　　② $x=15$　　③ $\sqrt{x}=15$

④ $x^2=\sqrt{15}$　　⑤ $x^2=15$

0012 상 중 하

다음 중 제곱근을 구할 수 없는 수를 모두 고른 것은?

$$(-7)^2, \quad \frac{16}{25}, \quad 0, \quad -5, \quad 0.9, \quad -\frac{1}{4}$$

① $(-7)^2, \dfrac{16}{25}$　　② $0, -5$　　③ $-5, 0.9$

④ $-5, -\dfrac{1}{4}$　　⑤ $0.9, -\dfrac{1}{4}$

0013 상 중 하 서술형

10의 제곱근을 a, 17의 제곱근을 b라고 할 때, a^2+b^2의 값을 구하시오.

▸ 수학의 바이블 7쪽

유형 02 제곱근의 이해

0014 상 중 하

다음 중 옳지 않은 것은?

① $-\sqrt{11}$은 11의 제곱근이다.

② $\sqrt{36}$의 제곱근은 $\pm\sqrt{6}$이다.

③ 3의 제곱근과 제곱근 3은 서로 같다.

④ 제곱근 0.25는 0.5이다.

⑤ $\left(-\dfrac{1}{7}\right)^2$의 음의 제곱근은 $-\dfrac{1}{7}$이다.

→ **유형 Point** (1) 제곱근의 개수

① 양수 a의 제곱근 ➡ $\pm\sqrt{a}$ ➡ 2개

② 0의 제곱근　　➡ 0　　➡ 1개

③ 음수의 제곱근 ➡ 없다. ➡ 0개

(2) a의 제곱근과 제곱근 a (단, $a>0$)

① a의 제곱근 ➡ 제곱하여 a가 되는 수 ➡ $\pm\sqrt{a}$

② 제곱근 a ➡ a의 양의 제곱근　　➡ $\sqrt{a}$

0015 상 중 하

다음 중 그 값이 나머지 넷과 다른 하나는?

① $\sqrt{81}$의 제곱근　　② 제곱하여 9가 되는 수

③ 9의 제곱근　　④ 제곱근 9

⑤ $x^2=9$를 만족하는 x의 값

⭐ 0016 상 중 하

다음 중 옳은 것을 모두 고르면? (정답 2개)

① 음수가 아닌 모든 수의 제곱근은 2개이다.

② $0.\dot{4}$의 제곱근은 $\pm 0.\dot{2}$이다.

③ $\left(\dfrac{1}{3}\right)^2$의 제곱근은 $\pm\dfrac{1}{3}$이다.

④ 제곱하여 0.5가 되는 수는 없다.

⑤ 13의 제곱근은 2개이고, 두 제곱근의 합은 0이다.

▶수학의 바이블 9쪽

유형 03 제곱근 구하기

0017 상 중 하

$(-8)^2$의 음의 제곱근을 a, $\sqrt{16}$의 양의 제곱근을 b라고 할 때, $a+b$의 값은?

① -6 ② -5 ③ -4

④ -3 ⑤ -2

> **유형 Point** (어떤 수)^2 꼴 또는 근호를 포함한 수의 제곱근을 구할 때에는 먼저 주어진 수를 간단히 한 후 다음을 이용하여 제곱근을 구한다.
> $a>0$일 때
> (1) a의 양의 제곱근 ➡ $\sqrt{a}$ (2) a의 음의 제곱근 ➡ $-\sqrt{a}$
> (3) a의 제곱근 ➡ $\pm\sqrt{a}$ (4) 제곱근 a ➡ $\sqrt{a}$

0018 상 중 하

다음 중 옳지 <u>않은</u> 것을 모두 고르면? (정답 2개)

① 49의 양의 제곱근 ⇨ 7

② 0.09의 음의 제곱근 ⇨ -0.03

③ $(-6)^2$의 음의 제곱근 ⇨ -6

④ $\sqrt{\dfrac{1}{64}}$의 양의 제곱근 ⇨ $\dfrac{1}{8}$

⑤ $\dfrac{25}{121}$의 음의 제곱근 ⇨ $-\dfrac{5}{11}$

0019 상 중 하

$1.\dot{7}$의 음의 제곱근은?

① $-\dfrac{16}{9}$ ② $-\dfrac{4}{3}$ ③ $-\dfrac{8}{9}$

④ $\dfrac{8}{9}$ ⑤ $\dfrac{4}{3}$

0020 상 중 하 서술형

제곱근 144를 A, $\left(-\dfrac{1}{4}\right)^2$의 음의 제곱근을 B라고 할 때, AB의 값을 구하시오.

유형 04 제곱근과 도형

0021 상 중 하

오른쪽 그림과 같은 직사각형 ABCD의 넓이를 구하시오.

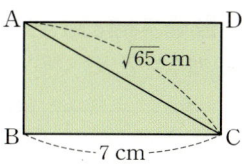

> **유형 Point** (1) 넓이가 S인 정사각형의 한 변의 길이는 $\sqrt{S}$이다.
> (2) 직각삼각형에서 두 변의 길이가 주어졌을 때, 피타고라스 정리를 이용하면 나머지 한 변의 길이를 구할 수 있다.
> ➡ $a=\sqrt{c^2-b^2}$, $b=\sqrt{c^2-a^2}$, $c=\sqrt{a^2+b^2}$

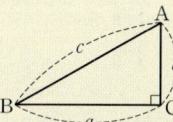

0022 상 중 하

밑면의 길이가 14, 높이가 9인 삼각형과 넓이가 같은 정사각형의 한 변의 길이를 구하시오.

0023 상 중 하

오른쪽 그림과 같이 한 변의 길이가 각각 $3\,\text{cm}$, $5\,\text{cm}$인 정사각형이 나란히 붙어 있다. 이 두 정사각형의 넓이의 합과 같은 넓이를 갖는 정사각형을 만들려고 할 때, 새로운 정사각형의 한 변의 길이를 구하시오.

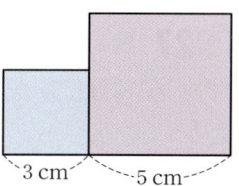

★★ 0024 상 중 하

오른쪽 그림과 같은 삼각형 ABC에서 $\overline{AD}\perp\overline{BC}$일 때, $\overline{AC}$의 길이를 구하시오.

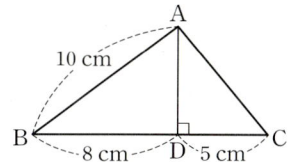

수학의 바이블 9쪽

유형 **05** 근호를 사용하지 않고 제곱근 나타내기

0025 상 중 하

다음 중 제곱근을 근호를 사용하지 않고 나타낼 수 있는 수의 개수는?

$$1.6, \quad \frac{1}{36}, \quad 27, \quad \frac{49}{81}, \quad 0.\dot{1}$$

① 1개   ② 2개   ③ 3개
④ 4개   ⑤ 5개

유형 Point 주어진 수가 $\sqrt{(유리수)^2}$ 꼴이면 근호를 사용하지 않고 나타낼 수 있다.
➡ $a > 0$일 때, a^2의 제곱근은 $\pm\sqrt{a^2} = \pm a$

0026 상 중 하

다음 중 근호를 사용하지 않고 나타낼 수 있는 수는?

① $\sqrt{0.4}$ ② $\sqrt{\dfrac{11}{9}}$ ③ $\sqrt{1000}$
④ $\sqrt{\dfrac{25}{144}}$ ⑤ $\sqrt{16.9}$

0027 상 중 하

다음 중 제곱근을 근호를 사용하지 않고 나타낼 수 있는 수는?

① 0.016 ② $\dfrac{4}{625}$ ③ $\dfrac{8}{9}$
④ $\sqrt{36}$ ⑤ 45

0028 상 중 하

다음 중 제곱근을 근호를 사용하지 않고 나타낼 수 <u>없는</u> 수를 모두 고르면? (정답 2개)

① $\sqrt{0.09}$ ② $2.\dot{7}$ ③ $\dfrac{36}{121}$
④ 0.16 ⑤ $\sqrt{225}$

수학의 바이블 12쪽

유형 **06** 제곱근의 성질

0029 상 중 하

다음 중 그 값이 나머지 넷과 <u>다른</u> 하나는?

① $\sqrt{3^2}$ ② $\sqrt{(-3)^2}$ ③ $-\sqrt{(-3)^2}$
④ $(-\sqrt{3})^2$ ⑤ $(\sqrt{3})^2$

유형 Point $a > 0$일 때
(1) $(\sqrt{a})^2 = (-\sqrt{a})^2 = a$
(2) $\sqrt{a^2} = \sqrt{(-a)^2} = a$
➡ $(\sqrt{a})^2$, $(-\sqrt{a})^2$, $\sqrt{a^2}$, $\sqrt{(-a)^2}$의 제곱근 : $\pm\sqrt{a}$

0030 상 중 하

다음 중 가장 작은 수는?

① $\sqrt{\left(\dfrac{1}{3}\right)^2}$ ② $\left(-\sqrt{\dfrac{1}{4}}\right)^2$ ③ $\sqrt{\left(-\dfrac{1}{2}\right)^2}$
④ $\sqrt{\dfrac{1}{4}}$ ⑤ $\sqrt{\left(-\dfrac{1}{6}\right)^2}$

0031 상 중 하

다음 보기에서 옳은 것을 모두 고른 것은?

보기
ㄱ. $-\sqrt{7^2} = -7$ ㄴ. $(-\sqrt{15})^2 = -15$
ㄷ. $-\sqrt{(-12)^2} = 12$ ㄹ. $-(\sqrt{9})^2 = -9$

① ㄱ, ㄴ   ② ㄱ, ㄹ   ③ ㄴ, ㄷ
④ ㄴ, ㄹ   ⑤ ㄷ, ㄹ

0032 상 중 하 서술형

$\sqrt{(-9)^2}$의 음의 제곱근을 A, $(-\sqrt{16})^2$의 양의 제곱근을 B라고 할 때, $A - B$의 값을 구하시오.

유형 07 제곱근의 성질을 이용한 계산

0033 (상)(주)(하)

$\sqrt{10^2} \div (-\sqrt{2})^2 + \sqrt{(-7)^2} \times \sqrt{\dfrac{16}{49}}$ 을 계산하면?

① -9 ② -5 ③ -1
④ 5 ⑤ 9

→ **유형 Point** 제곱근의 성질을 이용하여 근호를 없앤 후 계산한다.

0034 (상)(중)(하)

$\sqrt{(-5)^2} + (-\sqrt{7})^2 - \sqrt{64}$ 를 계산하면?

① -2 ② -1 ③ 1
④ 2 ⑤ 4

0035 (상)(중)(하)

다음 중 계산이 옳지 <u>않은</u> 것은?

① $\sqrt{3^2} + \sqrt{(-3)^2} = 6$
② $\sqrt{144} \div \sqrt{(-12)^2} = 12$
③ $\left(\sqrt{\dfrac{4}{3}}\right)^2 \times \left(-\sqrt{\dfrac{9}{2}}\right)^2 = 6$
④ $\sqrt{16} - (-\sqrt{9})^2 \div \{-\sqrt{(-3)^2}\} = 7$
⑤ $(-\sqrt{5})^2 + \sqrt{0.04} \times \sqrt{100} = 7$

0036 (상)(중)(하)

다음 식을 계산하시오.

$$\sqrt{625} - \sqrt{(-4)^2} \times \sqrt{\dfrac{25}{4}} + (-\sqrt{6})^2$$

유형 08 $\sqrt{a^2}$의 성질

0037 (상)(주)(하)

$a < 0$일 때, 다음 중 옳지 <u>않은</u> 것을 모두 고르면? (정답 2개)

① $-\sqrt{a^2} = a$ ② $\sqrt{(-2a)^2} = 2a$
③ $\sqrt{\dfrac{a^2}{9}} = -\dfrac{a}{3}$ ④ $\sqrt{36a^2} = -6a$
⑤ $-\sqrt{(-5a)^2} = -5a$

→ **유형 Point** $\sqrt{a^2} = |a| = \begin{cases} a \ (a>0) & \Rightarrow \sqrt{(양수)^2} = (양수) \\ -a \ (a<0) & \Rightarrow \sqrt{(음수)^2} = \underset{양수}{-(음수)} \end{cases}$

0038 (상)(중)(하)

$a > 0$일 때, 다음 중 그 값이 나머지 넷과 <u>다른</u> 하나는?

① $(\sqrt{a})^2$ ② $\sqrt{a^2}$ ③ $(-\sqrt{a})^2$
④ $\sqrt{(-a)^2}$ ⑤ $-\sqrt{(-a)^2}$

0039 (상)(주)(하)

$a < 0$일 때, 다음 보기에서 옳은 것을 모두 고른 것은?

> **보기**
>
> ㄱ. $-\sqrt{(-a)^2} = a$　　　ㄴ. $-\sqrt{(3a)^2} = -3a$
> ㄷ. $\sqrt{16a^2} = -4a$　　　ㄹ. $\sqrt{(-5a)^2} = 5a$

① ㄱ, ㄴ ② ㄱ, ㄷ ③ ㄴ, ㄷ
④ ㄴ, ㄹ ⑤ ㄷ, ㄹ

0040 (상)(중)(하)

$a > 0$일 때, 다음 중 그 값이 가장 큰 것은?

① $\sqrt{4a^2}$ ② $\sqrt{\dfrac{49a^2}{100}}$ ③ $\dfrac{\sqrt{a^2}}{2}$
④ $-\sqrt{(-2a)^2}$ ⑤ $\sqrt{(-3a)^2}$

❯ 수학의 바이블 14쪽

유형 09 $\sqrt{a^2}$ 꼴을 포함한 식 간단히 하기

0041 상 중 하

$a>0$, $b<0$일 때, $\sqrt{(-2a)^2}+\sqrt{(3a)^2}-\sqrt{(4b)^2}$을 간단히 하면?

① $-5a+4b$
② $a-4b$
③ $a+4b$
④ $5a-4b$
⑤ $5a+4b$

→ **유형 Point** $\sqrt{a^2}$ 꼴을 간단히 할 때에는 먼저 a의 부호를 조사한다.
(1) $a>0$이면 ➡ $\sqrt{a^2}=a$ ── 부호 그대로
(2) $a<0$이면 ➡ $\sqrt{a^2}=-a$ ── 부호 반대로

0042 상 중 하

$a<0$일 때, $\sqrt{(-4a)^2}-\sqrt{a^2}+\sqrt{9a^2}$을 간단히 하면?

① $-8a$
② $-6a$
③ 0
④ $6a$
⑤ $8a$

0043 상 중 하

$a<0$, $b>0$일 때, 다음 식을 간단히 하시오.

$$\sqrt{a^2}-\sqrt{4a^2}-\sqrt{(-3b)^2}$$

0044 상 중 하 서술형

$a>0$, $ab<0$일 때, $\sqrt{a^2}-\sqrt{(-5a)^2}+\sqrt{9b^2}$을 간단히 하시오.

❯ 수학의 바이블 14쪽

유형 10 $\sqrt{(a-b)^2}$ 꼴을 포함한 식 간단히 하기

0045 상 중 하

$-2<a<3$일 때, $\sqrt{(a-3)^2}-\sqrt{(a+2)^2}$을 간단히 하면?

① -5
② $-2a+1$
③ 1
④ $2a-1$
⑤ $2a+5$

→ **유형 Point** $\sqrt{(a-b)^2}$ 꼴을 간단히 할 때에는 먼저 $a-b$의 부호를 조사한다.
(1) $a-b>0$이면 $\sqrt{(a-b)^2}=a-b$ ── 부호 그대로
(2) $a-b<0$이면 $\sqrt{(a-b)^2}=-(a-b)$ ── 부호 반대로

0046 상 중 하

$0<a<4$일 때, $\sqrt{a^2}-\sqrt{(a-4)^2}$을 간단히 하면?

① 4
② $-2a-4$
③ $-2a+4$
④ $2a-4$
⑤ $2a+4$

0047 상 중 하

$a<3$일 때, $\sqrt{(a-3)^2}+\sqrt{(3-a)^2}$을 간단히 하면?

① 0
② 6
③ $-2a+6$
④ $2a-6$
⑤ $2a+6$

0048 상 중 하

$a>0>b>c$일 때, $\sqrt{(a-b)^2}+\sqrt{(b-c)^2}+\sqrt{(c-a)^2}$을 간단히 하시오.

유형 11 $\sqrt{Ax}$ 가 자연수가 되도록 하는 자연수 x의 값 구하기

0049 상 중 하

$\sqrt{84x}$가 자연수가 되도록 하는 가장 작은 자연수 x의 값은?

① 3 ② 7 ③ 12
④ 14 ⑤ 21

➜ **유형 Point** ❶ A를 소인수분해한다.
❷ A의 소인수의 지수가 모두 짝수가 되도록 하는 자연수 x의 값을 구한다.

0050 상 중 하

다음 중 $\sqrt{28x}$가 자연수가 되도록 하는 자연수 x의 값이 될 수 <u>없는</u> 것은?

① 7 ② 28 ③ 49
④ 63 ⑤ 112

0051 상 중 하

$\sqrt{\dfrac{45}{2}x}$가 자연수가 되도록 하는 가장 작은 자연수 x의 값은?

① 2 ② 5 ③ 10
④ 15 ⑤ 30

0052 상 중 하

$\sqrt{300x}$가 자연수가 되도록 하는 가장 작은 두 자리 자연수 x의 값은?

① 10 ② 12 ③ 15
④ 18 ⑤ 20

유형 12 $\sqrt{\dfrac{A}{x}}$ 가 자연수가 되도록 하는 자연수 x의 값 구하기

0053 상 중 하

$\sqrt{\dfrac{216}{x}}$이 자연수가 되도록 하는 가장 작은 자연수 x의 값을 구하시오.

➜ **유형 Point** ❶ A를 소인수분해한다.
❷ A의 소인수의 지수가 모두 짝수가 되도록 하면서 A의 약수인 자연수 x의 값을 구한다.

0054 상 중 하

다음 중 $\sqrt{\dfrac{72}{x}}$가 자연수가 되도록 하는 자연수 x의 값이 <u>아닌</u> 것은?

① 2 ② 8 ③ 18
④ 36 ⑤ 72

0055 상 중 하 서술형

$\sqrt{\dfrac{112}{x}}$가 자연수가 되도록 하는 모든 자연수 x의 값의 합을 구하시오.

0056 상 중 하

$\sqrt{\dfrac{540}{x}}$이 가장 큰 자연수가 되도록 하는 자연수 x의 값을 구하시오.

유형 13 $\sqrt{A+x}$ 가 자연수가 되도록 하는 자연수 x의 값 구하기

0057 상 중 하
$\sqrt{32+x}$가 자연수가 되도록 하는 가장 작은 자연수 x의 값을 구하시오.

→ **유형 Point** $\sqrt{A+x}$ (A는 자연수)가 자연수가 되려면
➡ $A+x$는 A보다 큰 (자연수)^2 꼴인 수이어야 한다.

0058 상 중 하
다음 중 $\sqrt{13+x}$가 자연수가 되도록 하는 자연수 x의 값이 아닌 것은?

① 3 ② 12 ③ 23
④ 36 ⑤ 45

0059 상 중 하
$\sqrt{20+x}$가 자연수가 되도록 하는 30 이하의 자연수 x의 개수는?

① 1개 ② 2개 ③ 3개
④ 4개 ⑤ 5개

0060 상 중 하
$\sqrt{75+a}=b$라고 할 때, b가 자연수가 되도록 하는 가장 작은 자연수 a와 그때의 b에 대하여 $a+b$의 값은?

① 11 ② 12 ③ 13
④ 14 ⑤ 15

유형 14 $\sqrt{A-x}$ 가 정수 또는 자연수가 되도록 하는 자연수 x의 값 구하기

0061 상 중 하
$\sqrt{21-x}$가 정수가 되도록 하는 자연수 x의 개수는?

① 2개 ② 3개 ③ 4개
④ 5개 ⑤ 6개

→ **유형 Point** (1) $\sqrt{A-x}$ (A는 자연수)가 정수가 되려면
➡ $A-x$는 0 또는 A보다 작은 (자연수)^2 꼴인 수이어야 한다.
(2) $\sqrt{A-x}$ (A는 자연수)가 자연수가 되려면
➡ $A-x$는 A보다 작은 (자연수)^2 꼴인 수이어야 한다.

0062 상 중 하
$\sqrt{30-x}$가 가장 큰 자연수가 되도록 하는 자연수 x의 값은?

① 4 ② 5 ③ 12
④ 14 ⑤ 21

0063 상 중 하
$\sqrt{14-x}$가 자연수가 되도록 하는 모든 자연수 x의 값의 합은?

① 20 ② 22 ③ 24
④ 26 ⑤ 28

0064 상 중 하 서술형
$\sqrt{55-x}$가 정수가 되도록 하는 자연수 x의 값 중 가장 큰 수를 M, 가장 작은 수를 m이라고 할 때, $M+m$의 값을 구하시오.

▶ 수학의 바이블 19쪽

유형 15 제곱근의 대소 관계

0065 상·중·하

다음 중 두 수의 대소 관계가 옳은 것은?

① $5 > \sqrt{28}$　　② $-\sqrt{6} < -\sqrt{8}$　　③ $0.3 > \sqrt{0.3}$

④ $-\sqrt{\dfrac{1}{3}} < -\dfrac{1}{2}$　　⑤ $-\sqrt{15} < -4$

→ **유형 Point**　(1) $a > 0$, $b > 0$일 때

　　① $a < b$이면 $\sqrt{a} < \sqrt{b}$　　② $\sqrt{a} < \sqrt{b}$이면 $a < b$, $-\sqrt{a} > -\sqrt{b}$

　　(2) a와 $\sqrt{b}$의 대소 비교 (단, $a > 0$, $b > 0$)

　　　방법1 근호가 없는 수를 근호가 있는 수로 바꾸어 비교한다.

　　　　➡ $\sqrt{a^2}$과 $\sqrt{b}$를 비교

　　　방법2 두 수를 제곱하여 비교한다. ➡ a^2과 b를 비교

0066 상·중·하

다음 중 두 수의 대소 관계가 옳지 <u>않은</u> 것은?

① $-\sqrt{35} > -6$　　② $\sqrt{\dfrac{3}{4}} > \sqrt{\dfrac{2}{3}}$　　③ $4 > \sqrt{12}$

④ $\dfrac{1}{5} < \sqrt{\dfrac{1}{5}}$　　⑤ $-\dfrac{1}{3} < -\sqrt{\dfrac{1}{8}}$

0067 상·중·하

다음 수를 크기가 작은 수부터 차례로 나열하시오.

$$4, \quad \sqrt{23}, \quad \sqrt{11}, \quad \sqrt{5.9}, \quad \sqrt{\dfrac{62}{5}}$$

0068 상·중·하 서술형

다음 수 중 가장 작은 수를 a, 가장 큰 수를 b라고 할 때, $a^2 + b^2$의 값을 구하시오.

$$-\sqrt{7}, \quad -\sqrt{\dfrac{22}{4}}, \quad -\sqrt{2}, \quad -\sqrt{(-2)^2}, \quad -3$$

유형 16 제곱근의 성질과 대소 관계

0069 상·중·하

$\sqrt{(2-\sqrt{2})^2} - \sqrt{(\sqrt{2}-2)^2}$을 간단히 하면?

① $-2\sqrt{2}$　　② $-\sqrt{2}$　　③ 0

④ 2　　⑤ 4

→ **유형 Point**　$\sqrt{(A-B)^2}$ 꼴을 간단히 할 때에는 먼저 두 수 A, B의 대소를 비교한다.

　(1) $A > B$이면 $\sqrt{(A-B)^2} = \underset{A-B>0}{A-B}$

　(2) $A < B$이면 $\sqrt{(A-B)^2} = \underset{A-B<0}{-(A-B)}$

0070 상·중·하

$\sqrt{(\sqrt{3}+\sqrt{5})^2} + \sqrt{(\sqrt{3}-\sqrt{5})^2}$을 간단히 하면?

① $-2\sqrt{3}$　　② $-2\sqrt{5}$　　③ 0

④ $2\sqrt{3}$　　⑤ $2\sqrt{5}$

★★☆ 0071 상·중·하

$\sqrt{(3-\sqrt{10})^2} + \sqrt{(4-\sqrt{10})^2}$을 간단히 하시오.

0072 상·중·하

다음 식을 간단히 하시오.

$$\sqrt{(3-\sqrt{7})^2} - \sqrt{(\sqrt{7}-3)^2} - \sqrt{(-3)^2} + (-\sqrt{7})^2$$

→ 수학의 바이블 19쪽

유형 17 제곱근을 포함한 부등식

0073 상 중 하

$4<\sqrt{2n}<5$를 만족하는 자연수 n의 개수는?

① 1개 　　② 2개 　　③ 3개

④ 4개 　　⑤ 5개

> **유형 Point** $a>0$, $b>0$, $c>0$일 때
> (1) $\sqrt{a}<\sqrt{b}<\sqrt{c} \Rightarrow (\sqrt{a})^2<(\sqrt{b})^2<(\sqrt{c})^2$
> 　　　　　　　　 $\Rightarrow a<b<c$
> (2) $\sqrt{a}<b<\sqrt{c} \Rightarrow (\sqrt{a})^2<b^2<(\sqrt{c})^2$
> 　　　　　　　 $\Rightarrow a<b^2<c$

0074 상 중 하

$\sqrt{4x}<7$을 만족하는 자연수 x의 개수를 구하시오.

0075 상 중 하

$-\sqrt{10}<-\sqrt{x-2}<-\dfrac{5}{2}$를 만족하는 자연수 x의 값의 합은?

① 27 　　② 30 　　③ 38

④ 42 　　⑤ 55

0076 상 중 하 서술형

$\sqrt{3}<x<\sqrt{29}$를 만족하는 자연수 x의 값 중에서 가장 큰 수를 M, 가장 작은 수를 m이라고 할 때, $M-m$의 값을 구하시오.

유형 18 $\sqrt{x}$ 이하의 자연수 구하기

0077 상 중 하

자연수 x에 대하여 $\sqrt{x}$ 이하의 자연수의 개수를 $f(x)$라고 할 때, $f(45)-f(21)$의 값은?

① 1 　　② 2 　　③ 3

④ 4 　　⑤ 5

> **유형 Point** $\sqrt{x}$ 이하의 자연수를 구할 때에는
> ❶ x에 가장 가까운 (자연수)² 꼴인 수 2개를 찾은 후, $\sqrt{x}$의 값의 범위를 구한다.
> 　　$\Rightarrow a>0$, $b>0$일 때, $a^2<x<b^2$이면 $a<\sqrt{x}<b$
> ❷ ❶에서 구한 $\sqrt{x}$의 값의 범위에 따라 $\sqrt{x}$ 이하의 자연수를 구한다.

0078 상 중 하

자연수 x에 대하여 $\sqrt{x}$보다 작은 자연수의 개수를 $f(x)$라고 할 때, $f(200)-f(28)$의 값을 구하시오.

0079 상 중 하

$\sqrt{12}$보다 작은 자연수의 개수를 x개, $\sqrt{32}$보다 작은 자연수의 개수를 y개라고 할 때, $y-x$의 값은?

① 1 　　② 2 　　③ 3

④ 4 　　⑤ 5

0080 상 중 하

자연수 x에 대하여 $\sqrt{x}$ 이하의 자연수의 개수를 $f(x)$라고 할 때, $f(1)+f(2)+f(3)+\cdots+f(9)$의 값은?

① 13 　　② 14 　　③ 15

④ 16 　　⑤ 17

실력 콕콕

0081

다음 중 옳지 <u>않은</u> 것을 모두 고르면? (정답 2개)

① -4의 제곱근은 없다.

② $\sqrt{9}$의 제곱근은 3, -3이다.

③ 제곱근 $\dfrac{36}{49}$은 $\dfrac{6}{7}$이다.

④ 제곱하여 6.2가 되는 수는 2개이다.

⑤ $\sqrt{25}$를 2배하면 $\sqrt{50}$이다.

0082

196의 두 제곱근을 각각 a, b라고 할 때, 제곱근 $\sqrt{2a-b-6}$의 값을 구하시오. (단, $a > b$)

★0083

닮음비가 $1 : 3$인 두 원의 넓이의 합이 $80\pi\ \text{cm}^2$일 때, 큰 원의 반지름의 길이를 구하시오.

0084

오른쪽 그림에서 사각형 A, B, C는 모두 정사각형이고, 사각형 A의 넓이는 사각형 B의 넓이의 2배, 사각형 B의 넓이는 사각형 C의 넓이의 2배이다.

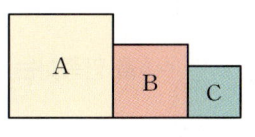

사각형 C의 넓이가 $3\ \text{cm}^2$일 때, 정사각형 A의 한 변의 길이를 구하시오.

0085

오른쪽 그림에서 $\overline{AB}=3$, $\overline{BC}=\overline{CD}=\overline{DE}=\overline{EF}=2$일 때, $\overline{AF}$의 길이를 구하시오.

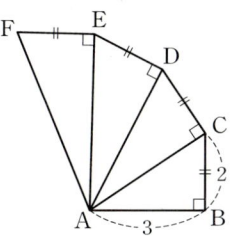

0086 생각이 쑥쑥

다음 보기에서 근호를 사용하지 않고 나타낼 수 있는 것을 모두 고르시오.

보기

ㄱ. 가로, 세로의 길이가 각각 4, 8인 직사각형의 대각선의 길이

ㄴ. 넓이가 12π인 원의 반지름의 길이

ㄷ. 넓이가 $\dfrac{144}{49}$인 정사각형의 한 변의 길이

ㄹ. 겉넓이가 54인 정육면체의 한 모서리의 길이

0087

다음 중 작은 수부터 차례로 나열할 때, 두 번째에 오는 수는?

① $\sqrt{\left(\dfrac{1}{10}\right)^2}$ ② $\sqrt{0.\dot{1}}$ ③ $\left(-\sqrt{\dfrac{1}{5}}\right)^2$

④ $\sqrt{\left(-\dfrac{1}{4}\right)^2}$ ⑤ $\sqrt{(-0.5)^2}$

0088

$\sqrt{(2a+1)^2}=5$를 만족하는 모든 a의 값의 합을 구하시오.

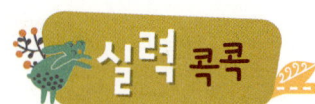

0089

$A=\sqrt{(-24)^2}\times\sqrt{\dfrac{25}{64}}+\sqrt{\left(\dfrac{2}{3}\right)^2}\div\left(-\sqrt{\dfrac{1}{15}}\right)^2$일 때, 제곱근 A를 구하시오.

0090

$a<0$일 때, $\sqrt{a^2}\times\sqrt{\left(-\dfrac{16}{9}a\right)^2}-\sqrt{25a^2}\times\sqrt{0.36a^2}$을 간단히 하면?

① $-\dfrac{43}{9}a^2$　　　② $-\dfrac{11}{9}a^2$　　　③ $-a^2$

④ $\dfrac{11}{9}a^2$　　　⑤ $\dfrac{43}{9}a^2$

0091

$x>5$일 때, $\sqrt{(x-2)^2}+\sqrt{(5-x)^2}=9$를 만족하는 x의 값을 구하시오.

0092

다음 보기에서 $A=\sqrt{(2+x)^2}+\sqrt{(2-x)^2}$에 대한 설명으로 옳은 것을 모두 고른 것은?

보기

ㄱ. $x>2$이면 $A=2x$이다.
ㄴ. $-2<x<2$이면 $A=4$이다.
ㄷ. $x<-2$이면 $A=-2x$이다.

① ㄱ　　　② ㄱ, ㄴ　　　③ ㄱ, ㄷ

④ ㄴ, ㄷ　　　⑤ ㄱ, ㄴ, ㄷ

0093

$20<n<150$인 자연수 n에 대하여 $\sqrt{45n}$이 자연수가 되도록 하는 n의 개수는?

① 1개　　　② 2개　　　③ 3개

④ 4개　　　⑤ 5개

0094 사고력 쑥쑥

진공 상태에서 물체를 가만히 놓아 낙하시킬 때, 처음 높이를 h m라고 하면 지면에 떨어지기 직전의 속력 v m/s는 $v=\sqrt{2\times9.8\times h}$라고 한다. v가 자연수가 되도록 하는 두 자리 자연수 h의 값 중에서 가장 큰 수를 구하시오.

0095

서로 다른 두 개의 주사위 A, B를 던져서 나온 눈의 수를 각각 x, y라고 할 때, $\sqrt{54xy}$가 자연수일 확률은?

① $\dfrac{1}{2}$　　　② $\dfrac{1}{3}$　　　③ $\dfrac{1}{4}$

④ $\dfrac{1}{6}$　　　⑤ $\dfrac{1}{12}$

0096

$\sqrt{\dfrac{80}{a}}=b$를 만족하는 자연수 a, b의 순서쌍 (a,b)의 개수는?

① 2개　　　② 3개　　　③ 4개

④ 5개　　　⑤ 6개

0097

다음 중 두 번째로 작은 수는?

① $-\sqrt{7}$ ② -0.25 ③ $-\sqrt{\dfrac{1}{3}}$

④ $-\dfrac{1}{5}$ ⑤ $-\sqrt{\dfrac{41}{5}}$

0098

$0<a<1$일 때, 다음 중 그 값이 가장 큰 것은?

① $\sqrt{a}$ ② $\dfrac{1}{a}$ ③ a

④ a^2 ⑤ $\sqrt{\dfrac{1}{a}}$

0099

$5x-4>3(x+2)$일 때, 다음 식을 간단히 하시오.

$$\sqrt{9(x+5)^2}-\sqrt{4x^2}+\sqrt{(5-x)^2}$$

0100

$a>1$일 때, 다음 식을 간단히 하시오.

$$\sqrt{\left(a+\dfrac{1}{a}\right)^2}+\sqrt{\left(\dfrac{1}{a}-a\right)^2}$$

0101

$3<\sqrt{x+2}\leq4$를 만족하는 두 자리 자연수 x의 개수는?

① 3개   ② 4개   ③ 5개

④ 6개   ⑤ 7개

0102

$-\sqrt{15}<-\sqrt{3x+2}<-2$를 만족하는 모든 자연수 x의 값의 합은?

① 10   ② 11   ③ 12

④ 13   ⑤ 14

0103

자연수 x에 대하여 $\sqrt{x}$ 이하의 자연수 중에서 가장 큰 수를 $M(x)$라고 할 때, $M(29)+M(39)-M(71)$의 값은?

① 3   ② 4   ③ 5

④ 6   ⑤ 7

0104

다음 그림과 같이 넓이가 각각 $29-x$, $20x$인 정사각형 모양의 꽃밭 A, B가 있다. 꽃밭 A, B의 한 변의 길이가 모두 자연수일 때, 꽃밭 A의 넓이를 구하시오.

단계를 밟아 서술하기

0105

$\left(-\dfrac{3}{11}\right)^2$의 양의 제곱근을 a, $7.\dot{1}$의 음의 제곱근을 b라고 할 때, $11a-3b$의 값을 구하시오.

단계1 a의 값을 구하시오. [40%]

단계2 b의 값을 구하시오. [40%]

단계3 $11a-3b$의 값을 구하시오. [20%]

스스로 서술하기

0106

$5.\dot{4}$의 양의 제곱근을 a, $\sqrt{(-1.44)^2}$의 음의 제곱근은 b라고 할 때, $3a+5b$의 값을 구하시오.

풀이

답 _____

0107

A, B가 다음과 같을 때, $A+B$의 값을 구하시오.

$$A=\sqrt{\dfrac{9}{16}}\div\sqrt{\left(\dfrac{1}{2}\right)^2}-\sqrt{(-2)^2}\times\dfrac{9}{4}$$
$$B=-\sqrt{225}\div\sqrt{(-3)^2}+\sqrt{\dfrac{1}{16}}\times(-\sqrt{8})^2$$

단계1 A의 값을 구하시오. [40%]

단계2 B의 값을 구하시오. [40%]

단계3 $A+B$의 값을 구하시오. [20%]

0108

A, B가 다음과 같을 때, $A+B$의 값을 구하시오.

$$A=(-\sqrt{0.5})^2\div\sqrt{0.1^2}\times\sqrt{\dfrac{1}{25}}+\sqrt{(-13)^2}$$
$$B=-(-\sqrt{5})^2\times(\sqrt{0.6})^2-\sqrt{1.96}\div\sqrt{0.2^2}$$

풀이

답 _____

0109

$a-b<0$, $ab<0$일 때, $\sqrt{a^2}-\sqrt{4a^2}+\sqrt{(-7b)^2}-\sqrt{b^2}$을 간단히 하시오.

단계1 a, b의 부호를 판단하시오. [30%]

단계2 $2a$, $-7b$의 부호를 판단하시오. [20%]

단계3 $\sqrt{a^2}-\sqrt{4a^2}+\sqrt{(-7b)^2}-\sqrt{b^2}$을 간단히 하시오. [50%]

0110

$a-b>0$, $ab<0$일 때, $\sqrt{(-a)^2}-\sqrt{9a^2}+\sqrt{(3b)^2}-\sqrt{(-5b)^2}$을 간단히 하시오.

풀이

답 _____

단계를 밟아 서술하기

0111

$\sqrt{\dfrac{27}{a}}$ 이 자연수가 되도록 하는 자연수 a 중 가장 작은 자연수를 x, $\sqrt{\dfrac{75}{2}b}$ 가 자연수가 되도록 하는 자연수 b 중 가장 작은 자연수를 y라고 할 때, $x+y$의 값을 구하시오.

단계1 x의 값을 구하시오. [40%]

단계2 y의 값을 구하시오. [40%]

단계3 $x+y$의 값을 구하시오. [20%]

0113

$\sqrt{90-x}-\sqrt{100+y}$ 가 가장 큰 정수가 되도록 하는 자연수 x, y에 대하여 $y-x$의 값을 구하시오.

단계1 x의 값을 구하시오. [40%]

단계2 y의 값을 구하시오. [40%]

단계3 $y-x$의 값을 구하시오. [20%]

0115

$3<\sqrt{\dfrac{x+3}{2}}<6$을 만족하는 x의 값 중 가장 큰 정수를 M, 가장 작은 정수를 m이라고 할 때, $M-m$의 값을 구하시오.

단계1 x의 값의 범위를 구하시오. [60%]

단계2 M, m의 값을 각각 구하시오. [30%]

단계3 $M-m$의 값을 구하시오. [10%]

스스로 서술하기

0112

$\sqrt{54a}$ 가 자연수가 되도록 하는 자연수 a 중 가장 작은 자연수를 x, $\sqrt{\dfrac{72}{5}b}$ 가 자연수가 되도록 하는 자연수 b 중 가장 작은 자연수를 y라고 할 때, $x+y$의 값을 구하시오.

풀이

답 _____

0114

$\sqrt{50-x}-\sqrt{60+y}$ 가 가장 큰 정수가 되도록 하는 자연수 x, y에 대하여 $x+y$의 값을 구하시오.

풀이

답 _____

0116

$2<\sqrt{\dfrac{x-1}{2}}<4$를 만족하는 x의 값 중 가장 큰 정수를 M, 가장 작은 정수를 m이라고 할 때, $M-m$의 값을 구하시오.

풀이

답 _____

2 무리수와 실수

개념 1 무리수와 실수

(1) **무리수** : 유리수가 아닌 수, 즉 순환소수가 아닌 무한소수
  예 $\sqrt{2}=1.414213\cdots$, $\pi=3.141592\cdots$

(2) **실수** : 유리수와 무리수를 통틀어 실수라고 한다.

(3) **실수의 분류**

$$
\text{실수}
\begin{cases}
\text{유리수}
\begin{cases}
\text{정수}
\begin{cases}
\text{양의 정수 (자연수)} : 1, 2, 3, \cdots \\
0 \\
\text{음의 정수} : -1, -2, -3, \cdots
\end{cases} \\
\text{정수가 아닌 유리수} : \dfrac{1}{2}, -\dfrac{3}{4}, 1.3, 1.\dot{6}, \cdots
\end{cases} \\
\text{무리수(순환소수가 아닌 무한소수)} : \sqrt{2}, -\sqrt{5}, \pi, \cdots
\end{cases}
$$

- 유리수 : $\dfrac{a}{b}$ (a, b는 정수, $b \neq 0$) 꼴로 나타낼 수 있는 수
  예 -1, $0.5 = \dfrac{1}{2}$, $0.\dot{2} = \dfrac{2}{9}$

- 근호를 사용하여 나타낸 수가 모두 무리수인 것은 아니다. 근호 안의 수가 어떤 유리수의 제곱이면 그 수는 유리수이다.
  ➡ $\sqrt{9} = \sqrt{3^2} = 3$이므로 $\sqrt{9}$는 유리수이다.

- **소수의 분류**
  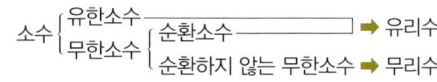

개념 2 무리수를 수직선 위에 나타내기

무리수 $\sqrt{2}$, $-\sqrt{2}$를 수직선 위에 다음과 같이 나타낼 수 있다.

❶ 수직선 위에 $\angle A = 90°$, $\overline{OA} = 1$인 직각이등변삼각형 OAB를 그린다.
  ➡ 피타고라스 정리에 의하여 $\overline{OB} = \sqrt{1^2 + 1^2} = \sqrt{2}$

❷ 원점 O를 중심으로 하고 $\overline{OB}$를 반지름으로 하는 원을 그린다.

❸ 원과 수직선이 만나는 두 점을 각각 P, Q라 하면 두 점 P, Q에 대응하는 수가 각각 $\sqrt{2}$, $-\sqrt{2}$이다.

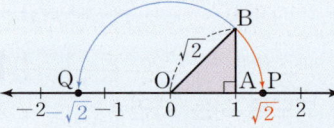

- **무리수를 수직선 위에 나타내기**
  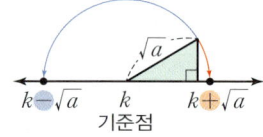

개념 3 실수와 수직선

(1) 수직선은 유리수와 무리수, 즉 실수에 대응하는 점들로 완전히 메울 수 있다.

(2) 한 실수는 수직선 위의 한 점에 대응하고, 수직선 위의 한 점에는 한 실수가 대응한다.

(3) 서로 다른 두 실수 사이에는 무수히 많은 실수가 있다.

- 서로 다른 두 유리수 사이에는 무수히 많은 유리수, 무리수가 있다.

- 서로 다른 두 무리수 사이에는 무수히 많은 유리수, 무리수가 있다.

개념 4 실수의 대소 관계

(1) 수직선 위에서 원점의 오른쪽에 있는 점에는 양의 실수(양수)가 대응하고, 왼쪽에 있는 점에는 음의 실수(음수)가 대응한다.

(2) 수직선 위에서 오른쪽에 있는 점에 대응하는 실수가 왼쪽에 있는 점에 대응하는 실수보다 크다.

(3) 두 실수 a, b에 대하여
  ① $a - b > 0$이면 $a > b$ ② $a - b = 0$이면 $a = b$ ③ $a - b < 0$이면 $a < b$

  예 $\sqrt{2} + 1$과 3의 대소 비교
  ➡ $(\sqrt{2} + 1) - 3 = \sqrt{2} - 2 = \sqrt{2} - \sqrt{4} < 0$이므로 $\sqrt{2} + 1 < 3$

- 유리수의 대소 관계에서 성립했던 성질은 실수의 대소 관계에서도 성립한다.
  ① 양수는 0보다 크고, 음수는 0보다 작다.
  ② 양수는 음수보다 크다.
  ③ 양수끼리는 절댓값이 큰 수가 크다.
  ④ 음수끼리는 절댓값이 큰 수가 작다.

개념 콕콕

1 무리수와 실수

0117
다음 수가 유리수이면 '유'를, 무리수이면 '무'를 ( ) 안에 써넣으시오.

(1) $\sqrt{13}$ (　　　) (2) $-\sqrt{81}$ (　　　)

(3) $-\sqrt{\dfrac{3}{4}}$ (　　　) (4) $2.1\dot{7}$ (　　　)

(5) π (　　　) (6) $\sqrt{(-3.5)^2}$ (　　　)

0118
다음 중 옳은 것에는 ○표, 옳지 않은 것에는 ×표를 ( ) 안에 써넣으시오.

(1) 0은 유리수인 동시에 무리수이다. (　　　)

(2) $\dfrac{\pi}{2}$ 는 순환소수가 아닌 무한소수이다. (　　　)

(3) $\sqrt{0.01}$ 은 무리수이다. (　　　)

(4) 유리수와 무리수는 모두 실수이다. (　　　)

2 무리수를 수직선 위에 나타내기

0119
다음 그림과 같이 한 눈금의 길이가 1인 모눈종이 위에 수직선과 직각삼각형 ABC를 그리고 $\overline{AC}=\overline{AP}$가 되도록 수직선 위에 점 P를 정할 때, 점 P에 대응하는 수를 구하시오.

(1)
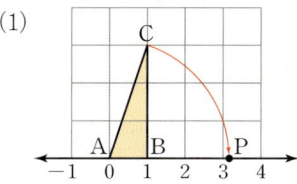

(2)
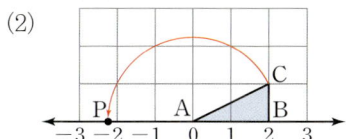

3 실수와 수직선

0120
다음 중 옳은 것에는 ○표, 옳지 않은 것에는 ×표를 ( ) 안에 써넣으시오.

(1) $\dfrac{1}{3}$과 $\dfrac{1}{2}$ 사이에는 무수히 많은 유리수가 있다. (　　　)

(2) $\sqrt{6}$과 $\sqrt{8}$ 사이의 무리수는 $\sqrt{7}$뿐이다. (　　　)

(3) $\sqrt{3}$과 2 사이에는 무수히 많은 유리수가 있다. (　　　)

(4) 수직선은 무리수에 대응하는 점으로 완전히 메울 수 있다.
(　　　)

(5) 서로 다른 두 유리수 사이에는 유리수만 있다. (　　　)

(6) 수직선 위에 $4+\sqrt{3}$에 대응하는 점은 하나이다. (　　　)

4 실수의 대소 관계

0121
다음 수를 크기가 작은 것부터 차례로 나열하시오.

$$2,\quad -\sqrt{5},\quad \sqrt{\dfrac{15}{4}},\quad -3,\quad -\sqrt{7.1}$$

0122
다음 □ 안에 > 또는 <를 써넣으시오.

(1) $\sqrt{5}+3 \ \square\ 3+\sqrt{6}$ (2) $\sqrt{15}-7 \ \square\ \sqrt{13}-7$

(3) $3+\sqrt{5} \ \square\ 5$ (4) $7 \ \square\ \sqrt{14}+3$

(5) $\sqrt{15}-3 \ \square\ 2$ (6) $2-\sqrt{24} \ \square\ -3$

수학의 바이블 22쪽

유형 01 유리수와 무리수의 구별

0123 상 중 하
다음 중 무리수의 개수를 구하시오.

$$-\sqrt{(-3)^2}, \quad \sqrt{0.1}, \quad 1-\sqrt{7}, \quad \sqrt{\frac{16}{49}}, \quad 2.\dot{7}, \quad \sqrt{\frac{2}{9}}$$

▶ 유형 Point   (1) 유리수 : $\dfrac{(정수)}{(0이\ 아닌\ 정수)}$ 꼴로 나타낼 수 있는 수

(2) 무리수 : 유리수가 아닌 수, 즉 순환하지 않는 무한소수

0124 상 중 하
다음 중 유리수인 것은?

① $-\sqrt{8}$ ② $\sqrt{30}$ ③ $\sqrt{0.\dot{4}}$

④ $\dfrac{\pi}{3}$ ⑤ $\sqrt{2}+1$

0125 상 중 하
다음 중 순환하지 않는 무한소수로 나타낼 수 있는 것을 모두 고르면? (정답 2개)

① $\sqrt{6.4}$ ② $\sqrt{1.69}$ ③ $\sqrt{36}-\sqrt{16}$

④ $\sqrt{\dfrac{8}{25}}$ ⑤ $\sqrt{0.\dot{1}}$

0126 상 중 하
다음 정사각형 중 한 변의 길이가 무리수인 것은?

① 넓이가 1.44인 정사각형   ② 넓이가 4인 정사각형

③ 넓이가 $\dfrac{81}{16}$인 정사각형   ④ 넓이가 10인 정사각형

⑤ 넓이가 49인 정사각형

수학의 바이블 22쪽

유형 02 무리수의 이해

0127 상 중 하
다음 중 옳지 <u>않은</u> 것은?

① 유한소수는 모두 유리수이다.

② 무한소수 중에는 유리수인 것도 있다.

③ 순환하지 않는 무한소수는 모두 무리수이다.

④ 근호를 사용하여 나타낸 수는 모두 무리수이다.

⑤ 무리수는 $\dfrac{(정수)}{(0이\ 아닌\ 정수)}$ 꼴로 나타낼 수 없다.

▶ 유형 Point   소수 $\begin{cases} 유한소수 &\longrightarrow 유리수 \\ 무한소수 \begin{cases} 순환소수 \longrightarrow 유리수 \\ 순환하지\ 않는\ 무한소수 \longrightarrow 무리수 \end{cases} \end{cases}$

(1) 유리수는 $\dfrac{a}{b}$ 꼴로 나타낼 수 있지만 무리수는 $\dfrac{a}{b}$ 꼴로 나타낼 수 없다.

(단, a, b는 정수, $b \neq 0$)

(2) 유리수이면서 무리수인 수는 없다.

★★ 0128 상 중 하
다음 중 옳은 것은?

① 소수는 유한소수와 순환소수로 이루어져 있다.

② 자연수의 제곱근은 모두 무리수이다.

③ 유한소수 중에는 무리수도 있다.

④ 순환소수는 모두 유리수이다.

⑤ 무한소수는 모두 무리수이다.

0129 상 중 하
다음 보기에서 무리수에 대한 설명으로 옳은 것을 모두 고르시오.

보기

ㄱ. 순환하지 않는 무한소수

ㄴ. 유한소수로 나타낼 수 없는 수

ㄷ. 유리수가 아닌 수

ㄹ. 근호를 사용하여 나타낸 수

수학의 바이블 24쪽

유형 03 실수의 분류

0130 상 중 하

다음 중 옳지 <u>않은</u> 것은?

① 모든 정수는 유리수이다.
② 실수는 유리수와 무리수로 이루어져 있다.
③ 모든 무리수는 실수이다.
④ 실수 중 정수가 아닌 수는 무리수이다.
⑤ 유리수이면서 무리수인 수는 없다.

→ 유형 Point

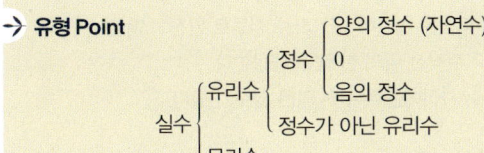

★★ 0131 상 중 하

다음 중 □ 안의 수에 해당하는 것은?

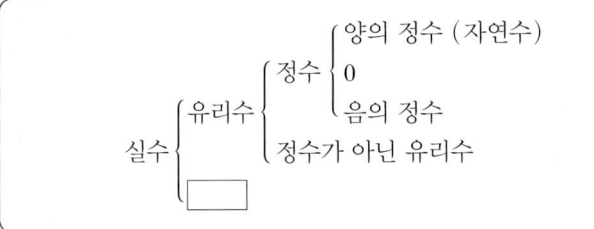

① $\sqrt{0.25}$ ② $\sqrt{\dfrac{49}{4}}$ ③ $-\dfrac{\sqrt{16}}{5}$
④ $\sqrt{8.1}$ ⑤ $1-\sqrt{9}$

0132 상 중 하

다음 보기에서 옳은 것을 고르시오.

보기

ㄱ. 정수가 아니면서 유리수인 수는 없다.
ㄴ. 모든 실수는 순환소수로 나타낼 수 있다.
ㄷ. 순환소수가 아닌 무한소수는 실수가 아니다.
ㄹ. 실수 중 유리수가 아닌 수는 무리수이다.

유형 04 무리수를 수직선 위에 나타내기

0133 상 중 하

오른쪽 그림과 같이 한 눈금의 길이가 1인 모눈종이 위에 수직선과 직각삼각형 ABC를 그리고, 점 A를 중심으로 하고 $\overline{AC}$를 반지름으로 하는 원을 그렸다. 원과 수직선이 만나는 두 점을 각각 P, Q라고 할 때, 다음 중 옳지 <u>않은</u> 것은?

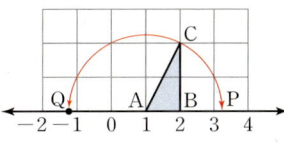

① $\overline{AC}=\sqrt{5}$ ② $\overline{AP}=\sqrt{5}$ ③ $P(2+\sqrt{5})$
④ $Q(1-\sqrt{5})$ ⑤ $\overline{BP}=\sqrt{5}-1$

→ 유형 Point

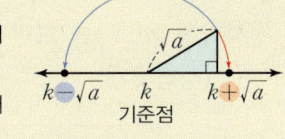

0134 상 중 하

오른쪽 그림과 같이 한 변의 길이가 1인 정사각형 ABCD에서 $\overline{AC}=\overline{AP}$이고 점 P에 대응하는 수가 $a+\sqrt{b}$일 때, 유리수 a, b에 대하여 $b-a$의 값을 구하시오.

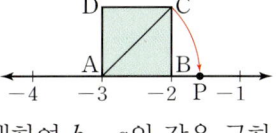

0135 상 중 하 서술형

다음 그림과 같이 한 눈금의 길이가 1인 모눈종이 위에 수직선과 두 직각삼각형 ABC, DEF를 그리고 $\overline{AC}=\overline{PC}$, $\overline{DF}=\overline{DQ}$가 되도록 수직선 위에 두 점 P, Q를 정할 때, 두 점 P, Q에 대응하는 수를 각각 구하시오.

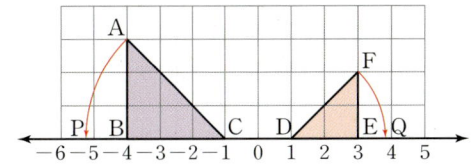

0136 상 중 하

오른쪽 그림과 같이 넓이가 11인 정사각형 ABCD에 대하여 $\overline{AD}=\overline{AP}$가 되도록 수직선 위에 점 P를 정할 때, 점 P에 대응하는 수를 구하시오.

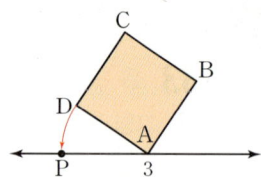

0137 상 중 하

아래 그림은 한 눈금의 길이가 1인 모눈종이 위에 수직선과 두 정사각형 (개), (내)를 그린 것이다. 다음 중 옳은 것을 모두 고르면? (정답 2개)

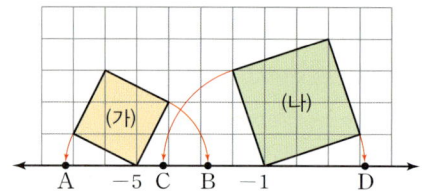

① 정사각형 (개)의 한 변의 길이는 5이고, 정사각형 (내)의 한 변의 길이는 $\sqrt{10}$이다.
② 점 A에 대응하는 수는 $-5-\sqrt{2}$이다.
③ 점 B에 대응하는 수는 $-5+\sqrt{5}$이다.
④ 점 C에 대응하는 수는 $-\sqrt{10}$이다.
⑤ 점 D에 대응하는 수는 $-1+\sqrt{10}$이다.

0138 상 중 하 서술형

다음 그림은 한 눈금의 길이가 1인 모눈종이 위에 수직선과 직각삼각형 ABC를 그린 것이다. 수직선 위의 두 점 P, Q에 대하여 $\overline{AC}=\overline{AP}=\overline{AQ}$이고 점 Q에 대응하는 수가 $-2-\sqrt{13}$일 때, 점 P에 대응하는 수를 구하시오.

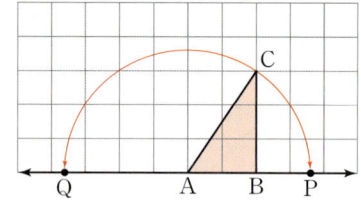

수학의 바이블 24쪽

유형 05 실수와 수직선

0139 상 중 하

다음 설명 중 옳지 않은 것을 모두 고르면? (정답 2개)

① 모든 무리수는 각각 수직선 위의 한 점에 대응한다.
② 1과 2 사이에는 무수히 많은 유리수가 있다.
③ $\sqrt{2}$와 $\sqrt{3}$ 사이에는 무수히 많은 무리수가 있다.
④ 서로 다른 두 정수 사이에는 무수히 많은 정수가 있다.
⑤ 수직선은 유리수에 대응하는 점으로 완전히 메울 수 있다.

→ **유형 Point** (1) 수직선은 실수에 대응하는 점들로 완전히 메울 수 있다.
(2) 모든 실수는 각각 수직선 위의 한 점에 대응한다.
(3) 서로 다른 두 실수 사이에는 무수히 많은 실수가 있다.

0140 상 중 하

다음 보기에서 옳은 것을 모두 고른 것은?

보기

ㄱ. 0과 1 사이에는 무리수가 없다.
ㄴ. $\sqrt{3}$과 $\sqrt{6}$ 사이에는 무수히 많은 유리수가 있다.
ㄷ. 정수에 대응하는 점으로 수직선을 완전히 메울 수 없다.
ㄹ. $\dfrac{1}{4}$과 $\dfrac{1}{3}$ 사이에는 무수히 많은 정수가 있다.

① ㄱ, ㄴ   ② ㄱ, ㄷ   ③ ㄴ, ㄷ
④ ㄴ, ㄹ   ⑤ ㄷ, ㄹ

 0141 상 중 하

다음 중 옳지 않은 것을 모두 고르면? (정답 2개)

① 모든 실수는 각각 수직선 위의 한 점에 대응한다.
② 서로 다른 두 정수 사이에는 무수히 많은 무리수가 있다.
③ 2와 $\sqrt{5}$ 사이에는 유리수가 없다.
④ 1에 가장 가까운 무리수는 $\sqrt{2}$이다.
⑤ 서로 다른 두 무리수 사이에는 무수히 많은 유리수가 있다.

유형 06 수직선에서 무리수에 대응하는 점 찾기

0142 상 **중** 하

다음 수직선 위의 점 중에서 $\sqrt{15}-1$에 대응하는 점은?

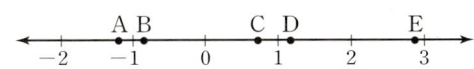

① 점 A   ② 점 B   ③ 점 C
④ 점 D   ⑤ 점 E

→ **유형 Point** 수직선에서 무리수 $\sqrt{x}$에 대응하는 점을 찾을 때에는 먼저 x에 가장 가까운 (자연수)^2 꼴인 수를 찾아 $\sqrt{x}$의 값의 범위를 구한다.

0143 상 중 **하**

다음 수직선 위의 점 중에서 $\sqrt{21}$에 대응하는 점은?

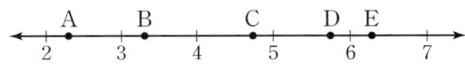

① 점 A   ② 점 B   ③ 점 C
④ 점 D   ⑤ 점 E

0144 상 **중** 하 서술형

다음 수직선에서 $5-\sqrt{6}$에 대응하는 점이 있는 구간을 구하시오.

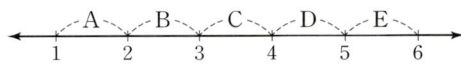

0145 상 **중** 하

다음 수직선 위의 세 점 A, B, C 중 $1+\sqrt{2}$, $\sqrt{5}-3$, $-1+\sqrt{3}$에 대응하는 점을 차례로 나열한 것은?

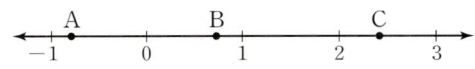

① A, B, C   ② A, C, B   ③ B, A, C
④ C, A, B   ⑤ C, B, A

유형 07 두 실수 사이의 수

0146 상 중 **하**

다음 보기에서 두 수 $\sqrt{5}$와 $\sqrt{6}$ 사이에 있는 수를 모두 고르시오. (단, $\sqrt{5}$는 2.236으로, $\sqrt{6}$은 2.449로 계산한다.)

> **보기**
>
> ㄱ. $\sqrt{6}-1$ ㄴ. $\sqrt{6}-0.3$ ㄷ. $\sqrt{5}+0.2$
>
> ㄹ. $\dfrac{\sqrt{5}+3}{2}$ ㅁ. $\dfrac{\sqrt{5}+\sqrt{6}}{2}$

→ **유형 Point** (1) $\sqrt{c}$가 두 자연수 a, b 사이의 수인지 알아보려면
➡ $\sqrt{a^2}<\sqrt{c}<\sqrt{b^2}$인지 확인한다.
(2) c가 두 무리수 $\sqrt{a}$, $\sqrt{b}$ 사이의 수인지 알아보려면
➡ $\sqrt{a}<\sqrt{c^2}<\sqrt{b}$인지 확인한다.
(3) 두 실수 a, b의 평균 $\dfrac{a+b}{2}$는 a, b 사이에 있다.
(4) 두 실수 a, b의 차보다 작은 양수를 a에 더하거나 b에서 뺀 수는 a, b 사이에 있다. (단, $a<b$)

0147 상 중 **하**

다음 중 두 수 $\sqrt{2}$와 $\sqrt{15}$ 사이에 있는 수가 아닌 것은?

① 2   ② $\sqrt{7}$ ③ 3
④ $\sqrt{11}$ ⑤ 4

0148 상 중 **하**

다음 중 두 수 1과 2 사이에 있는 수의 개수를 구하시오.

$$\sqrt{2}, \quad \sqrt{5}, \quad \sqrt{1.3}, \quad \sqrt{2.24}, \quad \sqrt{\dfrac{22}{5}}, \quad \sqrt{\dfrac{5}{2}}, \quad \sqrt{\dfrac{10}{3}}$$

★★ 0149 상 **중** 하

다음 중 3과 $\sqrt{10}$ 사이에 있는 수가 아닌 것을 모두 고르면?
(단, $\sqrt{10}$은 3.162로 계산한다.) (정답 2개)

① $\sqrt{\dfrac{19}{2}}$ ② $\sqrt{10}-0.1$ ③ $\sqrt{\dfrac{35}{3}}$

④ $\dfrac{\sqrt{10}}{2}+1$ ⑤ $\dfrac{3+\sqrt{10}}{2}$

▶ 수학의 바이블 26쪽

유형 08 두 실수의 대소 관계

0150 상 **중** 하

다음 중 두 수의 대소 관계가 옳은 것은?

① $\sqrt{2}+1 > \sqrt{3}+1$ ② $6 < 3+\sqrt{12}$

③ $\sqrt{5}-2 < \sqrt{3}-2$ ④ $4-\sqrt{8} < 1$

⑤ $\sqrt{22}+2 > 7$

→ 유형 Point 두 실수 a, b의 대소 관계는 $a-b$의 값의 부호로 알 수 있다.

(1) $a-b > 0$이면 $a > b$

(2) $a-b = 0$이면 $a = b$

(3) $a-b < 0$이면 $a < b$

0151 상 **중** 하

다음 중 □ 안에 알맞은 부등호의 방향이 나머지 넷과 다른 하나는?

① $5 \ \square \ \sqrt{7}+3$

② $-\sqrt{11}-3 \ \square \ -\sqrt{11}-\sqrt{7}$

③ $3-\sqrt{15} \ \square \ -1$

④ $-2-\sqrt{19} \ \square \ -6$

⑤ $\sqrt{6}-5 \ \square \ \sqrt{12}-5$

0152 상 **중** 하

다음 보기에서 두 수의 대소 관계가 옳은 것을 모두 고른 것은?

보기

ㄱ. $\sqrt{21}-4 > 1$

ㄴ. $\sqrt{7}-\sqrt{5} < 3-\sqrt{5}$

ㄷ. $-\sqrt{10}-2 > -\sqrt{10}-\sqrt{6}$

ㄹ. $5-\sqrt{\dfrac{1}{7}} < 5-\sqrt{\dfrac{1}{6}}$

① ㄱ, ㄴ ② ㄱ, ㄷ ③ ㄴ, ㄷ

④ ㄴ, ㄹ ⑤ ㄷ, ㄹ

유형 09 세 실수의 대소 관계

0153 상 **중** 하

다음 세 수 a, b, c의 대소 관계를 바르게 나타낸 것은?

$$a=2+\sqrt{5}, \quad b=\sqrt{3}+\sqrt{5}, \quad c=2+\sqrt{3}$$

① $a < b < c$ ② $a < c < b$ ③ $b < c < a$

④ $c < a < b$ ⑤ $c < b < a$

→ 유형 Point 세 실수 a, b, c에 대하여 $a < b$, $b < c$이면 $a < b < c$이다.

0154 상 **중** 하

다음 세 수 a, b, c의 대소 관계를 부등호를 사용하여 나타내시오.

$$a=\sqrt{6}+2, \quad b=\sqrt{6}+\sqrt{7}, \quad c=3$$

0155 상 **중** 하 서술형

한 변의 길이가 각각 $5-\sqrt{3}$, 4, $5-\sqrt{5}$인 세 정사각형을 각각 A, B, C라고 할 때, 넓이가 가장 큰 정사각형을 구하시오.

0156 상 **중** 하

다음 수를 크기가 큰 것부터 차례로 나열할 때, 세 번째에 오는 수를 구하시오.

$$\sqrt{2}+\sqrt{5}, \quad -3-\sqrt{3}, \quad 3+\sqrt{2}, \quad 5$$

0157

다음 중 $-\sqrt{7}$에 대한 설명으로 옳지 <u>않은</u> 것은?

① 무리수이다.

② 7의 음의 제곱근이다.

③ 순환하지 않는 무한소수로 나타내어진다.

④ 제곱하면 유리수가 된다.

⑤ $\dfrac{(\text{정수})}{(0\text{이 아닌 정수})}$ 꼴로 나타낼 수 있다.

0158

다음 수의 제곱근 중 무리수인 것을 모두 고르면? (정답 2개)

① 8

② $\dfrac{49}{16}$

③ $18.\dot{7}$

④ $\dfrac{\sqrt{81}}{25}$

⑤ 14.4

0159

x가 30 이하의 자연수일 때, $\sqrt{x}$가 무리수가 되도록 하는 x의 개수를 구하시오.

0160

$a=\sqrt{3}$일 때, 다음 중 유리수가 <u>아닌</u> 것은?

① a^2

② $\sqrt{3a^2}$

③ $\sqrt{(-a)^2}$

④ $9-a^2$

⑤ $\sqrt{a^2+1}$

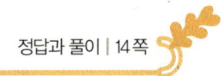

★★ 0161

a가 유리수일 때, 다음 보기에서 항상 무리수인 것을 모두 고른 것은?

보기

ㄱ. $a+1$ ㄴ. $a-\sqrt{3}$ ㄷ. $\sqrt{5a}$

ㄹ. $a+\sqrt{11}$ ㅁ. a^2

① ㄱ, ㄴ

② ㄱ, ㄷ, ㄹ

③ ㄴ, ㄹ

④ ㄴ, ㄷ, ㄹ

⑤ ㄷ, ㄹ, ㅁ

0162

다음 중 (가)에 해당하는 수로만 짝 지어진 것은?

소수 $\begin{cases} \text{유한소수} \\ \text{무한소수} \begin{cases} \text{순환소수} \\ \boxed{\text{(가)}} \end{cases} \end{cases}$

① $\sqrt{7}, \sqrt{11}, -0.3$

② $\sqrt{16}, \sqrt{3}, \pi$

③ $\sqrt{13}, \dfrac{2}{3}, \sqrt{\dfrac{9}{49}}$

④ $\sqrt{8}, \sqrt{14}, -\sqrt{18}$

⑤ $\sqrt{5}, -\sqrt{19}, \sqrt{0.01}$

0163

다음 그림과 같이 수직선 위에 한 변의 길이가 1인 세 정사각형이 있을 때, $-3+\sqrt{2}$에 대응하는 점은?

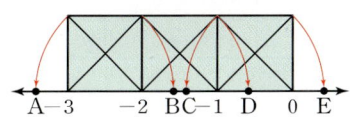

① 점 A

② 점 B

③ 점 C

④ 점 D

⑤ 점 E

0164

다음 그림은 넓이가 3인 직각이등변삼각형 ABC를 수직선 위에 그린 것이다. $\overline{AC}=\overline{AP}=\overline{AQ}$이고 점 P에 대응하는 수가 $5+\sqrt{12}$일 때, 점 Q에 대응하는 수를 구하시오.

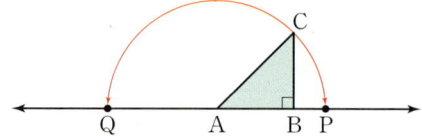

0165

다음 그림과 같이 반지름의 길이가 $\dfrac{1}{2}$인 원이 수직선 위의 3에 대응하는 점에 접하고 있다. 이 접점을 P라 하고 원을 수직선을 따라 왼쪽으로 한 바퀴 굴릴 때, 점 P가 처음으로 다시 수직선과 만나는 점에 대응하는 수를 구하시오.

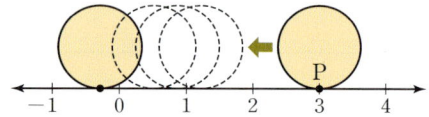

0166 생각이 쑥쑥

다음 그림과 같이 직사각형 ABCD의 네 꼭짓점이 지름이 $\overline{PQ}$인 반원 O 위에 있다. $\overline{AD}=2$일 때, 두 점 P, Q에 대응하는 수를 차례로 구하면?

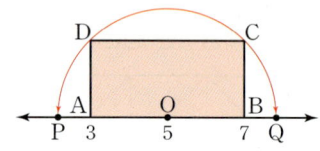

① $3-\sqrt{8}$, $5+\sqrt{8}$ ② $3-\sqrt{8}$, $7+\sqrt{8}$
③ $5-\sqrt{8}$, $5+\sqrt{8}$ ④ $5-\sqrt{8}$, $7+\sqrt{8}$
⑤ $7-\sqrt{8}$, $7+\sqrt{8}$

0167

다음 그림은 한 눈금의 길이가 1인 모눈종이 위에 수직선과 정사각형 ABCD를 그린 것이다. $\overline{AB}=\overline{AP}=\overline{AQ}$이고 점 P에 대응하는 수가 $\sqrt{10}-2$일 때, 점 Q에 대응하는 수를 구하시오.

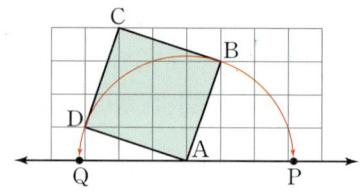

0168

다음 중 실수에 대한 설명으로 옳지 <u>않은</u> 것을 모두 고르면?

(정답 2개)

① $\sqrt{3}$과 2 사이에는 유리수가 없다.
② $-\sqrt{5}$와 $\sqrt{10}$ 사이에 있는 정수는 6개이다.
③ $-3+\sqrt{2}$에 대응하는 점을 수직선 위에 나타낼 수 있다.
④ 수직선은 정수와 무리수에 대응하는 점으로 완전히 메울 수 있다.
⑤ $\sqrt{2}$와 $\sqrt{7}$ 사이에는 무수히 많은 무리수가 있다.

0169

다음 중 수직선 위의 점의 좌표로 알맞지 <u>않은</u> 것은?

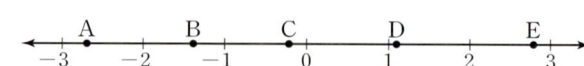

① $A(-1-\sqrt{3})$ ② $B(-\sqrt{2})$
③ $C(2-\sqrt{5})$ ④ $D(-3+\sqrt{10})$
⑤ $E(\sqrt{8})$

0170

다음 수직선 위의 네 점 A, B, C, D는 각각 네 수 $\sqrt{10}$, $-\sqrt{6}$, $\sqrt{3}+1$, $1-\sqrt{5}$ 중 하나에 대응한다. 점 A에 대응하는 수를 a, 점 D에 대응하는 수를 b라고 할 때, a^2+b^2의 값을 구하시오.

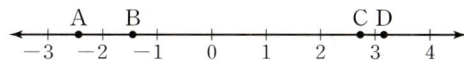

0171

$\sqrt{3}=1.732$일 때, 다음 중 옳지 <u>않은</u> 것을 모두 고르면?

(정답 2개)

① $\sqrt{3}+1$은 $\sqrt{3}$과 3 사이에 있는 수이다.

② $\dfrac{\sqrt{3}+2}{3}$는 $\sqrt{3}$과 3 사이에 있는 수이다.

③ $\dfrac{\sqrt{3}+3}{2}$은 $\sqrt{3}$과 3 사이에 있는 수이다.

④ $\sqrt{3}$과 3 사이에는 2개의 정수가 있다.

⑤ $\sqrt{3}$과 3 사이에는 무수히 많은 무리수가 있다.

0172

$\sqrt{a}$의 값이 6과 7 사이에 있도록 하는 자연수 a의 개수는?

① 9개   ② 10개   ③ 11개
④ 12개   ⑤ 13개

0173

실수 x에 대하여 $-\sqrt{3}<x<\sqrt{5}$를 만족시킬 때, 다음 중 옳지 <u>않은</u> 것을 모두 고르면? (정답 2개)

① 자연수 x의 개수는 3개이다.

② 정수 x의 개수는 4개이다.

③ $x=\dfrac{-\sqrt{3}+\sqrt{5}}{2}$는 부등식을 만족시킨다.

④ 무리수 x는 유한개이다.

⑤ 실수 x는 무수히 많다.

0174

두 실수의 대소 관계가 옳은 것을 보기에서 모두 고른 것은?

> **보기**
>
> ㄱ. $3+\sqrt{5}>3+\sqrt{6}$
> ㄴ. $\sqrt{8}-\sqrt{11}<3-\sqrt{11}$
> ㄷ. $-5+\sqrt{7}<-5+\sqrt{3}$
> ㄹ. $-\dfrac{1}{2}-\sqrt{13}>-\sqrt{\dfrac{2}{3}}-\sqrt{13}$

① ㄱ, ㄴ   ② ㄱ, ㄷ   ③ ㄴ, ㄷ
④ ㄴ, ㄹ   ⑤ ㄷ, ㄹ

0175

다음 그림은 한 눈금의 길이가 1인 모눈종이 위에 정사각형 OABC를 그린 것이다. 이 정사각형을 이용하여 수직선 위에 나타낼 수 있는 무리수를 모두 찾고, 그 무리수에 대응하는 점을 수직선 위에 나타내시오.

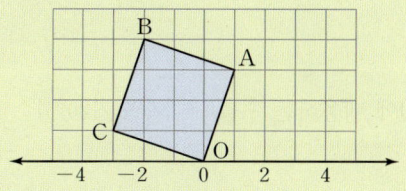

단계를 밟아 서술하기

0176

150 이하의 자연수 n에 대하여 $\sqrt{3n}$, $\sqrt{5n}$이 모두 무리수가 되도록 하는 n의 개수를 구하시오.

단계 1 $\sqrt{3n}$이 유리수가 되도록 하는 자연수 n의 개수를 구하시오. [40%]

단계 2 $\sqrt{5n}$이 유리수가 되도록 하는 자연수 n의 개수를 구하시오. [40%]

단계 3 $\sqrt{3n}$, $\sqrt{5n}$이 모두 무리수가 되도록 하는 자연수 n의 개수를 구하시오. [20%]

0177

100 이하의 자연수 n에 대하여 $\sqrt{2n}$, $\sqrt{7n}$이 모두 무리수가 되도록 하는 n의 개수를 구하시오.

풀이

답 _____

0178

다음 그림은 한 눈금의 길이가 1인 모눈종이 위에 두 정사각형 ABCD, DEFG를 그린 것이다. $\overline{BA}=\overline{BP}$, $\overline{ED}=\overline{EQ}$이고, 점 P에 대응하는 수가 $-4-\sqrt{10}$일 때, 점 Q에 대응하는 수를 구하시오.

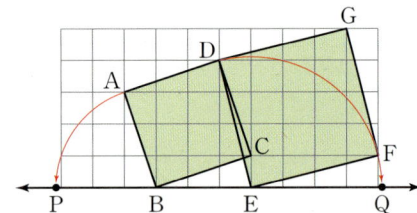

단계 1 $\overline{BP}$, $\overline{EQ}$의 길이를 각각 구하시오. [30%]

단계 2 점 B에 대응하는 수를 구하시오. [30%]

단계 3 점 E에 대응하는 수를 구하시오. [20%]

단계 4 점 Q에 대응하는 수를 구하시오. [20%]

0179

다음 그림은 한 눈금의 길이가 1인 모눈종이 위에 두 정사각형 ABCD, EFGH를 그린 것이다. $\overline{BA}=\overline{BP}$, $\overline{FG}=\overline{FQ}$이고, 점 P에 대응하는 수가 $-3-\sqrt{5}$일 때, 점 Q에 대응하는 수를 구하시오.

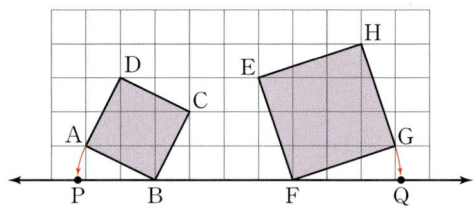

풀이

답 _____

단계를 밟아 서술하기

0180

수직선에서 $\sqrt{75}+\sqrt{121}$에 대응하는 점은 두 정수 $a-1$과 a에 대응하는 점 사이에 있다. 이때 $3a$의 값을 구하시오.

단계1 $\sqrt{75}+\sqrt{121}$의 범위를 구하시오. [80%]

단계2 $3a$의 값을 구하시오. [20%]

스스로 서술하기

0181

수직선에서 $\sqrt{94}+\sqrt{144}$에 대응하는 점은 두 정수 a와 $a+1$에 대응하는 점 사이에 있다. 이때 $2a$의 값을 구하시오.

풀이

답 _____

0182

두 수 $1-\sqrt{5}$와 $4+\sqrt{6}$ 사이에 있는 정수는 모두 몇 개인지 구하시오.

단계1 $1-\sqrt{5}$의 범위를 구하시오. [40%]

단계2 $4+\sqrt{6}$의 범위를 구하시오. [40%]

단계3 두 수 $1-\sqrt{5}$와 $4+\sqrt{5}$ 사이에 있는 정수의 개수를 구하시오. [20%]

0183

두 수 $2-\sqrt{7}$과 $1+\sqrt{10}$ 사이에 있는 정수는 모두 몇 개인지 구하시오.

풀이

답 _____

0184

다음 수를 수직선 위에 나타낼 때, 오른쪽에서 두 번째에 오는 수와 왼쪽에서 두 번째에 오는 수를 차례로 구하시오.

$$3+\sqrt{2}, \quad -\sqrt{6}+2, \quad 2-\sqrt{5}, \quad \sqrt{7}+1, \quad 4$$

단계1 음수와 양수를 구분하시오. [10%]

단계2 음수끼리 대소를 비교하시오. [30%]

단계3 양수끼리 대소를 비교하시오. [40%]

단계4 주어진 수를 수직선 위에 나타낼 때, 오른쪽에서 두 번째에 오는 수와 왼쪽에서 두 번째에 오는 수를 차례로 구하시오. [20%]

0185

다음 수를 수직선 위에 나타낼 때, 오른쪽에서 두 번째에 오는 수와 왼쪽에서 두 번째에 오는 수를 차례로 구하시오.

$$\sqrt{5}+3, \quad -\sqrt{8}-2, \quad \sqrt{5}+\sqrt{11}, \quad -5, \quad 5$$

풀이

답 _____

3 근호를 포함한 식의 계산

개념 1 제곱근의 곱셈과 나눗셈

(1) 제곱근의 곱셈

$a>0$, $b>0$이고 m, n이 유리수일 때

근호 안의 수끼리, 근호 밖의 수끼리 곱한다.

① $\sqrt{a}\times\sqrt{b}=\sqrt{a}\sqrt{b}=\sqrt{ab}$ ② $m\sqrt{a}\times n\sqrt{b}=mn\sqrt{ab}$

예 ① $\sqrt{2}\times\sqrt{3}=\sqrt{2\times3}=\sqrt{6}$ ② $2\sqrt{3}\times3\sqrt{5}=(2\times3)\times\sqrt{3\times5}=6\sqrt{15}$

(2) 제곱근의 나눗셈

$a>0$, $b>0$이고 m, n이 유리수일 때

근호 안의 수끼리, 근호 밖의 수끼리 나눈다.

① $\sqrt{a}\div\sqrt{b}=\dfrac{\sqrt{a}}{\sqrt{b}}=\sqrt{\dfrac{a}{b}}$ ② $m\sqrt{a}\div n\sqrt{b}=\dfrac{m}{n}\sqrt{\dfrac{a}{b}}$ (단, $n\neq0$)

예 ① $\sqrt{3}\div\sqrt{2}=\dfrac{\sqrt{3}}{\sqrt{2}}=\sqrt{\dfrac{3}{2}}$ ② $4\sqrt{3}\div2\sqrt{5}=\dfrac{4\sqrt{3}}{2\sqrt{5}}=\dfrac{4}{2}\sqrt{\dfrac{3}{5}}=2\sqrt{\dfrac{3}{5}}$

참고 분수의 나눗셈은 역수의 곱셈으로 바꾸어 계산할 수 있다.

➡ $\dfrac{\sqrt{7}}{\sqrt{5}}\div\dfrac{\sqrt{14}}{\sqrt{15}}=\dfrac{\sqrt{7}}{\sqrt{5}}\times\dfrac{\sqrt{15}}{\sqrt{14}}=\sqrt{\dfrac{7\times15}{5\times14}}=\sqrt{\dfrac{3}{2}}$

개념 2 근호가 있는 식의 변형

(1) 근호 안의 수가 제곱인 인수를 가지면 근호 밖으로 꺼내어 나타낼 수 있다.

$a>0$, $b>0$일 때

① $\sqrt{a^2b}=a\sqrt{b}$ ② $\sqrt{\dfrac{b}{a^2}}=\dfrac{\sqrt{b}}{a}$

예 ① $\sqrt{12}=\sqrt{2^2\times3}=2\sqrt{3}$ ② $\sqrt{\dfrac{2}{9}}=\sqrt{\dfrac{2}{3^2}}=\dfrac{\sqrt{2}}{3}$

(2) 근호 밖의 양수는 제곱하여 근호 안으로 넣어 나타낼 수 있다.

$a>0$, $b>0$일 때

① $a\sqrt{b}=\sqrt{a^2b}$ ② $\dfrac{\sqrt{b}}{a}=\sqrt{\dfrac{b}{a^2}}$

예 ① $2\sqrt{7}=\sqrt{2^2\times7}=\sqrt{28}$ ② $\dfrac{\sqrt{3}}{2}=\sqrt{\dfrac{3}{2^2}}=\sqrt{\dfrac{3}{4}}$

주의 근호 안으로 수를 넣을 때, 부호는 근호 안으로 넣을 수 없다.

예 $-3\sqrt{2}\neq\sqrt{(-3)^2\times2}$, $-3\sqrt{2}=-\sqrt{3^2\times2}=-\sqrt{18}$

부호는 그대로

개념 3 분모의 유리화

(1) 분모의 유리화 : 분수의 분모가 근호를 포함한 무리수일 때, 분모와 분자에 0이 아닌 같은 수를 곱하여 <mark>분모를 유리수로 고치는 것</mark>

(2) 분모를 유리화하는 방법 : $a>0$이고 a, b, c가 유리수일 때

① $\dfrac{1}{\sqrt{a}}=\dfrac{1\times\sqrt{a}}{\sqrt{a}\times\sqrt{a}}=\dfrac{\sqrt{a}}{a}$ ② $\dfrac{b}{\sqrt{a}}=\dfrac{b\times\sqrt{a}}{\sqrt{a}\times\sqrt{a}}=\dfrac{b\sqrt{a}}{a}$

③ $\dfrac{\sqrt{b}}{\sqrt{a}}=\dfrac{\sqrt{b}\times\sqrt{a}}{\sqrt{a}\times\sqrt{a}}=\dfrac{\sqrt{ab}}{a}$ (단, $b>0$)   ④ $\dfrac{c}{b\sqrt{a}}=\dfrac{c\times\sqrt{a}}{b\sqrt{a}\times\sqrt{a}}=\dfrac{c\sqrt{a}}{ab}$ (단, $b\neq0$)

예 ① $\dfrac{1}{\sqrt{2}}=\dfrac{\sqrt{2}}{\sqrt{2}\times\sqrt{2}}=\dfrac{\sqrt{2}}{2}$ ② $\dfrac{2}{\sqrt{3}}=\dfrac{2\times\sqrt{3}}{\sqrt{3}\times\sqrt{3}}=\dfrac{2\sqrt{3}}{3}$

③ $\dfrac{\sqrt{2}}{\sqrt{3}}=\dfrac{\sqrt{2}\times\sqrt{3}}{\sqrt{3}\times\sqrt{3}}=\dfrac{\sqrt{6}}{3}$ ④ $\dfrac{3}{2\sqrt{5}}=\dfrac{3\times\sqrt{5}}{2\sqrt{5}\times\sqrt{5}}=\dfrac{3\sqrt{5}}{10}$

개념 Plus

• $2\times\sqrt{a}$, $\sqrt{a}\times\sqrt{b}$는 곱셈 기호를 생략하여 $2\sqrt{a}$, $\sqrt{a}\sqrt{b}$와 같이 나타내기도 한다.

• $a>0$, $b>0$, $c>0$일 때,
$\sqrt{a}\sqrt{b}\sqrt{c}=\sqrt{abc}$

• 약수를 인수라고도 한다.

• $a\sqrt{b}$ 꼴로 나타낼 때, 보통 근호 안의 수는 가장 작은 자연수가 되도록 한다.

• $a>0$, $b>0$, $c>0$일 때,
$\sqrt{\dfrac{b^2c}{a^2}}=\dfrac{\sqrt{b^2c}}{\sqrt{a^2}}=\dfrac{b\sqrt{c}}{a}$

• 분모의 근호 안의 수를 소인수분해하였을 때, 제곱인 인수가 포함되어 있으면 $\sqrt{a^2b}=a\sqrt{b}$임을 이용하여 제곱인 인수를 근호 밖으로 꺼낸 다음 분모를 유리화한다.

예 $\dfrac{1}{\sqrt{12}}=\dfrac{1}{\sqrt{2^2\times3}}=\dfrac{1}{2\sqrt{3}}$
$=\dfrac{\sqrt{3}}{2\sqrt{3}\times\sqrt{3}}=\dfrac{\sqrt{3}}{6}$

1 제곱근의 곱셈과 나눗셈

0186

다음을 계산하시오.

(1) $\sqrt{2} \times \sqrt{13}$

(2) $\sqrt{6} \times \sqrt{11}$

(3) $\sqrt{\dfrac{3}{5}} \times \sqrt{10}$

(4) $\sqrt{\dfrac{2}{3}} \times \sqrt{\dfrac{5}{4}}$

(5) $4\sqrt{3} \times \sqrt{7}$

(6) $2\sqrt{2} \times 3\sqrt{5}$

0187

다음을 계산하시오.

(1) $\dfrac{\sqrt{6}}{\sqrt{3}}$

(2) $\dfrac{\sqrt{10}}{\sqrt{2}}$

(3) $\sqrt{66} \div \sqrt{11}$

(4) $8\sqrt{12} \div 4\sqrt{8}$

2 근호가 있는 식의 변형

0188

다음 수를 $a\sqrt{b}$ 꼴로 나타내시오.

(단, b는 가장 작은 자연수이다.)

(1) $\sqrt{27}$

(2) $\sqrt{72}$

(3) $-\sqrt{80}$

(4) $-\sqrt{68}$

0189

다음을 $\sqrt{a}$ 또는 $-\sqrt{a}$ 꼴로 나타내시오.

(1) $2\sqrt{5}$

(2) $4\sqrt{3}$

(3) $-5\sqrt{2}$

(4) $-3\sqrt{6}$

0190

다음 수를 $\dfrac{\sqrt{b}}{a}$ 꼴로 나타내시오.

(단, b는 가장 작은 자연수이다.)

(1) $\sqrt{\dfrac{6}{25}}$

(2) $\sqrt{\dfrac{11}{36}}$

(3) $\sqrt{0.13}$

(4) $-\sqrt{\dfrac{5}{9}}$

0191

다음을 $\sqrt{a}$ 또는 $-\sqrt{a}$ 꼴로 나타내시오.

(1) $\dfrac{\sqrt{3}}{5}$

(2) $\dfrac{\sqrt{5}}{6}$

(3) $-\dfrac{\sqrt{2}}{7}$

(4) $-\dfrac{\sqrt{3}}{8}$

(5) $\dfrac{3\sqrt{7}}{2}$

(6) $-\dfrac{5\sqrt{2}}{6}$

3 분모의 유리화

0192

다음 수의 분모를 유리화하시오.

(1) $\dfrac{1}{\sqrt{5}}$

(2) $-\dfrac{5}{\sqrt{6}}$

(3) $\dfrac{\sqrt{7}}{\sqrt{11}}$

(4) $\dfrac{2}{3\sqrt{3}}$

(5) $\dfrac{\sqrt{3}}{2\sqrt{5}}$

(6) $-\dfrac{3}{2\sqrt{7}}$

3 근호를 포함한 식의 계산

개념 4 제곱근표와 제곱근의 값

(1) **제곱근표** : 1.00부터 99.9까지의 수의 양의 제곱근의 값을 반올림하여 소수점 아래 셋째 자리까지 나타낸 표

(2) **제곱근표 읽는 방법** : 제곱근표에서 처음 두 자리 수의 가로줄과 끝자리 수의 세로줄이 만나는 곳의 수를 읽는다.

> 예 제곱근표에서 $\sqrt{1.16}$ 의 값은 1.1의 가로줄과 6의 세로줄이 만나는 곳에 적힌 수인 1.077이다.
>
> ➡ $\sqrt{1.16}=1.077$

수	$\cdots$	5	6	7
1.0	⋮	1.025	1.030	1.034
1.1	⋮	1.072	1.077	1.082
1.2	⋮	1.118	1.122	1.127

(3) **제곱근표에 없는 수의 제곱근의 값**

① 100 이상인 수의 제곱근의 값

➡ 근호 안의 수를 10^2, 10^4, 10^6, $\cdots$과의 곱으로 나타낸 후 $\sqrt{a^2b}=a\sqrt{b}$임을 이용한다.

② 0 이상 1 미만인 수의 제곱근의 값

➡ 근호 안의 수를 $\dfrac{1}{10^2}$, $\dfrac{1}{10^4}$, $\dfrac{1}{10^6}$, $\cdots$과의 곱으로 나타낸 후 $\sqrt{\dfrac{b}{a^2}}=\dfrac{\sqrt{b}}{a}$ 임을 이용한다.

> ● 제곱근표의 수는 1.00부터 9.99까지는 0.01 간격으로 10.0부터 99.9까지는 0.1 간격으로 되어 있다.
>
> ● 제곱근표에 있는 제곱근의 값은 대부분 어림한 값이지만 이 값을 나타낼 때에는 '='를 사용한다.

개념 5 제곱근의 덧셈과 뺄셈

제곱근의 덧셈과 뺄셈은 다항식의 덧셈과 뺄셈에서 동류항끼리 모아서 계산하는 것과 같은 방법으로 근호 안의 수가 같은 것끼리 모아서 계산한다.

l, m, n이 유리수이고, $\sqrt{a}$는 무리수일 때

(1) $m\sqrt{a}+n\sqrt{a}=(m+n)\sqrt{a}$

(2) $m\sqrt{a}-n\sqrt{a}=(m-n)\sqrt{a}$

(3) $m\sqrt{a}+n\sqrt{a}-l\sqrt{a}=(m+n-l)\sqrt{a}$

> 참고 근호 안의 제곱인 인수는 모두 근호 밖으로 꺼낸 후 근호 안의 수가 같은 것끼리 더하거나 뺀다.
>
> 예 $\sqrt{12}+\sqrt{27}=2\sqrt{3}+3\sqrt{3}=(2+3)\sqrt{3}=5\sqrt{3}$

> ● $a>0$, $b>0$, $a\ne b$일 때
>
> ① $\sqrt{a}+\sqrt{b}\ne\sqrt{a+b}$
>
> ② $\sqrt{a}-\sqrt{b}\ne\sqrt{a-b}$

개념 6 근호를 포함한 복잡한 식의 계산

(1) **근호를 포함한 식의 분배법칙**

근호를 포함한 식에서도 유리수와 마찬가지로 분배법칙이 성립한다.

$a>0$, $b>0$, $c>0$일 때

① $\sqrt{a}(\sqrt{b}\pm\sqrt{c})=\sqrt{a}\sqrt{b}\pm\sqrt{a}\sqrt{c}=\sqrt{ab}\pm\sqrt{ac}$ (복호동순)

② $(\sqrt{a}\pm\sqrt{b})\sqrt{c}=\sqrt{a}\sqrt{c}\pm\sqrt{b}\sqrt{c}=\sqrt{ac}\pm\sqrt{bc}$ (복호동순)

(2) **근호를 포함한 복잡한 식의 계산**

❶ 괄호가 있으면 분배법칙을 이용하여 괄호를 푼다.

❷ 근호 안에 제곱인 인수가 있으면 근호 밖으로 꺼낸다.

❸ 분모에 근호를 포함한 무리수가 있으면 분모를 유리화한다.

❹ 곱셈, 나눗셈을 계산한다.

❺ 덧셈, 뺄셈을 계산한다.

> ● 다항식의 분배법칙
>
> ① $a(b+c)=ab+ac$
>
> ② $(a+b)c=ac+bc$
>
> ● 분배법칙을 이용한 분모의 유리화
>
> $a>0$, $b>0$, $c>0$일 때,
>
> $\dfrac{\sqrt{a}+\sqrt{b}}{\sqrt{c}}=\dfrac{(\sqrt{a}+\sqrt{b})\sqrt{c}}{\sqrt{c}\times\sqrt{c}}$
>
> $=\dfrac{\sqrt{ac}+\sqrt{bc}}{c}$

4 제곱근표와 제곱근의 값

0193

아래 제곱근표를 이용하여 다음 제곱근의 값을 구하시오.

수	5	6	7	8	9
2.0	1.432	1.435	1.439	1.442	1.446
2.1	1.466	1.470	1.473	1.476	1.480
2.2	1.500	1.503	1.507	1.510	1.513
2.3	1.533	1.536	1.539	1.543	1.546
2.4	1.565	1.568	1.572	1.575	1.578

(1) $\sqrt{2.06}$ (2) $\sqrt{2.27}$

(3) $\sqrt{2.35}$ (4) $\sqrt{2.49}$

0194

$\sqrt{x}$의 값이 다음과 같을 때, 아래 제곱근표를 이용하여 x의 값을 구하시오.

수	0	1	2	3	4
10	3.162	3.178	3.194	3.209	3.225
11	3.317	3.332	3.347	3.362	3.376
12	3.464	3.479	3.493	3.507	3.521
13	3.606	3.619	3.633	3.647	3.661
14	3.742	3.755	3.768	3.782	3.795

(1) $\sqrt{x}=3.178$ (2) $\sqrt{x}=3.647$

(3) $\sqrt{x}=3.464$ (4) $\sqrt{x}=3.795$

0195

$\sqrt{2}=1.414$, $\sqrt{20}=4.472$일 때, 다음 □ 안에 알맞은 수를 써넣으시오.

(1) $\sqrt{200}=\sqrt{2\times\boxed{}}=\boxed{}\sqrt{2}=\boxed{}$

(2) $\sqrt{2000}=\sqrt{\boxed{}\times100}=10\sqrt{\boxed{}}=\boxed{}$

(3) $\sqrt{0.02}=\sqrt{\dfrac{2}{\boxed{}}}=\dfrac{\sqrt{2}}{\boxed{}}=\boxed{}$

(4) $\sqrt{0.2}=\sqrt{\dfrac{\boxed{}}{100}}=\dfrac{\sqrt{\boxed{}}}{10}=\boxed{}$

5 제곱근의 덧셈과 뺄셈

0196

다음을 계산하시오.

(1) $\sqrt{5}+3\sqrt{5}$

(2) $3\sqrt{3}+7\sqrt{3}$

(3) $4\sqrt{10}-3\sqrt{10}$

(4) $3\sqrt{2}-5\sqrt{2}$

(5) $\sqrt{6}+3\sqrt{6}-2\sqrt{6}$

0197

다음을 계산하시오.

(1) $\sqrt{8}+\sqrt{18}$

(2) $3\sqrt{5}+\sqrt{45}$

(3) $\sqrt{24}-\sqrt{54}$

(4) $2\sqrt{2}+\sqrt{32}-\sqrt{50}$

6 근호를 포함한 복잡한 식의 계산

0198

다음을 계산하시오.

(1) $\sqrt{2}(\sqrt{3}+\sqrt{5})$

(2) $\sqrt{5}(2\sqrt{10}-\sqrt{2})$

(3) $(\sqrt{45}-\sqrt{50})\div\sqrt{5}$

(4) $(\sqrt{24}+2\sqrt{2})\div\sqrt{2}$

(5) $5\sqrt{6}-\sqrt{3}\times\sqrt{2}$

(6) $\dfrac{1}{\sqrt{3}}+\sqrt{3}$

▶ 수학의 바이블 33쪽

유형 01 제곱근의 곱셈

0199 상중하

$(-3\sqrt{6}) \times \sqrt{\dfrac{11}{6}} \times (-2\sqrt{3})$을 계산하면?

① $-6\sqrt{33}$ ② $-3\sqrt{33}$ ③ $\sqrt{33}$

④ $2\sqrt{33}$ ⑤ $6\sqrt{33}$

▶ 유형 Point $a>0$, $b>0$이고 m, n이 유리수일 때

(1) $\sqrt{a}\sqrt{b}=\sqrt{ab}$ ← 근호 안의 수끼리, 근호 밖의 수끼리 곱한다.

(2) $m\sqrt{a} \times n\sqrt{b}=mn\sqrt{ab}$

0200 상중하

다음 중 옳지 <u>않은</u> 것은?

① $7\sqrt{3} \times 3\sqrt{10}=21\sqrt{30}$

② $\sqrt{0.2} \times (-\sqrt{0.4})=-\sqrt{0.08}$

③ $\left(-\sqrt{\dfrac{2}{3}}\right) \times (-\sqrt{21})=\sqrt{14}$

④ $\sqrt{\dfrac{8}{3}} \times \sqrt{\dfrac{9}{4}}=\sqrt{6}$

⑤ $\sqrt{\dfrac{16}{13}} \times 5\sqrt{\dfrac{13}{8}}=10$

0201 상중하

다음을 만족하는 유리수 a, b에 대하여 $a+b$의 값을 구하시오.

$$\sqrt{\dfrac{8}{5}} \times \sqrt{\dfrac{45}{2}}=a, \qquad 3\sqrt{\dfrac{6}{7}} \times \sqrt{\dfrac{14}{3}}=b$$

0202 상중하

$\sqrt{3} \times \sqrt{2} \times \sqrt{k} \times \sqrt{12} \times \sqrt{2k}=36$일 때, 자연수 k의 값을 구하시오.

▶ 수학의 바이블 33쪽

유형 02 제곱근의 나눗셈

0203 상중하

$\dfrac{2\sqrt{5}}{3\sqrt{2}} \div \dfrac{\sqrt{5}}{2\sqrt{6}} \div \left(-\dfrac{\sqrt{3}}{6\sqrt{7}}\right)=a\sqrt{7}$일 때, a의 값을 구하시오.

▶ 유형 Point $a>0$, $b>0$, $c>0$, $d>0$이고 m, n이 유리수일 때

(1) $\dfrac{\sqrt{a}}{\sqrt{b}}=\sqrt{\dfrac{a}{b}}$

(2) $m\sqrt{a} \div n\sqrt{b}=m\sqrt{a} \times \dfrac{1}{n\sqrt{b}}=\dfrac{m}{n}\sqrt{\dfrac{a}{b}}$ (단, $n \neq 0$)

(3) $\dfrac{\sqrt{a}}{\sqrt{b}} \div \dfrac{\sqrt{c}}{\sqrt{d}}=\dfrac{\sqrt{a}}{\sqrt{b}} \times \dfrac{\sqrt{d}}{\sqrt{c}}=\sqrt{\dfrac{a}{b} \times \dfrac{d}{c}}=\sqrt{\dfrac{ad}{bc}}$

0204 상중하

다음 보기에서 계산 결과가 옳은 것을 모두 고른 것은?

보기

ㄱ. $8 \div \dfrac{4}{\sqrt{5}}=2\sqrt{5}$　　ㄴ. $20\sqrt{6} \div 4\sqrt{2}=15$

ㄷ. $2\sqrt{3} \div \dfrac{4\sqrt{3}}{\sqrt{7}}=2\sqrt{7}$　　ㄹ. $\left(-\dfrac{\sqrt{20}}{\sqrt{18}}\right) \div \dfrac{\sqrt{10}}{\sqrt{6}}=-\sqrt{\dfrac{2}{3}}$

① ㄱ, ㄴ　　② ㄱ, ㄹ　　③ ㄴ, ㄷ

④ ㄴ, ㄹ　　⑤ ㄷ, ㄹ

0205 상중하

$\sqrt{27}$은 $\dfrac{\sqrt{3}}{2}$의 몇 배인지 구하시오.

0206 상중하 서술형

다음을 만족하는 유리수 a, b에 대하여 $\sqrt{a} \div \sqrt{b}$의 값을 구하시오.

$$\sqrt{\dfrac{21}{5}} \div \sqrt{\dfrac{3}{10}}=\sqrt{a}, \qquad \dfrac{\sqrt{84}}{\sqrt{12}}=\sqrt{b}$$

＞ 수학의 바이블 35쪽

유형 03 근호가 있는 식의 변형 − $\sqrt{a^2 b}$

0207 상 중 하

$3\sqrt{6}=\sqrt{a}$, $\sqrt{75}=5\sqrt{b}$일 때, 유리수 a, b에 대하여 $a+b$의 값을 구하시오.

→ **유형 Point** (1) 근호 안의 수가 제곱인 인수를 가지면 근호 밖으로 꺼내어 나타낼 수 있다.

➡ $a>0$, $b>0$일 때, $\sqrt{a^2 b}=\overbrace{\sqrt{a^2}\times\sqrt{b}}^{근호\ 분리}=\underbrace{a\sqrt{b}}_{근호\ 밖으로}$

(2) 근호 밖의 양수는 제곱하여 근호 안으로 넣어 나타낼 수 있다.

➡ $a>0$, $b>0$일 때, $a\sqrt{b}=\overbrace{\sqrt{a^2}\times\sqrt{b}}=\underbrace{\sqrt{a^2 b}}_{근호\ 안으로}$

0208 상 중 하

다음 중 옳지 <u>않은</u> 것은?

① $4\sqrt{3}=\sqrt{48}$ ② $5\sqrt{6}=\sqrt{150}$

③ $\sqrt{180}=6\sqrt{5}$ ④ $-8\sqrt{2}=\sqrt{128}$

⑤ $-\sqrt{63}=-3\sqrt{7}$

★★
0209 상 중 하

$\sqrt{23+5a}=7\sqrt{2}$를 만족하는 유리수 a의 값을 구하시오.

0210 상 중 하

다음을 만족하는 유리수 a, b, c에 대하여 $\sqrt{a-b-c}$의 값을 구하시오.

$$4\sqrt{6}=\sqrt{a}, \qquad \sqrt{72}=b\sqrt{2} \qquad \sqrt{640}=8\sqrt{c}$$

＞ 수학의 바이블 35쪽

유형 04 근호가 있는 식의 변형 − $\sqrt{\dfrac{b}{a^2}}$

0211 상 중 하

다음 중 옳은 것을 모두 고르면? (정답 2개)

① $\sqrt{\dfrac{3}{64}}=\dfrac{3}{8}$ ② $\sqrt{\dfrac{10}{72}}=\dfrac{\sqrt{5}}{6}$

③ $-\sqrt{\dfrac{12}{48}}=-\dfrac{1}{4}$ ④ $\sqrt{0.05}=\dfrac{\sqrt{5}}{100}$

⑤ $-\sqrt{0.75}=-\dfrac{\sqrt{3}}{2}$

→ **유형 Point**

$a>0$, $b>0$일 때, $\sqrt{\dfrac{b}{a^2}}=\overbrace{\dfrac{\sqrt{b}}{\sqrt{a^2}}}^{근호\ 분리}=\underbrace{\dfrac{\sqrt{b}}{a}}_{근호\ 밖으로}$

0212 상 중 하

$\sqrt{\dfrac{25}{45}}=\dfrac{\sqrt{5}}{a}$, $\dfrac{\sqrt{2}}{3\sqrt{3}}=\sqrt{b}$일 때, 유리수 a, b에 대하여 ab의 값을 구하시오.

0213 상 중 하

$\sqrt{0.6}=k\sqrt{15}$일 때, 유리수 k의 값은?

① $\dfrac{1}{20}$ ② $\dfrac{1}{10}$ ③ $\dfrac{1}{5}$

④ $\dfrac{2}{5}$ ⑤ $\dfrac{3}{5}$

0214 상 중 하 서술형

$\sqrt{\dfrac{72}{25}}=a\sqrt{2}$, $\sqrt{0.0112}=b\sqrt{7}$일 때, 유리수 a, b에 대하여 $\dfrac{a}{b}$의 값을 구하시오.

수학의 바이블 35쪽

유형 05 제곱근을 문자를 사용하여 나타내기

0215 상 중 하

$\sqrt{3}=a$, $\sqrt{5}=b$일 때, $\sqrt{135}$를 a, b를 사용하여 나타내면?

① ab^2 ② a^2b ③ a^3b

④ $2a^2b$ ⑤ $3a^2b^2$

> **유형 Point**   제곱근을 주어진 문자를 사용하여 나타낼 때에는
> ❶ 근호 안의 수를 소인수분해한다.
> ❷ 근호를 분리한다.
> ❸ 주어진 문자를 사용하여 나타낸다.

0216 상 중 하

$\sqrt{2}=a$, $\sqrt{7}=b$일 때, $\sqrt{32}-\sqrt{63}$을 a, b를 사용하여 나타내면?

① $2ab$ ② $2a-3b$ ③ $4a-b$

④ $4a-2b$ ⑤ $4a-3b$

0217 상 중 하

$\sqrt{6}=a$, $\sqrt{60}=b$일 때, 다음 중 옳은 것은?

① $\sqrt{600}=10b$ ② $\sqrt{6000}=100a$

③ $\sqrt{60000}=100b$ ④ $\sqrt{0.6}=\dfrac{b}{10}$

⑤ $\sqrt{0.006}=\dfrac{a}{100}$

0218 상 중 하 서술형

$\sqrt{5}=x$, $\sqrt{14}=y$일 때, $\sqrt{500}+\sqrt{1.26}$을 x, y를 사용하여 나타내면 $ax+by$이다. 이때 유리수 a, b에 대하여 ab의 값을 구하시오.

수학의 바이블 37쪽

유형 06 분모의 유리화

0219 상 중 하

$\dfrac{2\sqrt{3}}{\sqrt{5}}=a\sqrt{15}$, $\dfrac{5}{\sqrt{12}}=b\sqrt{3}$일 때, 유리수 a, b에 대하여 $\sqrt{ab}$의 값을 구하시오.

> **유형 Point**   ❶ 분모의 근호 안의 수를 소인수분해하여 제곱인 인수는 근호 밖으로 꺼낸다.
> ❷ 분모에 있는 제곱근을 분자, 분모에 모두 곱하여 분모를 유리화한다.

⭐ 0220 상 중 하

다음 중 분모를 유리화한 것으로 옳지 <u>않은</u> 것은?

① $\dfrac{3}{\sqrt{7}}=\dfrac{3\sqrt{7}}{7}$ ② $\dfrac{\sqrt{5}}{\sqrt{6}}=\dfrac{\sqrt{30}}{6}$

③ $\dfrac{\sqrt{2}}{3\sqrt{5}}=\dfrac{\sqrt{10}}{15}$ ④ $\dfrac{4}{5\sqrt{2}}=\dfrac{4\sqrt{2}}{5}$

⑤ $\dfrac{3}{\sqrt{24}}=\dfrac{\sqrt{6}}{4}$

0221 상 중 하

$\dfrac{\sqrt{a}}{\sqrt{117}}$의 분모를 유리화하면 $\dfrac{\sqrt{143}}{39}$일 때, 양의 유리수 a의 값을 구하시오.

0222 상 중 하

$a>0$, $b>0$, $c\neq0$일 때, 다음 보기에서 옳은 것을 모두 고르시오.

> **보기**
>
> ㄱ. $\dfrac{b}{\sqrt{a}}=\dfrac{b\sqrt{a}}{a}$ ㄴ. $\sqrt{\dfrac{b}{a}}=\dfrac{b\sqrt{a}}{a}$
>
> ㄷ. $\dfrac{b}{c\sqrt{a}}=\dfrac{b\sqrt{a}}{ac}$ ㄹ. $\dfrac{\sqrt{b}}{c\sqrt{a}}=\dfrac{\sqrt{ab}}{ac}$

0223 상 중 하

다음 수를 크기가 작은 것부터 차례로 나열할 때, 세 번째에 오는 수를 구하시오.

$$\frac{\sqrt{2}}{\sqrt{5}}, \quad \frac{\sqrt{2}}{5}, \quad \frac{2}{\sqrt{5}}, \quad \frac{2}{5}, \quad \sqrt{5}$$

0224 상 중 하 서술형

$\sqrt{\dfrac{27}{32}} = \dfrac{b\sqrt{3}}{a\sqrt{2}} = c\sqrt{6}$일 때, $\dfrac{ab}{c}$의 값을 구하시오.

(단, a, b는 서로소인 자연수, c는 유리수이다.)

> 수학의 바이블 37쪽

유형 07 제곱근의 곱셈과 나눗셈의 혼합 계산

0225 상 중 하

$\dfrac{3\sqrt{3}}{\sqrt{2}} \div \dfrac{\sqrt{6}}{\sqrt{5}} \times \dfrac{\sqrt{8}}{\sqrt{15}}$을 계산하면?

① $\sqrt{3}$ ② $\sqrt{5}$ ③ $\sqrt{6}$
④ $\sqrt{7}$ ⑤ $2\sqrt{2}$

→ **유형 Point** 제곱근의 곱셈과 나눗셈의 혼합 계산을 할 때에는
❶ $\sqrt{a^2 b}$ 꼴은 $a\sqrt{b}$ 꼴로 고친다.
❷ 나눗셈은 역수의 곱셈으로 고친 후 앞에서부터 순서대로 계산한다.
❸ 계산 결과의 분모가 근호를 포함한 무리수일 때에는 분모를 유리화한다.

0226 상 중 하

$\sqrt{18} \times (-2\sqrt{6}) \div \dfrac{3}{\sqrt{32}}$을 계산하면?

① $-18\sqrt{3}$ ② $-16\sqrt{6}$ ③ $-12\sqrt{3}$
④ $-8\sqrt{6}$ ⑤ $-4\sqrt{6}$

0227 상 중 하

다음 중 옳지 <u>않은</u> 것은?

① $\sqrt{6} \times \sqrt{12} \div 2\sqrt{6} = \sqrt{3}$

② $\sqrt{\dfrac{3}{2}} \times \sqrt{\dfrac{9}{10}} \div \sqrt{\dfrac{15}{4}} = \dfrac{3}{5}$

③ $\dfrac{3}{2\sqrt{5}} \div (-\sqrt{50}) \times 2\sqrt{10} = -\dfrac{\sqrt{5}}{5}$

④ $4\sqrt{15} \div 2\sqrt{3} \times 3\sqrt{2} = 6\sqrt{10}$

⑤ $\dfrac{3\sqrt{10}}{4} \div \dfrac{\sqrt{30}}{2} \times \dfrac{\sqrt{2}}{3} = \dfrac{\sqrt{6}}{6}$

0228 상 중 하

$\sqrt{50} \times \sqrt{8} \div \sqrt{6} \times \sqrt{3} = a\sqrt{2}$를 만족하는 유리수 a의 값을 구하시오.

0229 상 중 하

양의 유리수 a, b에 대하여 다음 식의 값을 구하시오.

$$\frac{\sqrt{5a}}{\sqrt{2b}} \times \frac{\sqrt{b}}{\sqrt{9a}} \div \sqrt{\frac{6b}{2a}} \times \sqrt{\frac{5b}{3a}}$$

0230 상 중 하

다음과 같이 화살표 위에 쓰여진 계산을 차례로 한 결과가 12일 때, (가)에 알맞은 수는?

$$\boxed{(가)} \xrightarrow{\times 4\sqrt{3}} \boxed{} \xrightarrow{\div \sqrt{20}} 12$$

① $\sqrt{3}$ ② $\sqrt{5}$ ③ $2\sqrt{3}$
④ $\sqrt{15}$ ⑤ $2\sqrt{15}$

유형 08 제곱근의 곱셈과 나눗셈의 도형에의 활용

0231 상 중 하

오른쪽 그림과 같이 직사각형 ABCD
에서 $\overline{AD}$, $\overline{CD}$를 각각 한 변으로 하는
두 정사각형을 그렸더니 그 넓이가 각
각 24, 8이 되었다. 이때 직사각형
ABCD의 넓이를 구하시오.

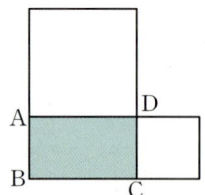

→ **유형 Point** 변의 길이가 무리수인 도형의 넓이, 부피를 구할 때에는
❶ 넓이, 부피를 구하는 공식을 이용하여 식을 세운다.
❷ 제곱근의 성질과 분모의 유리화를 이용하여 식을 간단히 한다.

⭐ 0232 상 중 하

오른쪽 그림과 같이 밑면의 가로, 세
로의 길이가 각각 $3\sqrt{5}$ cm, $2\sqrt{2}$ cm
인 직육면체의 부피가 $12\sqrt{30}$ cm³일
때, 높이는?

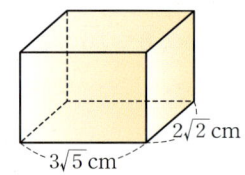

① $\sqrt{2}$ cm   ② $\sqrt{3}$ cm   ③ 2 cm
④ $2\sqrt{2}$ cm   ⑤ $2\sqrt{3}$ cm

0233 상 중 하 서술형

오른쪽 그림의 삼각형과 직사각형
의 넓이가 서로 같을 때, 직사각형
의 가로의 길이 x의 값을 구하시
오.

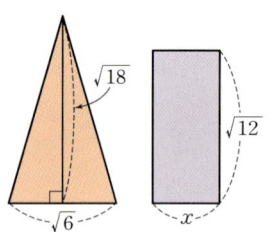

0234 상 중 하

오른쪽 그림과 같이 높이가 $\sqrt{48}$인 원뿔의
부피가 $16\sqrt{3}\pi$일 때, 밑면의 반지름의 길이
를 구하시오.

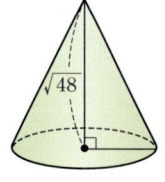

유형 09 제곱근의 곱셈과 나눗셈의 도형에의 활용 – 대각선의 길이

0235 상 중 하

오른쪽 그림과 같은 직사각형 ABCD
에서 대각선 AC의 길이가 $3\sqrt{5}$ cm이
고, $\overline{BC} = 3\sqrt{3}$ cm일 때, 직사각형
ABCD의 넓이를 구하시오.

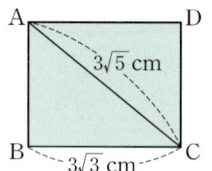

→ **유형 Point** (1) 가로, 세로의 길이가 각각 a, b인
직사각형의 대각선의 길이를 l이라고 하면
$l = \sqrt{a^2 + b^2}$

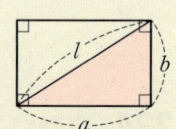

(2) 세 모서리의 길이가 각각 a, b, c인 직육면체의
대각선의 길이를 l이라고 하면
$l = \sqrt{a^2 + b^2 + c^2}$

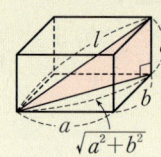

0236 상 중 하

오른쪽 그림과 같이 대각선의 길이가
8 cm인 정사각형 ABCD의 한 변의 길
이를 구하시오.

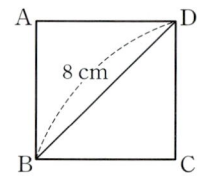

0237 상 중 하

오른쪽 그림과 같이 가로, 세로의
길이가 각각 3 cm이고 높이가
$3\sqrt{2}$ cm인 직육면체에서 $\dfrac{b}{a}$의 값을
구하시오.

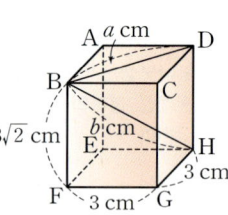

0238 상 중 하

오른쪽 그림과 같은 정육면체에서 대각
선 BH의 길이가 9 cm일 때, 정육면체
의 한 모서리의 길이를 구하시오.

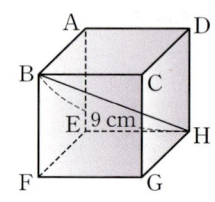

▶ 수학의 바이블 39쪽

유형 10 제곱근의 곱셈과 나눗셈의 도형에의 활용 — 정삼각형의 높이와 넓이

0239 상 중 하

오른쪽 그림과 같이 한 변의 길이가 8 cm인 정삼각형 ABC의 넓이를 구하시오.

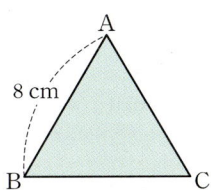

> **유형 Point** 한 변의 길이가 a인 정삼각형의 높이를 h, 넓이를 S라고 하면
>
> (1) $h = \dfrac{\sqrt{3}}{2}a \rightarrow h^2 = a^2 - \left(\dfrac{a}{2}\right)^2 = \dfrac{3}{4}a^2$
>
> (2) $S = \dfrac{\sqrt{3}}{4}a^2 \rightarrow S = \dfrac{1}{2}ah = \dfrac{1}{2} \times a \times \dfrac{\sqrt{3}}{2}a$

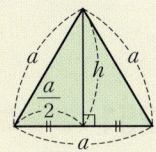

★★ 0240 상 중 하

오른쪽 그림에서 점 G는 한 변의 길이가 12 cm인 정삼각형 ABC의 무게중심이다. 이때 $\overline{AG}$의 길이를 구하시오.

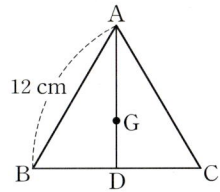

0241 상 중 하

오른쪽 그림과 같이 높이가 $5\sqrt{3}$ cm인 정삼각형 ABC의 한 변의 길이를 구하시오.

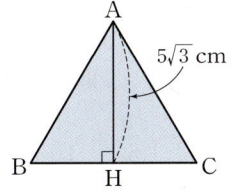

0242 상 중 하 서술형

오른쪽 그림과 같은 직각삼각형 ABC에서 $\overline{AB}$를 한 변으로 하는 정삼각형 ADB를 그렸다. 이때 △ADB의 넓이를 구하시오.

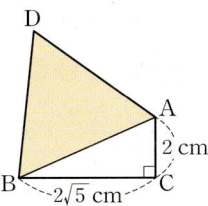

유형 11 제곱근표를 이용하여 제곱근의 값 구하기

0243 상 중 하

$\sqrt{6.13} = a$, $\sqrt{b} = 2.494$일 때, 다음 제곱근표를 이용하여 $1000a - 100b$의 값을 구하시오.

수	0	1	2	3	4
6.0	2.449	2.452	2.454	2.456	2.458
6.1	2.470	2.472	2.474	2.476	2.478
6.2	2.490	2.492	2.494	2.496	2.498

> **유형 Point** 제곱근표에서 처음 두 자리 수의 가로줄과 끝자리 수의 세로줄이 만나는 곳의 수를 읽는다.
>
> ➡ $\sqrt{1.22} = 1.105$

수	⋯	2	⋯
1.0	⋯	1.010	⋯
1.1	⋯	1.058	⋯
1.2	⋯	1.105	⋯
1.3	⋯	1.149	⋯
⋮	⋮	⋮	⋮

0244 상 중 하

$\sqrt{26.3} = a$, $\sqrt{b} = 4.950$일 때, 다음 제곱근표를 이용하여 $100a + b$의 값을 구하시오.

수	2	3	4	5
24	4.919	4.930	4.940	4.950
25	5.020	5.030	5.040	5.050
26	5.119	5.128	5.138	5.148

0245 상 중 하

$\sqrt{a} = 2.369$, $\sqrt{b} = 2.415$일 때, 다음 제곱근표를 이용하여 $100(b-a)$의 값을 구하시오.

수	0	1	2	3	4
5.6	2.366	2.369	2.371	2.373	2.375
5.7	2.387	2.390	2.392	2.394	2.396
5.8	2.408	2.410	2.412	2.415	2.417

▶ 수학의 바이블 39쪽

유형 12 제곱근표에 없는 제곱근의 값 구하기

0246 상 중 하

$\sqrt{3}=1.732$, $\sqrt{30}=5.477$일 때, 다음 중 옳지 않은 것은?

① $\sqrt{300}=17.32$ ② $\sqrt{3000}=54.77$

③ $\sqrt{30000}=173.2$ ④ $\sqrt{0.3}=0.05477$

⑤ $\sqrt{0.0003}=0.01732$

→ **유형 Point**   (1) 100 이상인 수의 제곱근의 값

➡ $\sqrt{100a}=10\sqrt{a}$, $\sqrt{10000a}=100\sqrt{a}$, …임을 이용한다.

(2) 0 이상 1 미만인 수의 제곱근의 값

➡ $\sqrt{\dfrac{a}{100}}=\dfrac{\sqrt{a}}{10}$, $\sqrt{\dfrac{a}{10000}}=\dfrac{\sqrt{a}}{100}$, …임을 이용한다.

0247 상 중 하

다음 중 $\sqrt{5}=2.236$임을 이용하여 그 값을 구할 수 없는 것은? (정답 2개)

① $\sqrt{0.0005}$ ② $\sqrt{0.05}$ ③ $\sqrt{50}$

④ $\sqrt{5000}$ ⑤ $\sqrt{50000}$

0248 상 중 하

$\sqrt{24.5}=4.95$일 때, $\sqrt{a}=49.5$를 만족하는 유리수 a의 값은?

① 0.245   ② 2.45   ③ 245

④ 2450   ⑤ 24500

0249 상 중 하

다음 중 주어진 제곱근표를 이용하여 그 값을 구할 수 없는 것은?

수	0	1	2	3	4
65	8.062	8.068	8.075	8.081	8.087
66	8.124	8.130	8.136	8.142	8.149
67	8.185	8.191	8.198	8.204	8.210
68	8.246	8.252	8.258	8.264	8.270
69	8.307	8.313	8.319	8.325	8.331

① $\sqrt{0.00683}$ ② $\sqrt{0.654}$ ③ $\sqrt{66.2}$

④ $\sqrt{691}$ ⑤ $\sqrt{6700}$

▶ 수학의 바이블 43쪽

유형 13 제곱근의 덧셈과 뺄셈

0250 상 중 하

$\sqrt{2}+5\sqrt{7}+8\sqrt{2}-2\sqrt{7}=a\sqrt{2}+b\sqrt{7}$일 때, 유리수 a, b에 대하여 $a-b$의 값을 구하시오.

→ **유형 Point** a, b, c, d는 유리수, $\sqrt{x}$, $\sqrt{y}$는 무리수일 때

$a\sqrt{x}+b\sqrt{y}+c\sqrt{x}+d\sqrt{y}=(a+c)\sqrt{x}+(b+d)\sqrt{y}$

0251 상 중 하

$A=-5\sqrt{2}-2\sqrt{2}+4\sqrt{2}$, $B=-5\sqrt{3}+2\sqrt{3}-3\sqrt{3}$일 때, AB의 값을 구하시오.

0252 상 중 하

$\sqrt{3}=a$, $\sqrt{5}=b$일 때, $\dfrac{3\sqrt{3}}{4}+\dfrac{\sqrt{5}}{6}-\dfrac{\sqrt{3}}{2}+\dfrac{\sqrt{5}}{3}$를 a, b를 사용하여 나타내면?

① $\dfrac{1}{4}a+\dfrac{1}{4}b$ ② $\dfrac{1}{4}a+\dfrac{1}{2}b$ ③ $\dfrac{1}{2}a+\dfrac{1}{4}b$

④ $\dfrac{1}{2}a+\dfrac{1}{2}b$ ⑤ $a+b$

0253 상 중 하

$\dfrac{\sqrt{a}}{5}-\dfrac{\sqrt{a}}{6}=\dfrac{3}{10}$일 때, 양수 a의 값은?

① 3   ② 9   ③ 27

④ 64   ⑤ 81

0254 상 중 하   서술형

$x=\dfrac{\sqrt{5}+\sqrt{2}}{2}$, $y=\dfrac{\sqrt{5}-\sqrt{2}}{2}$일 때, $(x+y)(x-y)$의 값을 구하시오.

▷ 수학의 바이블 43쪽

유형 14 $\sqrt{a^2b}=a\sqrt{b}$를 이용한 제곱근의 덧셈과 뺄셈

0255 상 중 하

$\sqrt{108}-\sqrt{80}-\sqrt{75}+\sqrt{45}=a\sqrt{3}+b\sqrt{5}$일 때, 유리수 a, b에 대하여 $a+b$의 값을 구하시오.

→ **유형 Point** $\sqrt{a^2b}$ 꼴을 포함한 제곱근의 덧셈과 뺄셈을 할 때에는
❶ $\sqrt{a^2b}=a\sqrt{b}$임을 이용하여 근호 안의 수를 가장 작은 자연수로 만든다.
❷ 근호 안의 수가 같은 것끼리 덧셈, 뺄셈을 한다.

0256 상 중 하

$2\sqrt{20}-3\sqrt{45}+\sqrt{5}$를 계산하면?

① $-5\sqrt{5}$ ② $-4\sqrt{5}$ ③ $-3\sqrt{5}$
④ $4\sqrt{5}$ ⑤ $5\sqrt{5}$

0257 상 중 하

$2\sqrt{a}+\sqrt{63}-\sqrt{175}=\sqrt{28}$일 때, 자연수 a의 값을 구하시오.

0258 상 중 하

다음을 계산하시오.

$$6\sqrt{24}-2\sqrt{27}-3\sqrt{54}+\sqrt{48}$$

0259 상 중 하

$\sqrt{18}-\dfrac{\sqrt{98}}{6}+\dfrac{\sqrt{8}}{4}-\dfrac{\sqrt{72}}{3}=k\sqrt{2}$를 만족하는 유리수 k의 값을 구하시오.

▷ 수학의 바이블 43쪽

유형 15 분모의 유리화를 이용한 제곱근의 덧셈과 뺄셈

0260 상 중 하

$\sqrt{125}-7\sqrt{2}-\sqrt{20}+\dfrac{4}{\sqrt{2}}=a\sqrt{2}+b\sqrt{5}$일 때, 유리수 a, b에 대하여 $a+b$의 값을 구하시오.

→ **유형 Point** ❶ 분모에 근호를 포함한 무리수가 있으면 분모를 유리화한다.
❷ 근호 안의 수가 같은 것끼리 덧셈, 뺄셈을 한다.

0261 상 중 하

$2\sqrt{54}-\dfrac{6\sqrt{2}}{\sqrt{3}}+\sqrt{96}=a\sqrt{6}$일 때, 유리수 a의 값을 구하시오.

0262 상 중 하

$a=\sqrt{3}$, $b=a+\dfrac{1}{a}$일 때, $b=ka$를 만족하는 유리수 k의 값을 구하시오.

0263 상 중 하

$a=\sqrt{5}$, $b=\sqrt{7}$일 때, $\dfrac{b}{a}-\dfrac{a}{b}$의 값은?

① $-\dfrac{\sqrt{7}}{7}$ ② $-\dfrac{2\sqrt{35}}{35}$ ③ $\dfrac{2\sqrt{35}}{35}$
④ $\dfrac{\sqrt{7}}{7}$ ⑤ $\dfrac{\sqrt{5}}{5}$

0264 상 중 하 서술형

$\sqrt{48}-\sqrt{50}-\dfrac{6}{\sqrt{2}}+\dfrac{9}{\sqrt{3}}=a\sqrt{3}-b\sqrt{2}$일 때, 유리수 a, b에 대하여 ab의 값을 구하시오.

유형 16 분배법칙을 이용한 제곱근의 덧셈과 뺄셈

0265 상 중 하

$2\sqrt{3}(\sqrt{6}-3\sqrt{2})-\sqrt{2}(\sqrt{3}-1)=a\sqrt{2}+b\sqrt{6}$일 때, 유리수 a, b에 대하여 $a-b$의 값은?

① 6   ② 8   ③ 10

④ 12   ⑤ 14

➤ **유형 Point**   괄호가 있으면 분배법칙을 이용하여 괄호를 푼 후 근호 안의 수가 같은 것끼리 덧셈, 뺄셈을 한다.

$a>0$, $b>0$, $c>0$일 때

(1) $\sqrt{a}(\sqrt{b}\pm\sqrt{c})=\sqrt{ab}\pm\sqrt{ac}$ (복호동순)

(2) $(\sqrt{a}\pm\sqrt{b})\sqrt{c}=\sqrt{ac}\pm\sqrt{bc}$ (복호동순)

0266 상 중 하

$5\sqrt{2}-\sqrt{6}(\sqrt{3}-2\sqrt{6})$을 계산하면?

① $8-4\sqrt{2}$ ② $12-2\sqrt{2}$ ③ $8+2\sqrt{2}$

④ $12+2\sqrt{2}$ ⑤ $10+4\sqrt{2}$

0267 상 중 하

$A=\sqrt{8}-\sqrt{3}$, $B=\sqrt{2}+\sqrt{3}$일 때, $\sqrt{2}A-\sqrt{3}B$의 값은?

① $1-3\sqrt{6}$ ② $1-2\sqrt{6}$ ③ $1-\sqrt{6}$

④ $5-2\sqrt{6}$ ⑤ $5-\sqrt{6}$

0268 상 중 하

$\sqrt{3}(2-\sqrt{21})+\sqrt{7}\left(\dfrac{\sqrt{3}}{\sqrt{7}}-2\right)=a\sqrt{3}+b\sqrt{7}$일 때, 유리수 a, b에 대하여 a^2+b^2의 값을 구하시오.

유형 17 분배법칙을 이용한 분모의 유리화

0269 상 중 하

$\dfrac{\sqrt{72}+2}{\sqrt{12}}$의 분모를 유리화하였더니 $a\sqrt{3}+b\sqrt{6}$이 되었다. 유리수 a, b에 대하여 $a+b$의 값은?

① $\dfrac{4}{3}$ ② 2   ③ $\dfrac{8}{3}$

④ $\dfrac{10}{3}$ ⑤ 4

➤ **유형 Point** $a>0$, $b>0$, $c>0$일 때

$$\frac{\sqrt{a}+\sqrt{b}}{\sqrt{c}}=\frac{(\sqrt{a}+\sqrt{b})\times\sqrt{c}}{\sqrt{c}\times\sqrt{c}}=\frac{\sqrt{ac}+\sqrt{bc}}{c}$$

0270 상 중 하

$\dfrac{\sqrt{6}-\sqrt{18}}{\sqrt{3}}+\sqrt{6}$을 계산하면?

① $-\sqrt{3}$ ② $-\sqrt{2}$ ③ $\sqrt{2}$

④ $\sqrt{3}$ ⑤ $\sqrt{6}$

0271 상 중 하

$x=\dfrac{15+\sqrt{15}}{\sqrt{5}}$, $y=\dfrac{15-\sqrt{15}}{\sqrt{5}}$일 때, $\sqrt{3}(x-y)$의 값을 구하시오.

0272 상 중 하   서술형

$x=\dfrac{\sqrt{6}+\sqrt{3}}{\sqrt{2}}$, $y=\dfrac{\sqrt{6}-\sqrt{3}}{\sqrt{2}}$일 때, $\dfrac{x+y}{x-y}$의 값을 구하시오.

> 수학의 바이블 45쪽

유형 18 근호를 포함한 복잡한 식의 계산

0273 상중하

$\sqrt{2}(\sqrt{2}+2\sqrt{6})-\dfrac{4+3\sqrt{3}}{\sqrt{3}}=a+b\sqrt{3}$일 때, 유리수 a, b에 대하여 $a+3b$의 값은?

① 4 　　　② 5 　　　③ 6
④ 7 　　　⑤ 8

→ **유형 Point** ❶ 괄호가 있으면 분배법칙을 이용하여 괄호를 푼다.
❷ $\sqrt{a^2b}$ 꼴은 $a\sqrt{b}$ 꼴로 고친다.
❸ 분모에 근호를 포함한 무리수가 있으면 분모를 유리화한다.
❹ 곱셈, 나눗셈을 한다.
❺ 덧셈, 뺄셈을 한다.

0274 상중하

$3\sqrt{5}(2-\sqrt{5})+\dfrac{5}{\sqrt{5}}-\sqrt{20}$ 을 계산하면?

① $-15+5\sqrt{5}$ 　② $-10+3\sqrt{5}$ 　③ $5\sqrt{5}$
④ $10+\sqrt{5}$ 　　⑤ $15+2\sqrt{5}$

0275 상중하

$\dfrac{3}{\sqrt{2}}(2+2\sqrt{6})-\dfrac{\sqrt{3}}{3}(\sqrt{6}-6)=a\sqrt{2}+b\sqrt{3}$일 때, 유리수 a, b에 대하여 $a-b$의 값은?

① -8 　　　② -6 　　　③ -4
④ 4 　　　⑤ 6

0276 상중하

다음을 계산하시오.

$$\sqrt{75}\left(\sqrt{3}+\dfrac{4}{\sqrt{2}}\right)-\dfrac{5}{\sqrt{3}}(\sqrt{12}-\sqrt{18})$$

0277 상중하

$A=4\sqrt{3}-\dfrac{6}{\sqrt{2}}$, $B=\sqrt{3}+\dfrac{\sqrt{2}}{2}$일 때, $\sqrt{3}A-2\sqrt{2}B$의 값은?

① $5-10\sqrt{6}$ 　② $-10\sqrt{3}$ 　③ $10-5\sqrt{6}$
④ $10+5\sqrt{2}$ 　⑤ $5+10\sqrt{3}$

유형 19 제곱근의 계산 결과가 유리수가 될 조건

0278 상중하

$2\sqrt{3}(\sqrt{3}+a)-4\sqrt{3}(1+\sqrt{3})$을 계산한 결과가 유리수일 때, 유리수 a의 값은?

① $\dfrac{1}{3}$ 　　② $\dfrac{1}{2}$ 　　③ 1
④ $\dfrac{3}{2}$ 　　⑤ 2

→ **유형 Point** a, b가 유리수이고 $\sqrt{m}$이 무리수일 때,
$a+b\sqrt{m}$이 유리수가 될 조건 ➡ $b=0$

0279 상중하

$8\sqrt{5}-a\sqrt{5}+3-\dfrac{15}{\sqrt{5}}$를 계산한 결과가 유리수가 되도록 하는 유리수 a의 값을 구하시오.

0280 상중하 서술형

A가 유리수일 때, 다음을 구하시오.

$$A=6(k-\sqrt{7})-3\sqrt{7}+3k\sqrt{7}-13$$

(1) 유리수 k의 값
(2) A의 값

유형 **20** 무리수의 정수 부분과 소수 부분

0281 상 중 하

$\sqrt{8}+2$의 정수 부분을 a, 소수 부분을 b라고 할 때, ab의 값은?

① $6\sqrt{2}-10$ ② $6\sqrt{2}-8$ ③ $8\sqrt{2}-4$

④ $8\sqrt{2}-8$ ⑤ $10\sqrt{2}-8$

→ **유형 Point** (1) (무리수)=(정수 부분)+(소수 부분)
　　　　　　　　　　　　　　 └─ 0<(소수 부분)<1
(2) (무리수의 소수 부분)=(무리수)−(무리수의 정수 부분)
　 ➡ $\sqrt{a}$의 정수 부분이 n이면 소수 부분은 $\sqrt{a}-n$

0282 상 중 하

$\sqrt{7}$의 정수 부분을 a, 소수 부분을 b라고 할 때, $2a-b$의 값은?

① $6-\sqrt{7}$ ② $6-2\sqrt{7}$ ③ $8-\sqrt{7}$

④ $8-2\sqrt{7}$ ⑤ $10-\sqrt{7}$

0283 상 중 하

$\sqrt{5}$의 소수 부분을 k라고 할 때, $\sqrt{180}$의 소수 부분을 k를 사용하여 나타내면?

① $6k-3$ ② $6k-2$ ③ $6k-1$

④ $6k$ ⑤ $6k+1$

0284 상 중 하

$\sqrt{3}$의 소수 부분을 a, $\sqrt{18}$의 소수 부분을 b라고 할 때, $\sqrt{3}a+\sqrt{2}b+\dfrac{8}{\sqrt{2}}$의 값을 구하시오.

유형 **21** 제곱근의 덧셈과 뺄셈의 도형에의 활용

0285 상 중 하

가로의 길이가 $5\sqrt{6}$ cm인 직사각형의 넓이가 270 cm²일 때, 직사각형의 둘레의 길이를 구하시오.

→ **유형 Point** 변의 길이가 무리수인 도형의 둘레의 길이, 넓이, 부피를 구할 때에는
❶ 둘레의 길이, 넓이, 부피 구하는 공식을 이용하여 식을 세운다.
❷ 제곱근의 성질과 분모의 유리화를 이용한다.

0286 상 중 하

오른쪽 그림과 같은 사다리꼴의 넓이가 $a+b\sqrt{6}$일 때, 유리수 a, b에 대하여 ab의 값을 구하시오.

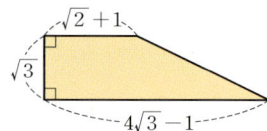

0287 상 중 하

다음 그림과 같이 넓이가 각각 8 cm², 32 cm², 18 cm²인 세 정사각형에서 $\overline{AB}+\overline{BC}$의 길이를 구하시오.

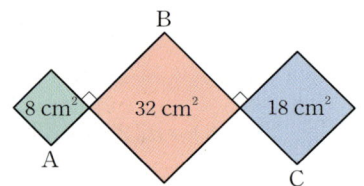

0288 상 중 하 서술형

오른쪽 그림과 같이 가로의 길이가 $\sqrt{108}$ cm, 세로의 길이가 $\sqrt{48}$ cm인 직사각형 모양의 종이의 네 귀퉁이에서 각각 한 변의 길이가 $\sqrt{3}$ cm인 정사각형을 잘라 내어 만든 뚜껑이 없는 직육면체 모양의 상자의 부피를 구하시오.

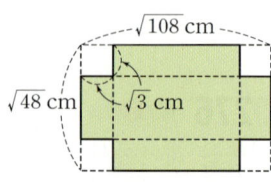

▶ 수학의 바이블 47쪽

유형 22 제곱근의 덧셈과 뺄셈의 수직선에의 활용

0289 상 중 하

다음 그림은 한 눈금의 길이가 1인 모눈종이 위에 수직선과 두 직각삼각형 ABC, DEF를 그린 것이다. $\overline{AB}=\overline{PB}$, $\overline{DF}=\overline{QF}$인 수직선 위의 두 점 P, Q에 대응하는 수를 각각 a, b라고 할 때, $a+b$의 값을 구하시오.

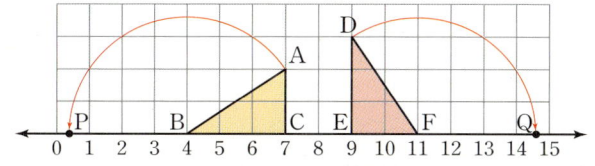

유형 Point 피타고라스 정리를 이용하여 직각삼각형의 빗변의 길이 또는 정사각형의 한 변의 길이를 구하여 주어진 점에 대응하는 수를 구한 후 제곱근의 사칙계산을 한다.

0290 상 중 하 서술형

오른쪽 그림은 수직선 위에 정사각형 ABCD와 두 대각선을 그린 것이다. 점 A를 중심으로 하고 $\overline{AC}$를 반지름으로 하는 원과 점 B를 중심으로 하고 $\overline{BD}$를 반지름으로 하는 원을 그려 수직선과 만나는 점을 각각 P, Q라고 할 때, $\overline{PQ}$의 길이를 구하시오.

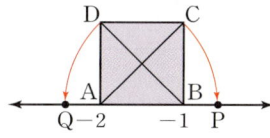

0291 상 중 하

다음 그림은 한 눈금의 길이가 1인 모눈종이 위에 두 개의 정사각형을 그린 것이다. $\overline{AC}=\overline{AP}$, $\overline{BD}=\overline{BQ}$이고 두 점 P, Q에 대응하는 두 수를 각각 p, q라고 할 때, $\sqrt{2}p-2q$의 값을 구하시오.

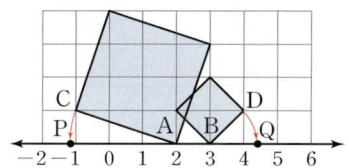

유형 23 실수의 대소 관계

0292 상 중 하

다음 중 두 실수의 대소 관계가 옳지 않은 것은?

① $2\sqrt{3}+1>\sqrt{3}-3$
② $3+\sqrt{5}<\sqrt{5}+\sqrt{10}$
③ $5-\sqrt{3}<2+3\sqrt{3}$
④ $3\sqrt{7}-2>2\sqrt{7}+1$
⑤ $4\sqrt{2}-1>2\sqrt{2}+1$

유형 Point 두 실수 A, B의 대소 관계는 $A-B$의 부호로 알 수 있다.
(1) $A-B>0$이면 $A>B$
(2) $A-B=0$이면 $A=B$
(3) $A-B<0$이면 $A<B$

0293 상 중 하

다음 중 □ 안에 들어갈 부등호가 나머지 넷과 다른 하나는?

① $\sqrt{2}+3$ □ $\sqrt{3}+3$
② $2-\sqrt{2}$ □ $-\sqrt{2}+3$
③ $3\sqrt{6}+\sqrt{7}$ □ $\sqrt{6}+3\sqrt{7}$
④ $2\sqrt{3}+1$ □ $\sqrt{3}+1$
⑤ $\sqrt{18}+\sqrt{12}$ □ $5\sqrt{3}+\sqrt{2}$

0294 상 중 하

다음 보기에서 두 실수의 대소 관계를 바르게 나타낸 것을 모두 고른 것은?

보기
ㄱ. $1+5\sqrt{2}>3+\sqrt{8}$
ㄴ. $3\sqrt{2}+\sqrt{3}>2\sqrt{2}+2\sqrt{3}$
ㄷ. $\sqrt{48}+2\sqrt{5}>\sqrt{45}+3\sqrt{3}$
ㄹ. $5\sqrt{3}-\sqrt{18}<\sqrt{12}+\sqrt{2}$

① ㄱ, ㄴ
② ㄱ, ㄹ
③ ㄴ, ㄷ
④ ㄴ, ㄹ
⑤ ㄷ, ㄹ

0295 상 중 하

다음 세 실수 a, b, c의 대소 관계를 부등호를 사용하여 나타내시오.

$$a=3\sqrt{5}+2, \quad b=10-\sqrt{20}, \quad c=\sqrt{80}+1$$

0296

$\sqrt{10} \times \sqrt{12} \times \sqrt{45} = a\sqrt{6}$을 만족하는 자연수 a의 값을 구하시오.

0297

$3\sqrt{3} \times \sqrt{\dfrac{50}{3}}$ 을 계산하여 근호 안의 수가 가장 작은 자연수가 되도록 $a\sqrt{b}$ 꼴로 나타내었을 때, 유리수 a, b에 대하여 $a+b$의 값을 구하시오.

0298

$\sqrt{2.88} = k\sqrt{2}$일 때, 유리수 k의 값을 구하시오.

0299

$a>0$, $b>0$, $ab=16$일 때, $a\sqrt{\dfrac{9b}{a}} + b\sqrt{\dfrac{16a}{b}}$의 값은?

① 16   ② 20   ③ 24
④ 28   ⑤ 32

0300

$\dfrac{3\sqrt{3}}{\sqrt{2}} \div \dfrac{\sqrt{6}}{\sqrt{5}} \div \dfrac{\sqrt{18}}{\sqrt{8}} = a$, $\sqrt{18} \div \dfrac{2}{\sqrt{54}} \div \dfrac{\sqrt{5}}{\sqrt{3}} = b$일 때, $\dfrac{b}{a}$의 값을 구하시오.

0301

$\sqrt{2}=a$, $\sqrt{5}=b$일 때, $\sqrt{7}$을 a, b를 사용하여 나타내면?

① $\sqrt{ab}$ ② $\sqrt{a+b}$ ③ $\sqrt{a^2+b^2}$
④ $a+b$ ⑤ a^2+b^2

0302

$\dfrac{3\sqrt{a}}{4\sqrt{3}}$의 분모를 유리화하면 $\dfrac{\sqrt{15}}{2}$일 때, 양의 유리수 a의 값을 구하시오.

0303

다음을 만족하는 양의 유리수 a의 값은?

$$\dfrac{2}{\sqrt{3}} \div \dfrac{\sqrt{20}}{\sqrt{12}} \times \dfrac{6\sqrt{5}}{\sqrt{6}} = 2\sqrt{a}$$

① 2   ② 3   ③ 5
④ 6   ⑤ 7

0304

다음 그림과 같은 전개도로 만들어지는 원기둥의 부피를 구하시오.

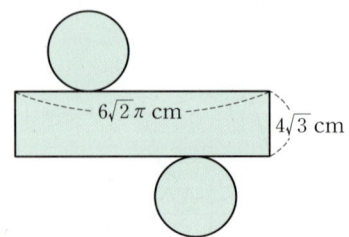

$6\sqrt{2}\pi$ cm

$4\sqrt{3}$ cm

0305

다음 그림과 같이 세 모서리의 길이가 6 cm, $4\sqrt{5}$ cm, 3 cm인 직육면체에서 △ABG의 둘레의 길이를 구하시오.

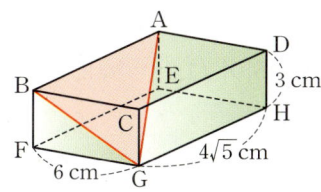

0306

$\sqrt{(3\sqrt{2}-4)^2}-\sqrt{(2\sqrt{2}-3)^2}$을 계산하시오.

0307

$x=\sqrt{7}$일 때, 다음 중 유리수인 것은?

① $5x$ ② x^2+2x ③ x^3-7x

④ $\dfrac{1}{x}$ ⑤ $x+\dfrac{1}{x}$

0308

다음 표에서 두 대각선 위에 있는 세 수의 합이 서로 같을 때, x의 값은?

$1-3\sqrt{8}$		x
	5	
$2+\sqrt{72}$		$3+\sqrt{32}$

① $-2-8\sqrt{2}$ ② $-2-6\sqrt{2}$ ③ $2-8\sqrt{2}$

④ $2+6\sqrt{2}$ ⑤ $2+8\sqrt{2}$

0309

자연수 n에 대하여 $\sqrt{n}$의 소수 부분을 $f(n)$이라고 할 때, $f(75)+f(27)$의 값을 구하시오.

0310 생각이 쑥쑥

다음 그림과 같이 넓이가 각각 2 cm², 8 cm², 18 cm²인 정사각형 모양의 색종이를 이어 붙일 때, 이 색종이로 만든 도형의 둘레의 길이를 구하시오.

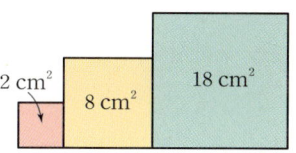

0311

다음 그림은 한 눈금의 길이가 1인 모눈종이 위에 정사각형 ABCD를 그린 것이다. $\overline{AB}=\overline{AP}=\overline{AQ}$일 때, 점 P에 대응하는 수를 p, 점 Q에 대응하는 수를 q라고 하자. 이때 $3p-q$의 값을 구하시오.

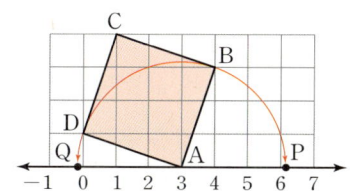

0312 교과서 속 창의·융합 문제

맑은 날 지면으로부터 높이가 h m인 곳에서 사람의 눈으로 볼 수 있는 최대 거리가 $\sqrt{12.6h}$ km라고 한다. 지면으로부터 높이가 400 m인 곳에서 눈으로 볼 수 있는 최대 거리가 $a\sqrt{b}$ km일 때, $a+b$의 값을 구하시오.

(단, b는 가장 작은 자연수이다.)

 단계를 밟아 서술하기

 스스로 서술하기

0313

양의 유리수 a, b에 대하여 $\sqrt{1.08}=a\sqrt{3}$, $\dfrac{2\sqrt{5}}{3}=\sqrt{b}$일 때, $\sqrt{ab}$의 값을 구하시오.

단계 1 a의 값을 구하시오. [40%]

단계 2 b의 값을 구하시오. [40%]

단계 3 $\sqrt{ab}$의 값을 구하시오. [20%]

0314

양의 유리수 a, b에 대하여 $\sqrt{1.28}=a\sqrt{2}$, $\dfrac{5\sqrt{3}}{4}=\sqrt{b}$일 때, $\sqrt{ab}$의 값을 구하시오.

풀이

답 _____

0315

넓이가 49인 직사각형의 가로의 길이와 세로의 길이를 각각 a, b라고 할 때, $\dfrac{20}{a}\sqrt{\dfrac{a}{b}}-\dfrac{6}{b}\sqrt{\dfrac{b}{a}}$의 값을 구하시오.

단계 1 ab의 값을 구하시오. [20%]

단계 2 $\dfrac{20}{a}\sqrt{\dfrac{a}{b}}-\dfrac{6}{b}\sqrt{\dfrac{b}{a}}$를 간단히 하시오. [60%]

단계 3 **단계 1** 에서 구한 ab의 값을 대입하여 $\dfrac{20}{a}\sqrt{\dfrac{a}{b}}-\dfrac{6}{b}\sqrt{\dfrac{b}{a}}$의 값을 구하시오. [20%]

0316

넓이가 36인 직사각형의 가로의 길이와 세로의 길이를 각각 a, b라고 할 때, $\dfrac{15}{a}\sqrt{\dfrac{a}{b}}+\dfrac{3}{b}\sqrt{\dfrac{b}{a}}$의 값을 구하시오.

풀이

답 _____

0317

$2\sqrt{24+a}=4\sqrt{5}$, $\sqrt{25-b}=2\sqrt{3}$을 만족하는 두 유리수 a, b에 대하여 $a+b$의 값을 구하시오.

단계 1 a의 값을 구하시오. [50%]

단계 2 b의 값을 구하시오. [30%]

단계 3 $a+b$의 값을 구하시오. [20%]

0318

$3\sqrt{a-\dfrac{8}{3}}=4\sqrt{3}$, $\sqrt{48-b}=5\sqrt{2}$를 만족하는 두 유리수 a, b에 대하여 $a-b$의 값을 구하시오.

풀이

답 _____

단계를 밟아 서술하기

0319

$\dfrac{5\sqrt{2}}{2}\left(2-\dfrac{\sqrt{3}}{5}\right)+\dfrac{14-\sqrt{75}}{\sqrt{2}}=a\sqrt{2}+b\sqrt{6}$일 때, 유리수 a, b에 대하여 $\sqrt{a+b}$의 값을 구하시오.

단계1 $\dfrac{5\sqrt{2}}{2}\left(2-\dfrac{\sqrt{3}}{5}\right)+\dfrac{14-\sqrt{75}}{\sqrt{2}}$ 를 간단히 하시오. [60%]

단계2 a, b의 값을 각각 구하시오. [20%]

단계3 $\sqrt{a+b}$의 값을 구하시오. [20%]

0321

$\dfrac{a}{\sqrt{2}}(\sqrt{8}+4)-\sqrt{40}\left(\dfrac{1}{\sqrt{5}}+\dfrac{1}{\sqrt{10}}\right)$을 계산한 결과가 유리수가 되도록 하는 유리수 a의 값을 구하시오.

단계1 $\dfrac{a}{\sqrt{2}}(\sqrt{8}+4)-\sqrt{40}\left(\dfrac{1}{\sqrt{5}}+\dfrac{1}{\sqrt{10}}\right)$을 간단히 하시오. [60%]

단계2 유리수 a의 값을 구하시오. [40%]

0323

$4+\sqrt{6}$의 소수 부분을 a, $5-\sqrt{6}$의 소수 부분을 b라고 할 때, $2a+b$의 값을 구하시오.

단계1 a의 값을 구하시오. [35%]

단계2 b의 값을 구하시오. [35%]

단계3 $2a+b$의 값을 구하시오. [30%]

스스로 서술하기

0320

$\dfrac{3}{\sqrt{3}}+\sqrt{6}\times\sqrt{30}-\dfrac{\sqrt{10}+\sqrt{24}}{\sqrt{2}}=a\sqrt{3}+b\sqrt{5}$일 때, 유리수 a, b에 대하여 $\sqrt{a+b}$의 값을 구하시오.

풀이

 답 _____

0322

$\sqrt{24}-\dfrac{2\sqrt{2}}{\sqrt{3}}+a\left(\dfrac{\sqrt{18}-\sqrt{3}}{\sqrt{2}}\right)-3$을 계산한 결과가 유리수가 되도록 하는 유리수 a의 값을 구하시오.

풀이

 답 _____

0324

$3-\sqrt{2}$의 소수 부분을 a, $\sqrt{18}+1$의 소수 부분을 b라고 할 때, $a-2b$의 값을 구하시오.

풀이

답 _____

I−3. 근호를 포함한 식의 계산

스스로 점검하기

아래의 마인드맵에서 빈칸을 채우면서 학습한 내용을 확인해 봅시다.

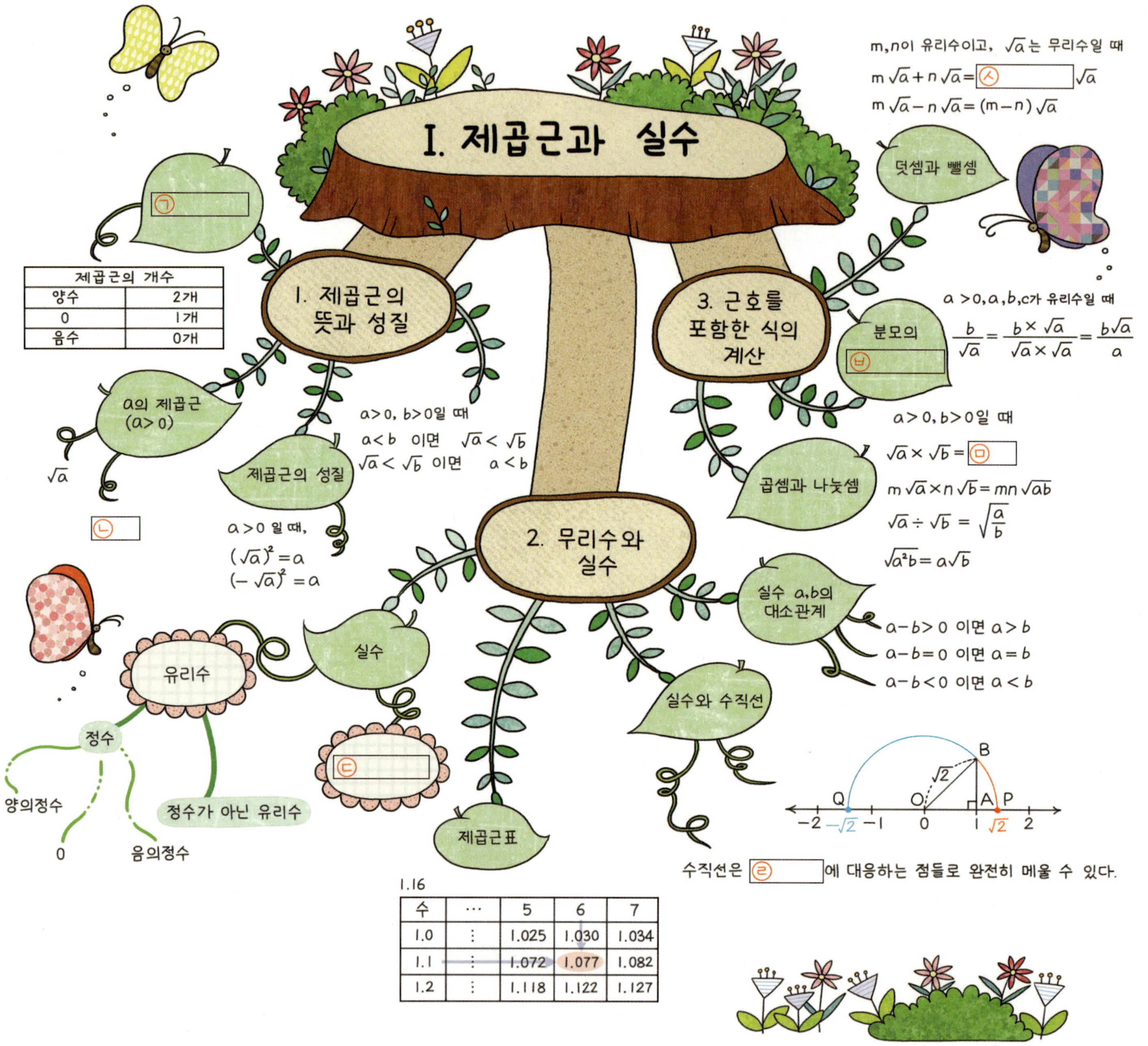
I. 제곱근과 실수
1. 제곱근의 뜻과 성질
㉠
a의 제곱근 (a>0)
√a
㉡
제곱근의 성질
a>0, b>0일 때
a<b 이면 √a<√b
√a<√b 이면 a<b
a>0 일 때,
(√a)² = a
(−√a)² = a
2. 무리수와 실수
실수
유리수
정수
양의정수
0
음의정수
정수가 아닌 유리수
㉢
제곱근표
1.16
실수 a, b의 대소관계
a−b>0 이면 a>b
a−b=0 이면 a=b
a−b<0 이면 a<b
실수와 수직선
B
√2
Q
O
A
P
−2
−√2
−1
0
1
√2
2
수직선은 ㉣ 에 대응하는 점들로 완전히 메울 수 있다.
3. 근호를 포함한 식의 계산
m, n이 유리수이고, √a는 무리수일 때
m√a + n√a = ㉧ √a
m√a − n√a = (m−n)√a
덧셈과 뺄셈
분모의 ㉥
a>0, a, b, c가 유리수일 때
b/√a = (b×√a)/(√a×√a) = b√a/a
곱셈과 나눗셈
a>0, b>0일 때
√a×√b = ㉤
m√a×n√b = mn√ab
√a÷√b = √(a/b)
√(a²b) = a√b

제곱근의 개수	
양수	2개
0	1개
음수	0개

수	⋯	5	6	7
1.0	⋮	1.025	1.030	1.034
1.1	⋮	1.072	1.077	1.082
1.2	⋮	1.118	1.122	1.127

㉠ 제곱하여 a가 되는 수 x $(a \geq 0)$
㉡ 음의 제곱근
㉢ 유리수가 아닌 수, 즉 순환소수가 아닌 무한소수로 나타내어지는 수
㉣ 서로 다른 무리수 사이에는 무수히 많은 유리수와 무리수가 있다.
㉤ 실수의 곱셈에서도 교환법칙, 결합법칙이 성립한다.
㉥ 분수의 분모가 근호를 포함한 무리수일 때, 분모와 분자에 0이 아닌 같은 수를 곱하여 분모를 유리수로 고치는 것
㉦ 실수의 덧셈에서 분배법칙이 성립하므로 근호 안의 수가 같은 것끼리 모아서 계산한다.

답 | ㉠ 제곱근 ㉡ $-\sqrt{a}$ ㉢ 무리수 ㉣ 실수 ㉤ $\sqrt{ab}$ ㉥ 유리화 ㉦ $(m+n)$

Ⅱ. 다항식의 곱셈과 인수분해

이해가 부족한 유형은 ☐ 안에 ✔를 표시하고 다시 풀어 봅시다.

1 다항식의 곱셈

개념 1 다항식의 곱셈과 곱셈 공식

(1) 다항식과 다항식의 곱셈

① 분배법칙을 이용하여 전개한다.

② 동류항이 있으면 동류항끼리 모아
서 계산한다.

$$(a+b)(c+d)=\underset{①}{ac}+\underset{②}{ad}+\underset{③}{bc}+\underset{④}{bd}$$

(2) 곱셈 공식

① $(a+b)^2=a^2+2ab+b^2$ —— 합의 제곱

② $(a-b)^2=a^2-2ab+b^2$ —— 차의 제곱

③ $(a+b)(a-b)=a^2-b^2$ —— 합과 차의 곱

④ $(x+a)(x+b)=x^2+(a+b)x+ab$ —— x의 계수가 1인 두 일차식의 곱

⑤ $(ax+b)(cx+d)=acx^2+(ad+bc)x+bd$ —— x의 계수가 1이 아닌 두 일차식의 곱

예 $(2x-3)(x+1)=(2\times1)x^2+\{2\times1+(-3)\times1\}x+(-3)\times1=2x^2-x-3$

개념 2 곱셈 공식을 이용한 수의 계산

(1) 수의 제곱의 계산

곱셈 공식 $(a+b)^2=a^2+2ab+b^2$ 또는 $(a-b)^2=a^2-2ab+b^2$을 이용한다.

예 $104^2=(100+4)^2=100^2+2\times100\times4+4^2=10816$

$95^2=(100-5)^2=100^2-2\times100\times5+5^2=9025$

(2) 두 수의 곱의 계산

곱셈 공식 $(a+b)(a-b)=a^2-b^2$ 또는 $(x+a)(x+b)=x^2+(a+b)x+ab$를 이용한다.

예 $101\times99=(100+1)(100-1)=100^2-1^2=9999$

$101\times102=(100+1)(100+2)=100^2+(1+2)\times100+1\times2=10302$

개념 3 곱셈 공식을 이용한 분모의 유리화

분모가 $a+\sqrt{b}$ 또는 $\sqrt{a}+\sqrt{b}$ 꼴인 분수는 곱셈 공식 $(x+y)(x-y)=x^2-y^2$을 이용하여 분모를 유리화한다.

$b>0$이고 a, b는 유리수, c는 실수일 때

(1) $\dfrac{c}{a+\sqrt{b}}=\dfrac{c(a-\sqrt{b})}{(a+\sqrt{b})(a-\sqrt{b})}=\dfrac{c(a-\sqrt{b})}{a^2-(\sqrt{b})^2}=\dfrac{ac-c\sqrt{b}}{a^2-b}$ (단, $a\neq\sqrt{b}$)

(2) $\dfrac{c}{\sqrt{a}+\sqrt{b}}=\dfrac{c(\sqrt{a}-\sqrt{b})}{(\sqrt{a}+\sqrt{b})(\sqrt{a}-\sqrt{b})}=\dfrac{c(\sqrt{a}-\sqrt{b})}{(\sqrt{a})^2-(\sqrt{b})^2}=\dfrac{c\sqrt{a}-c\sqrt{b}}{a-b}$

(단, $a>0$, $a\neq b$)

예 $\dfrac{1}{\sqrt{3}+\sqrt{2}}=\dfrac{\sqrt{3}-\sqrt{2}}{(\sqrt{3}+\sqrt{2})(\sqrt{3}-\sqrt{2})}=\dfrac{\sqrt{3}-\sqrt{2}}{3-2}=\sqrt{3}-\sqrt{2}$

개념 4 곱셈 공식의 변형

(1) $a^2+b^2=(a+b)^2-2ab$

(2) $a^2+b^2=(a-b)^2+2ab$

(3) $(a+b)^2=(a-b)^2+4ab$

(4) $(a-b)^2=(a+b)^2-4ab$

예 $x+y=5$, $xy=3$일 때, $x^2+y^2=(x+y)^2-2xy=5^2-2\times3=19$

개념 Plus

● 전개식이 같은 다항식

① $(-a-b)^2=\{-(a+b)\}^2$
$\qquad=(a+b)^2$

② $(-a+b)^2=\{-(a-b)\}^2$
$\qquad=(a-b)^2$

③ $(-a-b)(-a+b)$
$=\{-(a+b)\}\{-(a-b)\}$
$=(a+b)(a-b)$

● 근호를 포함한 식의 계산은 제곱근을 문자로 생각하고 곱셈 공식을 이용한다.

① $(\sqrt{a}+\sqrt{b})^2=a+2\sqrt{ab}+b$

② $(\sqrt{a}-\sqrt{b})^2=a-2\sqrt{ab}+b$

③ $(\sqrt{a}+\sqrt{b})(\sqrt{a}-\sqrt{b})=a-b$

●

분모	분모, 분자에 곱해야 할 수
$a+\sqrt{b}$	$a-\sqrt{b}$
$a-\sqrt{b}$	$a+\sqrt{b}$
$\sqrt{a}+\sqrt{b}$	$\sqrt{a}-\sqrt{b}$
$\sqrt{a}-\sqrt{b}$	$\sqrt{a}+\sqrt{b}$

부호 반대

● 두 수의 곱이 1인 식의 변형

① $a^2+\dfrac{1}{a^2}=\left(a+\dfrac{1}{a}\right)^2-2$

② $a^2+\dfrac{1}{a^2}=\left(a-\dfrac{1}{a}\right)^2+2$

③ $\left(a+\dfrac{1}{a}\right)^2=\left(a-\dfrac{1}{a}\right)^2+4$

④ $\left(a-\dfrac{1}{a}\right)^2=\left(a+\dfrac{1}{a}\right)^2-4$

1 다항식의 곱셈과 곱셈 공식

0325

다음 식을 전개하시오.

(1) $(a+3b)(c+2d)$

(2) $(4x+3)(y-2)$

(3) $(x+y)(2x-3y+1)$

0326

다음 식을 전개하시오.

(1) $(a+1)^2$

(2) $(2x+1)^2$

(3) $(a-2)^2$

(4) $(3x-5)^2$

(5) $(a+3)(a-3)$

(6) $(5a+2)(5a-2)$

(7) $(x+3)(x-5)$

(8) $(x-4y)(x+11y)$

(9) $(2a+1)(3a+4)$

(10) $(4x-5)(2x-3)$

2 곱셈 공식을 이용한 수의 계산

0327

다음 □ 안에 알맞은 수를 써넣으시오.

(1) $101^2=(100+\boxed{})^2$
$=10000+200+\boxed{}=\boxed{}$

(2) $97^2=(100-\boxed{})^2$
$=10000-\boxed{}+\boxed{}=\boxed{}$

(3) $53\times47=(\boxed{}+3)(\boxed{}-3)$
$=\boxed{}-9=\boxed{}$

(4) $(\sqrt{13}+\sqrt{7})(\sqrt{13}-\sqrt{7})=(\boxed{})^2-(\boxed{})^2$
$=\boxed{}-7=\boxed{}$

3 곱셈 공식을 이용한 분모의 유리화

0328

다음 수의 분모를 유리화하시오.

(1) $\dfrac{1}{\sqrt{5}+2}$

(2) $\dfrac{2}{3-\sqrt{7}}$

(3) $\dfrac{\sqrt{5}}{\sqrt{10}+3}$

(4) $\dfrac{\sqrt{2}}{\sqrt{5}-\sqrt{3}}$

(5) $\dfrac{\sqrt{2}-1}{\sqrt{2}+1}$

(6) $\dfrac{\sqrt{10}+\sqrt{3}}{\sqrt{10}-\sqrt{3}}$

4 곱셈 공식의 변형

0329

$x+y=4$, $xy=-1$일 때, 다음 □ 안에 알맞은 것을 써넣으시오.

(1) $x^2+y^2=(x+y)^2-\boxed{}$
$=16-(\boxed{})=\boxed{}$

(2) $(x-y)^2=(x+y)^2-\boxed{}$
$=16-(\boxed{})=\boxed{}$

0330

$x-y=3$, $xy=2$일 때, 다음 □ 안에 알맞은 것을 써넣으시오.

(1) $x^2+y^2=(x-y)^2+\boxed{}$
$=9+\boxed{}=\boxed{}$

(2) $(x+y)^2=(x-y)^2+\boxed{}$
$=9+\boxed{}=\boxed{}$

0331

$x+\dfrac{1}{x}=5$일 때, 다음 □ 안에 알맞은 수를 써넣으시오.

(1) $x^2+\dfrac{1}{x^2}=\left(x+\dfrac{1}{x}\right)^2-\boxed{}=25-\boxed{}=\boxed{}$

(2) $\left(x-\dfrac{1}{x}\right)^2=\left(x+\dfrac{1}{x}\right)^2-\boxed{}=25-\boxed{}=\boxed{}$

수학의 바이블 55쪽

유형 01 다항식과 다항식의 곱셈

0332 상중하

$(5x+2)(4y-3)=axy+bx+cy-6$일 때, 상수 a, b, c에 대하여 $a+b+c$의 값을 구하시오.

→ **유형 Point** 분배법칙을 이용하여 식을 전개한 후 동류항이 있으면 동류항끼리 모아서 계산한다.

$$(a+b)(c+d)=\underset{①}{ac}+\underset{②}{ad}+\underset{③}{bc}+\underset{④}{bd}$$

0333 상중하

$(x+y-2)(x-y)$를 전개하면?

① $x^2-xy-y^2-2x+2y$
② $x^2+xy-y^2-3x+3y$
③ $x^2-y^2+2x-2y$
④ $x^2-y^2-2x+2y$
⑤ $x^2+2xy-y^2-2x+2y-2$

0334 상중하

$(3x+2y)(2x-y)=ax^2+bxy-2y^2$일 때, 상수 a, b에 대하여 $a-b$의 값은?

① 2
② 3
③ 4
④ 5
⑤ 6

0335 상중하

$(x+4y)(Ax-5y)$를 전개하면 $3x^2+Bxy-20y^2$일 때, 상수 A, B에 대하여 $B-A$의 값을 구하시오.

수학의 바이블 55쪽

유형 02 계수 구하기

0336 상중하

$(7x-3y)(5y-3x+2)$의 전개식에서 x^2의 계수를 a, xy의 계수를 b라고 할 때, $a+b$의 값은?

① -23
② -5
③ 5
④ 23
⑤ 47

→ **유형 Point** 다항식과 다항식의 곱셈에서 특정한 항의 계수를 구할 때에는 필요한 항이 나오는 부분만 전개한다.

$$(ax+by)(cx+dy) \Rightarrow xy의 계수는 ad+bc$$

0337 상중하

$(5x+2y-3)(x+4y-1)$의 전개식에서 y의 계수는?

① -16
② -14
③ -12
④ -10
⑤ -8

0338 상중하

$(3x-4)(2x-1)$의 전개식에서 x^2의 계수와 x의 계수의 합은?

① -7
② -5
③ -3
④ -1
⑤ 1

0339 상중하 서술형

$(-3x^2+5x+2)(x+a)$의 전개식에서 x^2의 계수와 상수항이 같을 때, 상수 a의 값을 구하시오.

➤ 수학의 바이블 57쪽

유형 03 곱셈 공식 ① — 합의 제곱

0340 상중하

$(2x+3y)^2=ax^2+bxy+cy^2$일 때, 상수 a, b, c에 대하여 $a+b-c$의 값은?

① 7   ② 9   ③ 11

④ 13   ⑤ 15

→ 유형 Point

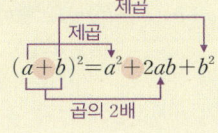

0341 상중하

$\left(\dfrac{1}{5}x+1\right)^2=Ax^2+Bx+1$일 때, 상수 A, B에 대하여 $A+B$의 값을 구하시오.

⭐ 0342 상중하

다음 중 $\left(-\dfrac{1}{3}x-5y\right)^2$과 전개식이 같은 것은?

① $\dfrac{1}{9}(x+15y)^2$ ② $\dfrac{1}{9}(x-15y)^2$

③ $\dfrac{1}{3}(x+15y)^2$ ④ $\dfrac{1}{3}(x-15y)^2$

⑤ $-\dfrac{1}{3}(x+15y)^2$

0343 상중하

$(x+a)^2=x^2+14x+b$일 때, 상수 a, b에 대하여 $a+b$의 값은?

① 50   ② 52   ③ 54

④ 56   ⑤ 58

➤ 수학의 바이블 57쪽

유형 04 곱셈 공식 ② — 차의 제곱

0344 상중하

$(x-a)^2=x^2-x+b$일 때, 상수 a, b에 대하여 ab의 값을 구하시오.

→ 유형 Point

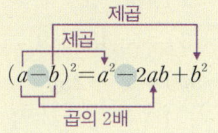

0345 상중하

다음 중 옳은 것은?

① $(x+2)^2=x^2+4$

② $(3x+1)^2=9x^2+2x+1$

③ $\left(\dfrac{1}{5}x-4\right)^2=\dfrac{1}{25}x^2-\dfrac{4}{5}x+16$

④ $\left(\dfrac{1}{3}x-\dfrac{1}{4}y\right)^2=\dfrac{1}{9}x^2-\dfrac{1}{6}xy+\dfrac{1}{16}y^2$

⑤ $\left(-2x+\dfrac{1}{2}y\right)^2=4x^2-xy+\dfrac{1}{4}y^2$

0346 상중하

$(5x-3y)^2=ax^2+bxy+cy^2$일 때, 상수 a, b, c에 대하여 $a+b+c$의 값은?

① -4 ② -2 ③ 2

④ 4   ⑤ 6

0347 상중하 서술형

$(3x-ay)^2=bx^2-12xy+cy^2$일 때, 상수 a, b, c에 대하여 $a+b-c$의 값을 구하시오.

II-1. 다항식의 곱셈

▶ 수학의 바이블 57쪽

유형 05 곱셈 공식 ③ — 합과 차의 곱

0348 상 중 하

다음 중 옳지 <u>않은</u> 것은?

① $(x+6)(x-6)=x^2-36$

② $(-2+x)(-2-x)=4-x^2$

③ $(-2a+3)(2a+3)=-4a^2+9$

④ $(-x-5y)(x-5y)=x^2-25y^2$

⑤ $\left(\dfrac{1}{7}x-\dfrac{1}{3}\right)\left(\dfrac{1}{7}x+\dfrac{1}{3}\right)=\dfrac{1}{49}x^2-\dfrac{1}{9}$

➜ **유형 Point** $\underset{\substack{\uparrow\\합}}{(a+b)}\underset{\substack{\uparrow\\차}}{(a-b)}=\underset{\substack{\uparrow\\제곱의 차}}{a^2-b^2}$

0349 상 중 하

$\left(2x+\dfrac{1}{2}y\right)\left(2x-\dfrac{1}{2}y\right)=Ax^2+Bxy+Cy^2$일 때, 상수 A, B, C에 대하여 $A-B-4C$의 값은?

① 3　　　　② $\dfrac{15}{4}$　　　　③ 4

④ $\dfrac{17}{4}$　　　　⑤ 5

0350 상 중 하

다음 중 전개식이 나머지 넷과 <u>다른</u> 하나는?

① $(a-b)(a+b)$　　② $(-a-b)(a-b)$

③ $(-a+b)(-a-b)$　　④ $-(a-b)(-a-b)$

⑤ $-(b-a)(b+a)$

0351 상 중 하 서술형

$(4x-3y)(4x+3y)-2(-2x+3y)(-2x-3y)=Ax^2+By^2$일 때, 상수 A, B에 대하여 $A+B$의 값을 구하시오.

▶ 수학의 바이블 57쪽

유형 06 연속한 합과 차의 곱

0352 상 중 하

$(1-a)(1+a)(1+a^2)(1+a^4)=1-a^{\square}$일 때, □ 안에 알맞은 수는?

① 4　　　　② 6　　　　③ 8

④ 10　　　　⑤ 12

➜ **유형 Point** $(a-b)(a+b)(a^2+b^2)=(a^2-b^2)(a^2+b^2)$
$=a^4-b^4$

0353 상 중 하

$(a-2)(a+2)(a^2+4)$를 전개하면?

① a^8-16　　② a^8+16　　③ a^6-8

④ a^4-16　　⑤ a^4+16

0354 상 중 하

$(x-1)(x+1)(x^2+1)(x^4+1)(x^8+1)=x^a-b$일 때, 상수 a, b에 대하여 $a-b$의 값은?

① 15　　　　② 16　　　　③ 17

④ 18　　　　⑤ 19

0355 상 중 하

$\left(x-\dfrac{1}{2}\right)\left(x+\dfrac{1}{2}\right)\left(x^2+\dfrac{1}{4}\right)\left(x^4+\dfrac{1}{16}\right)=x^a+b$일 때, 상수 a, b에 대하여 ab의 값을 구하시오.

▸ 수학의 바이블 59쪽

유형 07 곱셈 공식 ④ − x의 계수가 1인 두 일차식의 곱

0356 상**중**하

$(x-a)(x+3)=x^2-bx+12$일 때, 상수 a, b에 대하여 $a-b$의 값은?

① -11 　　② -3 　　③ -1

④ 3 　　⑤ 11

▸ **유형 Point**

$$(x+\overset{\overset{\text{합}}{\frown}}{a})(x+b)=x^2+\overset{\uparrow}{(a+b)}x+\underset{\underset{\text{곱}}{\smile}}{ab}$$

0357 상**중**하

다음 중 옳지 <u>않은</u> 것은?

① $(x+4)(x+2)=x^2+6x+8$
② $(x+1)(x-3)=x^2-2x-3$
③ $(x-3)(x-7)=x^2-10x+21$
④ $(x-6)(x-2)=x^2-8x+12$
⑤ $\left(x-\dfrac{1}{2}\right)\left(x+\dfrac{1}{3}\right)=x^2+\dfrac{1}{6}x-\dfrac{1}{6}$

0358 상**중**하

다음 식을 계산하시오.

$$2(x+1)(x-4)-(x-2)(x+3)$$

0359 상**중**하 서술형

$(x+a)\left(x-\dfrac{1}{2}\right)$의 전개식에서 x의 계수가 상수항의 3배일 때, 상수 a의 값을 구하시오.

▸ 수학의 바이블 59쪽

유형 08 곱셈 공식 ⑤ − x의 계수가 1이 아닌 두 일차식의 곱

0360 상**중**하

$(2x+a)(3x-4)=6x^2+bx-12$일 때, 상수 a, b에 대하여 $a+b$의 값을 구하시오.

▸ **유형 Point**

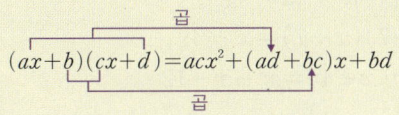

$$(ax+b)(cx+d)=acx^2+(ad+bc)x+bd$$

0361 상중**하**

$(5x+6)(2x-3)=ax^2+bx+c$일 때, 상수 a, b, c에 대하여 $a-b+c$의 값은?

① -5 　　② -3 　　③ -1

④ 1 　　⑤ 3

0362 상**중**하

$(5x-a)(6x+7)$의 전개식에서 x의 계수가 -1일 때, 상수항은? (단, a는 상수)

① -42 　　② -35 　　③ -14

④ 14 　　⑤ 42

0363 상**중**하

$(3x-2)(4x+a)$의 전개식에서 x의 계수가 상수항보다 2만큼 크다고 할 때, 상수 a의 값을 구하시오.

유형 09 곱셈 공식 - 종합

0364 (상) (중) (하)

다음 중 옳은 것은?

① $(2x+y)^2 = 4x^2 + 2xy + y^2$
② $(x-y)^2 = x^2 + 2xy - y^2$
③ $(-x+7)(x+7) = x^2 - 49$
④ $(x-3)(x+4) = x^2 - x - 12$
⑤ $(2x+1)(-3x+4) = -6x^2 + 5x + 4$

> → **유형 Point** (1) $(a+b)^2 = a^2 + 2ab + b^2$
> (2) $(a-b)^2 = a^2 - 2ab + b^2$
> (3) $(a+b)(a-b) = a^2 - b^2$
> (4) $(x+a)(x+b) = x^2 + (a+b)x + ab$
> (5) $(ax+b)(cx+d) = acx^2 + (ad+bc)x + bd$

0365 (상) (중) (하)

다음 중 □ 안에 알맞은 수가 나머지 넷과 <u>다른</u> 하나는?

① $(-x-3)^2 = x^2 + \square x + 9$
② $(3x-y)^2 = 9x^2 - \square xy + y^2$
③ $(x+7)(x-13) = x^2 - \square x - 91$
④ $(x-1)(5x-2) = 5x^2 - \square x + 2$
⑤ $(3x-2)(4x+3) = 12x^2 + x - \square$

0366 (상) (중) (하)

다음 중 식을 전개하였을 때, xy의 계수가 가장 작은 것은?

① $(x+3y)^2$
② $(x-2y)^2$
③ $(2x+5y)(2x-5y)$
④ $(x-7y)(x+2y)$
⑤ $(3x+y)(2x-3y)$

0367 (상) (중) (하) 서술형

$(3x-y)(3x+y) - (5x-2y)^2$을 계산하면 x^2의 계수는 a, y^2의 계수는 b이다. 이때 $b-a$의 값을 구하시오.

유형 10 곱셈 공식과 도형의 넓이 (1)

0368 (상) (중) (하)

오른쪽 그림과 같이 가로, 세로의 길이가 각각 $5x$, $4x$인 직사각형에서 가로의 길이를 4만큼 늘이고, 세로의 길이를 3만큼 줄여서 만든 직사각형의 넓이를 구하시오.

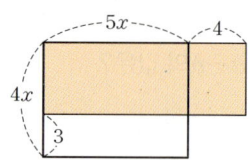

> → **유형 Point** 직사각형의 넓이는 곱셈 공식을 이용하여 다음과 같은 순서로 구한다.
> ❶ 직사각형의 가로, 세로의 길이를 각각 문자를 사용하여 나타낸다.
> ❷ 직사각형의 넓이를 구하는 식을 세운 후 곱셈 공식을 이용하여 전개한다. ➡ (직사각형의 넓이) = (가로의 길이) × (세로의 길이)

0369 (상) (중) (하)

오른쪽 그림과 같은 직사각형에서 색칠한 부분의 넓이는?

① $x^2 - 1$
② $x^2 - 2x$
③ $x^2 + 1$
④ $x^2 + 2x$
⑤ $x^2 - 2x + 1$

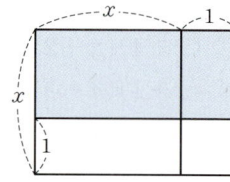

0370 (상) (중) (하)

오른쪽 그림과 같이 한 변의 길이가 $5a$인 정사각형에서 색칠한 두 직사각형의 넓이의 합을 구하시오.

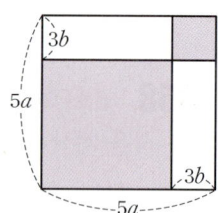

⭐ 0371 (상) (중) (하)

오른쪽 그림의 직사각형 ABCD에서 사각형 AGHE와 사각형 EFCD는 정사각형이다. $\overline{AD} = 3a+2$, $\overline{AB} = 2a-3$일 때, 사각형 GBFH의 넓이를 구하시오.

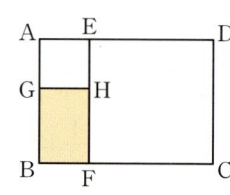

▶ **수학의 바이블** 63쪽

유형 11 곱셈 공식과 도형의 넓이 (2)

0372 상 중 하

오른쪽 그림과 같이 가로의 길이가 $7a$ m, 세로의 길이가 $6a$ m인 직사각형 모양의 화단에 폭이 2 m로 일정한 길을 만들었다. 이때 길을 제외한 화단의 넓이가 pa^2+qa+r일 때, 상수 p, q, r에 대하여 $p+q+r$의 값을 구하시오.

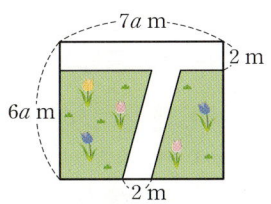

→ **유형 Point** 길을 제외한 부분의 넓이를 구할 때에는 길을 한쪽으로 이동시킨 후 생각한다.

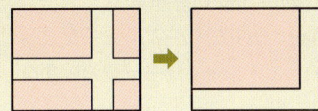

0373 상 중 하

오른쪽 그림은 가로의 길이가 $5x$, 세로의 길이가 $3x$인 직사각형 모양의 땅에 폭이 1로 일정한 도로를 만든 것이다. 도로가 아닌 부분의 넓이는?

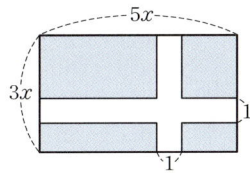

① $2x+2$ ② $8x+2$
③ $15x^2-8x+1$ ④ $15x^2-2x-1$
⑤ $15x^2+2x+1$

0374 상 중 하

오른쪽 그림은 한 변의 길이가 a인 정사각형을 대각선을 따라 자른 후 직각이등변삼각형 2개를 떼어 낸 도형이다. 이때 색칠한 부분의 넓이는?

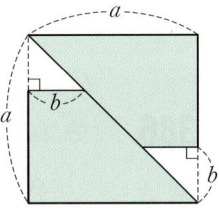

① a^2-2b^2 ② a^2-b^2
③ $a^2-\dfrac{1}{2}b^2$ ④ $a^2-2ab+b^2$
⑤ $a^2+2ab+b^2$

유형 12 공통부분이 있는 식의 전개

0375 상 중 하

$(2x+y+1)(2x+y-3)$을 전개하면?

① $4x^2-4xy+y^2-4x-2y-3$
② $4x^2-4xy+y^2+4x-2y-3$
③ $4x^2+4xy+y^2-x-y-3$
④ $4x^2+4xy+y^2-4x-2y-3$
⑤ $4x^2+4xy+y^2-4x+2y-3$

→ **유형 Point** 공통부분이 있는 식은 다음과 같은 순서로 전개한다.
❶ 공통부분을 한 문자로 놓는다.
❷ ❶의 식을 곱셈 공식을 이용하여 전개한다.
❸ ❷의 식에 문자 대신 원래의 식을 대입하여 정리한다.

0376 상 중 하

다음 식을 전개하시오.

$$(2x-3y+1)^2$$

0377 상 중 하 서술형

$(x+y+3)(x+y-8)$의 전개식에서 xy의 계수를 a, x의 계수를 b, 상수항을 c라고 할 때, $a+b-c$의 값을 구하시오.

0378 상 중 하

$(x-3y+1)(x-3y-2)$의 전개식에서 상수항을 제외한 모든 항의 계수의 합은?

① 5 ② 6 ③ 7
④ 8 ⑤ 9

II-1. 다항식의 곱셈

▶ 수학의 바이블 63쪽

유형 13 ( )( )( )( ) 꼴의 전개

0379 상 중 하
$(x-1)(x-3)(x+3)(x+5)$를 전개하시오.

→ **유형 Point** 4개의 일차식의 곱은 다음과 같은 순서로 전개한다.
❶ 일차식의 상수항의 합이 같아지도록 두 개씩 짝 지어 전개한다.
❷ 공통부분을 한 문자로 놓고 전개한다.

0380 상 중 하
$x(x-1)(x+4)(x+5)$의 전개식에서 x^2의 계수는?

① 1 　　　② 8 　　　③ 11
④ 20 　　　⑤ 25

0381 상 중 하 서술형
$(x-1)(x-2)(x-3)(x-4)=x^4+ax^3+bx^2+cx+24$
일 때, 상수 a, b, c에 대하여 $a-b-c$의 값을 구하시오.

0382 상 중 하
$x^2+x-5=0$일 때, $(x-1)(x-3)(x+2)(x+4)$의 값은?

① -24 　　　② -21 　　　③ -15
④ 21 　　　⑤ 24

유형 14 곱셈 공식을 이용한 수의 계산 (1)

0383 상 중 하
다음 중 주어진 수의 계산을 가장 편리하게 하기 위하여 이용하는 곱셈 공식의 연결이 옳지 <u>않은</u> 것은?

① 198^2 ➡ $(a-b)^2=a^2-2ab+b^2$
② 301^2 ➡ $(a+b)^2=a^2+2ab+b^2$
③ 103×98 ➡ $(a+b)(a-b)=a^2-b^2$
④ 97×92 ➡ $(x+a)(x+b)=x^2+(a+b)x+ab$
⑤ 402×398 ➡ $(a+b)(a-b)=a^2-b^2$

→ **유형 Point** (1) 수의 제곱의 계산 : $(a+b)^2=a^2+2ab+b^2$ 또는
$(a-b)^2=a^2-2ab+b^2$을 이용한다.
(2) 두 수의 곱의 계산 : $(a+b)(a-b)=a^2-b^2$ 또는
$(x+a)(x+b)=x^2+(a+b)x+ab$를 이용한다.

0384 상 중 하
다음 계산 중 곱셈 공식 $(x+a)(x+b)=x^2+(a+b)x+ab$를 이용하면 가장 편리한 것은?

① 98^2 　　　② 10.1^2 　　　③ 4.9×5.1
④ 32×28 　　　⑤ 102×105

★★
★
0385 상 중 하
곱셈 공식을 이용하여 다음을 계산하시오.

$$86\times94-89^2$$

0386 상 중 하
곱셈 공식을 이용하여 $\dfrac{999\times1001+1}{1000}$ 을 계산하면?

① 9 　　　② 100 　　　③ 500
④ 999 　　　⑤ 1000

▶ 수학의 바이블 65쪽

유형 15 곱셈 공식을 이용한 수의 계산 (2)

0387 상 중 하

$(2\sqrt{2}+1)(3\sqrt{2}+2)=a+b\sqrt{2}$일 때, 유리수 a, b에 대하여 $\dfrac{a}{b}$의 값을 구하시오.

> **유형 Point** 제곱근을 문자로 생각하고 곱셈 공식을 이용하여 계산한다.
> (1) $(\sqrt{a}+\sqrt{b})^2=a+2\sqrt{ab}+b$
> (2) $(\sqrt{a}-\sqrt{b})^2=a-2\sqrt{ab}+b$
> (3) $(\sqrt{a}+\sqrt{b})(\sqrt{a}-\sqrt{b})=a-b$
> (4) $(\sqrt{a}+b)(\sqrt{a}+c)=a+(b+c)\sqrt{a}+bc$

0388 상 중 하

$(\sqrt{5}-4)(\sqrt{5}+a)=13+b\sqrt{5}$일 때, 유리수 a, b에 대하여 $a+b$의 값은?

① -8 　　② -6 　　③ -4
④ -2 　　⑤ 0

0389 상 중 하

$(2\sqrt{3}+1)^2-(4-\sqrt{7})(4+\sqrt{7})$을 계산하시오.

0390 상 중 하

$(\sqrt{6}-\sqrt{2})(\sqrt{6}+\sqrt{3})+\sqrt{3}(2+\sqrt{2})=a+b\sqrt{2}$일 때, 유리수 a, b에 대하여 ab의 값은?

① 20 　　② 18 　　③ 16
④ 14 　　⑤ 12

0391 상 중 하

$(\sqrt{5}+2)^2-a(2-3\sqrt{5})$를 계산한 결과가 유리수일 때, 유리수 a의 값을 구하시오.

▶ 수학의 바이블 65쪽

유형 16 곱셈 공식을 이용한 분모의 유리화

0392 상 중 하

$\dfrac{4}{\sqrt{6}+\sqrt{2}}-\dfrac{4}{\sqrt{6}-\sqrt{2}}$를 계산하면?

① $-2\sqrt{6}$ 　　② $-2\sqrt{2}$ 　　③ $\sqrt{6}$
④ $\sqrt{2}$ 　　⑤ 4

> **유형 Point** 분모가 2개의 항으로 되어 있는 무리수일 때, 곱셈 공식 $(a+b)(a-b)=a^2-b^2$을 이용하여 분모를 유리화한다.

0393 상 중 하

$\dfrac{\sqrt{6}-\sqrt{5}}{\sqrt{6}+\sqrt{5}}$의 분모를 유리화하면?

① $1-2\sqrt{30}$ 　　② $1-\sqrt{30}$ 　　③ $11-2\sqrt{30}$
④ $1+2\sqrt{30}$ 　　⑤ $11+2\sqrt{30}$

0394 상 중 하

$\dfrac{\sqrt{48}}{\sqrt{5}-\sqrt{3}}$의 분모를 유리화하였더니 $a+b\sqrt{15}$가 되었다. 이때 유리수 a, b에 대하여 $a-b$의 값을 구하시오.

0395 상 중 하

$x=8+3\sqrt{7}$일 때, $x+\dfrac{1}{x}$의 값을 구하시오.

0396 상 중 하 서술형

$\dfrac{2+\sqrt{3}}{2-\sqrt{3}}-\dfrac{2-\sqrt{3}}{2+\sqrt{3}}=a+b\sqrt{3}$일 때, 유리수 a, b에 대하여 $b-a$의 값을 구하시오.

▶ 수학의 바이블 67쪽

유형 17 식의 값 구하기 (1)
— 두 수의 합 또는 차와 곱이 주어진 경우

0397 상 중 하

$x+y=8$, $xy=12$일 때, x^2+y^2의 값은?

① 36   ② 40   ③ 44
④ 48   ⑤ 52

→ **유형 Point**   (1) $a+b$와 ab의 값이 주어질 때
     ① $a^2+b^2=(a+b)^2-2ab$
     ② $(a-b)^2=(a+b)^2-4ab$
   (2) $a-b$와 ab의 값이 주어질 때
     ① $a^2+b^2=(a-b)^2+2ab$
     ② $(a+b)^2=(a-b)^2+4ab$

0398 상 중 하

$x-y=-7$, $xy=-10$일 때, 다음 식의 값을 구하시오.

(1) x^2+y^2 (2) $(x+y)^2$

0399 상 중 하 서술형

$x+y=3$, $xy=-4$일 때, $(x-y)^2$의 값을 구하시오.

0400 상 중 하

$a-b=2$, $a^2+b^2=12$일 때, ab의 값을 구하시오.

0401 ⭐ 상 중 하

$x+y=\sqrt{3}$, $xy=-2$일 때, x^2+y^2-xy의 값은?

① -12 ② -9 ③ 9
④ 12   ⑤ 15

유형 18 식의 값 구하기 (2) — 두 수가 주어진 경우

0402 상 중 하

$x=\sqrt{7}+\sqrt{3}$, $y=\sqrt{7}-\sqrt{3}$일 때, x^2+xy+y^2의 값은?

① 22   ② 23   ③ 24
④ 25   ⑤ 26

→ **유형 Point**   두 수 x, y가 $x=\sqrt{a}+\sqrt{b}$, $y=\sqrt{a}-\sqrt{b}$ 꼴이면 먼저 $x+y$, xy의 값을 구한 후 곱셈 공식의 변형을 이용하여 식의 값을 구한다.

0403 상 중 하

$a=\sqrt{5}+2$, $b=\sqrt{5}-2$일 때, a^2-ab+b^2의 값은?

① 17   ② 18   ③ 19
④ 20   ⑤ 21

0404 상 중 하

$x=\dfrac{1}{\sqrt{15}-4}$, $y=\dfrac{1}{\sqrt{15}+4}$일 때, x^2+y^2의 값을 구하시오.

> 수학의 바이블 67쪽

유형 19 식의 값 구하기 (3) — 두 수의 곱이 1인 경우

0405 상 중 하

$x+\dfrac{1}{x}=4$일 때, $x^2+\dfrac{1}{x^2}$의 값은?

① 10   ② 12   ③ 14

④ 16   ⑤ 18

→ 유형 Point $x+\dfrac{1}{x}$ 또는 $x-\dfrac{1}{x}$의 값이 주어질 때

(1) $x^2+\dfrac{1}{x^2}=\left(x+\dfrac{1}{x}\right)^2-2=\left(x-\dfrac{1}{x}\right)^2+2$

(2) $\left(x+\dfrac{1}{x}\right)^2=\left(x-\dfrac{1}{x}\right)^2+4$

(3) $\left(x-\dfrac{1}{x}\right)^2=\left(x+\dfrac{1}{x}\right)^2-4$

0406 상 중 하

$x+\dfrac{1}{x}=6$일 때, $\left(x-\dfrac{1}{x}\right)^2$의 값을 구하시오.

★★ 0407 상 중 하

$x-\dfrac{1}{x}=1+\sqrt{7}$일 때, $\left(x+\dfrac{1}{x}\right)^2$의 값을 구하시오.

0408 상 중 하

$x-\dfrac{1}{x}=2$일 때, $x+\dfrac{1}{x}$의 값은? (단, $x>0$)

① 2   ② $2\sqrt{2}$ ③ $2\sqrt{3}$

④ 4   ⑤ $3\sqrt{2}$

유형 20 식의 값 구하기 (4) — 두 수의 곱이 1인 식 만들기

0409 상 중 하

$x^2-5x+1=0$일 때, $x^2+\dfrac{1}{x^2}$의 값은?

① 10   ② 15   ③ 18

④ 20   ⑤ 23

→ 유형 Point $x^2+ax\pm1=0\ (a\neq0)$

➡ $x\neq0$이므로 양변을 x로 나누면

$x+a\pm\dfrac{1}{x}=0$ $\therefore x\pm\dfrac{1}{x}=-a$

0410 상 중 하

$x^2-3x-1=0$일 때, $x^2-3+\dfrac{1}{x^2}$의 값은?

① 6   ② 7   ③ 8

④ 9   ⑤ 10

0411 상 중 하

$x^2+6x+1=0$일 때, $x-\dfrac{1}{x}$의 값을 모두 구하시오.

0412 상 중 하 서술형

$x^2-7x+1=0$일 때, $x^2+x+\dfrac{1}{x}+\dfrac{1}{x^2}$의 값을 구하시오.

II−1. 다항식의 곱셈

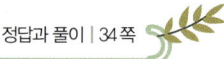

유형 21 식의 값 구하기 (5) — 식을 먼저 간단히 하는 경우

0413 상 중 하
$x=2\sqrt{3}+1$, $y=2\sqrt{2}$일 때, $(x+y)^2-(x-y)^2$의 값은?

① $-16\sqrt{6}-8\sqrt{2}$ ② $-8\sqrt{6}-8\sqrt{2}$
③ $-4\sqrt{6}-4\sqrt{2}$ ④ $8\sqrt{6}+8\sqrt{2}$
⑤ $16\sqrt{6}+8\sqrt{2}$

→ **유형 Point** ❶ 곱셈 공식을 이용하여 주어진 식을 간단히 한다.
❷ ❶의 식에 주어진 수를 대입하여 식의 값을 구한다.

0414 상 중 하
$x=2+\sqrt{15}$, $y=\sqrt{3}+\sqrt{5}$일 때, $(x+y)(x-y)$의 값은?

① $1+\sqrt{15}$ ② $3\sqrt{15}$ ③ $5+\sqrt{15}$
④ $11+\sqrt{15}$ ⑤ $11+2\sqrt{15}$

0415 상 중 하
$x=3\sqrt{5}$, $y=2\sqrt{11}$일 때, $\dfrac{1}{x-y}-\dfrac{1}{x+y}$의 값을 구하시오.

0416 상 중 하
$a=3+\sqrt{5}$, $b=3-\sqrt{5}$일 때, $\dfrac{b}{a}+\dfrac{a}{b}$의 값은?

① 5 ② 6 ③ 7
④ 8 ⑤ 9

유형 22 식의 값 구하기 (6) — $x=a+\sqrt{b}$ 꼴인 경우

0417 상 중 하
$x=\sqrt{3}+2$일 때, x^2-4x+5의 값은?

① 3 ② 4 ③ 5
④ 6 ⑤ 7

→ **유형 Point** 방법1 x의 값을 직접 대입하여 식의 값을 구한다.
방법2 $x=a+\sqrt{b}$를 $x-a=\sqrt{b}$로 변형한 후 양변을 제곱하여 정리한다.
$$x=a+\sqrt{b} \Rightarrow x-a=\sqrt{b} \Rightarrow (x-a)^2=b$$

0418 상 중 하
$x=\sqrt{2}+1$일 때, x^2-2x+1의 값은?

① 1 ② $\sqrt{2}$ ③ 2
④ 3 ⑤ $2+\sqrt{2}$

0419 상 중 하
$x=\dfrac{2}{\sqrt{7}-3}$일 때, x^2+6x-9의 값은?

① -11 ② -9 ③ -7
④ -5 ⑤ -3

0420 상 중 하 서술형
$x=\dfrac{\sqrt{2}-1}{\sqrt{2}+1}$일 때, x^2-6x+6의 값을 구하시오.

0421

$(3x-y-2)(4x+ay+b)$의 전개식에서 xy의 계수와 y의 계수가 모두 2일 때, ab의 값은? (단, a, b는 상수)

① -12　　　② -6　　　③ 1
④ 6　　　⑤ 12

0422

$(3x+A)^2=9x^2+Bx+25$일 때, 양수 A, B에 대하여 $B-A$의 값을 구하시오.

0423

$\left(a-\dfrac{1}{4}x\right)\left(\dfrac{1}{4}x+a\right)=-\dfrac{1}{16}x^2+9$일 때, 양수 a의 값을 구하시오.

0424

$(Ax+5)(3x+B)=6x^2+Cx-10$일 때, 상수 A, B, C에 대하여 $A+B+C$의 값은?

① 7　　　② 9　　　③ 11
④ 13　　　⑤ 15

0425

$3x+a$에 $2x+5$를 곱해야 할 것을 잘못하여 $5x+2$를 곱하였더니 $15x^2-14x-8$이 되었다. 이때 바르게 계산한 답을 구하시오.
(단, a는 상수)

0426

다음 중 □ 안에 알맞은 수가 가장 큰 것은?

① $(x+3y)^2=x^2+6xy+\square y^2$
② $\left(3x-\dfrac{1}{3}y\right)^2=\square x^2-2xy+\dfrac{1}{9}y^2$
③ $(5x+4)(5x-4)=25x^2-\square$
④ $(x-3)(x+5)=x^2+2x-\square$
⑤ $(4x+1)(3x-2)=\square x^2-5x-2$

0427

$(x+2)(3x-2)-2(x+3)(x-4)-(x-1)^2$을 계산하면 ax^2+bx+c일 때, 상수 a, b, c에 대하여 $a+b+c$의 값을 구하시오.

0428

전개도가 다음 그림과 같은 직육면체에서 마주 보는 면에 적힌 두 일차식의 곱을 각각 A, B, C라고 할 때, $A+B+C$를 계산하시오.

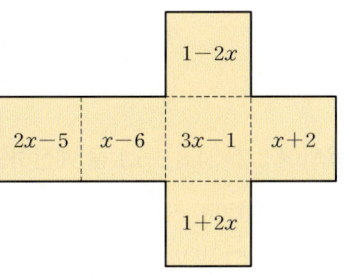

0429

오른쪽 그림과 같이 세 모서리의 길이가 각각 $x+7$, $2x+5$, $3x-4$인 직육면체의 겉넓이를 구하시오.

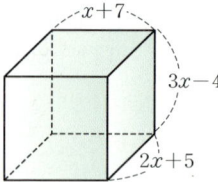

0430 생각이 쑥쑥

오른쪽 그림과 같이 세 원의 중심이 한 직선 위에 있을 때, 색칠한 부분의 넓이를 구하시오.

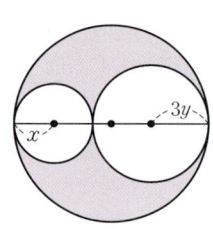

0431

$(x-1)(x-2)(x+5)(x+6)$의 전개식에서 x^3의 계수와 x의 계수의 합은?

① -68 ② -60 ③ -12
④ 12 ⑤ 60

0432

곱셈 공식을 이용하여 $5.2 \times 4.8 - 5.1^2$을 계산하면?

① 1.05 ② 1.03 ③ -1.03
④ -1.05 ⑤ -10.05

0433

$(2+1)(2^2+1)(2^4+1)=2^a-1$일 때, 상수 a의 값은?

① 4 ② 6 ③ 8
④ 10 ⑤ 12

0434

다음 세 수 A, B, C의 대소 관계를 바르게 나타낸 것은?

$$A=(\sqrt{2}-\sqrt{3})^2, \quad B=(\sqrt{6}+\sqrt{2})(\sqrt{6}-\sqrt{2}), \quad C=\frac{1}{\sqrt{5}-2}$$

① $A<B<C$ ② $A<C<B$ ③ $B<A<C$
④ $C<A<B$ ⑤ $C<B<A$

0435

$(4\sqrt{5}+9)^{2019}(4\sqrt{5}-9)^{2019}$을 계산하시오.

0436

$(\sqrt{5}-2\sqrt{2})(\sqrt{5}+\sqrt{2})+(\sqrt{2}-1)(\sqrt{2}+1)=a+b\sqrt{10}$일 때, 유리수 a, b에 대하여 $a-b$의 값은?

① -5 ② -3 ③ -1
④ 3 ⑤ 5

0437

다음 그림과 같은 도형의 넓이를 구하시오.

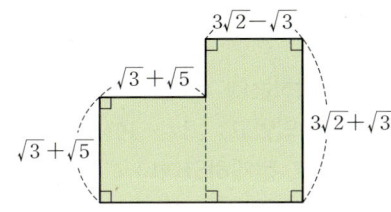

0438

$\dfrac{3+2\sqrt{2}}{3-2\sqrt{2}}-\dfrac{3-2\sqrt{2}}{3+2\sqrt{2}}=a+b\sqrt{2}$일 때, 유리수 a, b에 대하여 $a+b$의 값은?

① 16   ② 20   ③ 24

④ 28   ⑤ 32

0439

다음 식을 계산하시오.

$$\dfrac{1}{1-\sqrt{2}}-\dfrac{1}{\sqrt{2}-\sqrt{3}}+\dfrac{1}{\sqrt{3}-2}-\dfrac{1}{2-\sqrt{5}}$$

0440

$(x+2)(y+2)=8$, $xy=-2$일 때, $(x-y)^2$의 값을 구하시오.

0441

$a-\dfrac{1}{a}=3$일 때, $a^4+\dfrac{1}{a^4}$의 값은?

① 113   ② 115   ③ 117

④ 119   ⑤ 121

0442

$a+b=3$, $ab=1$일 때, $\dfrac{\sqrt{a}+\sqrt{b}}{\sqrt{a}-\sqrt{b}}$의 값은? (단, $a<b$)

① $-2\sqrt{5}$ ② $-\sqrt{5}$ ③ $\sqrt{5}$

④ $2\sqrt{5}$ ⑤ $3\sqrt{5}$

0443

$\dfrac{6}{3-\sqrt{3}}$의 소수 부분을 a라고 할 때, a^2+2a-6의 값은?

① -5 ② -4 ③ -3

④ -2 ⑤ -1

0444

다음 그림과 같이 가로의 길이가 x, 세로의 길이가 1인 직사각형 모양의 종이 ABCD를 점 A는 $\overline{BC}$ 위의 점 F에, 점 D는 $\overline{EF}$ 위의 점 G에 오도록 접었다. 사각형 GFCH의 넓이를 x를 사용한 식으로 나타내면 ax^2+bx+c일 때, 상수 a, b, c에 대하여 $a+b+c$의 값을 구하시오. (단, $1<x<2$)

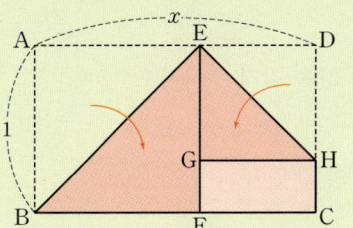

단계를 밟아 서술하기

0445

$(x+1)(x-4)$를 전개하는데 1을 A로 잘못 보고 전개하였더니 x^2+3x+B가 되었고, $(3x-4)(x-5)$를 전개하는데 3을 C로 잘못 보고 전개하였더니 $Cx^2-14x+20$이 되었다. 이때 상수 A, B, C에 대하여 $A-B+C$의 값을 구하시오.

단계1 A, B의 값을 각각 구하시오. [50%]

단계2 C의 값을 구하시오. [30%]

단계3 $A-B+C$의 값을 구하시오. [20%]

스스로 서술하기

0446

$(x+3)(x-6)$을 전개하는데 -6을 A로 잘못 보고 전개하였더니 x^2-2x+B가 되었고, $(2x-1)(x+4)$를 전개하는데 2를 C로 잘못 보고 전개하였더니 $Cx^2+11x-4$가 되었다. 이때 상수 A, B, C에 대하여 $A+B+C$의 값을 구하시오.

풀이

답 _____

0447

$97 \times 103 \times (10^4+9)=10^x-y$일 때, 자연수 x, y에 대하여 $y-x$의 값을 구하시오. (단, $1 \le y \le 100$)

단계1 곱셈 공식을 이용하여 주어진 식의 좌변을 간단히 하시오. [60%]

단계2 x, y의 값을 각각 구하시오. [20%]

단계3 $y-x$의 값을 구하시오. [20%]

0448

$98 \times 102 \times (10^4+4)=10^x-y$일 때, 자연수 x, y에 대하여 $x+y$의 값을 구하시오. (단, $1 \le y \le 100$)

풀이

답 _____

0449

$(3+2\sqrt{2})^6(3-2\sqrt{2})^5=a+b\sqrt{2}$일 때, 유리수 a, b에 대하여 a^2+b^2의 값을 구하시오.

단계1 곱셈 공식을 이용하여 주어진 식의 좌변을 간단히 하시오. [60%]

단계2 a, b의 값을 각각 구하시오. [20%]

단계3 a^2+b^2의 값을 구하시오. [20%]

0450

$(3\sqrt{2}-4)^3(3\sqrt{2}+4)^4=a+b\sqrt{2}$일 때, 유리수 a, b에 대하여 $a+b$의 값을 구하시오.

풀이

답 _____

Ⅱ-1. 다항식의 곱셈

단계를 밟아 서술하기

0451

두 수 $3-a\sqrt{5}$, $b+2\sqrt{5}$의 합과 곱이 모두 유리수가 될 때, ab의 값을 구하시오. (단, a, b는 유리수)

단계1 a의 값을 구하시오. [40%]

단계2 b의 값을 구하시오. [40%]

단계3 ab의 값을 구하시오. [20%]

0453

$x=\dfrac{1}{2+\sqrt{3}}$, $y=\dfrac{1}{2-\sqrt{3}}$일 때, $x^2+3xy+y^2$의 값을 구하시오.

단계1 x, y의 분모를 각각 유리화하시오. [30%]

단계2 $x+y$, xy의 값을 각각 구하시오. [30%]

단계3 $x^2+3xy+y^2$의 값을 구하시오. [40%]

0455

$\sqrt{17}$의 소수 부분을 x라고 할 때, $\sqrt{2x^2+16x+14}$의 값을 구하시오.

단계1 x의 값을 구하시오. [30%]

단계2 x^2+8x의 값을 구하시오. [40%]

단계3 $\sqrt{2x^2+16x+14}$의 값을 구하시오. [30%]

스스로 서술하기

0452

두 수 $4+a\sqrt{7}$, $b-3\sqrt{7}$의 합과 곱이 모두 유리수가 될 때, ab의 값을 구하시오. (단, a, b는 유리수)

풀이

답 _____

0454

$x=\dfrac{4}{\sqrt{7}+\sqrt{3}}$, $y=\dfrac{4}{\sqrt{7}-\sqrt{3}}$일 때, $x^2+5xy+y^2$의 값을 구하시오.

풀이

답 _____

0456

$\sqrt{14}$의 소수 부분을 x라고 할 때, $\sqrt{3x^2+18x+10}$의 값을 구하시오.

풀이

답 _____

2 다항식의 인수분해

개념 1 인수분해

(1) **인수** : 하나의 다항식을 두 개 이상의 다항식의 곱으로 나타낼 때, 각각의 다항식을 처음 다항식의 인수라고 한다.

(2) **인수분해** : 하나의 다항식을 두 개 이상의 인수의 곱으로 나타내는 것

예 $\underset{\text{합의 모양}}{x^2+5x+6} \underset{\text{전개}}{\overset{\text{인수분해}}{\rightleftarrows}} \underset{\text{곱의 모양}}{(x+2)(x+3)}$

➡ 1, $x+2$, $x+3$, $(x+2)(x+3)$은 모두 x^2+5x+6의 인수이다.

- 모든 다항식에서 1과 자기 자신은 그 다항식의 인수이다.

- 다항식의 곱을 괄호를 풀어서 하나의 다항식으로 나타내는 것을 전개한다고 한다.

- 인수분해는 전개를 거꾸로 한 과정이다.

개념 2 공통인수를 이용한 인수분해

(1) **공통인수** : 다항식의 각 항에 공통으로 들어 있는 인수

(2) **공통인수를 이용한 인수분해** : 다항식에 공통인수가 있을 때에는 분배법칙을 이용하여 공통인수를 묶어 내어 인수분해한다.

➡ $ma+mb=m(a+b)$

공통인수

예 $2x^2+6xy=2x\times x+2x\times 3y=2x(x+3y)$

- 공통인수로 묶어 인수분해할 때에는 공통인수가 남지 않도록 괄호 밖으로 모두 묶어 낸다.
  $2a^2+4ab=a(2a+4b)$ (×)
  $2a^2+4ab=2a(a+2b)$ (○)

개념 3 인수분해 공식 (1) – $a^2\pm 2ab+b^2$

(1) $a^2+2ab+b^2=(a+b)^2$

$\underset{\text{곱의 2배}}{x^2+\underset{\text{같은 부호}}{6x}+9=(x+3)^2}$

예 (1) $x^2+6x+9=(x+3)^2$

(2) $a^2-2ab+b^2=(a-b)^2$

예 (2) $x^2-4x+4=(x-2)^2$

- 인수분해 공식
  $a^2\pm 2ab+b^2=(a\pm b)^2$ (복호동순)
  곱셈 공식

개념 4 완전제곱식이 될 조건

(1) **완전제곱식** : 다항식의 제곱으로 된 식 또는 이 식에 상수를 곱한 식

예 $(a+b)^2$, $(x-y)^2$, $2(x+1)^2$, $-(x-2)^2$

(2) **완전제곱식이 될 조건**

① x^2+ax+b가 완전제곱식이 되기 위한 b의 조건 : $b=\left(\dfrac{a}{2}\right)^2$ — x의 계수의 $\dfrac{1}{2}$의 제곱

② x^2+ax+b $(b>0)$가 완전제곱식이 되기 위한 a의 조건 : $a=\pm 2\sqrt{b}$ — 상수항의 제곱근의 2배

참고 ① $x^2+ax+b=x^2+2\times\dfrac{a}{2}\times x+\left(\dfrac{a}{2}\right)^2=\left(x+\dfrac{a}{2}\right)^2$에서 $b=\left(\dfrac{a}{2}\right)^2$
완전제곱식

② $x^2+ax+b=x^2\pm 2\sqrt{b}x+(\pm\sqrt{b})^2=(x\pm\sqrt{b})^2$ (복호동순)에서 $a=\pm 2\sqrt{b}$
완전제곱식

- $\blacksquare^2\pm 2\times\blacksquare\times\blacktriangle+\blacktriangle^2=(\blacksquare\pm\blacktriangle)^2$
  제곱근 : $\pm\blacksquare$ 제곱근 : $\pm\blacktriangle$

1 인수분해

0457

다음 식은 어떤 다항식을 인수분해한 것인지 구하시오.

(1) $3(x+4)$　　　　　(2) $x(x+5)$

(3) $(x+4)^2$　　　　　(4) $(x-3)^2$

(5) $(x-2)(x+3)$　　　(6) $(3x+1)(2x-5)$

2 공통인수를 이용한 인수분해

0458

다음 다항식의 인수를 보기에서 모두 고르시오.

(1) $x(x+y)$

$$x, \quad x^2, \quad y, \quad xy, \quad x(x+y)$$

(2) $3xy(x-2)$

$$3, \quad x^2, \quad xy, \quad y(x-2), \quad 3xy-2$$

(3) $(x+2)(x-7)$

$$x, \quad x+2, \quad x(x-7), \quad (x+2)(x-7)$$

(4) $x(2x-y)(x+3y)$

보기
$$2x-y, \quad x-3y, \quad x^2+3xy, \quad 2x^2-y$$

0459

다음 식을 인수분해하시오.

(1) $3ax-3ay$

(2) $2x^2y+6xy^2$

(3) $ax+bx-cx^2$

0460

다음 식을 인수분해하시오.

(1) $ab(x+2)-c(x+2)$

(2) $(x-y)^2-a(x-y)$

(3) $(x+1)(2a-b)+(x+1)(a+b)$

3 인수분해 공식 (1) $-a^2\pm2ab+b^2$

0461

다음 식을 인수분해하시오.

(1) x^2+4x+4

(2) $36x^2+12x+1$

(3) $x^2+10xy+25y^2$

(4) $x^2-18x+81$

(5) $49x^2-42x+9$

(6) $x^2-\dfrac{1}{2}x+\dfrac{1}{16}$

4 완전제곱식이 될 조건

0462

다음 식이 완전제곱식이 되도록 □ 안에 알맞은 수를 써넣으시오.

(1) $x^2+14x+\boxed{}$

(2) $a^2-10ab+\boxed{}b^2$

(3) $x^2-3x+\boxed{}$

(4) $x^2+\boxed{}x+64$

(5) $a^2-\boxed{}ab+100b^2$

(6) $x^2-\boxed{}x+\dfrac{1}{25}$

2 다항식의 인수분해

개념 5 │ 인수분해 공식 (2) $- a^2 - b^2$

$a^2 - b^2 = (a+b)(a-b)$

예 ① $x^2 - 9 = x^2 - 3^2 = (x+3)(x-3)$
　　② $4x^2 - y^2 = (2x)^2 - y^2 = (2x+y)(2x-y)$

● 특별한 조건이 없으면 다항식의 인수분해
는 유리수의 범위에서 더 이상 인수분해할
수 없을 때까지 계속한다.

개념 6 │ 인수분해 공식 (3) $- x^2 + (a+b)x + ab$

(1) $x^2 + (a+b)x + ab$의 인수분해

　$x^2 + (a+b)x + ab = (x+a)(x+b)$

(2) $x^2 + (a+b)x + ab$의 인수분해 방법

❶ 곱하여 상수항이 되는 두 정수를 찾는다.

❷ ❶의 두 수 중 합이 x의 계수가 되는 두 정수 a, b를 찾는다.

❸ $(x+a)(x+b)$ 꼴로 나타낸다.

예 다항식 $x^2 + 5x + 6$에서 오른쪽 표와 같이 곱이 6인 두 정수
중 합이 5인 두 수는 2와 3이므로
$x^2 + 5x + 6 = (x+2)(x+3)$

곱이 6인 두 정수	합
1, 6	7
2, 3	5
$-1, -6$	-7
$-2, -3$	-5

● $x^2 + (a+b)x + ab = (x+a)(x+b)$

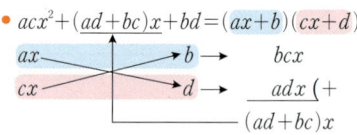

● $x^2 + 5x + 6$의 인수분해

$\Rightarrow x^2 + 5x + 6 = (x+2)(x+3)$

개념 7 │ 인수분해 공식 (4) $- acx^2 + (ad+bc)x + bd$

(1) $acx^2 + (ad+bc)x + bd$의 인수분해

　$acx^2 + (ad+bc)x + bd = (ax+b)(cx+d)$

(2) $acx^2 + (ad+bc)x + bd$의 인수분해 방법

❶ 곱하여 x^2의 계수가 되는 두 정수 a, c를 세로로 나열한다.

❷ 곱하여 상수항이 되는 두 정수 b, d를 세로로 나열한다.

$acx^2 + (ad+bc)x + bd = (ax+b)(cx+d)$

❸ ❶, ❷의 정수를 대각선으로 곱하여 더한 값이 x의 계수가 되는 것을 찾는다.

❹ $(ax+b)(cx+d)$ 꼴로 나타낸다.

예 다항식 $2x^2 - 5x + 2$에서

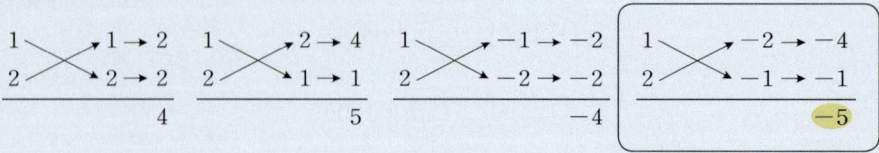

따라서 $a=1$, $b=-2$, $c=2$, $d=-1$이므로
$2x^2 - 5x + 2 = (x-2)(2x-1)$

● $acx^2 + (ad+bc)x + bd = (ax+b)(cx+d)$

● $ac > 0$이면 a, c는 모두 양수인 경우만 생각한다.
$ac < 0$이면 -1로 묶어 낸 후 인수분해한다.

5 인수분해 공식 (2) $- a^2 - b^2$

0463

다음 식을 인수분해하시오.

(1) $x^2 - 25$

(2) $x^2 - \dfrac{1}{16}$

(3) $36x^2 - 1$

(4) $16x^2 - 49y^2$

6 인수분해 공식 (3) $- x^2 + (a+b)x + ab$

0464

합과 곱이 다음과 같은 두 정수를 구하시오.

(1) 합 : 6, 곱 : 5

(2) 합 : 6, 곱 : -7

(3) 합 : -1, 곱 : -12

(4) 합 : -11, 곱 : 30

0465

다음은 다항식을 인수분해하는 과정이다. ☐ 안에 알맞은 수나 식을 써넣으시오.

(1) $x^2 \quad -6x \quad +8$

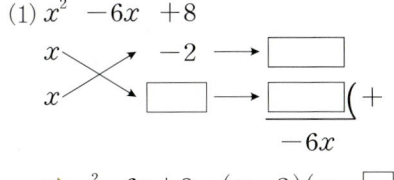

➡ $x^2 - 6x + 8 = (x-2)(x-\boxed{})$

(2) $x^2 \quad +8x \quad -9$

➡ $x^2 + 8x - 9 = (x-1)(x+\boxed{})$

0466

다음 식을 인수분해하시오.

(1) $x^2 + 7x + 12$

(2) $x^2 - 8x + 12$

(3) $x^2 + 3x - 18$

(4) $x^2 - 10x - 24$

7 인수분해 공식 (4) $- acx^2 + (ad+bc)x + bd$

0467

다음은 다항식을 인수분해하는 과정이다. ☐ 안에 알맞은 수나 식을 써넣으시오.

(1) $3x^2 + 2x - 1$

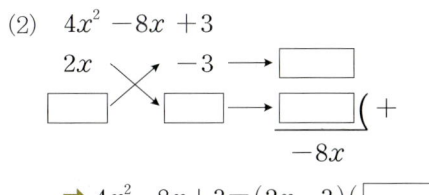

➡ $3x^2 + 2x - 1 = (x+1)(\boxed{})$

(2) $4x^2 - 8x + 3$

➡ $4x^2 - 8x + 3 = (2x-3)(\boxed{})$

0468

다음 식을 인수분해하시오.

(1) $2x^2 + 7x + 3$

(2) $3x^2 - 5x + 2$

(3) $4x^2 - 4x - 3$

(4) $10x^2 + 3x - 27$

▶ 수학의 바이블 75쪽

유형 01 인수와 인수분해

0469 상 중 하

다음 중 $x(2x-3)$의 인수가 <u>아닌</u> 것은?

① 1   ② x ③ $x-3$

④ $2x-3$ ⑤ $x(2x-3)$

> **유형 Point** (1) 인수 : 하나의 다항식을 두 개 이상의 다항식의 곱으로 나타낼 때, 각각의 다항식을 처음 다항식의 인수라고 한다.
> (2) 인수분해 : 하나의 다항식을 두 개 이상의 인수의 곱으로 나타내는 것

0470 상 중 하

다음 식에 대한 설명 중 옳지 <u>않은</u> 것은?

$$6xy^2-3xy \underset{\text{ⓛ}}{\overset{\text{ⓖ}}{\rightleftarrows}} 3xy(2y-1)$$

① ㉠의 과정을 인수분해한다고 한다.
② ㉡의 과정을 전개한다고 한다.
③ ㉡의 과정에서 결합법칙이 이용된다.
④ xy는 $6xy^2-3xy$의 인수이다.
⑤ $3(2y-1)$은 $6xy^2-3xy$의 인수이다.

0471 상 중 하

다음 중 $x-8$을 인수로 갖지 <u>않는</u> 것은?

① $x-8$ ② $(x-1)(x-8)$
③ $xy-8$ ④ $xy(x-8)$
⑤ $(x-8)^2$

0472 상 중 하

$x^2(x+5)$의 인수를 보기에서 모두 고른 것은?

> **보기**
> ㄱ. x^2 ㄴ. $x+5$ ㄷ. x^2+5
> ㄹ. $x(x+5)$ ㅁ. $x^2(x+5)$ ㅂ. $(x+5)^2$

① ㄱ, ㄴ, ㄷ   ② ㄱ, ㄴ, ㄹ   ③ ㄱ, ㄴ, ㄹ, ㅁ
④ ㄴ, ㄷ, ㄹ   ⑤ ㄷ, ㄷ, ㅁ, ㅂ

▶ 수학의 바이블 75쪽

유형 02 공통인수를 이용한 인수분해

0473 상 중 하

다음 중 $2a^2b-2ab^2$의 인수가 <u>아닌</u> 것은?

① 2   ② a ③ ab

④ $a-b$ ⑤ a^2

> **유형 Point** 다항식에서 공통인수가 있을 때에는
> ❶ 각 항에서 공통인수를 찾는다.
> ❷ 공통인수로 묶어 내어 인수분해한다.
> ➡ 공통인수로 묶을 때 수는 최대공약수로, 문자는 차수가 가장 낮은 것으로 묶는다.

0474 상 중 하

다음 보기에서 $3x^2-6xy$의 인수를 모두 고른 것은?

> **보기**
> ㄱ. $3x$ ㄴ. $3y$ ㄷ. $3xy$
> ㄹ. $x-2y$ ㅁ. y^2

① ㄱ, ㄴ   ② ㄱ, ㄹ   ③ ㄴ, ㄹ
④ ㄴ, ㅁ   ⑤ ㄷ, ㅁ

0475 상 중 하

다음 중 인수분해한 것이 옳지 <u>않은</u> 것은?

① $x^2-2x=x(x-2)$
② $a^3-a^2=a^2(a-1)$
③ $2ax^2-4xy=2x(ax-2y)$
④ $x(y-2)+2(y-2)=(x+2)(y-2)$
⑤ $3a^2b^2-9ab^2+6b=3b(a^2b-3ab+6)$

0476 상 중 하

$a(x-y)-b(y-x)$를 인수분해하면?

① $(a-b)(x-y)$ ② $(a-b)(y-x)$
③ $(a+b)(x-y)$ ④ $(a+b)(y-x)$
⑤ $(a+b)(x+y)$

→ 수학의 바이블 77쪽

유형 03 인수분해 공식 (1) − $a^2 \pm 2ab + b^2$

0477 상중하

다음 중 인수분해한 것이 옳지 <u>않은</u> 것은?

① $x^2 - 14x + 49 = (x-7)^2$
② $16x^2 - 8x + 1 = (4x-1)^2$
③ $a^2 + \dfrac{1}{2}a + \dfrac{1}{16} = \left(a + \dfrac{1}{4}\right)^2$
④ $\dfrac{9}{4}x^2 + 3x + 1 = \left(\dfrac{3}{2}x + 1\right)^2$
⑤ $4a^2 - 4ab + b^2 = (2a-1)^2$

→ **유형 Point** (1) $a^2 + 2ab + b^2 = (a+b)^2$
(2) $a^2 - 2ab + b^2 = (a-b)^2$

0478 상중하

다음 중 $25x^2 - 20x + 4$의 인수인 것은?

① $x - 5$ ② $x - 2$ ③ $5x - 2$
④ $2x - 5$ ⑤ $x + 2$

0479 상중하

다음 보기에서 완전제곱식으로 인수분해할 수 있는 것을 모두 고른 것은?

보기

ㄱ. $x^2 + 16x + 64$ ㄴ. $x^2 - 10xy + 36y^2$
ㄷ. $2x^2 + 2 + 4x$ ㄹ. $4x^2 - 6xy + y^2$
ㅁ. $x^2 - \dfrac{1}{3}x + \dfrac{1}{18}$ ㅂ. $\dfrac{1}{9}x^2 + \dfrac{1}{3}xy + \dfrac{1}{4}y^2$

① ㄱ, ㄴ, ㅂ   ② ㄱ, ㄷ, ㅂ   ③ ㄴ, ㄷ, ㅁ
④ ㄴ, ㄹ, ㅁ   ⑤ ㄷ, ㅁ, ㅂ

0480 상중하

다음 등식을 만족하는 상수 a, b에 대하여 $a+b$의 값을 구하시오. (단, $a > 0$)

$$x(x+a) + 36 = (x+b)^2$$

→ 수학의 바이블 77쪽

유형 04 완전제곱식이 될 조건

0481 상중하

다음 두 식이 모두 완전제곱식이 되도록 하는 양수 a, b에 대하여 $\dfrac{b}{a}$의 값을 구하시오.

$$x^2 - ax + \dfrac{1}{49}, \quad 25x^2 + 20x + b$$

→ **유형 Point** (1) $x^2 + ax + b\ (b>0)$가 완전제곱식이 될 조건
➡ ① $b = \left(\dfrac{a}{2}\right)^2$ ② $a = \pm 2\sqrt{b}$
(2) $Ax^2 + Bx + C\ (A>0,\ C>0)$가 완전제곱식이 될 조건
➡ $Ax^2 + Bx + C = (\sqrt{A}x)^2 + Bx + (\sqrt{C})^2$에서
$B = \pm 2\sqrt{AC}$

0482 상중하

이차식 $ax^2 + 24x + 9$가 완전제곱식이 되도록 하는 상수 a의 값은?

① -16 ② -8 ③ 4
④ 8 ⑤ 16

0483 상중하 서술형

$(x+2)(x+4) + k$가 완전제곱식이 되도록 하는 상수 k의 값을 구하시오.

0484 상중하

$9x^2 + (7a+2)x + 25$가 완전제곱식이 될 때, 양수 a의 값을 구하시오.

II − 2. 다항식의 인수분해

유형 05 근호 안의 식이 완전제곱식으로 인수분해되는 식

0485 상 중 하

$-1 < x < 1$일 때, 다음 식을 간단히 하면?

$$\sqrt{x^2+2x+1}-\sqrt{x^2-2x+1}$$

① -2 ② 0 ③ 2

④ $2x$ ⑤ $2x+2$

→ **유형 Point**   근호 안의 식을 완전제곱식으로 인수분해한 후 부호에 주의하여 근호를 없앤다.

➡ $\sqrt{a^2}=\begin{cases} a & (a \geq 0) \\ -a & (a < 0) \end{cases}$

0486 상 중 하   서술형

$-4 < x < \dfrac{1}{2}$일 때, $\sqrt{x^2+8x+16}+\sqrt{x^2-x+\dfrac{1}{4}}$을 간단히 하시오.

0487 상 중 하

$0 < a < b$일 때, $\sqrt{a^2+2ab+b^2}-\sqrt{a^2-2ab+b^2}$을 간단히 하면?

① $-2b$ ② $-2a$ ③ $2a$

④ $2b$ ⑤ $2a+2b$

0488 상 중 하

$x > 0$, $y < 0$일 때, 다음 식을 간단히 하시오.

$$\sqrt{x^2-2xy+y^2}+\sqrt{x^2-\sqrt{y^2}}$$

유형 06 인수분해 공식 (2) $- a^2-b^2$

0489 상 중 하

다음 중 인수분해한 것이 옳은 것은?

① $x^2-\dfrac{1}{4}y^2=\left(x+\dfrac{1}{2}\right)\left(x-\dfrac{1}{2}\right)$

② $2x^2-50=2(x+5)(x-5)$

③ $4x^2-49y^2=(4x+7y)(4x-7y)$

④ $-x^2-1=(-x+1)(-x-1)$

⑤ $-x^2+9y^2=(-x+3y)(-x-3y)$

→ **유형 Point** $\underset{\text{제곱의 차}}{a^2-b^2}=\underset{\text{합}}{(a+b)}\underset{\text{차}}{(a-b)}$

0490 상 중 하

$16x^2-25=(Ax+B)(Ax-B)$일 때, 자연수 A, B에 대하여 $B-A$의 값은?

① 1 ② 2 ③ 3

④ 4 ⑤ 5

0491 상 중 하

$-98x^2+72y^2$을 인수분해하면 $a(bx+cy)(bx-cy)$가 될 때, $a+b+c$의 값을 구하시오. (단, a는 정수, b, c는 자연수)

0492 상 중 하

$(x-y)a^2+(y-x)b^2$을 인수분해하면?

① $(x-y)(a^2+b^2)$ ② $(y-x)(a^2+b^2)$

③ $(x-y)(a+b)^2$ ④ $(x-y)(a+b)(a-b)$

⑤ $(y-x)(a+b)(a-b)$

▶ 수학의 바이블 81쪽

유형 07 인수분해 공식 (3) − $x^2+(a+b)x+ab$

0493 상 중 하

다음 다항식 중 $x+4$를 인수로 갖지 <u>않는</u> 것은?

① x^2+5x+4 ② x^2+3x-4

③ x^2+6x+8 ④ x^2-x-20

⑤ $x^2+4x-32$

→ **유형 Point** $x^2+(a+b)x+ab$를 인수분해할 때에는

❶ 합이 x의 계수, 곱이 상수항이 되는 두 정수 a, b를 찾는다.

❷ $(x+a)(x+b)$ 꼴로 나타낸다.

0494 상 중 하

$x^2-7x+12$가 x의 계수가 1인 두 일차식의 곱으로 인수분해될 때, 두 일차식의 합은?

① $2x-13$ ② $2x-8$ ③ $2x-7$

④ $2x-1$ ⑤ $2x+1$

0495 상 중 하

다음 중 $x^2-3xy-18y^2$의 인수인 것을 모두 고르면?

(정답 2개)

① $x-9y$ ② $x-6y$ ③ $x-3y$

④ $x+3y$ ⑤ $x+6y$

0496 상 중 하

$(x+2)(x+3)-20$을 인수분해하시오.

0497 상 중 하 서술형

$x^2+ax-12$가 $(x+2)(x+b)$로 인수분해될 때, 상수 a, b에 대하여 $a+b$의 값을 구하시오.

▶ 수학의 바이블 83쪽

유형 08 인수분해 공식 (4) − $acx^2+(ad+bc)x+bd$

0498 상 중 하

$6x^2-11x-10$이 $(2x+a)(3x+b)$로 인수분해 될 때, 상수 a, b에 대하여 $a+b$의 값을 구하시오.

→ **유형 Point**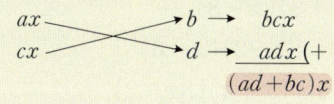

0499 상 중 하

다음 다항식 중 $2x+1$을 인수로 갖는 것은?

① $2x^2-x-6$ ② $2x^2-3x-2$

③ $4x^2-2x-12$ ④ $4x^2+4x-3$

⑤ $6x^2+7x-5$

0500 상 중 하

$8x^2-2xy-3y^2=(ax+y)(bx+cy)$일 때, 상수 a, b, c에 대하여 $a+b+c$의 값을 구하시오.

0501 상 중 하

$3x^2+ax+b=(x+4)(cx-2)$일 때, 상수 a, b, c에 대하여 $a+b+c$의 값을 구하시오.

0502 상 중 하

$(3x-1)(2x+3)-17$을 인수분해하면 x의 계수가 자연수인 두 일차식의 곱으로 인수분해된다. 이때 두 일차식의 합을 구하시오.

유형 09 인수분해 공식 ─ 종합

0503 상 중 하

다음 중 인수분해한 것이 옳지 <u>않은</u> 것은?

① $x^2+12x+36=(x+6)^2$

② $25x^2-10x+1=(5x-1)^2$

③ $x^2-64=(x+8)(x-8)$

④ $x^2-4x-12=(x+2)(x-6)$

⑤ $3x^2-10x-8=(x+4)(3x-2)$

→ **유형 Point** (1) $a^2+2ab+b^2=(a+b)^2$

(2) $a^2-2ab+b^2=(a-b)^2$

(3) $a^2-b^2=(a+b)(a-b)$

(4) $x^2+(a+b)x+ab=(x+a)(x+b)$

(5) $acx^2+(ad+bc)x+bd=(ax+b)(cx+d)$

0504 상 중 하

다음 중 □ 안에 알맞은 수가 나머지 넷과 <u>다른</u> 하나는?

① $x^2-□x+1=(x-1)^2$

② $9x^2+12x+4=(3x+□)^2$

③ $x^2-4y^2=(x+□y)(x-2y)$

④ $x^2+5x-14=(x-□)(x+7)$

⑤ $3x^2-14x+15=(x-□)(3x-5)$

0505 상 중 하

다음 다항식 중 $2x-3$을 인수로 갖지 <u>않는</u> 것은?

① $4x^2-12x+9$

② $4x^2-9$

③ $2x^2-x-3$

④ $2x^2-3x-9$

⑤ $2x^2+x-6$

0506 상 중 하 서술형

다음 등식을 만족하는 상수 a, b, c, d에 대하여 $a+b+c+d$의 값을 구하시오. (단, $b>0$)

$$9x^2-6x+1=(ax-1)^2$$

$$49x^2-\frac{1}{9}=\left(bx+\frac{1}{3}\right)\left(bx-\frac{1}{3}\right)$$

$$6x^2-11x-35=(2x+c)(3x+d)$$

유형 10 두 다항식의 공통인수 구하기

0507 상 중 하

다음 중 두 다항식 $2x^2-32$와 $2x^2+5x-12$의 공통인수는?

① 2

② $x-4$

③ $x+4$

④ $2x-3$

⑤ $2x+3$

→ **유형 Point** 두 다항식의 공통인수를 찾을 때에는

❶ 두 다항식을 각각 인수분해한다.

❷ 공통으로 들어 있는 인수를 찾는다.

★★
0508 상 중 하

다음 두 다항식의 공통인수는?

$$3x^2+5x-12, \qquad 6x^2+x-12$$

① $x-4$

② $x-3$

③ $3x-4$

④ $x+3$

⑤ $2x+3$

0509 상 중 하

두 다항식 $4x^2-25y^2$과 $2x^2-7xy-30y^2$의 공통인수가 $ax+by$일 때, 두 상수 a, b에 대하여 $a+b$의 값을 구하시오. (단, $a>0$)

0510 상 중 하

다음 중 나머지 넷과 1을 제외한 공통인수를 갖지 <u>않는</u> 것은?

① x^2-9

② x^2+x-12

③ $2x^2-3x-9$

④ $2x^2-12x+18$

⑤ $6x^2+15x-9$

▶ 수학의 바이블 83쪽

유형 11 인수가 주어진 이차식의 미지수의 값 구하기

0511 상 중 하

다항식 $6x^2-17x+a$가 $2x-5$를 인수로 가질 때, 상수 a의 값은?

① 3   ② 4   ③ 5
④ 6   ⑤ 7

> **유형 Point** 일차식 $mx+n$이 이차식 ax^2+bx+c의 인수이면
> ➡ $ax^2+bx+c=\underset{\text{주어진 인수}}{(mx+n)}\underset{\text{다른 한 인수}}{(\blacksquare x+\blacktriangle)}$

0512 상 중 하

$x+5$가 다항식 $2x^2+ax-5$의 인수일 때, 상수 a의 값은?

① -9 ② -5 ③ 1
④ 5   ⑤ 9

0513 상 중 하

다항식 $3x^2+4x+k$가 $x+2$를 인수로 가질 때, 다음 중 $3x^2+4x+k$의 인수인 것은? (단, k는 상수)

① $3x-3$ ② $3x-2$ ③ $3x-1$
④ $3x+1$ ⑤ $3x+2$

0514 상 중 하 서술형

$x-3$이 두 다항식 x^2+ax-6, $2x^2+2x+b$의 공통인수일 때, 상수 a, b에 대하여 $a-b$의 값을 구하시오.

유형 12 계수 또는 상수항을 잘못 보고 인수분해한 경우

0515 상 중 하

x^2의 계수가 1인 어떤 이차식을 현준이는 x의 계수를 잘못 보아 $(x-2)(x+4)$로 인수분해하였고, 한결이는 상수항을 잘못 보아 $(x+1)(x-3)$으로 인수분해하였다. 이때 처음 이차식을 바르게 인수분해한 것은?

① $(x-2)(x-3)$ ② $(x-2)(x+4)$
③ $(x+1)(x-2)$ ④ $(x+2)(x-4)$
⑤ $(x+2)(x+4)$

> **유형 Point** 잘못 본 수를 제외한 나머지 값은 제대로 본 것임을 이용한다.
>
> | 상수항을 잘못 본 식 | x의 계수를 잘못 본 식 |
> | --- | --- |
> | $x^2+\underset{\text{제대로 본 수}}{ax}+b$ | $x^2+cx+\underset{\text{제대로 본 수}}{d}$ |
>
> ➡ 처음 이차식 : x^2+ax+d

0516 상 중 하

x^2의 계수가 1인 어떤 이차식을 성현이는 x의 계수를 잘못 보아 $(x-2)(x+5)$로 인수분해하였고, 민주는 상수항을 잘못 보아 $(x+3)(x-6)$으로 인수분해하였다. 다음 물음에 답하시오.

(1) 처음 이차식을 구하시오.

(2) 처음 이차식을 바르게 인수분해하시오.

0517 상 중 하

x^2의 계수가 2인 어떤 이차식을 준성이는 x의 계수를 잘못 보아 $(2x+1)(x-3)$으로 인수분해하였고, 지수는 상수항을 잘못 보아 $(2x+1)(x+2)$로 인수분해하였다. 이때 처음 이차식을 바르게 인수분해한 것은?

① $(2x-1)(x-3)$ ② $(2x-1)(x-2)$
③ $(2x-1)(x+2)$ ④ $(2x-1)(x+3)$
⑤ $(2x+1)(x-3)$

II-2. 다항식의 인수분해

유형 13 도형을 이용한 인수분해 공식

0518 상 중 하

다음 그림의 모든 직사각형을 겹치지 않게 이어 붙여 만든 새로운 정사각형의 한 변의 길이는?

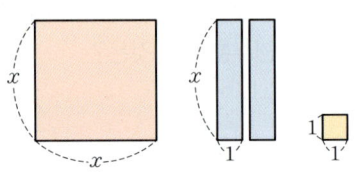

① $x+1$ ② $x+\dfrac{1}{2}$ ③ $x+\dfrac{1}{4}$

④ $2x+1$ ⑤ $2x+2$

> **유형 Point** 여러 종류의 직사각형을 이어 붙여 만든 새로운 직사각형의 넓이는 주어진 모든 직사각형의 넓이의 합과 같음을 이용한다.

0519 상 중 하

다음 그림의 모든 직사각형을 겹치지 않게 이어 붙여 만든 새로운 직사각형의 가로의 길이와 세로의 길이의 합은?

① $2x+1$ ② $2x+2$ ③ $2x+3$
④ $2x+4$ ⑤ $2x+5$

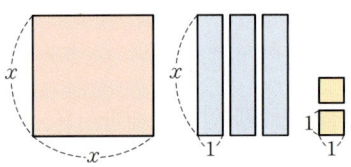

0520 상 중 하 서술형

다음 그림의 모든 직사각형을 겹치지 않게 이어 붙여 만든 새로운 직사각형의 둘레의 길이를 구하시오.

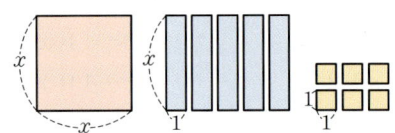

유형 14 인수분해의 도형에의 활용

0521 상 중 하

오른쪽 그림과 같이 넓이가 $2x^2+7x+3$이고, 가로의 길이가 $x+3$인 직사각형의 세로의 길이를 구하시오.

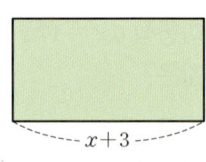

> **유형 Point** 도형의 넓이 또는 부피 구하는 공식을 이용하여 식을 세운 다음 인수분해하여 다항식의 곱으로 나타낸다.

0522 상 중 하

정사각형 모양의 공원의 넓이가 $4x^2+12xy+9y^2$일 때, 이 공원의 둘레의 길이는? (단, $x>0$, $y>0$)

① $4x+9y$ ② $4x+12y$ ③ $6x+9y$
④ $8x+12y$ ⑤ $8x+20y$

0523 상 중 하

부피가 $3x^2-75$이고 높이가 3인 직육면체의 밑면에서 가로의 길이는 세로의 길이보다 10만큼 길다. 이때 직육면체의 밑면의 가로의 길이는?

① $x-5$ ② $x+5$ ③ $2x-5$
④ $3x-5$ ⑤ $3x+5$

★★ 0524 상 중 하

오른쪽 그림과 같은 사다리꼴의 넓이가 $2x^2+8x+6$일 때, 이 사다리꼴의 높이를 구하시오.

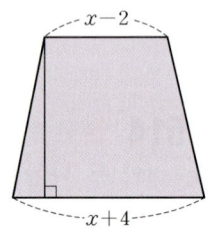

0525

다음 보기에서 $6ac^2(a-1)$의 인수를 모두 고른 것은?

> **보기**
> ㄱ. $6c^2$ ㄴ. $6(a-1)$ ㄷ. $6a^2c^2$
> ㄹ. $6ac-1$ ㅁ. $6a(a-1)$ ㅂ. $6c(a-c)$

① ㄱ, ㄴ, ㄷ ② ㄱ, ㄴ, ㅁ ③ ㄱ, ㄷ, ㅂ
④ ㄴ, ㄹ, ㅁ ⑤ ㄷ, ㅁ, ㅂ

0526

$(x-4)(x+2)-3(x+2)$가 x의 계수가 1인 두 일차식의 곱으로 인수분해될 때, 두 일차식의 합은?

① $2x-5$ ② $2x-3$ ③ $2x-1$
④ $2x+3$ ⑤ $2x+5$

0527

다음 이차식이 모두 완전제곱식이 될 때, 양수 A의 값이 가장 작은 것은?

① x^2-8x+A ② $16x^2+Ax+1$
③ $x^2+Ax+49$ ④ $\dfrac{1}{4}x^2+Ax+\dfrac{1}{9}$
⑤ $x^2+\dfrac{1}{2}x+A$

0528

$x^2+(7a-14)xy+49y^2$이 완전제곱식이 될 때, 양수 a의 값을 구하시오.

0529

$-4<a<4$일 때, 다음 식을 간단히 하시오.

$$\sqrt{(a+4)^2-16a}-\sqrt{(a-4)^2+16a}$$

0530

$0<x<1$일 때, $\sqrt{x^2+\dfrac{1}{x^2}+2}-\sqrt{x^2+\dfrac{1}{x^2}-2}$를 간단히 하면?

① $-2x$ ② $-\dfrac{2}{x}$ ③ 0
④ $\dfrac{2}{x}$ ⑤ $2x$

0531

$ax^2-81=(bx+9)(5x+c)$일 때, 상수 a, b, c에 대하여 $a+b+c$의 값을 구하시오.

0532 ★★

다음 중 x^4-81의 인수가 <u>아닌</u> 것은?

① $x-3$ ② $x+3$ ③ x^2-9
④ x^2+3 ⑤ x^2+9

0533

두 다항식 A, B에 대하여 $x^2+9x+14=A(x+2)$,
$x^2-2x-15=B(x-5)$일 때, $A+B$를 구하시오.

0534

다항식 x^2+x-n이 $(x+a)(x+b)$로 인수분해되게 하는 자연수 n의 개수를 구하시오. (단, $1<n<40$이고 a, b는 정수)

0535

$x^2+Ax+18=(x+a)(x+b)$일 때, 다음 중 상수 A의 값이 될 수 없는 것은? (단, a, b는 정수)

① -19 ② -11 ③ -8
④ 9 ⑤ 11

0536

$15x^2-axy-8y^2=(3x+4y)(5x+by)$일 때, 상수 a, b에 대하여 $b-a$의 값을 구하시오.

0537

다항식 $3x^2+kxy-8y^2$이 $x+2y$를 인수로 가질 때, 다음 중 $3x^2+kxy-8y^2$의 인수인 것은? (단, k는 상수)

① $x-4y$ ② $x-2y$ ③ $3x-4y$
④ $3x-2y$ ⑤ $3x+4y$

0538

다음 중 인수분해한 것이 옳지 <u>않은</u> 것은?

① $ab^2-4a=a(b+2)(b-2)$
② $2x^2+x-3=(2x+3)(x-1)$
③ $16x^2-16xy+4y^2=4(2x-y)^2$
④ $3x^2-7x-6=(3x+2)(x-3)$
⑤ $(x-3)+(3x-x^2)=(x-1)(x-3)$

0539

두 다항식 x^2+4x+3과 x^2+ax-4는 x의 계수가 1인 일차식을 공통인수로 갖는다. 이때 정수 a의 값을 구하시오.

0540

두 다항식 $2x^2+5xy-3y^2$, $4x^2+7xy+ay^2$이 $x+by$를 공통인수로 가질 때, 정수 a, b에 대하여 ab의 값을 구하시오.

0541

다음 세 다항식이 x에 대한 일차식을 공통인수로 가질 때, 상수 a의 값을 구하시오.

$$2x^2-13x-7, \qquad 10x^2-x-3, \qquad 2x^2+ax-6$$

0542

x^2의 계수가 3인 이차식을 준현이는 x의 계수를 잘못 보아 $3(x-2)(x+8)$로 인수분해하였고, 민수는 상수항을 잘못 보아 $3(x-10)(x+4)$로 인수분해하였다. 처음 이차식을 바르게 인수분해하면 $3(x+a)(x-b)$일 때, $a-b$의 값을 구하시오.

(단, a, b는 자연수)

0543

넓이가 $25x^2-49$인 직사각형의 가로의 길이가 $5x-7$일 때, 이 직사각형의 둘레의 길이를 구하시오.

0544

오른쪽 그림과 같이 높이가 $x+1$인 삼각형의 넓이가 $2x^2-x-3$일 때, 밑변의 길이를 구하시오.

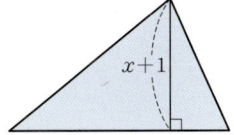

0545

[그림 1]은 한 변의 길이가 a인 정사각형 모양의 종이의 한 모퉁이에서 한 변의 길이가 b인 정사각형을 잘라낸 것이다. [그림 1]의 도형을 점선을 따라 반으로 잘라 붙여서 [그림 2]와 같은 직사각형을 만들었다.

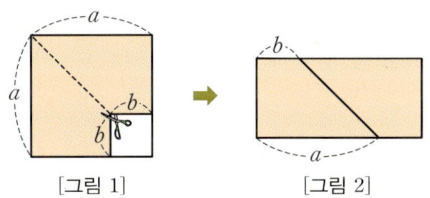

[그림 1]   [그림 2]

다음 중 [그림 1]과 [그림 2]의 도형의 넓이가 같음을 이용하여 설명할 수 있는 식은?

① $a^2-2ab+b^2=(a-b)^2$

② $a^2+2ab+b^2=(a+b)^2$

③ $a^2-b^2=(a+b)(a-b)$

④ $4a^2-b^2=(2a+b)(2a-b)$

⑤ $2a^2+3ab+b^2=(a+b)(2a+b)$

0546 생각이 쑥쑥

다음 그림과 같이 한 변의 길이가 각각 x, y인 두 정사각형이 있다. 두 정사각형의 둘레의 길이의 합이 60이고 넓이의 차가 90일 때, 두 정사각형의 한 변의 길이의 차를 구하시오. (단, $x>y$)

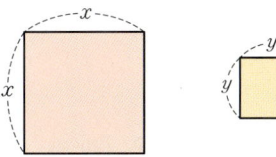

교과서 속 창의·융합 문제

0547

다음 그림과 같은 모양의 화단 A, B의 넓이가 서로 같을 때, 화단 B의 가로의 길이를 구하시오.

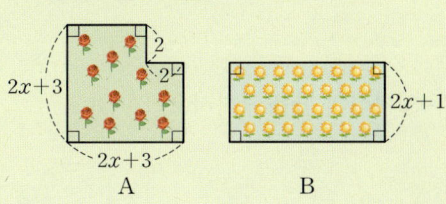

A   B

단계를 밟아 서술하기

0548

$ax^2+24x+b=(4x+c)^2$일 때, 상수 a, b, c에 대하여 $a+b-c$의 값을 구하시오.

단계 1 a의 값을 구하시오. [30%]

단계 2 c의 값을 구하시오. [30%]

단계 3 b의 값을 구하시오. [30%]

단계 4 $a+b-c$의 값을 구하시오. [10%]

0550

다항식 $(8x-1)(2x-1)+ax$가 완전제곱식이 되도록 하는 상수 a의 값을 모두 구하시오.

단계 1 $(8x-1)(2x-1)+ax$을 전개하시오. [40%]

단계 2 주어진 다항식이 완전제곱식이 되는 조건을 설명하시오. [40%]

단계 3 a의 값을 모두 구하시오. [20%]

0552

x의 계수가 1인 두 일차식의 곱이 $(x+3)(x-5)+4x$일 때, 두 일차식의 합을 구하시오.

단계 1 $(x+3)(x-5)+4x$를 인수분해하시오. [70%]

단계 2 두 일차식의 합을 구하시오. [30%]

스스로 서술하기

0549

$ax^2+20x+b=(2x+c)^2$일 때, 상수 a, b, c에 대하여 $a+b+c$의 값을 구하시오.

풀이

답 _____

0551

다항식 $(9x-2)(4x-2)+ax$가 완전제곱식이 되도록 하는 상수 a의 값을 모두 구하시오.

풀이

답 _____

0553

x의 계수가 1인 두 일차식의 곱이 $(x-3)(x-6)-2x$일 때, 두 일차식의 합을 구하시오.

풀이

답 _____

 단계를 밟아 서술하기

0554

$x^2 + Ax - 12$가 $(x+m)(x+n)$으로 인수분해된다. 상수 A가 될 수 있는 가장 큰 값을 a, 가장 작은 값을 b라고 할 때, $a-b$의 값을 구하시오. (단, m, n은 정수)

단계 1 ▶ m, n이 될 수 있는 정수를 순서쌍 (m, n)으로 모두 나타내시오. [60%]

단계 2 ▶ a, b의 값을 각각 구하시오. [30%]

단계 3 ▶ $a-b$의 값을 구하시오. [10%]

스스로 서술하기

0555

$x^2 + Ax + 20$이 $(x+m)(x+n)$으로 인수분해된다. 상수 A가 될 수 있는 가장 큰 값을 a, 가장 작은 값을 b라고 할 때, $a-b$의 값을 구하시오. (단, m, n은 정수)

풀이

답 _____

0556

$4x^2 + (2a+7)x - 15$를 인수분해하면 $(x-3)(4x+b)$일 때, 상수 a, b에 대하여 $a+b$의 값을 구하시오.

단계 1 ▶ $(x-3)(4x+b)$를 전개하시오. [20%]

단계 2 ▶ a, b의 값을 각각 구하시오. [70%]

단계 3 ▶ $a+b$의 값을 구하시오. [10%]

0557

$3x^2 + (3a+1)x - 12$를 인수분해하면 $(x+6)(3x+b)$일 때, 상수 a, b에 대하여 $a+b$의 값을 구하시오.

풀이

답 _____

0558

$2n^2 - 5n - 12$가 소수가 되도록 하는 자연수 n의 값과 그때의 소수를 차례로 구하시오.

단계 1 ▶ $2n^2 - 5n - 12$를 인수분해하시오. [30%]

단계 2 ▶ $2n^2 - 5n - 12$가 소수가 되는 조건을 설명하시오. [30%]

단계 3 ▶ $2n^2 - 5n - 12$가 소수가 되도록 하는 자연수 n의 값과 그때의 소수를 차례로 구하시오. [40%]

0559

$n^2 + 12n - 45$가 소수가 되도록 하는 자연수 n의 값과 그때의 소수를 차례로 구하시오.

풀이

답 _____

3 인수분해 공식의 활용

개념 1   복잡한 식의 인수분해

(1) 공통인수가 있는 경우

공통인수로 묶어 낸 후 인수분해한다.

> 예 $3x^3y - 9x^2y + 6xy = 3xy(x^2 - 3x + 2)$
> $\qquad\qquad\qquad\qquad = 3xy(x-1)(x-2)$

(2) 공통부분이 있는 경우

공통부분을 한 문자로 치환하여 인수분해한 후 문자에 원래의 식을 대입하여 정리한다.

> 예 $(x+y)^2 + 2(x+y) + 1 = A^2 + 2A + 1$ ← $x+y=A$로 치환
> $\qquad\qquad\qquad\qquad\quad = (A+1)^2$ ← 인수분해하기
> $\qquad\qquad\qquad\qquad\quad = (x+y+1)^2$ ← $A=x+y$를 대입

(3) 항이 4개인 경우

적당한 항끼리 묶어 인수분해한다.

① 두 항씩 공통인수가 있는 경우 : (2개의 항)+(2개의 항)으로 묶어 인수분해한다.

> 예 $ab + 2a + b + 2 = a(b+2) + (b+2)$ ← (2개의 항)+(2개의 항)으로 묶기
> $\qquad\qquad\qquad\quad = (b+2)(a+1)$ ← 인수분해하기

② $A^2 - B^2$ 꼴로 만들 수 있는 경우 : (3개의 항)+(1개의 항)으로 묶어 인수분해한다.

> 예 $x^2 + 2x + 1 - y^2 = (x^2 + 2x + 1) - y^2$ ← (3개의 항)+(1개의 항)으로 묶기
> $\qquad\qquad\qquad\qquad = (x+1)^2 - y^2$ ← $A^2 - B^2$ 꼴로 나타내기
> $\qquad\qquad\qquad\qquad = (x+1+y)(x+1-y)$ ← 인수분해하기

(4) 항이 5개 이상이고 문자가 여러 개 있는 경우

차수가 낮은 한 문자에 대하여 내림차순으로 정리한 후 인수분해한다.

> 예 $x^2 - xy - 3x + 2y + 2 = 2y - xy + x^2 - 3x + 2$
> $\qquad\qquad\qquad\qquad\qquad = (2-x)y + x^2 - 3x + 2$
> $\qquad\qquad\qquad\qquad\qquad = -(x-2)y + (x-1)(x-2)$
> $\qquad\qquad\qquad\qquad\qquad = (x-2)(x-y-1)$

● 다항식을 한 문자에 대하여 차수가 높은 항부터 낮은 항의 순서로 나열하는 것을 그 문자에 대하여 내림차순으로 정리한다고 한다.

개념 2   인수분해 공식의 활용

(1) 수의 계산

인수분해 공식을 이용할 수 있도록 수의 모양을 변형하여 계산한다.

① 공통인수로 묶어 내기 : $ma + mb = m(a+b)$

> 예 $13 \times 25 + 13 \times 75 = 13(25 + 75) = 13 \times 100 = 1300$

② 완전제곱식 이용하기 : $a^2 + 2ab + b^2 = (a+b)^2$, $a^2 - 2ab + b^2 = (a-b)^2$

> 예 $101^2 - 202 + 1 = 101^2 - 2 \times 101 \times 1 + 1^2 = (101-1)^2 = 100^2 = 10000$

③ 제곱의 차 이용하기 : $a^2 - b^2 = (a+b)(a-b)$

> 예 $78^2 - 22^2 = (78 + 22)(78 - 22) = 100 \times 56 = 5600$

(2) 식의 값 구하기

주어진 식을 인수분해한 후 문자에 수를 대입하여 식의 값을 구한다.

> 예 $x=102$일 때, $x^2 - 4x + 4$의 값을 구하면
> $x^2 - 4x + 4 = (x-2)^2 = (102-2)^2 = 100^2 = 10000$

● 식에 주어진 값을 직접 대입하여 구할 수도 있지만 식을 인수분해한 후 대입하여 계산하는 것이 더 편리하다.

1 복잡한 식의 인수분해

0560

다음 식을 공통인수로 묶어 내어 인수분해하시오.

(1) $x^2y + 6xy + 9y$

(2) $ax^2 - 16ay^2$

(3) $2bx^2 - 6bx - 8b$

(4) $x^4 - 25x^2$

0561

다음 식을 치환을 이용하여 인수분해하시오.

(1) $(x+y)^2 + 4(x+y) + 4$

(2) $(x-3y)^2 + (x-3y) - 6$

(3) $(3x+2)^2 - 9$

(4) $(2x+3)(2x+3+2) - 3$

0562

다음 □ 안에 공통으로 들어갈 식을 구하시오.

(1) $ab - a + b - 1 = a(\boxed{}) + (\boxed{})$
$= (\boxed{})(a+1)$

(2) $x^3 + x^2 + x + 1 = x^2(\boxed{}) + (\boxed{})$
$= (\boxed{})(x^2+1)$

0563

다음 식을 인수분해하시오.

(1) $3xy + x + 3y + 1$

(2) $x^2y - y + x^2 - 1$

0564

다음 □ 안에 공통으로 들어갈 식을 구하시오.

(1) $x^2 + 14x + 49 - y^2 = (x^2 + 14x + 49) - y^2$
$= (\boxed{})^2 - y^2$
$= (\boxed{} + y)(\boxed{} - y)$

(2) $4a^2 - 4a + 1 - b^2 = (4a^2 - 4a + 1) - b^2$
$= (\boxed{})^2 - b^2$
$= (\boxed{} + b)(\boxed{} - b)$

0565

다음 식을 인수분해하시오.

(1) $a^2 - 8a + 16 - b^2$

(2) $x^2 - (y^2 - 4y + 4)$

2 인수분해 공식의 활용

0566

인수분해 공식을 이용하여 다음을 계산하시오.

(1) $15 \times 97 - 15 \times 95$

(2) $28^2 + 4 \times 28 + 4$

(3) $66^2 - 34^2$

0567

인수분해 공식을 이용하여 다음 식의 값을 구하시오.

(1) $x = 18$일 때, $x^2 + 4x + 4$의 값

(2) $x = 35$일 때, $x^2 - 10x + 25$의 값

(3) $x = \sqrt{3} + 1$, $y = \sqrt{3} - 1$일 때, $x^2 - y^2$의 값

(4) $x = \sqrt{5} - 1$일 때, $x^2 + 2x - 3$의 값

▶ 수학의 바이블 87쪽

유형 01 공통인수로 묶어 인수분해하기

0568 상 중 하

$2a^3b-2a^2b-12ab$를 인수분해하면?

① $ab(a-3)(2a+1)$ ② $ab(a+2)(2a-3)$

③ $2ab(a-2)(a-3)$ ④ $2ab(a+1)(a-2)$

⑤ $2ab(a+2)(a-3)$

→ **유형 Point** 주어진 식에 공통인수가 있으면 공통인수로 묶어 내어 인수분해한다.

0569 상 중 하

$9a^2(a+b)-b^2(a+b)$를 인수분해하시오.

0570 상 중 하

다음 중 $(x-1)y^2-4(x-1)xy+4x^2(x-1)$의 인수인 것을 모두 고르면? (정답 2개)

① $y-4$ ② $x-1$ ③ $y-2x$

④ $x+1$ ⑤ $y+2x$

0571 상 중 하

$(x-4)y^2-3(x-4)y+2(x-4)=(x+a)(y+b)(y+c)$
일 때, 상수 a, b, c에 대하여 abc의 값을 구하시오.

0572 상 중 하

다음 중 $2x^3-8xy^2$의 인수가 아닌 것은?

① $2x$ ② $x+2y$ ③ x^2+2xy

④ $2x^2+4y^2$ ⑤ $2x-4y$

유형 02 치환을 이용한 인수분해 (1)

0573 상 중 하

$(x-3)^2-5(x-3)+6=(x+m)(x+n)$일 때, 상수 m, n에 대하여 $m+n$의 값은?

① -11 ② -1 ③ 0

④ 1 ⑤ 11

→ **유형 Point** 주어진 식에 공통부분이 있으면
❶ 공통부분을 A로 치환하여 전개한다.
❷ A에 대한 식을 인수분해한다.
❸ A에 원래의 식을 대입하여 정리한다.

0574 상 중 하

$(3x+2)^2-6(3x+2)+9=(3x+a)^2$일 때, 상수 a의 값은?

① -5 ② -1 ③ 0

④ 1 ⑤ 5

0575 상 중 하 서술형

$(x+4)^2-7(x+4)+10$이 x의 계수가 1인 두 일차식의 곱으로 인수분해될 때, 두 일차식의 합을 구하시오.

0576 상 중 하

다음 중 $2(x+2)^2-3(x+2)-9$의 인수인 것은?

① $x+1$ ② $x-7$ ③ $2x-5$

④ $2x+5$ ⑤ $2x+7$

▶ 수학의 바이블 87쪽

유형 03 치환을 이용한 인수분해 (2)

0577 상 **중** 하

$(x-y)(x-y-2)-24$를 인수분해하면?

① $(x-y-4)(x-y-6)$ ② $(x-y-4)(x-y+6)$
③ $(x-y+3)(x-y+8)$ ④ $(x-y+4)(x-y-6)$
⑤ $(x-y+4)(x-y+6)$

➔ **유형 Point** 주어진 식에 공통부분이 있으면 한 문자로 치환하여 인수분해한 후 문자에 원래의 식을 대입하여 정리한다.

0578 상 **중** 하

다음 중 $(3a+b)^2+10(3a+b+2)+5$의 인수인 것은?

① $b-2$ ② $3a+b$ ③ $3a+b-1$
④ $3a+b+3$ ⑤ $3a+b+5$

0579 상 **중** 하 서술형

$(3x-7y)(3x-7y+9)-36=(3x-7y+p)(3x-7y+q)$
일 때, 상수 p, q에 대하여 $p+q$의 값을 구하시오.

0580 상 **중** 하

$(a-2b-4)(a-2b+2)+5$가 a의 계수가 1인 두 일차식의 곱으로 인수분해될 때, 두 일차식의 합은?

① $2a-6b+2$ ② $2a-4b-2$
③ $2a-2b-2$ ④ $2a+6b+2$
⑤ $2a+4b$

▶ 수학의 바이블 87쪽

유형 04 치환을 이용한 인수분해 (3)

0581 상 **중** 하

다음 중 $(2a+b)^2-(a-2b)^2$의 인수인 것은?

① $3a-2b$ ② $a-b$ ③ $a+b$
④ $a+3b$ ⑤ $3a+b$

➔ **유형 Point** 주어진 식이 A^2-B^2 꼴이거나 주어진 식에 공통부분이 2개 있으면
❶ 공통부분을 각각 A, B로 치환한다.
❷ A, B에 대한 식을 인수분해한다.
❸ A, B에 원래의 식을 대입하여 정리한다.

0582 상 **중** 하

$(6x+5)^2-4(y-1)^2$을 인수분해하시오.

0583 상 **중** 하

다음은 $(3x-4)^2-7(3x-4)(x+1)-18(x+1)^2$을 인수분해하는 과정이다. 처음으로 잘못된 부분을 찾고 바르게 인수분해하시오.

$3x-4=A$, $x+1=B$로 치환하면
$(3x-4)^2-7(3x-4)(x+1)-18(x+1)^2$ ⌉ ㉠
$=A^2-7AB-18B^2$ ⌉ ㉡
$=(A+2)(A-9)$ ⌉ ㉢
$=(3x-2)(3x-13)$

0584 상 **중** 하

$2(x+3)^2+5(x+3)(x-4)-3(x-4)^2=(x+a)(bx+c)$
일 때, 상수 a, b, c에 대하여 $a+bc$의 값을 구하시오.

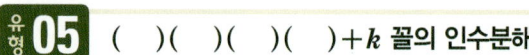

▶ 수학의 바이블 87쪽

유형 05 ( )( )( )( )+k 꼴의 인수분해

0585 상 중 하

$(x-1)(x+1)(x+2)(x+4)-7$을 인수분해하면?

① $(x^2+3x+3)(x^2+3x+5)$
② $(x^2+3x+3)(x^2+3x-5)$
③ $(x^2+3x-3)(x^2+3x+5)$
④ $(x^2+3x-3)(x^2+3x-5)$
⑤ $(x^2+3x-1)(x^2+3x+15)$

➡ **유형 Point** ❶ 공통부분이 생기도록 2개씩 묶어 전개한다.
❷ 공통부분을 한 문자로 치환하여 인수분해한다.
❸ 문자에 원래의 식을 대입하여 정리한다.

0586 상 중 하

다음 중 $x(x-1)(x+2)(x+3)-10$의 인수인 것은?

① x^2-2 ② x^2+2x ③ x^2+2x-5
④ x^2+2x-2 ⑤ x^2+2x+5

0587 상 중 하

다음 식을 인수분해하시오.

$$(x-1)(x+1)(x-3)(x+3)+15$$

0588 상 중 하 서술형

$x(x-4)(x-2)(x+2)+16=(x^2+ax+b)^2$일 때, 상수 a, b에 대하여 $a+b$의 값을 구하시오.

유형 06 적당한 항끼리 묶어 인수분해하기 – 두 항씩 묶기

0589 상 중 하

다음 중 $x^2-y^2+2x+2y$의 인수인 것을 모두 고르면?

(정답 2개)

① $2x$ ② $2y$ ③ $x+y$
④ $x-y$ ⑤ $x-y+2$

➡ **유형 Point** 항이 4개인 다항식은 공통부분이 생기도록 두 항씩 묶어 낸 후 인수분해한다.

0590 상 중 하

$xy-2x-2y+4$를 인수분해하면?

① $(x-2)(y-2)$ ② $(x-2)(y+2)$
③ $(x+2)(y-2)$ ④ $(x+2)(y+2)$
⑤ $(x+4)(y+1)$

0591 상 중 하

x^3-x^2-x+1을 인수분해하면?

① $x(x^2+1)$ ② $(x-1)(x^2+1)$
③ $(x-1)(x+1)^2$ ④ $(x-1)^2(x+1)$
⑤ $(x-1)^3$

0592 상 중 하

$x^3+2x^2-25x-50$이 x의 계수가 1인 세 일차식의 곱으로 인수분해될 때, 세 일차식의 합은?

① $3x-10$ ② $3x-3$ ③ $3x$
④ $3x+1$ ⑤ $3x+2$

수학의 바이블 88쪽

유형 07 적당한 항끼리 묶어 인수분해하기 — A^2-B^2 꼴

0593 상 중 하
$x^2-6x+9-y^2$을 인수분해하면?

① $(x+y+3)^2$
② $(x+y-3)^2$
③ $(x+y-3)(x-y-3)$
④ $(x+y-3)(x+y+3)$
⑤ $(x-y-3)(x-y+3)$

→ **유형 Point** 항이 4개인 다항식에서 4개의 항 중 3개가 완전제곱식으로 인수분해될 때에는 A^2-B^2 꼴로 변형하여 인수분해한다.

0594 상 중 하
다음 중 $a^2-b^2+10a+25$의 인수인 것을 모두 고르면?
(정답 2개)

① $a-b-5$
② $a-b+5$
③ $a+b-5$
④ $a+b+5$
⑤ $a+b+10$

★ 0595 상 중 하
$x^2-36+12y-y^2$이 x의 계수가 1인 두 일차식의 곱으로 인수분해 될 때, 두 일차식의 합을 구하시오.

0596 상 중 하
$x^2+4xy+4y^2-25=(x+ay+5)(x+by+c)$일 때, 상수 a, b, c에 대하여 $a+b-c$의 값은?

① 6
② 7
③ 8
④ 9
⑤ 10

수학의 바이블 88쪽

유형 08 내림차순으로 정리하여 인수분해하기

0597 상 중 하
$x^2+xy-3x-y+2$를 인수분해하면?

① $(x-1)(x+y-2)$
② $(x-1)(x+y+2)$
③ $(x+1)(x-y-2)$
④ $(x+1)(x-y+2)$
⑤ $(x+1)(x+y-2)$

→ **유형 Point** 주어진 식에 항이 5개 이상이고 문자가 2개 이상일 때에는
❶ 내림차순으로 정리한다.

각 문자의 최고 차수가 다르면	각 문자의 최고 차수가 같으면
차수가 가장 낮은 문자에 대하여 내림차순으로 정리	어느 한 문자에 대하여 내림차순으로 정리

❷ 공통인수를 묶어 내거나 인수분해 공식을 이용하여 인수분해한다.

0598 상 중 하
다음 중 $x^2+xy-x-2y-2$의 인수인 것을 모두 고르면?
(정답 2개)

① $x-2$
② x
③ $x+2$
④ $x-y+1$
⑤ $x+y+1$

0599 상 중 하 서술형
$2x^2-6xy+5x-3y+2=(2x+a)(x+by+c)$일 때, 상수 a, b, c에 대하여 $a+b+c$의 값을 구하시오.

0600 상 중 하
$x^2-y^2+x+5y-6=A(x+y-2)$일 때, 다항식 A를 구하시오.

수학의 바이블 90쪽

유형 09 인수분해를 이용한 수의 계산

0601 상 중 하

$7.5^2 \times 1.2 - 2.5^2 \times 1.2$를 계산하면?

① 20   ② 40   ③ 60

④ 80   ⑤ 100

→ **유형 Point** 복잡한 수의 계산은 인수분해 공식을 이용하여 계산하면 편리하다.

0602 상 중 하

$4 \times 29^2 + 8 \times 29 + 4$를 계산하면?

① 2800   ② 3000   ③ 3200

④ 3400   ⑤ 3600

0603 상 중 하

$\dfrac{2001 \times 2002 + 2001}{2002^2 - 1}$ 을 계산하시오.

0604 상 중 하

다음을 계산하시오.

$$42.5^2 - 5 \times 42.5 + 2.5^2$$

0605 상 중 하

$1^2 - 3^2 + 5^2 - 7^2 + 9^2 - 11^2$을 계산하면?

① -72 ② -66 ③ -36

④ 66   ⑤ 72

수학의 바이블 90쪽

유형 10 인수분해를 이용하여 식의 값 구하기 (1)

0606 상 중 하

$x = \dfrac{1}{\sqrt{2}-1}$, $y = \dfrac{1}{\sqrt{2}+1}$일 때, $x^3 y - xy^3$의 값은?

① $-4\sqrt{2}$ ② $-2\sqrt{2}$ ③ $2\sqrt{2}$

④ 4   ⑤ $4\sqrt{2}$

→ **유형 Point** ❶ 주어진 식을 인수분해한다.

❷ 문자의 값을 바로 대입하거나 변형하여 대입한다.

└→ 두 수의 합, 차, 곱 등

0607 상 중 하

$x = 4.75$, $y = 0.25$일 때, $2x^2 - 4xy - 6y^2$의 값은?

① 36   ② 38   ③ 40

④ 42   ⑤ 44

0608 상 중 하

$x^2 + 3x = 6$일 때, $\dfrac{x^3 + 3x^2 + 4}{3x + 2}$ 의 값은?

① 1   ② 2   ③ 3

④ 4   ⑤ 5

0609 상 중 하 서술형

$x = \sqrt{7} - 4$일 때, $(x+5)^2 - 2(x+5) + 1$의 값을 구하시오.

> 수학의 바이블 90쪽

유형 11 인수분해를 이용하여 식의 값 구하기 (2)

0610 상 중 하

$x+y=-2$, $x-y=\sqrt{3}$일 때, $x^2-y^2+3x-3y$의 값은?

① $-2\sqrt{3}$ ② -2 ③ $-\sqrt{3}$

④ $\sqrt{3}$ ⑤ 2

> **유형 Point** ❶ 주어진 식을 인수분해한다.
> ❷ 합, 차, 곱 등의 꼴로 주어진 식의 값을 ❶의 식에 대입한다.

0611 상 중 하

$a+b=3$, $b-c=2$일 때, $ac-ab+bc-b^2$의 값은?

① -6 ② -4 ③ -2

④ 2 ⑤ 4

0612 상 중 하

$x+y=2\sqrt{2}+3$, $x-y=2\sqrt{2}-3$일 때, $x^2-y^2+8y-16$의 값은?

① -7 ② -3 ③ 0

④ 3 ⑤ 7

0613 상 중 하

$a+b=-3$이고 $a(a+2)-b(b-2)=15$일 때, $a-b$의 값을 구하시오.

0614 상 중 하 서술형

$x+2y=\dfrac{1}{2-\sqrt{3}}$, $x-2y=\dfrac{1}{2+\sqrt{3}}$일 때, $x^2-2x-4y^2-4y$의 값을 구하시오.

유형 12 인수분해의 도형에의 활용

0615 상 중 하

다음 그림에서 두 도형 A, B의 넓이가 서로 같을 때, 도형 B의 세로의 길이는?

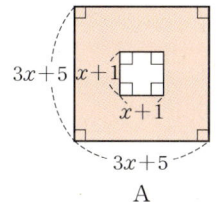 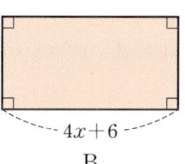

A   B

① $2x+4$ ② $2x+6$ ③ $4x$

④ $4x+2$ ⑤ $4x+4$

> **유형 Point** 도형의 넓이 또는 부피가 다항식으로 주어지면 인수분해하여 도형의 변의 길이를 구한다.

★★
0616 상 중 하

부피가 $x^3-x^2-xy^2+y^2$인 직육면체의 밑면의 가로, 세로의 길이가 각각 $x-y$, $x-1$일 때, 이 직육면체의 높이는?

① x ② $x-y$ ③ $x+y$

④ $x-1$ ⑤ $x+1$

0617 상 중 하

오른쪽 그림은 지름의 길이가 $2x+2y$인 반원에 지름의 길이가 $2y$인 반원을 그린 것이다. 이때 색칠한 부분의 넓이는?

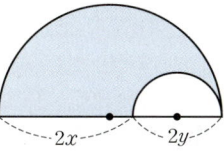

① $\dfrac{1}{2}\pi x(x+2y)$ ② $\dfrac{1}{2}\pi y(x+2y)$

③ $\dfrac{1}{2}\pi x(2x+y)$ ④ $\dfrac{1}{2}\pi y(2x+y)$

⑤ $\pi(x+2y)$

0618

$(a^2-1)^2+3(1-a^2)$을 인수분해하면?

① $(a+1)(a-1)(a^2-2)$

② $(a+1)(a-1)(a^2+1)$

③ $(a+1)(a-1)(a^2+2)$

④ $(a+1)(a-1)(a+2)(a-2)$

⑤ $(a^2+1)(a^2-2)$

0619

다음 중 $(3x-1)y^2-4(1-3x)y-12(3x-1)$의 인수가 <u>아닌</u> 것을 모두 고르면? (정답 2개)

① $3x-1$　　　② $3x+1$　　　③ $y-2$

④ $y+4$　　　⑤ $y+6$

0620

다음 두 다항식 A, B의 공통인수는?

$$A=a(a-b)-b(a-b)+a-b$$
$$B=(a-3)a^2-(a-3)b^2$$

① $a-3$　　　② $a-b$　　　③ $a+b$

④ $a-b-1$　　　⑤ $a-b+1$

0621 생각이 쑥쑥

다음 등식을 만족하는 두 정수 x, y의 순서쌍 (x, y)의 개수를 구하시오.

$$xy+2x+3y+6=7$$

0622

$3(x+2y)^2-x-2y-2$가 $(3x+ay+b)(x+cy+d)$로 인수 분해될 때, $a+b+c+d$의 값은? (단, a, b, c, d는 정수)

① 5　　　② 6　　　③ 7

④ 8　　　⑤ 9

★★
0623

$(2x-y-3)(2x-y+5)+7=(2x-y+m)(2x-y+n)$일 때, 상수 m, n에 대하여 mn의 값을 구하시오.

0624

다음 식을 인수분해하시오.

$$(x^2-3x+1)(x^2-3x-3)-5$$

0625

$2(x+2y)^2+5(x+2y)(x-2y)-3(x-2y)^2$
$=a(x-y)(bx+cy)$일 때, 상수 a, b, c에 대하여 abc의 값을 구하시오. (단, $a>0$)

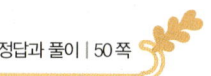

0626

$x(x-2)(x-4)(x-6)+k$가 완전제곱식이 되도록 하는 상수 k의 값은?

① 10   ② 12   ③ 14
④ 16   ⑤ 18

0627

다음 보기에서 $(x-5)(x-3)(x+1)(x+3)+35$의 인수인 것을 모두 고르시오.

보기

ㄱ. $x-4$ ㄴ. $x-2$ ㄷ. $x+2$
ㄹ. $x+4$ ㅁ. $x^2-2x-10$ ㅂ. $x^2-2x+10$

0628

$x^2-y^2+6x+4y+5$가 $x-y+5$를 인수로 가질 때, 일차식인 다른 한 인수를 구하시오.

0629

$x^2-4xy+xz+3y^2-yz$가 x의 계수가 1인 두 일차식의 곱으로 인수분해될 때, 두 일차식의 합은?

① $2x-4y-z$ ② $2x-4y+z$
③ $2x+4y-z$ ④ $2x+4y+z$
⑤ $2x+4y+3z$

⭐ 0630

인수분해 공식을 이용하여 다음을 계산하시오.

$$\left(1-\frac{1}{3^2}\right)\left(1-\frac{1}{4^2}\right)\left(1-\frac{1}{5^2}\right)\cdots\left(1-\frac{1}{19^2}\right)\left(1-\frac{1}{20^2}\right)$$

0631

$2+\sqrt{2}$의 정수 부분을 a, 소수 부분을 b라고 할 때, a^2-b^2-6b-9의 값은?

① 1   ② 2   ③ 3
④ $3-2\sqrt{2}$ ⑤ $3-4\sqrt{2}$

0632

$a+b=4$, $ab=1$일 때, $(a-2b)^2-(2a-b)^2$의 값은?   (단, $a>b$)

① $-24\sqrt{3}$ ② $-20\sqrt{3}$ ③ $16\sqrt{3}$
④ $20\sqrt{3}$ ⑤ $24\sqrt{3}$

0633

오른쪽 그림과 같이 반지름의 길이가 17.5 m인 원 모양의 땅의 가운데에 원 모양의 연못이 있다. 이 연못의 둘레에 폭이 5 m로 일정한 산책로를 만들려고 한다. 이 산책로의 넓이를 구하시오.

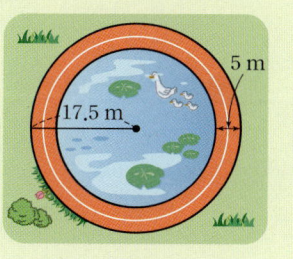

Ⅱ-3. 인수분해 공식의 활용

0634

$2(x-3y)^2+12(x-3y)+18=a(bx+cy+d)^2$일 때, 상수 a, b, c, d에 대하여 $a+b+c+d$의 값을 구하시오.

(단, $a>0$)

단계1 주어진 식의 좌변을 인수분해하시오. [80%]

단계2 $a+b+c+d$의 값을 구하시오. [20%]

0635

$3(2x+5y)^2+12(2x+5y)+12=a(bx+cy+d)^2$일 때, 상수 a, b, c, d에 대하여 $a+b+c+d$의 값을 구하시오.

(단, $a>0$)

풀이

답 _____

0636

$x^2+y^2+2xy-2x-2y-3$이 x의 계수가 1인 두 일차식의 곱으로 인수분해될 때, 두 일차식의 합을 구하시오.

단계1 $x^2+y^2+2xy-2x-2y-3$을 인수분해하시오. [70%]

단계2 두 일차식의 합을 구하시오. [30%]

0637

$x^2-4xy+3y^2-5x-y-24$가 x의 계수가 1인 두 일차식의 곱으로 인수분해될 때, 두 일차식의 합을 구하시오.

풀이

답 _____

0638

$2^{40}-1$은 30과 40 사이에 있는 두 자연수에 의하여 나누어떨어진다. 이 두 자연수의 합을 구하시오.

단계1 $2^{40}-1$을 인수분해하시오. [50%]

단계2 두 자연수의 합을 구하시오. [50%]

0639

$3^{24}-1$은 20과 30 사이에 있는 두 자연수에 의하여 나누어떨어진다. 이 두 자연수의 합을 구하시오.

풀이

답 _____

단계를 밟아 서술하기

0640
다음을 만족하는 두 수 A, B에 대하여 $A+B$의 값을 구하시오.

$$A=25.5^2 \times 1.7 - 24.5^2 \times 1.7$$
$$B=5 \times 31^2 - 5 \times 62 + 5$$

단계1 A의 값을 구하시오. [40%]

단계2 B의 값을 구하시오. [40%]

단계3 $A+B$의 값을 구하시오. [20%]

스스로 서술하기

0641
다음을 만족하는 두 수 A, B에 대하여 $A+B$의 값을 구하시오.

$$A=\sqrt{34^2-30^2}$$
$$B=\frac{4 \times 2019^2}{2 \times 2016^2 + 12 \times 2016 + 18}$$

풀이

답 _____

0642
다음 그림에서 □ABCD는 넓이가 5인 정사각형이고, $\overline{AB}=\overline{AP}$, $\overline{AD}=\overline{AQ}$이다. 두 점 P, Q에 대응하는 수를 각각 a, b라고 할 때, $a^3-a^2b-ab^2+b^3$의 값을 구하시오.

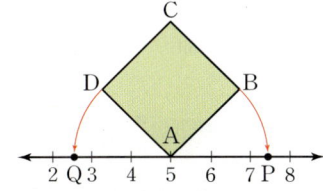

단계1 a, b의 값을 각각 구하시오. [20%]

단계2 $a+b$, $a-b$의 값을 각각 구하시오. [10%]

단계3 $a^3-a^2b-ab^2+b^3$을 인수분해하시오. [50%]

단계4 $a^3-a^2b-ab^2+b^3$의 값을 구하시오. [20%]

0643
다음 그림에서 □ABCD는 넓이가 13인 정사각형이고, $\overline{AB}=\overline{AP}$, $\overline{AD}=\overline{AQ}$이다. 두 점 P, Q에 대응하는 수를 각각 a, b라고 할 때, $a^2-b^2+14a+49$의 값을 구하시오.

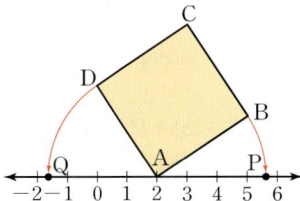

풀이

답 _____

Ⅱ-3. 인수분해 공식의 활용

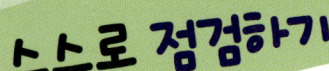

 아래의 마인드맵에서 빈칸을 채우면서 학습한 내용을 확인해 봅시다.

Ⅱ. 다항식의 곱셈과 인수분해

곱셈 공식

$$(a+b)^2 = a^2 + 2ab + b^2$$
$$(a-b)^2 = a^2 - 2ab + b^2$$
$$(a+b)(a-b) = a^2 - b^2$$
$$(x+a)(x+b) = x^2 + (\boxed{㉠})x + ab$$
$$(ax+b)(cx+d) = acx^2 + (ad+bc)x + bd$$

Ⅰ. 다항식의 곱셈

곱셈 공식의 변형

$$a^2 + b^2 = (a+b)^2 - 2ab$$
$$a^2 + b^2 = (a-b)^2 + 2ab$$
$$(a+b)^2 = (a-b)^2 + 4ab$$
$$(a-b)^2 = (a+b)^2 - 4ab$$

2. 다항식의 인수분해

$\boxed{㉡}$

인수분해

공통인수

$$ma + mb = \boxed{㉢}(a+b)$$

인수분해 공식

$$a^2 + 2ab + b^2 = (a+b)^2$$
$$a^2 - 2ab + b^2 = (a-b)^2$$
$$a^2 - b^2 = (a+b)(a-b)$$
$$x^2 + (a+b)x + ab = (x+a)(x+b)$$
$$acx^2 + (ad+bc)x + bd = (ax+b)(cx+d)$$

$\boxed{㉣}$

$$(a+b)^2, (x-y)^2, 2(x+1)^2 \ \cdots$$

3. 인수분해 공식의 활용

복잡한 식의 인수분해

공통부분을 한 문자로 치환

두 항씩 공통인수가 있는 경우
(2개의 항)+(2개의 항)으로 묶어
인수분해

한 문자에 대하여
내림차순으로 정리한 후
인수분해

$\boxed{㉤}$ 꼴로 만들 수 있는 경우
(3개의 항)+(1개의 항)으로 묶어
인수분해

㉠ 분배법칙을 이용하여 전개한 후 동류항끼리 계산하여 정리한다.

㉡ 하나의 다항식을 두 개 이상의 다항식의 곱으로 나타낼 때, 그 각 각의 식

㉢ 각 항에 공통으로 들어있는 인수를 찾아 묶어낸다.

㉣ 다항식의 제곱으로 된 식 또는 이 식에 상수를 곱한 식

㉤ $(A+B)(A-B)$

답 | ㉠ $a+b$ ㉡ 인수 ㉢ m ㉣ 완전제곱식 ㉤ $A^2 - B^2$

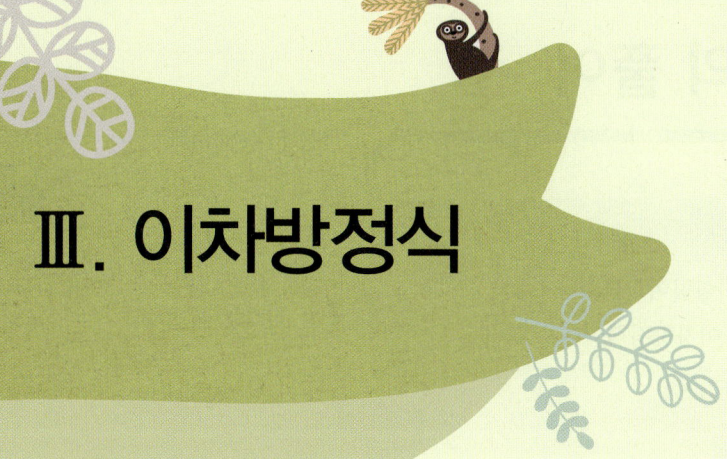

Ⅲ. 이차방정식

🐝 이해가 부족한 유형은 ☐ 안에 ✔를 표시하고 다시 풀어 봅시다.

1 이차방정식의 풀이

개념 1 이차방정식

(1) **이차방정식** : 방정식의 우변에 있는 모든 항을 좌변으로 이항하여 정리한 식이
(x에 대한 이차식)=0 꼴로 나타나는 방정식을 x에 대한 이차방정식이라고 한다.

(2) 일반적으로 x에 대한 이차방정식은 다음과 같이 나타낼 수 있다.

$$ax^2+bx+c=0 \ (단, \ a, \ b, \ c는 \ 상수, \ a \neq 0)$$

● 등식 $ax^2+bx+c=0$이 이차방정식이 되기 위한 조건 ➡ $a \neq 0$

개념 2 이차방정식의 해

(1) **이차방정식의 해(근)** : 이차방정식 $ax^2+bx+c=0$이 참이 되게 하는 x의 값

(2) **이차방정식을 푼다** : 이차방정식의 해를 모두 구하는 것

● $x=p$가 이차방정식 $ax^2+bx+c=0$의 해이면 $ap^2+bp+c=0$이 성립한다.

개념 3 인수분해를 이용한 이차방정식의 풀이

(1) $AB=0$**의 성질** : 두 수 또는 두 식 A, B에 대하여

$$AB=0이면 \ A=0 \ 또는 \ B=0$$

(2) **인수분해를 이용한 이차방정식의 풀이**

❶ 주어진 이차방정식을 정리한다.
　↳ $ax^2+bx+c=0$ 꼴로 나타낸다.
❷ 좌변을 인수분해한다.
❸ $AB=0$의 성질을 이용한다.
❹ 이차방정식의 해를 구한다.

> **예** $x^2-x=2$에서　❶
> $x^2-x-2=0$　❷
> $(x+1)(x-2)=0$　❸
> $x+1=0 \ 또는 \ x-2=0$　❹
> $\therefore x=-1 \ 또는 \ x=2$

● '$A=0$ 또는 $B=0$'은 다음 세 가지 중 어느 하나가 성립한다는 의미이다.
① $A=0$이고 $B=0$
② $A=0$이고 $B \neq 0$
③ $A \neq 0$이고 $B=0$

● 자주 이용되는 인수분해 공식
① $x^2+(a+b)x+ab=(x+a)(x+b)$
② $acx^2+(ad+bc)x+bd$
　$=(ax+b)(cx+d)$

개념 4 이차방정식의 중근

(1) **이차방정식의 중근** : 이차방정식의 두 해가 중복되어 서로 같을 때, 이 해를 주어진 이차방정식의 중근이라고 한다.

(2) **중근을 가질 조건** : 이차방정식이 (완전제곱식)=0 꼴로 나타나면 중근을 갖는다.
　↳ 다항식의 제곱으로 된 식 또는 이 식에 상수를 곱한 식

● 이차방정식 $x^2+ax+b=0$이 중근을 가지려면 $b=\left(\dfrac{a}{2}\right)^2$이어야 한다.

즉, (상수항)$=\left\{\dfrac{(x의 \ 계수)}{2}\right\}^2$이어야 한다.

개념 5 제곱근을 이용한 이차방정식의 풀이

(1) **이차방정식 $x^2=q \ (q>0)$의 해** ➡ $x=\pm\sqrt{q}$　↳ x는 q의 제곱근이다.

(2) **이차방정식 $(x+p)^2=q \ (q>0)$의 해** ➡ $x=-p\pm\sqrt{q}$　↳ $x+p$는 q의 제곱근이다.

● $x^2=q$의 해
① $q>0$이면 $x=\pm\sqrt{q}$ ⎫ 해를 가질 조건
② $q=0$이면 $x=0$ ⎭
③ $q<0$이면 해가 없다. ― 해를 갖지 않을 조건

개념 6 완전제곱식을 이용한 이차방정식의 풀이

이차방정식 $ax^2+bx+c=0 \ (a \neq 0)$의 좌변을 인수분해하기 어려울 때에는 $(x+p)^2=q$ 꼴로 고쳐서 푼다.
↳ 완전제곱식
❶ x^2의 계수로 양변을 나누어 x^2의 계수를 1로 만든다.
❷ 상수항을 우변으로 이항한다.
❸ 양변에 $\left\{\dfrac{(x의 \ 계수)}{2}\right\}^2$을 더한다.
❹ 좌변을 완전제곱식으로 고친다.
❺ 제곱근을 이용하여 이차방정식의 해를 구한다.

> **예** $-x^2-2x+1=0$　❶
> $x^2+2x-1=0$　❷
> $x^2+2x=1$　❸
> $x^2+2x+1=1+1$　❹
> $(x+1)^2=2$　❺
> $x+1=\pm\sqrt{2}$
> $\therefore x=-1\pm\sqrt{2}$

● $ax^2+bx+c=0 \ (a \neq 0)$에서
$$x^2+\dfrac{b}{a}x+\dfrac{c}{a}=0$$
$$x^2+\dfrac{b}{a}x=-\dfrac{c}{a}$$
$$x^2+\dfrac{b}{a}x+\left(\dfrac{b}{2a}\right)^2=-\dfrac{c}{a}+\left(\dfrac{b}{2a}\right)^2$$
$$\left(x+\dfrac{b}{2a}\right)^2=\dfrac{b^2-4ac}{4a^2}$$
$$x=\dfrac{-b\pm\sqrt{b^2-4ac}}{2a} \ (단, \ b^2-4ac \geq 0)$$

1 이차방정식

0644

다음에 주어진 식이 이차방정식인 것에는 ○표, 이차방정식이 아닌 것에는 ×표를 ( ) 안에 써넣으시오.

(1) x^2+3x-5 ( )

(2) $x^2=2x+3$ ( )

(3) $(x+1)(x-2)=x^2$ ( )

(4) $x^3+2x^2=x(x^2-5)$ ( )

2 이차방정식의 해

0645

다음 [ ] 안의 수가 주어진 이차방정식의 해이면 ○표, 해가 아니면 ×표를 ( ) 안에 써넣으시오.

(1) $x(x-5)=0$ [5] ( )

(2) $x^2-6x+8=0$ [-2] ( )

(3) $x(x+4)=2x+15$ [3] ( )

3 인수분해를 이용한 이차방정식의 풀이

0646

다음 이차방정식을 푸시오.

(1) $x(x-1)=0$

(2) $(x+5)(x+2)=0$

(3) $(3x+4)(3x-1)=0$

0647

다음 이차방정식을 인수분해를 이용하여 푸시오.

(1) $x^2+7x=0$

(2) $x^2-64=0$

(3) $x^2-5x+6=0$

(4) $3x^2-8x-3=0$

4 이차방정식의 중근

0648

다음 이차방정식을 푸시오.

(1) $x^2-10x+25=0$

(2) $9x^2-6x=-1$

(3) $4x^2+25=-20x$

5 제곱근을 이용한 이차방정식의 풀이

0649

다음 이차방정식을 제곱근을 이용하여 푸시오.

(1) $6-2x^2=0$

(2) $(x+1)^2=3$

(3) $3(x+2)^2=6$

6 완전제곱식을 이용한 이차방정식의 풀이

0650

다음 이차방정식을 $(x+p)^2=q$ 꼴로 나타내시오.

(단, p, q는 상수)

(1) $x^2+2x-4=0$

(2) $x^2+4x-3=0$

(3) $2x^2-4x-6=0$

(4) $3x^2-18x-9=0$

0651

다음 이차방정식을 완전제곱식을 이용하여 푸시오.

(1) $x^2-4x-2=0$

(2) $x^2+6x-11=0$

(3) $2x^2-4x-4=0$

(4) $3x^2+12x+6=0$

수학의 바이블 63쪽

유형 01 이차방정식

0652 상 중 하

다음 보기에서 이차방정식인 것을 모두 고르시오.

> **보기**
> ㄱ. $x(x-3)=x^2$ ㄴ. $2x^2+x-3$
> ㄷ. $(x-1)(x+1)=0$ ㄹ. $\dfrac{2}{x^2+1}=0$
> ㅁ. $\dfrac{2x^2-1}{3}=0$ ㅂ. $4x^3+x^2-3x=4x^3$

> → **유형 Point** 방정식의 우변에 있는 모든 항을 좌변으로 이항하여 정리한 식이 (x에 대한 이차식)$=0$ 꼴로 나타나는 방정식을 x에 대한 이차방정식이라고 한다.
> ➡ $ax^2+bx+c=0$ (단, a, b, c는 상수, $a \neq 0$)

0653 상 중 하

다음 중 이차방정식인 것은?

① x^2+2x ② $x^2-2=x^2+2x$
③ $x^2+2=x(x-1)$ ④ $x^2-3x=-x^2$
⑤ $x^2(x+1)=2x^2$

0654 상 중 하

이차방정식 $(x+2)(x-3)=-2$를 $x^2+ax+b=0$ 꼴로 나타낼 때, $a+b$의 값을 구하시오. (단, a, b는 상수)

★★★ 0655 상 중 하

다음 중 방정식 $(ax+1)(2x+1)=4x^2$이 x에 대한 이차방정식이 되도록 하는 상수 a의 값이 아닌 것은?

① -2 ② -1 ③ 1
④ 2 ⑤ 4

수학의 바이블 63쪽

유형 02 이차방정식의 해

0656 상 중 하

다음 중 [ ] 안의 수가 주어진 이차방정식의 해가 아닌 것은?

① $x^2=0$ [0] ② $x(x-3)=0$ [3]
③ $2x^2+10x=0$ [-5] ④ $x^2+x-2=0$ [1]
⑤ $x^2+3x=2$ [-2]

> → **유형 Point** $x=p$가 이차방정식 $ax^2+bx+c=0$의 해이다.
> ➡ $x=p$를 $ax^2+bx+c=0$에 대입하면 등식이 성립한다.
> ➡ $ap^2+bp+c=0$

0657 상 중 하

다음 이차방정식 중 $x=2$를 해로 갖지 않는 것은?

① $x^2=4$ ② $x(x-2)=0$
③ $(x-5)^2=9$ ④ $x^2-x+2=0$
⑤ $x^2-4x+4=0$

0658 상 중 하

다음 이차방정식 중 $x=-1$, $x=3$을 모두 해로 갖는 것은?

① $x^2+x-12=0$ ② $x^2+7x+6=0$
③ $(x+5)^2=36$ ④ $x^2+2x+1=0$
⑤ $x^2-2x-3=0$

0659 상 중 하 서술형

자연수 x가 부등식 $10+2x \geq 5x+1$의 해일 때, 이차방정식 $x^2-5x+4=0$의 해를 구하시오.

유형 03 한 근이 주어진 이차방정식의 미지수의 값 구하기

0660 상 중 하

이차방정식 $x^2-2x+a=0$의 한 근이 $x=-1$일 때, 상수 a의 값은?

① -6 ② -5 ③ -4

④ -3 ⑤ -2

→ **유형 Point** 이차방정식의 한 근이 주어지면 주어진 근을 이차방정식에 대입하여 미지수의 값을 구한다.

0661 상 중 하

이차방정식 $x^2+(a-1)x-4a=0$의 한 근이 $x=-2$일 때, 상수 a의 값은?

① -3 ② -2 ③ -1

④ 1 ⑤ 2

0662 상 중 하

이차방정식 $x^2+ax+b=0$의 두 근이 $x=-4$, $x=2$일 때, ab의 값을 구하시오. (단, a, b는 상수)

0663 상 중 하

이차방정식 $x^2+ax-15=0$의 한 근이 $x=3$이고 이차방정식 $x^2-7x+b=0$의 한 근이 $x=4$일 때, $a+b$의 값은?

(단, a, b는 상수)

① 10 ② 11 ③ 12

④ 13 ⑤ 14

유형 04 이차방정식의 한 근이 문자로 주어질 때, 식의 값 구하기

0664 상 중 하

이차방정식 $x^2+4x-2=0$의 한 근을 $x=\alpha$라고 할 때, $\alpha-\dfrac{2}{\alpha}$의 값은?

① -4 ② -2 ③ -1

④ 2 ⑤ 4

→ **유형 Point** 이차방정식 $x^2+ax+b=0$의 한 근이 $x=\alpha$일 때

➡ $\alpha^2+a\alpha+b=0$

(1) $\alpha^2+a\alpha=-b$

(2) $\alpha+\dfrac{b}{\alpha}=-a$ (단, $\alpha\ne0$) ┌ $\alpha^2+a\alpha+b=0$의 양변을 α로 나누어 정리

0665 상 중 하

이차방정식 $x^2-4x-1=0$의 한 근을 $x=\alpha$라고 할 때, 다음 중 옳지 <u>않은</u> 것은?

① $\alpha^2-4\alpha-1=0$ ② $2\alpha^2-8\alpha=2$

③ $\alpha-\dfrac{1}{\alpha}=4$ ④ $6-\alpha^2+4\alpha=5$

⑤ $3\alpha^2-12\alpha+3=0$

0666 상 중 하

이차방정식 $x^2+5x-6=0$의 한 근을 $x=\alpha$, 이차방정식 $3x^2-x-2=0$의 한 근을 $x=\beta$라고 할 때, $2\alpha^2-3\beta^2+10\alpha+\beta+1$의 값을 구하시오.

0667 상 중 하 서술형

이차방정식 $x^2-3x+1=0$의 한 근을 $x=\alpha$라고 할 때, $\alpha^2+\dfrac{1}{\alpha^2}$의 값을 구하시오.

▶수학의 바이블 65쪽

유형 05 $AB=0$의 성질을 이용한 이차방정식의 풀이

0668 상중하
다음 이차방정식 중 해가 $x=-2$ 또는 $x=3$인 것은?

① $(x-2)(x-3)=0$ ② $(x-2)(x+3)=0$

③ $(x+2)(x-3)=0$ ④ $(x+2)(x+3)=0$

⑤ $(-2x+1)(3x+1)=0$

→ **유형 Point** 이차방정식 $(ax-b)(cx-d)=0$의 해

➡ $x=\dfrac{b}{a}$ 또는 $x=\dfrac{d}{c}$

0669 상중하
이차방정식 $\left(\dfrac{1}{2}x-1\right)(x+5)=0$의 두 근의 합을 구하시오.

0670 상중하
다음 이차방정식 중 해가 나머지 넷과 <u>다른</u> 하나는?

① $\left(x-\dfrac{1}{2}\right)\left(x+\dfrac{1}{3}\right)=0$ ② $\left(x-\dfrac{1}{2}\right)(6x+2)=0$

③ $(2x-1)\left(x+\dfrac{1}{3}\right)=0$ ④ $(2x-1)(3x+1)=0$

⑤ $(2x-1)(9x+2)=0$

0671 상중하
이차방정식 $(x-2)(x+3)=0$의 두 근 중 이차방정식 $(2x-1)(x+3)=0$을 만족하는 근을 $x=\alpha$, 다른 한 근을 $x=\beta$라고 할 때, $\alpha^2-\beta^2$의 값을 구하시오.

▶수학의 바이블 65쪽

유형 06 인수분해를 이용한 이차방정식의 풀이

0672 상중하
이차방정식 $3x^2-5x-2=0$의 두 근을 a, b라고 할 때, $a-b$의 값은? (단, $a>b$)

① $\dfrac{4}{3}$ ② $\dfrac{5}{3}$ ③ 2

④ $\dfrac{7}{3}$ ⑤ $\dfrac{8}{3}$

→ **유형 Point** ❶ 주어진 이차방정식을 $ax^2+bx+c=0$ 꼴로 나타낸다.
❷ 좌변을 인수분해하여 $AB=0$ 꼴로 만든다.
❸ $AB=0$이면 $A=0$ 또는 $B=0$임을 이용하여 이차방정식의 해를 구한다.

0673 상중하
이차방정식 $2x^2+3x=1-2x^2$을 풀면?

① $x=-1$ 또는 $x=-\dfrac{1}{4}$ ② $x=-1$ 또는 $x=\dfrac{1}{4}$

③ $x=-\dfrac{1}{4}$ 또는 $x=1$ ④ $x=\dfrac{1}{4}$ 또는 $x=1$

⑤ $x=1$ 또는 $x=4$

0674 상중하
이차방정식 $x^2-6x-k+6=0$의 한 근이 $x=k$일 때, 상수 k의 값은? (단, $k>1$)

① 2 ② 3 ③ 4

④ 5 ⑤ 6

0675 상중하 서술형
이차방정식 $(x+2)(2x-1)=4x+4$의 두 근을 a, b라고 할 때, 이차방정식 $x^2+4ax-2a+b=0$의 해를 구하시오.
(단, $a<b$)

유형 07 이차방정식의 한 근이 주어질 때, 다른 한 근 구하기

0676 상 중 하

이차방정식 $2x^2-3x+a=0$의 한 근이 $x=-1$일 때, 상수 a의 값과 다른 한 근을 구하면?

① $a=-5$, $x=-\dfrac{5}{2}$ ② $a=-5$, $x=\dfrac{5}{2}$

③ $a=5$, $x=-\dfrac{5}{2}$ ④ $a=5$, $x=\dfrac{5}{2}$

⑤ $a=7$, $x=\dfrac{5}{2}$

> **유형 Point** 미지수 a를 포함한 이차방정식의 한 근이 $x=\alpha$일 때
> ❶ 주어진 이차방정식에 $x=\alpha$를 대입하여 a의 값을 구한다.
> ❷ 주어진 이차방정식에 a의 값을 대입하여 이차방정식을 푼다.
> ❸ 두 근 중 $x=\alpha$를 제외한 나머지 한 근을 구한다.

0677 상 중 하

이차방정식 $(a-1)x^2+8x-3=0$의 한 근이 $x=-3$일 때, 다른 한 근을 구하시오. (단, a는 상수)

0678 상 중 하

이차방정식 $x^2-2x+a=0$의 해가 $x=4$ 또는 $x=b$일 때, $a+b$의 값은? (단, a는 상수)

① -10 ② -6 ③ 0

④ 6 ⑤ 10

⭐ 0679 상 중 하

x에 대한 이차방정식 $ax^2-(2a+3)x+a^2-8=0$의 해가 $x=4$ 또는 $x=b$일 때, ab의 값은? (단, a는 양수)

① -4 ② -1 ③ 1

④ 4 ⑤ 8

유형 08 이차방정식의 근의 활용

0680 상 중 하

이차방정식 $x^2+x-12=0$의 두 근 중 작은 근이 이차방정식 $x^2+ax-8=0$의 한 근일 때, 상수 a의 값은?

① -7 ② -2 ③ 1

④ 2 ⑤ 7

> **유형 Point** 이차방정식 $ax^2+bx+c=0$의 한 근이 이차방정식 $a'x^2+b'x+c'=0$의 한 근일 때, 미지수의 값을 구하는 순서는 다음과 같다.
> ❶ $ax^2+bx+c=0$의 근을 구한다.
> ❷ ❶에서 구한 근 중 조건을 만족시키는 것을 $a'x^2+b'x+c'=0$에 대입하여 미지수의 값을 구한다.

0681 상 중 하 서술형

이차방정식 $x^2-x-6=0$의 두 근 중 큰 근이 이차방정식 $2x^2-(2a+1)x-3=0$의 한 근일 때, 상수 a의 값을 구하시오.

0682 상 중 하

이차방정식 $4x^2-9x+2=0$의 두 근 중 큰 근은 이차방정식 $x^2-(a-1)x+a+3=0$의 근이고, 작은 근은 이차방정식 $4x^2-bx-1=0$의 근일 때, $a+b$의 값은? (단, a, b는 상수)

① -3 ② -1 ③ 1

④ 3 ⑤ 6

0683 상 중 하

이차방정식 $2x^2-3ax+4=0$의 한 근은 $x=-2$이고, 다른 한 근은 이차방정식 $bx^2-x+2b=0$의 한 근일 때, $a-3b$의 값을 구하시오. (단, a, b는 상수)

수학의 바이블 70쪽

유형 09 이차방정식의 중근

0684 상 중 하

다음 이차방정식 중 중근을 갖지 <u>않는</u> 것을 모두 고르면?

(정답 2개)

① $x^2-2x+1=0$ ② $x^2-4x=-4$

③ $x^2=9$ ④ $x^2+6x+9=0$

⑤ $(x+2)^2=4$

→ **유형 Point** 이차방정식 $ax^2+bx+c=0$의 좌변을 인수분해했을 때, $a(x-m)^2=0$ 꼴이면 이 이차방정식은 중근 $x=m$을 갖는다.

0685 상 중 하

다음 보기에서 중근을 갖는 이차방정식의 개수를 구하시오.

보기

ㄱ. $x^2+5x+4=0$ ㄴ. $x^2-8x+16=0$

ㄷ. $x^2-12x+36=0$ ㄹ. $x^2=1$

ㅁ. $2x^2+4x+2=0$ ㅂ. $x(x-5)=0$

0686 상 중 하

이차방정식 $x^2+14x+49=0$의 중근이 이차방정식 $x^2+6x+a=0$의 해일 때, 상수 a의 값은?

① -7 ② -4 ③ -1

④ 4 ⑤ 7

0687 상 중 하

이차방정식 $x^2+ax+b=0$이 $x=3$을 중근으로 가질 때, $a+b$의 값을 구하시오. (단, a, b는 상수)

수학의 바이블 70쪽

유형 10 이차방정식이 중근을 가질 조건

0688 상 중 하

이차방정식 $x^2+6x+2k-1=0$이 중근을 가질 때, 상수 k의 값은?

① 1 ② 2 ③ 3

④ 4 ⑤ 5

→ **유형 Point** 이차방정식 $x^2+ax+b=0$이 중근을 가질 조건은 $b=\left(\dfrac{a}{2}\right)^2$이다. 즉 (상수항)$=\left\{\dfrac{(일차항의 계수)}{2}\right\}^2$이어야 한다.

이때 x^2의 계수가 1이 아닌 경우에는 x^2의 계수로 양변을 나누어 x^2의 계수를 1로 만든 후 위의 조건을 이용한다.

0689 상 중 하

다음 중 이차방정식 $x^2+ax+4=0$이 중근을 갖도록 하는 상수 a의 값을 모두 고르면? (정답 2개)

① -4 ② -2 ③ 1

④ 2 ⑤ 4

0690 상 중 하

이차방정식 $x^2-2(m+1)x=5-7m$이 중근을 갖도록 하는 모든 상수 m의 값의 합은?

① 1 ② 2 ③ 3

④ 4 ⑤ 5

0691 상 중 하 서술형

이차방정식 $x^2+4ax=6a-10$이 중근을 가질 때, 가능한 상수 a의 값과 이때의 중근을 모두 구하시오.

유형 11 두 이차방정식의 공통인 근

0692 상 중 하

다음 두 이차방정식의 공통인 근은?

$$x^2-6x+8=0, \quad x^2+3x-10=0$$

① $x=-5$ ② $x=-4$ ③ $x=2$
④ $x=4$ ⑤ $x=5$

→ **유형 Point** 이차방정식 $ax^2+bx+c=0$의 두 근이 $x=p$ 또는 $x=q$
이차방정식 $a'x^2+b'x+c'=0$의 두 근이 $x=p$ 또는 $x=r$
➡ 두 이차방정식의 공통인 근은 $x=p$이다. (단, $q\neq r$)

0693 상 중 하

다음 두 이차방정식의 공통인 근이 $x=-3$일 때, $a+b$의 값은? (단, a, b는 상수)

$$x^2+ax-3=0, \quad x^2+5x+b=0$$

① -8 ② -6 ③ -4
④ 6 ⑤ 8

0694 상 중 하 서술형

두 이차방정식 $x^2-4x+a=0$, $2x^2+bx-1=0$의 공통인 근이 $x=-1$이다. 두 이차방정식에서 공통이 아닌 두 근의 곱을 구하시오. (단, a, b는 상수)

0695 상 중 하

두 이차방정식 $x^2+ax+a-1=0$, $x^2-(a+4)x+4a=0$이 공통인 근을 갖는다고 할 때, 모든 상수 a의 값의 합을 구하시오.

유형 12 두 이차방정식의 공통인 근의 활용

0696 상 중 하

두 이차방정식 $x^2-7x+12=0$, $x^2-x-6=0$의 공통인 근이 이차방정식 $x^2+ax+6a=0$의 한 근일 때, 상수 a의 값은?

① -3 ② -1 ③ 1
④ 2 ⑤ 3

→ **유형 Point** 주어진 조건에 맞는 이차방정식의 공통인 근을 찾아 미지수의 값을 구한다.

★★ 0697 상 중 하

두 이차방정식 $x^2-4x-5=0$, $x^2-7x+10=0$의 공통인 근이 이차방정식 $x^2+kx+15=0$의 한 근일 때, 상수 k의 값은?

① -16 ② -8 ③ 2
④ 8 ⑤ 16

0698 상 중 하

이차방정식 $5x^2+7x-6=0$의 두 근 중 $x<-1$을 만족시키는 근이 이차방정식 $x^2-(2a+5)x-10=0$과 $x^2+bx-2=0$의 공통인 근일 때, 상수 a, b에 대하여 $a-b$의 값을 구하시오.

0699 상 중 하

이차방정식 $x^2+(a+1)x-21=0$의 한 근이 $x=3$이고, 다른 한 근은 이차방정식 $2x^2+13x+b=0$과 $x^2+cx-7=0$의 공통인 근일 때, 상수 a, b, c에 대하여 $a-b+c$의 값을 구하시오.

▶수학의 바이블 68쪽

유형 13 제곱근을 이용한 이차방정식의 풀이

0700 상 중 하

이차방정식 $2(x-1)^2=6$의 해가 $x=a\pm\sqrt{b}$일 때, $a+b$의 값은? (단, a, b는 유리수)

① 1   ② 2   ③ 3
④ 4   ⑤ 5

> **유형 Point** (1) $x^2=q$ $(q>0)$ ➡ $x=\pm\sqrt{q}$
> (2) $ax^2=q$ $(aq>0)$ ➡ $x=\pm\sqrt{\dfrac{q}{a}}$
> (3) $(x+p)^2=q$ $(q>0)$ ➡ $x=-p\pm\sqrt{q}$
> (4) $a(x+p)^2=q$ $(aq>0)$ ➡ $x=-p\pm\sqrt{\dfrac{q}{a}}$

0701 상 중 하

이차방정식 $(x+3)^2=5$의 두 근의 합은?

① -6 ② $-2\sqrt{5}$ ③ 0
④ $2\sqrt{5}$ ⑤ 6

0702 상 중 하

이차방정식 $3(x+a)^2=36$의 해가 $x=-4\pm2\sqrt{b}$일 때, ab의 값은? (단, a, b는 유리수)

① 8   ② 12   ③ 14
④ 15   ⑤ 18

0703 상 중 하 서술형

이차방정식 $-(x+4)^2+3k=0$의 서로 다른 두 근이 정수가 되도록 하는 가장 작은 자연수 k의 값을 구하시오.

▶수학의 바이블 68쪽

유형 14 이차방정식 $(x+p)^2=q$가 근을 가질 조건

0704 상 중 하

이차방정식 $(x+3)^2-a+2=0$이 해를 갖기 위한 상수 a의 값의 범위를 구하시오.

> **유형 Point** 이차방정식 $(x+p)^2=q$가
> (1) 서로 다른 두 근을 가질 조건 ➡ $q>0$ ⎫
> (2) 중근을 가질 조건 ➡ $q=0$ ⎬ 해를 가질 조건 ➡ $q\geq0$
> (3) 근을 갖지 않을 조건 ➡ $q<0$

0705 상 중 하

다음 중 이차방정식 $(x-1)^2-a-1=0$이 해를 갖지 않도록 하는 상수 a의 값은?

① -2 ② -1 ③ 3
④ 5   ⑤ 7

0706 상 중 하

이차방정식 $2(x-3)^2=m+5$가 중근을 가질 때, 이차방정식 $x^2-2mx+21=0$의 근은? (단, m은 상수)

① $x=-7$ 또는 $x=-5$ ② $x=-7$ 또는 $x=-3$
③ $x=-5$ 또는 $x=-3$ ④ $x=3$ 또는 $x=5$
⑤ $x=3$ 또는 $x=7$

0707 상 중 하

다음 보기 중 이차방정식 $(x-4)^2=a+1$에 대한 설명으로 옳은 것을 모두 고른 것은?

> **보기**
> ㄱ. $a=0$이면 두 근의 곱은 8이다.
> ㄴ. $a=-1$이면 중근 $x=4$를 갖는다.
> ㄷ. $a=-2$이면 해가 존재하지 않는다.

① ㄴ   ② ㄷ   ③ ㄱ, ㄴ
④ ㄱ, ㄷ   ⑤ ㄴ, ㄷ

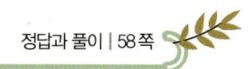

⟫**수학의 바이블** 70쪽

유형 15 완전제곱식 꼴로 나타내기

0708 상⟨중⟩하

이차방정식 $2x^2-8x+2=0$을 $(x+a)^2=b$ 꼴로 나타낼 때, $a-b$의 값은? (단, a, b는 상수)

① -5 ② -1 ③ 1

④ 3 ⑤ 5

→ **유형 Point** 이차방정식을 완전제곱식 꼴로 나타내는 순서는 다음과 같다.

❶ x^2의 계수로 양변을 나누어 x^2의 계수를 1로 만든다.

❷ 상수항을 우변으로 이항한다.

❸ 양변에 $\left\{\dfrac{(x의 \ 계수)}{2}\right\}^2$을 더한다.

❹ 좌변을 완전제곱식으로 고친다.

0709 상⟨중⟩하

이차방정식 $4x^2-4x-12=0$을 $\left(x-\dfrac{1}{2}\right)^2=k$ 꼴로 나타낼 때, 상수 k의 값을 구하시오.

0710 상⟨중⟩하

이차방정식 $(x-3)(x+7)=-7$을 $(x+a)^2=b$ 꼴로 나타낼 때, ab의 값을 구하시오. (단, a, b는 상수)

0711 상⟨중⟩하 ★★

이차방정식 $2(x+2)^2=(x+3)^2$을 $(x+m)^2=n$ 꼴로 나타낼 때, $m+n$의 값은? (단, m, n은 상수)

① 1 ② 3 ③ 5

④ 7 ⑤ 9

⟫**수학의 바이블** 70쪽

유형 16 완전제곱식을 이용한 이차방정식의 풀이

0712 상⟨중⟩하

다음은 완전제곱식을 이용하여 이차방정식 $x^2-12x+1=0$의 해를 구하는 과정이다. $A-B-C$의 값을 구하시오.

(단, A, B, C는 유리수)

> $x^2-12x+1=0$에서 $x^2-12x=-1$
> $x^2-12x+A=-1+A$, $(x-B)^2=C$
> $\therefore x=B\pm\sqrt{C}$

→ **유형 Point** 이차방정식 $ax^2+bx+c=0$의 좌변을 인수분해하기 어려울 때 $(x+p)^2=q$ 꼴로 변형하여 이차방정식의 해를 구할 수 있다.

0713 상⟨중⟩하

다음은 완전제곱식을 이용하여 이차방정식 $4x^2+2x-1=0$의 해를 구하는 과정이다. 유리수 $A\sim E$의 값으로 옳지 <u>않은</u> 것은?

> $4x^2+2x-1=0$의 양변을 A로 나누면
> $x^2+\dfrac{1}{2}x-\dfrac{1}{4}=0$, $x^2+\dfrac{1}{2}x=\dfrac{1}{4}$
> $x^2+\dfrac{1}{2}x+B=\dfrac{1}{4}+B$, $(x+C)^2=\dfrac{D}{16}$
> $\therefore x=\dfrac{E\pm\sqrt{D}}{4}$

① $A=4$ ② $B=\dfrac{1}{16}$ ③ $C=\dfrac{1}{4}$

④ $D=5$ ⑤ $E=1$

0714 상⟨중⟩하

이차방정식 $x^2-6x=k$를 완전제곱식을 이용하여 풀었더니 해가 $x=a\pm\sqrt{7}$일 때, $a+k$의 값은? (단, a, k는 유리수)

① -2 ② -1 ③ 0

④ 1 ⑤ 2

0715 상⟨중⟩하 서술형

이차방정식 $3x^2+2x-2=0$의 해가 $x=\dfrac{a\pm\sqrt{b}}{3}$일 때, 유리수 a, b에 대하여 $a+b$의 값을 구하시오.

(단, 완전제곱식을 이용하여 푼다.)

0716

다음 중 방정식 $(ax+1)(3x-1)=-x^2$이 x에 대한 이차방정식이 되도록 하는 상수 a의 값이 <u>아닌</u> 것은?

① $-\frac{1}{2}$ ② $-\frac{1}{3}$ ③ 0

④ $\frac{1}{3}$ ⑤ $\frac{1}{2}$

0717

이차방정식 $x^2+6x+a=0$의 한 근이 $x=-5$이고, 이차방정식 $2x^2-x-b=0$의 한 근이 $x=1$일 때, ab의 값은?

(단, a, b는 상수)

① -5 ② -1 ③ 1

④ 5 ⑤ 10

**0718**

$x=\alpha$가 이차방정식 $x^2+2x-2=0$의 한 근일 때, $\alpha^5+2\alpha^4-2\alpha^3+\alpha^2+2\alpha+2$의 값은?

① 2 ② 4 ③ 6

④ 8 ⑤ 10

0719 생각이 쑥쑥

이차방정식 $x^2+x-1=0$의 한 근을 $x=\alpha$라고 할 때,

$\dfrac{\alpha^2}{1-\alpha}-\dfrac{2\alpha}{\alpha^2-1}$의 값은?

① -2 ② -1 ③ 1

④ 2 ⑤ 3

0720

다음 식을 만족하는 모든 x의 값의 합은?

$$4x : (12x-8)=2 : (1+x)$$

① -1 ② 0 ③ 3

④ 4 ⑤ 5

0721

두 다항식 $A=3x^2-2x-1$, $B=4x^2-3x-1$에 대하여 $2A=B$를 만족하는 x의 값은? (단, $A \neq 0$)

① -1 ② $-\frac{1}{2}$ ③ $-\frac{1}{4}$

④ $\frac{1}{4}$ ⑤ $\frac{1}{2}$

0722

이차방정식 $(3a-1)x^2-5ax+3(a^2+1)=0$의 한 근이 $x=2$일 때, 상수 a의 값은?

① -2 ② -1 ③ 0

④ $\frac{1}{3}$ ⑤ 1

0723

이차방정식 $ax^2+a(a+1)x+3-2a^2=0$의 한 근이 $x=1$일 때, 상수 a의 값과 다른 한 근의 합을 구하시오. (단, $a>0$)

0724

이차방정식 $3x^2-2ax+a-1=0$에서 x의 계수와 상수항을 바꾸어 풀었더니 한 근이 $x=1$이었다. 처음 이차방정식의 해를 $x=p$ 또는 $x=q$라고 할 때, pq의 값을 구하시오.

(단, a는 상수)

0725

이차방정식 $x^2+5x+2a=0$의 한 근은 $x=-2$이고, 다른 한 근은 이차방정식 $x^2+(b-3)x-3b=0$의 근일 때, $a+b$의 값은? (단, a, b는 상수)

① 6   ② 7   ③ 8
④ 9   ⑤ 10

0726

다음 이차방정식 중 중근을 갖는 것을 모두 고르면? (정답 2개)

① $4x^2-9=0$ ② $x^2+14x=-40$
③ $x^2-16x=-64$ ④ $x^2-4x-5=0$
⑤ $x^2+81=18x$

0727

이차방정식 $x^2-10x+m=0$이 중근을 가질 때, 다음 두 이차방정식의 공통인 근은? (단, m은 상수)

$$x^2+8x+m-13=0, \quad 3x^2+(m-9)x-12=0$$

① $x=-8$ ② $x=-6$ ③ $x=-4$
④ $x=-2$ ⑤ $x=2$

0728

이차방정식 $9(x+a)^2=b$의 해가 $x=-1\pm\sqrt{2}$일 때, ab의 값을 구하시오. (단, a, b는 유리수)

0729 생각이 쑥쑥

이차방정식 $3x^2+12x+\dfrac{a-2}{3}=0$이 서로 다른 두 근을 갖도록 하는 가장 큰 정수 a의 값을 구하시오.

0730

이차방정식 $2(x-1)(x+2)=(x+1)(x-3)$을 $(x+a)^2=b$ 꼴로 나타낼 때, $a-b$의 값은? (단, a, b는 상수)

① -5 ② -3 ③ 1
④ 3   ⑤ 5

0731

두 개의 주머니 A, B에 모양과 크기가 같은 구슬이 각각 5개, 6개 들어 있고, 다음 그림과 같이 숫자가 적혀 있다. 각 주머니에서 구슬을 한 개씩 꺼낼 때, A 주머니에서 꺼낸 구슬에 적힌 수를 a, B 주머니에서 꺼낸 구슬에 적힌 수를 b라고 하자. 이때 이차방정식 $x^2-2ax+b=0$이 중근을 가지게 될 확률은?

A   B

① $\dfrac{1}{36}$ ② $\dfrac{1}{30}$ ③ $\dfrac{1}{15}$
④ $\dfrac{1}{10}$ ⑤ $\dfrac{2}{15}$

🌿 단계를 밟아 서술하기

스스로 서술하기 🌿

0732

이차방정식 $2x^2-7x+6=0$의 두 근 중 큰 근이 이차방정식 $3x^2-(3a+2)x+4=0$의 한 근일 때, 상수 a의 값을 구하시오.

단계1 이차방정식 $2x^2-7x+6=0$의 두 근 중 큰 근을 구하시오. [50%]

단계2 상수 a의 값을 구하시오. [50%]

0733

이차방정식 $10x^2-3x-1=0$의 두 근 중 큰 근이 이차방정식 $2x^2+(4a+1)x-5=0$의 한 근일 때, 상수 a의 값을 구하시오.

풀이

답 _____

0734

다음 세 이차방정식이 단 하나의 공통인 근을 가질 때, 상수 p의 값을 구하시오.

$$x^2+3x-18=0, \qquad x^2-px+21=0, \qquad 2x^2-x=15$$

단계1 이차방정식 $x^2+3x-18=0$의 두 근을 구하시오. [35%]

단계2 이차방정식 $2x^2-x=15$의 두 근을 구하시오. [35%]

단계3 상수 p의 값을 구하시오. [30%]

0735

다음 세 이차방정식이 단 하나의 공통인 근을 가질 때, 상수 p의 값을 구하시오.

$$x^2-10x+24=0, \quad x^2+px-8=0, \quad 3x^2-9x+4=4x$$

풀이

답 _____

0736

이차방정식 $x^2+3=k(1-4x)$가 중근을 가질 때, 음수 k의 값과 그 중근을 각각 구하시오.

단계1 이차방정식 $x^2+3=k(1-4x)$가 중근을 가질 조건을 구하시오. [40%]

단계2 음수 k의 값을 구하시오. [30%]

단계3 중근을 구하시오. [30%]

0737

이차방정식 $x^2+10=3k(2x-3)$이 중근을 가질 때, 음수 k의 값과 그 중근을 각각 구하시오.

풀이

답 _____

0738

이차방정식 $(k-1)x^2+(k^2+2)x-(4-k)=0$의 한 근이 $x=1$일 때, 다른 한 근을 구하시오. (단, k는 상수)

단계1 k의 값을 구하시오. [50%]

단계2 다른 한 근을 구하시오. [50%]

0739

이차방정식 $(a-1)x^2-(a^2+3)x+4(a+1)=0$의 한 근이 $x=2$일 때, 다른 한 근을 구하시오. (단, a는 상수)

풀이

답 _____

0740

이차방정식 $x^2+5x-3=0$의 한 근을 $x=a$라고 할 때, $a^2+a-\dfrac{3}{a}+\dfrac{9}{a^2}$의 값을 구하시오.

단계1 $a-\dfrac{3}{a}$의 값을 구하시오. [40%]

단계2 $a^2+a-\dfrac{3}{a}+\dfrac{9}{a^2}$의 값을 구하시오. [60%]

0741

이차방정식 $x^2-4x+2=0$의 한 근을 $x=a$라고 할 때, $a^2+a+\dfrac{2}{a}+\dfrac{4}{a^2}$의 값을 구하시오.

풀이

답 _____

0742

이차방정식 $x^2+2x-12k+1=0$의 서로 다른 두 근이 모두 정수가 되도록 하는 가장 작은 두 자리 자연수 k의 값을 구하시오.

단계1 이차방정식 $x^2+2x-12k+1=0$을 $(x+p)^2=q$ 꼴로 나타내시오. (단, p, q는 상수) [20%]

단계2 이차방정식의 근을 k를 사용하여 나타내시오. [20%]

단계3 서로 다른 두 근이 모두 정수가 되도록 하는 가장 작은 두 자리 자연수 k의 값을 구하시오. [60%]

0743

이차방정식 $3x^2-12x-k=0$의 서로 다른 두 근이 모두 정수가 되도록 하는 가장 작은 두 자리 자연수 k의 값을 구하시오.

풀이

답 _____

2 이차방정식의 활용

개념 1 이차방정식의 근의 공식

(1) 이차방정식 $ax^2+bx+c=0\ (a\neq0)$의 해는

$$x=\frac{-b\pm\sqrt{b^2-4ac}}{2a}\ (단,\ b^2-4ac\geq0)$$

예 $x^2-3x+1=0$에서 $a=1,\ b=-3,\ c=1$이므로

$$x=\frac{-(-3)\pm\sqrt{(-3)^2-4\times1\times1}}{2\times1}=\frac{3\pm\sqrt5}{2}$$

(2) 이차방정식 $ax^2+\underset{\underset{\text{x의 계수가 짝수}}{\uparrow}}{2b'}x+c=0\ (a\neq0)$의 해는

$$x=\frac{-b'\pm\sqrt{b'^2-ac}}{a}\ (단,\ b'^2-ac\geq0)$$

예 $x^2-4x+2=0$에서 $a=1,\ b'=-2,\ c=2$이므로

$$x=\frac{-(-2)\pm\sqrt{(-2)^2-1\times2}}{1}=2\pm\sqrt2$$

● **이차방정식의 근의 공식 유도 과정**

이차방정식 $ax^2+bx+c=0\ (a\neq0)$에서

$$x^2+\frac{b}{a}x+\frac{c}{a}=0$$
$$x^2+\frac{b}{a}x=-\frac{c}{a}$$
$$x^2+\frac{b}{a}x+\left(\frac{b}{2a}\right)^2=-\frac{c}{a}+\left(\frac{b}{2a}\right)^2$$
$$\left(x+\frac{b}{2a}\right)^2=\frac{b^2-4ac}{4a^2}$$
$$x+\frac{b}{2a}=\pm\frac{\sqrt{b^2-4ac}}{2a}$$
$$\therefore\ x=\frac{-b\pm\sqrt{b^2-4ac}}{2a}$$

개념 2 복잡한 이차방정식의 풀이

(1) 계수가 분수 또는 소수이면 양변에 적당한 수를 곱하여 계수를 정수로 고친다.

(2) 괄호가 있으면 전개하여 $ax^2+bx+c=0$ 꼴로 고친다.
　　　　　　　　　　↳분배법칙 또는 곱셈 공식 이용

(3) 공통부분이 있으면 공통부분을 한 문자로 치환한다.

● 계수가 분수이면 양변에 분모의 최소공배수를 곱하고, 계수가 소수이면 양변에 적당한 10의 거듭제곱을 곱한다.

개념 3 이차방정식의 근의 개수

　　　　　　　　　　　　근의 공식 $x=\dfrac{-b\pm\sqrt{b^2-4ac}}{2a}$에서
　　　　　　　　　　　　근호 안의 식이다.

이차방정식 $ax^2+bx+c=0\ (a\neq0)$의 근의 개수는 b^2-4ac의 부호에 의하여 결정된다.

(1) $b^2-4ac>0$이면 서로 다른 두 근을 갖는다.　┐ 근을 가질 조건 ➡ $b^2-4ac\geq0$

(2) $b^2-4ac=0$이면 한 근 (중근)을 갖는다.　┘

(3) $b^2-4ac<0$이면 근이 없다.

● $b^2-4ac=0$이면 근은 $x=-\dfrac{b}{2a}$

● $b^2-4ac<0$이면 $\sqrt{b^2-4ac}$의 값이 존재하지 않으므로 이차방정식의 근은 없다.

예

이차방정식	b^2-4ac의 부호	근의 개수
$x^2-6x+7=0$	$(-6)^2-4\times1\times7=8>0$	2개
$x^2+6x+9=0$	$6^2-4\times1\times9=0$	1개
$x^2-2x+3=0$	$(-2)^2-4\times1\times3=-8<0$	0개

개념 4 이차방정식의 근과 계수의 관계

이차방정식 $ax^2+bx+c=0\ (a\neq0)$의 두 근을 $\alpha,\ \beta$라고 하면

(1) **두 근의 합** : $\alpha+\beta=-\dfrac{b}{a}$

(2) **두 근의 곱** : $\alpha\beta=\dfrac{c}{a}$

예 이차방정식 $2x^2-2x-5=0$의 두 근을 $\alpha,\ \beta$라고 하면 $a=2,\ b=-2,\ c=-5$이므로

$$\alpha+\beta=-\frac{b}{a}=-\frac{-2}{2}=1,\ \alpha\beta=\frac{c}{a}=\frac{-5}{2}=-\frac{5}{2}$$

● 이차방정식의 근과 계수의 관계를 이용하면 근을 직접 구하지 않아도 두 근의 합, 곱을 쉽게 구할 수 있다.

1 이차방정식의 근의 공식

0744

다음 이차방정식을 근의 공식을 이용하여 푸시오.

(1) $x^2+x-5=0$

(2) $x^2-3x-3=0$

(3) $3x^2+5x+1=0$

(4) $2x^2-x-4=0$

(5) $5x^2-11x+3=0$

(6) $3x^2-3x-2=0$

0745

다음 이차방정식을 근의 공식을 이용하여 푸시오.

(1) $x^2+2x-1=0$

(2) $x^2-2x-6=0$

(3) $2x^2+4x-3=0$

(4) $3x^2-8x+2=0$

(5) $3x^2+4x-1=0$

(6) $2x^2+6x-1=0$

2 복잡한 이차방정식의 풀이

0746

다음 이차방정식을 푸시오.

(1) $\frac{2}{3}x^2-\frac{1}{2}x-\frac{1}{6}=0$

(2) $\frac{1}{4}x^2-x-\frac{1}{2}=0$

(3) $0.6x^2-0.5x+0.1=0$

(4) $0.1x^2-0.5x-0.1=0$

(5) $2x(x+2)=1$

(6) $(x-1)^2=2x+4$

(7) $(x+2)^2-4(x+2)+3=0$

3 이차방정식의 근의 개수

0747

다음 표의 빈칸에 알맞은 것을 써넣으시오.

$ax^2+bx+c=0$	b^2-4ac의 값	근의 개수
$9x^2-6x+1=0$	(1)	(2)
$4x^2+5x+3=0$	(3)	(4)
$x^2+2x-7=0$	(5)	(6)

0748

다음 이차방정식의 근의 개수를 구하시오.

(1) $x^2-3x-2=0$

(2) $x^2+4x+4=0$

(3) $2x^2+8x-9=0$

(4) $3x^2-5x+5=0$

4 이차방정식의 근과 계수의 관계

0749

근과 계수의 관계를 이용하여 다음 이차방정식의 두 근의 합과 곱을 차례대로 구하시오.

(1) $x^2+5x+1=0$ (2) $x^2-2x-7=0$

(3) $2x^2+x-3=0$ (4) $3x^2-6x+2=0$

2 이차방정식의 활용

개념 5 이차방정식 구하기

(1) **두 근이 α, β이고 x^2의 계수가 a인 이차방정식**

➡ $a(x-\alpha)(x-\beta)=0$, 즉 $a\{x^2-(\alpha+\beta)x+\alpha\beta\}=0$

예 두 근이 -1, 5이고 x^2의 계수가 1인 이차방정식은
$(x+1)(x-5)=0$, 즉 $x^2-4x-5=0$

(2) **중근이 α이고 x^2의 계수가 a인 이차방정식**

➡ $a(x-\alpha)^2=0$ •— (완전제곱식)$=0$

예 중근이 -2이고 x^2의 계수가 3인 이차방정식은
$3(x+2)^2=0$, 즉 $3x^2+12x+12=0$

참고 두 근의 합이 m, 곱이 n이고 x^2의 계수가 a인 이차방정식

➡ $a(x^2-mx+n)=0$

예 두 근의 합이 5, 곱이 6이고 x^2의 계수가 -1인 이차방정식
$-(x^2-5x+6)=0$, 즉 $-x^2+5x-6=0$

개념 6 계수가 유리수인 이차방정식의 근

a, b, c가 유리수일 때, 이차방정식 $ax^2+bx+c=0$의 한 근이 $p+q\sqrt{m}$이면 다른 한 근은 $p-q\sqrt{m}$이다. (단, p, q는 유리수, $\sqrt{m}$은 무리수)

예 이차방정식 $x^2-ax+b=0$의 한 근이 $3+\sqrt{5}$이면 다른 한 근은 $3-\sqrt{5}$이므로
$a=(3+\sqrt{5})+(3-\sqrt{5})=6$, $b=(3+\sqrt{5})(3-\sqrt{5})=9-5=4$

• 한 근이 $p+q\sqrt{m}$, x^2의 계수가 a이고 계수가 유리수인 이차방정식
 (단, p, q는 유리수, $\sqrt{m}$은 무리수)
➡ 한 근이 $p+q\sqrt{m}$이면 다른 한 근은 $p-q\sqrt{m}$이므로
 (두 근의 합)$=(p+q\sqrt{m})+(p-q\sqrt{m})$
 $=2p$
 (두 근의 곱)$=(p+q\sqrt{m})(p-q\sqrt{m})$
 $=p^2-q^2m$
 따라서 구하는 이차방정식은
 $a\{x^2-2px+(p^2-q^2m)\}=0$

개념 7 이차방정식의 활용

이차방정식의 활용 문제는 다음과 같은 순서로 푼다.

❶ 미지수 정하기 : 문제의 뜻을 이해하고 구하려는 것을 미지수 x로 놓는다.

❷ 방정식 세우기 : 문제의 뜻에 맞게 이차방정식을 세운다.

❸ 방정식 풀기 : 이차방정식을 푼다.

❹ 답 구하기 : 구한 해 중에서 문제의 조건에 맞는 것을 답으로 택한다.

참고 (1) 수에 대한 문제
　① 연속하는 두 정수 : x, $x+1$ 또는 $x-1$, x로 놓는다.
　② 연속하는 세 정수 : $x-1$, x, $x+1$로 놓는다.
　③ 연속하는 두 짝수 (홀수) : x, $x+2$로 놓는다.
　④ 연속하는 세 짝수 (홀수) : $x-2$, x, $x+2$로 놓는다.

(2) 위로 쏘아 올린 물체에 대한 문제
　위로 쏘아 올린 물체의 시간에 따른 높이의 식이 주어지면 특정한 높이를 대입하여 그 높이에 도달할 때까지 걸린 시간을 구할 수 있다.
　시간 t에 따른 물체의 높이가 (t에 대한 이차식)으로 주어졌을 때
　① 물체가 높이 h에 도달할 때까지 걸린 시간은 (t에 대한 이차식)$=h$를 만족하는 t의 값이다.
　② 물체가 지면에 떨어질 때까지 걸린 시간은 (t에 대한 이차식)$=0$을 만족하는 t의 값이다.

(3) 도형에 대한 문제
　① (삼각형의 넓이)$=\dfrac{1}{2}\times$(밑변의 길이)$\times$(높이)
　② (직사각형의 넓이)$=$(가로의 길이)$\times$(세로의 길이)
　③ (직사각형의 둘레의 길이)$=2\times\{$(가로의 길이)$+$(세로의 길이)$\}$
　④ (원의 넓이)$=\pi\times$(반지름의 길이)^2
　⑤ (직육면체의 부피)$=$(가로의 길이)$\times$(세로의 길이)$\times$(높이)

• 사람 수, 나이 등은 자연수가 되어야 하고, 시간, 속력, 거리, 길이, 넓이, 부피 등은 양수가 되어야 한다.

• 위로 쏘아 올린 물체가 높이 h에 도달하는 경우는 물체가 올라갈 때와 내려갈 때 두 번 생긴다. 단, h가 최고 높이인 경우에는 한 번 생긴다.

• **공식을 이용하는 문제**
① n각형의 대각선의 개수
➡ $\dfrac{n(n-3)}{2}$ (개) (단, $n>3$)
② 자연수 1부터 n까지의 수의 합
➡ $\dfrac{n(n+1)}{2}$

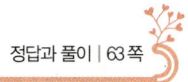
5 이차방정식 구하기

0750

다음 수를 근으로 하는 x에 대한 이차방정식을 $x^2+ax+b=0$ 꼴로 나타내시오. (단, a, b는 상수)

(1) -1, 3

(2) -4, 0

(3) 2 (중근)

(4) $-\dfrac{2}{5}$, 1

0751

다음 조건을 만족하는 x에 대한 이차방정식을 $ax^2+bx+c=0$ 꼴로 나타내시오. (단, a, b, c는 상수)

(1) 두 근이 1, 5이고 x^2의 계수가 1인 이차방정식

(2) 두 근이 -2, -5이고 x^2의 계수가 -2인 이차방정식

(3) 중근 $\dfrac{1}{2}$을 갖고 x^2의 계수가 -4인 이차방정식

(4) 두 근이 -1, -2이고 x^2의 계수가 3인 이차방정식

(5) 두 근이 $\dfrac{1}{2}$, $-\dfrac{1}{3}$이고 x^2의 계수가 6인 이차방정식

6 계수가 유리수인 이차방정식의 근

0752

다음 수가 이차방정식 $ax^2+bx+c=0$ $(a\neq0)$의 한 근일 때, 다른 한 근을 구하시오. (단, a, b, c는 유리수)

(1) $2-\sqrt{2}$

(2) $-4+\sqrt{5}$

(3) $6+\sqrt{10}$

(4) $-1-5\sqrt{3}$

7 이차방정식의 활용

0753

어떤 수에 4를 더한 다음 제곱한 수는 어떤 수의 6배보다 24만큼 크다고 한다. 다음 물음에 답하시오.

(1) 어떤 수를 x라고 할 때, x에 대한 이차방정식을 $x^2+ax+b=0$ 꼴로 나타내시오.

(2) x의 값을 구하시오.

0754

연속하는 두 자연수의 곱이 90일 때, 다음 물음에 답하시오.

(1) 연속하는 두 자연수 중 작은 수를 x라고 할 때, 큰 수를 x에 대한 식으로 나타내시오.

(2) x에 대한 이차방정식을 $x^2+ax+b=0$ 꼴로 나타내시오.

(3) x의 값을 구하시오.

(4) 연속하는 두 자연수를 구하시오.

0755

지면에서 초속 50 m로 똑바로 위로 쏘아 올린 물체의 t초 후의 높이가 $(-5t^2+50t)$ m일 때, 다음 물음에 답하시오.

(1) 물체가 지면에 떨어질 때의 높이를 구하시오.

(2) 물체를 위로 쏘아 올린 후 물체가 지면에 떨어질 때까지 걸리는 시간을 구하시오.

0756

가로와 세로의 길이의 합이 14 cm이고 넓이가 40 cm^{2}인 직사각형이 있다. 다음 물음에 답하시오.

(1) 가로의 길이를 x cm라고 할 때, x에 대한 이차방정식을 $x^2+ax+b=0$ 꼴로 나타내시오.

(2) x의 값을 구하시오.

(3) 직사각형의 가로의 길이가 세로의 길이보다 짧을 때, 가로의 길이를 구하시오.

수학의 바이블 63쪽

유형 01 이차방정식의 근의 공식

0757 상 중 하

이차방정식 $x^2+x-3=0$의 해가 $x=\dfrac{A\pm\sqrt{B}}{2}$일 때, $A+B$의 값은? (단, A, B는 유리수)

① 10　　　　② 11　　　　③ 12
④ 13　　　　⑤ 14

> **유형 Point** (1) 이차방정식 $ax^2+bx+c=0\ (a\neq0)$의 근
> $$\Rightarrow x=\frac{-b\pm\sqrt{b^2-4ac}}{2a}\ (단,\ b^2-4ac\geq0)$$
> (2) 이차방정식 $ax^2+2b'x+c=0$의 근
> $$\Rightarrow x=\frac{-b'\pm\sqrt{b'^2-ac}}{a}\ (단,\ b'^2-ac\geq0)$$

0758 상 중 하

이차방정식 $2x^2-5x-1=0$의 두 근 중 큰 근을 a라고 할 때, $4a-5$의 값은?

① $\sqrt{15}$　　　② $\sqrt{30}$　　　③ $\sqrt{33}$
④ $2\sqrt{15}$　　　⑤ $4\sqrt{33}$

0759 상 중 하

이차방정식 $x^2-4x+2=0$의 두 근을 α, $\beta\ (\alpha>\beta)$라고 할 때, $\alpha-\beta$의 값을 구하시오.

★★ 0760 상 중 하

이차방정식 $x^2+8x+2=0$의 두 근을 α, $\beta\ (\alpha<\beta)$라고 할 때, $\alpha+4<n<\beta+4$를 만족하는 정수 n의 개수는?

① 1개　　　　② 3개　　　　③ 5개
④ 7개　　　　⑤ 9개

수학의 바이블 63쪽

유형 02 근의 공식을 이용하여 이차방정식의 미지수의 값 구하기

0761 상 중 하

이차방정식 $2x^2-4x+k=0$의 해가 $x=\dfrac{2\pm\sqrt{2}}{2}$일 때, 유리수 k의 값을 구하시오.

> **유형 Point** 이차방정식의 계수가 미지수인 경우 근의 공식을 이용하여 해를 구한 다음 주어진 해와 비교하여 미지수의 값을 구한다.

0762 상 중 하

이차방정식 $2x^2-3x+a=0$의 해가 $x=\dfrac{b\pm\sqrt{33}}{4}$일 때, $a+b$의 값은? (단, a, b는 유리수)

① -2　　　　② -1　　　　③ 0
④ 1　　　　⑤ 2

0763 상 중 하 서술형

이차방정식 $x^2+2x+k-1=0$이 중근을 가질 때, 이차방정식 $x^2+kx-4=0$의 해를 구하시오. (단, k는 유리수)

0764 상 중 하

이차방정식 $7x^2+ax-1=0$의 한 근이 $x=-1$일 때, 이차방정식 $3x^2+ax+1=0$의 근은 $x=\dfrac{-3\pm\sqrt{B}}{A}$이다. 이때 유리수 A, B에 대하여 $A+B$의 값은? (단, a는 유리수)

① 3　　　　② 6　　　　③ 9
④ 12　　　　⑤ 15

▶수학의 바이블 65쪽

유형 03 복잡한 이차방정식의 풀이 – 계수가 분수 또는 소수

0765 상 중 하

이차방정식 $\frac{1}{5}x^2 + 0.2x - \frac{1}{10} = 0$의 근이 $x = \frac{p \pm \sqrt{q}}{2}$일 때,

$p+q$의 값은? (단, p, q는 유리수)

① -2 ② -1 ③ 0

④ 1 ⑤ 2

→ **유형 Point**   (1) 계수가 분수이면 양변에 분모의 최소공배수를 곱한다.

(2) 계수가 소수이면 양변에 적당한 10의 거듭제곱을 곱한다.

0766 상 중 하

이차방정식 $\frac{1}{4}x^2 - \frac{1}{3}x - \frac{1}{2} = 0$의 해가 $x = \frac{a \pm \sqrt{b}}{3}$일 때,

$b-a$의 값은? (단, a, b는 유리수)

① -22 ② -20 ③ -18

④ 20 ⑤ 22

0767 상 중 하

이차방정식 $0.2x^2 + 0.3x - 0.5 = 0$의 두 근의 곱은?

① $-\frac{7}{2}$ ② -3 ③ $-\frac{5}{2}$

④ $\frac{5}{2}$ ⑤ $\frac{7}{2}$

0768 상 중 하 서술형

다음 두 이차방정식의 공통인 근을 구하시오.

$$\frac{1}{4}x^2 + 0.5x - 2 = 0, \quad \frac{1}{5}x^2 + 1.8x + 4 = 0$$

▶수학의 바이블 65쪽

유형 04 복잡한 이차방정식의 풀이 – 괄호가 있는 경우

0769 상 중 하

이차방정식 $1 - 2x(x+1) = \frac{1}{2}x^2$의 근이 $x = \frac{p \pm \sqrt{q}}{5}$일 때,

$q-p$의 값은? (단, p, q는 유리수)

① 12 ② 14 ③ 16

④ 18 ⑤ 20

→ **유형 Point**   계수가 정수가 아닌 경우에는 계수를 정수로 만들고, 괄호를 풀어 정리한 후 이차방정식의 해를 구한다.

0770 상 중 하

이차방정식 $0.3x(3x-4) = \frac{1}{2}$의 두 근을 α, β $(\alpha < \beta)$라고

할 때, $\beta - \alpha$의 값은?

① -2 ② $-\frac{1}{3}$ ③ 1

④ 2 ⑤ $\frac{5}{3}$

★★ 0771 상 중 하

이차방정식 $\frac{(x-1)^2}{2} - \frac{(x-2)(x-4)}{3} = 0$을 푸시오.

0772 상 중 하

이차방정식 $4x(x-3) = 3(x-1)(x-2)$의 두 근 사이에 있는 자연수의 개수는?

① 1개   ② 2개   ③ 3개

④ 4개   ⑤ 5개

▶수학의 바이블 65쪽

유형 05 공통부분이 있는 이차방정식의 풀이

0773 상 중 하

이차방정식 $(x+1)^2-5(x+1)=-6$을 풀면?

① $x=-2$ 또는 $x=-1$ ② $x=-1$ 또는 $x=1$

③ $x=0$ 또는 $x=1$ ④ $x=1$ 또는 $x=2$

⑤ $x=2$ 또는 $x=3$

→ **유형 Point** ❶ 공통부분을 문자 A로 치환한다.
❷ 인수분해 또는 근의 공식을 이용하여 A의 값을 구한다.
❸ A에 원래 식을 대입하여 x의 값을 구한다.

0774 상 중 하

이차방정식 $4\left(x+\dfrac{1}{2}\right)^2+2=8\left(x+\dfrac{1}{2}\right)-1$의 두 근의 합은?

① -1 ② 1 ③ 2

④ 3 ⑤ 4

0775 상 중 하

$(2a-b)(2a-b-10)=-25$일 때, $2a-b$의 값은?

① 1 ② 2 ③ 3

④ 4 ⑤ 5

0776 상 중 하 **서술형**

$x>y$이고 $(x-y)(x-y-3)=5$일 때, $2x-2y$의 값을 구하시오.

▶수학의 바이블 65쪽

유형 06 이차방정식의 근의 개수

0777 상 중 하

다음 이차방정식 중 서로 다른 두 근을 갖는 것은?

① $2x^2-x+1=0$ ② $x^2-4x+4=0$

③ $x^2-5x+7=0$ ④ $x^2+4x+3=0$

⑤ $3x^2+2x+3=0$

→ **유형 Point** 이차방정식 $ax^2+bx+c=0$ $(a\neq0)$의 근의 개수
① $b^2-4ac>0$ ➡ 2개
② $b^2-4ac=0$ ➡ 1개
③ $b^2-4ac<0$ ➡ 0개

0778 상 중 하

다음 보기의 이차방정식에서 근을 갖지 <u>않는</u> 것을 모두 고르시오.

보기

ㄱ. $3x^2-x-2=0$ ㄴ. $x^2+2x+1=0$

ㄷ. $x^2-4x+6=0$ ㄹ. $4x^2-8x+9=0$

0779 상 중 하

다음 이차방정식 중 근의 개수가 나머지 넷과 <u>다른</u> 하나는?

① $9x^2-6x+1=0$ ② $x^2-4x-12=0$

③ $2x^2+x-2=0$ ④ $x^2+8x+12=0$

⑤ $x^2+12x+6=0$

0780 상 중 하

이차방정식 $\dfrac{1}{3}x^2+\dfrac{1}{2}x+1=0$의 근의 개수를 a개, 이차방정식 $0.1x^2+\dfrac{1}{2}x+\dfrac{3}{5}=0$의 근의 개수를 b개, 이차방정식 $(x+3)^2=2x+5$의 근의 개수를 c개라고 할 때, $a+b-c$의 값을 구하시오.

▶수학의 바이블 133쪽

유형 07 이차방정식이 중근을 가질 조건

0781 상 중 하

이차방정식 $x^2-(k+1)x+4=0$이 중근을 갖도록 하는 모든 상수 k의 값의 합은?

① -8 ② -6 ③ -4
④ -2 ⑤ 0

→ 유형 Point 이차방정식 $ax^2+bx+c=0\ (a\neq0)$이 중근을 가질 조건
➡ $b^2-4ac=0$

0782 상 중 하

이차방정식 $x^2-6x+k+2=0$이 중근을 갖도록 하는 상수 k의 값은?

① -11 ② -9 ③ 7
④ 9 ⑤ 11

0783 상 중 하

이차방정식 $x^2+10x+4k+1=0$이 중근 $x=\alpha$를 가질 때, $k+\alpha$의 값은? (단, k는 상수)

① 1 ② 2 ③ 3
④ 4 ⑤ 5

0784 상 중 하

이차방정식 $2x^2+(k+3)x+k+1=0$이 중근을 갖도록 하는 상수 k의 값을 구하시오.

0785 상 중 하

다음 두 이차방정식이 모두 중근을 가질 때, $m+n$의 값을 구하시오. (단, m, n은 상수)

$$x^2-8x-m=0,\ x^2+(m+4)x+2n=0$$

0786 상 중 하 서술형

이차방정식 $x^2+6x+7-2k=0$이 중근을 가질 때, 이차방정식 $(k+2)x^2-5x+4=0$의 해를 구하시오. (단, k는 상수)

0787 상 중 하

이차방정식 $x^2+2x-k=0$이 중근을 가질 때의 상수 k의 값이 이차방정식 $3x^2-ax+a+1=0$의 한 근일 때, 상수 a의 값은?

① -2 ② -1 ③ 0
④ 1 ⑤ 2

0788 상 중 하

이차방정식 $x^2+ax+4b=0$이 중근을 갖도록 하는 두 자리 자연수 a, b에 대하여 a의 값이 최대가 되도록 b의 값을 정할 때, a의 값은?

① 32 ② 36 ③ 40
④ 42 ⑤ 46

Ⅲ - 2. 이차방정식의 활용

▶수학의 바이블 65쪽

유형 08 근의 개수에 따른 미지수의 값의 범위 구하기

0789 상중하

이차방정식 $x^2+2x+k-2=0$이 서로 다른 두 근을 갖도록 하는 상수 k의 값의 범위를 구하시오.

> **유형 Point** 이차방정식 $ax^2+bx+c=0$ $(a\neq0)$에서
> (1) 해가 2개일 때 ➡ $b^2-4ac>0$
> (2) 해를 가질 때 ➡ $b^2-4ac\geq0$
> (3) 해가 없을 때 ➡ $b^2-4ac<0$

0790 상중하

이차방정식 $x^2+2x+k-5=0$이 해를 갖도록 하는 상수 k의 값의 범위는?

① $k>-6$ ② $k\geq-6$ ③ $k>6$

④ $k\geq6$ ⑤ $k\leq6$

0791 상중하

이차방정식 $x^2+(4k+1)x+4k^2=0$이 해를 갖지 않을 때, 다음 중 상수 k의 값이 될 수 없는 것은?

① -1 ② $-\dfrac{1}{2}$ ③ $-\dfrac{1}{4}$

④ $-\dfrac{1}{6}$ ⑤ $-\dfrac{1}{8}$

★★ 0792 상중하

이차방정식 $(2m-1)x^2+4x+1=0$이 서로 다른 두 근을 갖도록 하는 상수 m의 값의 범위는?

① $m<\dfrac{5}{2}$ ② $\dfrac{1}{2}\leq m\leq2$

③ $\dfrac{1}{2}<m<\dfrac{5}{2}$ ④ $m<\dfrac{1}{2}$ 또는 $\dfrac{1}{2}<m<\dfrac{5}{2}$

⑤ $m<2$ 또는 $2<m<\dfrac{5}{2}$

▶수학의 바이블 68쪽

유형 09 근과 계수의 관계

0793 상중하

이차방정식 $x^2+3x-5=0$의 두 근의 합을 a, 두 근의 곱을 b라고 할 때, $a+b$의 값은?

① -8 ② -7 ③ -6

④ -5 ⑤ -4

> **유형 Point** 이차방정식 $ax^2+bx+c=0$ $(a\neq0)$의 두 근이 α, β일 때,
> ➡ $\alpha+\beta=-\dfrac{b}{a}$, $\alpha\beta=\dfrac{c}{a}$

0794 상중하

이차방정식 $(x-2)^2=-2(x^2+3x)+15$의 두 근을 α, β라고 할 때, $\alpha+\beta$의 값은?

① -2 ② $-\dfrac{2}{3}$ ③ $\dfrac{2}{3}$

④ 1 ⑤ 3

0795 상중하

이차방정식 $x^2+7x-3=0$의 두 근의 곱이 이차방정식 $x^2+4x+k=0$의 한 근일 때, 상수 k의 값은?

① 1 ② 2 ③ 3

④ 4 ⑤ 5

0796 상중하 서술형

이차방정식 $x^2-5x+k=x-6$이 중근을 가질 때, 이차방정식 $kx^2+(2k-1)x-5=0$의 두 근의 합을 구하시오.

(단, k는 상수)

유형 10 이차방정식 구하기

0797 상중하

두 근이 -3, 5이고, x^2의 계수가 2인 이차방정식은?

① $2x^2-4x-15=0$ ② $2x^2-4x-30=0$

③ $2x^2-2x-15=0$ ④ $2x^2-2x-30=0$

⑤ $2x^2+2x-15=0$

→ 유형 Point   (1) 두 근이 α, β이고 x^2의 계수가 a인 이차방정식

      ➡ $a(x-\alpha)(x-\beta)=0$

      ➡ $a\{x^2-(\alpha+\beta)x+\alpha\beta\}=0$

   (2) 중근이 α이고 x^2의 계수가 a인 이차방정식

      ➡ $a(x-\alpha)^2=0$

0798 상중하

이차방정식 $9x^2+Ax+2B=0$이 중근 $x=-2$를 가질 때, $\dfrac{A}{B}$의 값은? (단, A, B는 상수)

① -4 ② -2 ③ 0

④ 2 ⑤ 4

 0799 상중하

두 근이 $\dfrac{2}{3}$, $-\dfrac{3}{5}$이고 x^2의 계수가 15인 이차방정식을 $ax^2+bx+c=0$이라고 할 때, $a+b+c$의 값을 구하시오.

(단, a, b, c는 상수)

0800 상중하

이차방정식 $x^2-4x+2=0$을 $(x+a)^2=b$의 꼴로 나타낼 때, a, b를 두 근으로 하고 x^2의 계수가 1인 이차방정식은?

① $x^2+4=0$ ② $x^2-4=0$ ③ $x^2+2x-2=0$

④ $x^2+2x+2=0$ ⑤ $x^2-2x+2=0$

유형 11 두 근의 차 또는 비가 주어졌을 때, 미지수의 값 구하기

0801 상중하

이차방정식 $x^2-4x+k=0$의 두 근의 차가 2일 때, 상수 k의 값은?

① 2 ② 3 ③ 4

④ 5 ⑤ 6

→ 유형 Point   (1) 두 근의 차가 m일 때 ➡ 두 근을 α, $\alpha+m$으로 놓는다.

   (2) 한 근이 다른 근의 k배일 때 ➡ 두 근을 α, $k\alpha$로 놓는다

   (3) 두 근의 비가 $p:q$일 때 ➡ 두 근을 αp, αq로 놓는다

0802 상중하

이차방정식 $x^2+3x+k=0$의 한 근이 다른 한 근의 2배일 때, 상수 k의 값은?

① -2 ② -1 ③ 0

④ 1 ⑤ 2

0803 상중하

이차방정식 $2x^2-5x+k=0$의 두 근의 비가 $2:3$일 때, 상수 k의 값은?

① -3 ② -1 ③ 1

④ 3 ⑤ 5

0804 상중하 서술형

이차방정식 $3x^2-3x-m^2+5m=0$의 한 근이 다른 한 근보다 3만큼 클 때, 양수 m의 값을 구하시오.

수학의 바이블 70쪽

유형 12 잘못 보고 푼 이차방정식

0805 상 중 하

x^2의 계수가 1인 이차방정식을 푸는데 연아는 x의 계수를 잘못 보고 풀어 $x=6$ 또는 $x=-1$을 해로 얻었고, 태환이는 상수항을 잘못 보고 풀어 $x=3$ 또는 $x=-4$를 해로 얻었다. 원래 주어진 이차방정식의 해를 구하시오.

→ **유형 Point** 이차방정식 $x^2+ax+b=0$에서

(1) x의 계수를 잘못 본 경우 ➡ 상수항 b를 바르게 봄

(2) 상수항을 잘못 본 경우 ➡ x의 계수 a를 바르게 봄

0806 상 중 하 서술형

기연이와 연준이가 이차방정식 $x^2+ax+b=0$을 푸는데 기연이는 x의 계수를 잘못 보고 풀어 $x=2$ 또는 $x=-3$을 해로 얻었고, 연준이는 상수항을 잘못 보고 풀어 $x=1$ 또는 $x=-8$을 해로 얻었다. 이때 $a+b$의 값을 구하시오.

(단, a, b는 상수)

0807 상 중 하

이차방정식 $x^2+3ax-4a=0$을 일차항의 계수와 상수항을 바꾸어 풀었더니 한 근이 3이었다. 이때 원래 주어진 이차방정식의 해를 구하시오. (단, a는 상수)

0808 상 중 하

x^2의 계수가 1인 이차방정식을 푸는데, 정인이는 x의 계수를 잘못 보아 $x=1$ 또는 $x=-15$를 해로 얻었고, 수연이는 상수항을 잘못 보아 $x=-2\pm\sqrt{17}$을 해로 얻었다. 원래 주어진 이차방정식의 해를 구하시오.

수학의 바이블 68쪽

유형 13 한 근이 무리수일 때, 미지수의 값 구하기

0809 상 중 하

이차방정식 $x^2-2x+k+1=0$의 한 근이 $1+\sqrt{6}$일 때, 유리수 k의 값은?

① -6 ② -4 ③ -2

④ 2 ⑤ 4

→ **유형 Point** a, b, c가 유리수일 때, 이차방정식 $ax^2+bx+c=0$의 한 근이 $p+q\sqrt{m}$이면 다른 한 근은 $p-q\sqrt{m}$이다.

(단, p, q는 유리수, $\sqrt{m}$은 무리수)

0810 상 중 하

이차방정식 $2x^2+ax+b=0$의 한 근이 $-3-\sqrt{5}$일 때, $a-b$의 값을 구하시오. (단, a, b는 유리수)

★ 0811 상 중 하

한 근이 $3-\sqrt{2}$이고 x^2의 계수가 3인 이차방정식은?

① $3x^2-6x-7=0$ ② $3x^2-6x+7=0$

③ $3x^2-18x+21=0$ ④ $3x^2+18x+21=0$

⑤ $3x^2+21x-5=0$

0812 상 중 하

$4-\sqrt{5}$의 정수 부분을 a, 소수 부분을 b라고 할 때, b가 이차방정식 $x^2+px+q=0$의 한 근이다. 이때 $2p-q$의 값을 구하시오. (단, p, q는 유리수)

▶수학의 바이블 68쪽

유형 14 이차방정식의 활용 — 식이 주어진 경우

0813 상 중 하

1부터 n까지의 자연수의 합은 $\dfrac{n(n+1)}{2}$이다. 합이 36이 되려면 1부터 얼마까지의 자연수를 더해야 하는가?

① 8 　　② 9 　　③ 10

④ 11 　　⑤ 12

→ **유형 Point** ❶ 주어진 식을 이용하여 이차방정식을 세운다.
❷ 이차방정식의 해를 구한다.
❸ 문제의 뜻에 맞는 답을 택한다.

0814 상 중 하

n각형의 대각선의 총 개수는 $\dfrac{n(n-3)}{2}$개이다. 대각선의 총 개수가 35개인 다각형은?

① 팔각형 　　② 구각형 　　③ 십각형

④ 십일각형 　　⑤ 십이각형

0815 상 중 하

n명 중에서 대표 2명을 뽑는 경우의 수는 $\dfrac{n(n-1)}{2}$이다. 어떤 모임의 회원 중에서 대표 2명을 뽑는 경우의 수가 28일 때, 이 모임의 회원 수를 구하시오.

0816 상 중 하

다음 그림과 같이 바둑돌을 놓을 때, n번째에 놓이는 바둑돌의 총 개수는 $\dfrac{n(n+1)}{2}$개이다. 총 55개의 바둑돌이 놓이는 경우는 몇 번째인가?

   ...

첫 번째　　　두 번째　　　세 번째

① 10번째 　　② 11번째 　　③ 12번째

④ 13번째 　　⑤ 14번째

▶수학의 바이블 70쪽

유형 15 이차방정식의 활용 — 수

0817 상 중 하

차가 4이고 곱이 192인 두 자연수가 있다. 이때 이 두 수의 합을 구하면?

① 24 　　② 28 　　③ 32

④ 36 　　⑤ 40

→ **유형 Point** ❶ 구하는 수를 x로 놓는다.
❷ 문제의 뜻에 따라 이차방정식을 세운다.
❸ 이차방정식을 풀어 x의 값을 구한다.

0818 상 중 하

어떤 양수에 4를 더한 후 제곱해야 할 것을 잘못하여 4를 더한 후 3배를 하였더니 구하려는 값보다 10만큼 작아졌다고 할 때, 이 양수를 구하시오.

★ 0819 상 중 하

두 자리 자연수가 있다. 일의 자리의 숫자는 십의 자리의 숫자의 2배이고, 각 자리 숫자의 제곱의 합은 이 자연수보다 4만큼 작다. 이 자연수를 구하시오.

0820 상 중 하 서술형

일의 자리의 숫자와 십의 자리의 숫자의 합이 8인 두 자리 자연수가 있다. 이 두 자리 자연수는 각 자리의 숫자의 곱보다 14만큼 크다고 한다. 이때 두 자리 자연수를 구하시오.

유형 **콕콕**

▶수학의 바이블 70쪽

유형 16 이차방정식의 활용 − 연속하는 수

0821 상 중 하

연속하는 세 자연수가 있다. 가장 큰 수의 제곱이 나머지 두 수의 제곱의 합과 같을 때, 가장 큰 수는?

① 2   ② 3   ③ 4

④ 5   ⑤ 6

→ **유형 Point**   (1) 연속하는 두 정수 ➡ x, $x+1$ 또는 $x-1$, x (x는 정수)

       (2) 연속하는 세 정수 ➡ $x-1$, x, $x+1$ 또는 x, $x+1$, $x+2$ (x는 정수)

       (3) 연속하는 두 짝수 ➡ x, $x+2$ (x는 짝수)

       (4) 연속하는 두 홀수 ➡ x, $x+2$ (x는 홀수)

0822 상 중 하

연속하는 두 자연수의 곱이 420일 때, 두 수 중 작은 수를 구하시오.

0823 상 중 하

연속하는 두 홀수의 제곱의 합이 34일 때, 두 홀수 중 큰 수는?

① 1   ② 3   ③ 5

④ 7   ⑤ 9

0824 상 중 하   서술형

연속하는 세 짝수가 있다. 가장 작은 짝수의 제곱은 나머지 두 짝수의 합의 2배일 때, 이 세 짝수를 구하시오.

▶수학의 바이블 68쪽

유형 17 이차방정식의 활용 − 실생활

0825 상 중 하

영훈이는 동생보다 3살이 많고, 동생의 나이의 제곱은 영훈이의 나이의 4배와 같다. 동생의 나이는?

① 3살   ② 4살

③ 5살   ④ 6살

⑤ 7살

→ **유형 Point**   ❶ 구하는 것을 x로 놓는다.

       ❷ 문제의 뜻에 따라 이차방정식을 세운다.

       ❸ 이차방정식을 풀어 조건에 맞는 해를 구한다.

0826 상 중 하

수현이가 수학 문제집을 펼쳤더니 두 면의 쪽수의 곱이 210이었다. 펼쳐진 두 면의 쪽수의 합은?

① 21   ② 23

③ 25   ④ 27

⑤ 29

0827 상 중 하

사랑이네 가족은 7월에 2박 3일 동안 여행을 가기로 하였는데 3일 간의 날짜를 각각 제곱하여 더하였더니 365이었다. 여행의 출발 날짜는?

① 7일   ② 8일   ③ 9일

④ 10일   ⑤ 11일

0828 상 중 하

어떤 물건의 가격을 $8x$ %만큼 인상하였더니 판매량이 $5x$ %만큼 줄어서 가격을 인상하기 전과 매출액이 같았다. 이때 x의 값을 구하시오. (단, $x \neq 0$)

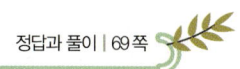

유형 18 이차방정식의 활용 − 쏘아 올린 물체

0829 상 중 하

지면에서 초속 20 m로 똑바로 위로 쏘아 올린 물체의 t초 후의 높이는 $(20t-5t^2)$ m이다. 이 물체가 지면에 떨어지는 것은 쏘아 올린 지 몇 초 후인가?

① 1초 ② 2초 ③ 3초
④ 4초 ⑤ 5초

→ 유형 Point 시간 t에 따른 물체의 높이가 (at^2+bt+c) m로 주어졌을 때, 높이가 p m일 때의 시간을 구하려면 이차방정식 $p=at^2+bt+c$의 해를 구한다. (단, $t\geq0$)

참고 물체가 지면에 떨어질 때의 높이는 0 m이다.

0830 상 중 하

지면으로부터 10 m 높이의 건물 옥상에서 초속 40 m로 똑바로 위로 던진 공의 t초 후의 지면으로부터의 높이는 $(10+40t-5t^2)$ m이다. 이 공의 지면으로부터의 높이가 90 m가 되는 것은 위로 던진 지 몇 초 후인가?

① 1초 ② 2초 ③ 3초
④ 4초 ⑤ 5초

0831 상 중 하

지면에서 초속 25 m로 똑바로 위로 쏘아 올린 물체의 t초 후의 높이는 $(25t-5t^2)$ m이다. 이 물체의 높이가 처음으로 30 m가 되는 것은 쏘아 올린 지 몇 초 후인가?

① 1초 ② 2초 ③ 3초
④ 4초 ⑤ 5초

0832 상 중 하 서술형

지면으로부터 40 m 높이의 건물 꼭대기에서 초속 30 m로 똑바로 위로 쏘아 올린 물 로켓의 x초 후의 지면으로부터의 높이는 $(-5x^2+30x+40)$ m이다. 이 물 로켓을 쏘아 올린 지 2초 후의 지면으로부터의 높이를 h m라고 할 때, 높이가 h m인 지점을 다시 지나는 것은 쏘아 올린 지 몇 초 후인지 구하시오.

유형 19 이차방정식의 활용 − 삼각형과 사각형

0833 상 중 하

둘레의 길이가 18 cm이고 넓이가 18 cm²인 직사각형이 있다. 가로의 길이가 세로의 길이보다 더 길 때, 세로의 길이를 구하시오.

→ 유형 Point ❶ 구하려는 변의 길이를 x로 놓는다.
❷ 문제의 뜻에 따라 이차방정식을 세운다.
❸ 이차방정식을 풀어 조건에 맞는 해를 구한다.

0834 상 중 하

오른쪽 그림에서 삼각형 ABC는 ∠A=90°인 직각삼각형이고, 점 H는 점 A에서 변 BC에 내린 수선의 발이다. 이때 x의 값을 구하시오.

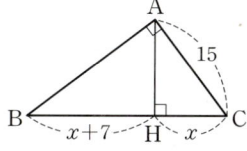

0835 상 중 하

지혜는 길이가 26 m인 철망으로 집 담벼락에 오른쪽 그림과 같이 넓이가 60 m²인 직사각형 모양의 돼지 우리를 만들려고 한다. 다음 중 돼지 우리의 세로의 길이가 될 수 있는 것은? (단, 담벼락에는 철망을 치지 않는다.)

① 2 m ② 4 m ③ 6 m
④ 8 m ⑤ 10 m

0836 상 중 하

오른쪽 그림과 같이 $\overline{AB}=\overline{BC}=12$ cm이고, ∠B=90°인 직각이등변삼각형 ABC의 변 AB와 변 BC 위에 $\overline{AP}=2\overline{CQ}$를 만족하는 점 P와 점 Q가 있다. △PBQ의 넓이가 16 cm²일 때, $\overline{CQ}$의 길이를 구하시오.

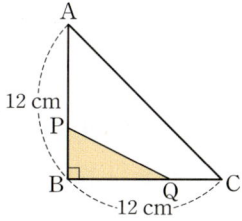

0837 상중하

오른쪽 그림과 같이 $\overline{AB}=\overline{CD}$인 등변사다리꼴 ABCD의 꼭짓점 A에서 변 BC에 내린 수선의 발을 H라고 하면 $\overline{AD}=\overline{AH}$, $\overline{BH}=2$ cm이다. 등변사다리꼴 ABCD의 넓이가 24 cm²일 때, $\overline{BC}$의 길이를 구하시오.

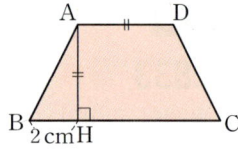

0838 상중하 서술형

오른쪽 그림과 같이 $\overline{AC}=\overline{BC}=8$ cm, $\angle C=90°$인 직각이등변삼각형 ABC의 빗변 AB 위의 한 점 F에서 $\overline{BC}$, $\overline{AC}$에 내린 수선의 발을 각각 D, E라고 하자. 직사각형 FDCE의 넓이가 12 cm²일 때, $\overline{FE}$의 길이를 구하시오. (단, $\overline{FE}>\overline{EC}$)

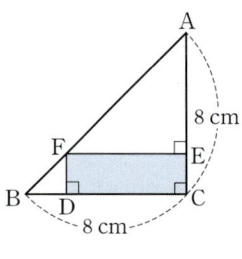

0839 상중하

오른쪽 그림과 같이 정사각형 ABCD에서 각 변에 한 꼭짓점씩 놓인 정사각형 PQRS를 잘라내었더니 남은 부분의 넓이가 120 cm²이었다. 정사각형 ABCD의 한 변의 길이는 정사각형 PQRS의 한 변의 길이의 두 배보다 9 cm만큼 작다고 할 때, 정사각형 ABCD의 한 변의 길이를 구하시오.

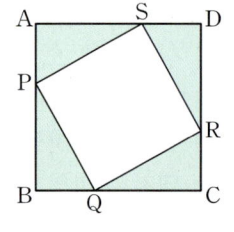

0840 상중하

오른쪽 그림과 같이 정사각형 세 개가 대각선의 중점이 일치하게 포개어져 있다. 가장 큰 정사각형의 넓이가 나머지 두 정사각형의 넓이의 합과 같을 때, 색칠한 부분의 넓이는?

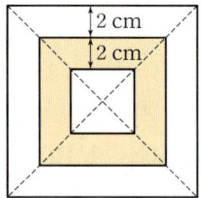

① 100 cm²　　　② 112 cm²　　　③ 128 cm²
④ 168 cm²　　　⑤ 224 cm²

▶수학의 바이블 68쪽

유형 **20**　이차방정식의 활용 − 붙어 있는 도형

0841 상중하

오른쪽 그림과 같이 길이가 8 cm인 선분을 두 부분으로 나누어 각각의 길이를 한 변으로 하는 두 정사각형을 만들었다. 두 정사각형의 넓이의 합이 40 cm²일 때, 큰 정사각형의 한 변의 길이는?

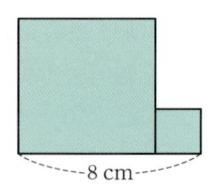

① 4.5 cm　　　② 5 cm　　　③ 5.5 cm
④ 6 cm　　　⑤ 6.5 cm

→ **유형 Point**　두 정사각형 A, B가 붙어 있을 때, 두 정사각형의 한 변의 길이의 합이 a이고, 정사각형 A의 한 변의 길이가 x이면 정사각형 B의 한 변의 길이는 $a-x$이다.

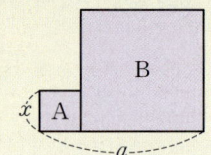

0842 상중하

오른쪽 그림과 같이 길이가 10 cm인 $\overline{AB}$ 위에 한 점 P를 잡고 $\overline{AP}$를 한 변으로 하는 정사각형과 $\overline{BP}$를 빗변이 아닌 한 변으로 하는 직각이등변삼각형을 만들었다. 두 도형의 넓이의 합이 34 cm²일 때, $\overline{AP}$의 길이를 구하시오.(단, $\overline{AP}$의 길이는 자연수)

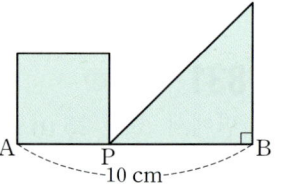

0843 상중하

길이가 12 cm인 끈을 두 도막으로 잘라서 두 정사각형을 만들려고 한다. 두 정사각형의 넓이의 비가 1 : 2일 때, 작은 정사각형의 한 변의 길이를 구하시오.

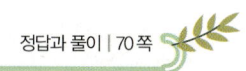

→ 수학의 바이블 70쪽

유형 21 이차방정식의 활용 − 원

0844 상 중 하

반지름의 길이가 4 cm인 원의 반지름의 길이를 x cm만큼 늘였더니 넓이가 20π cm²만큼 넓어졌다. 이때 x의 값은?

① 1 ② 2 ③ 3
④ 4 ⑤ 5

→ **유형 Point** 원의 반지름의 길이가 r일 때 ➡ (원의 넓이)$=\pi r^2$

0845 상 중 하

어떤 원의 반지름의 길이를 6 cm만큼 늘였더니 그 넓이는 처음 원의 넓이의 4배가 되었다. 이때 처음 원의 반지름의 길이는?

① 2 cm ② 4 cm ③ 6 cm
④ 8 cm ⑤ 10 cm

0846 상 중 하

오른쪽 그림은 지름의 길이가 30 cm인 반원 안에 반지름의 길이가 서로 다른 두 개의 반원을 접하도록 그린 것이다. 색칠한 부분의 넓이가 50π cm²일 때, 가장 작은 반원의 반지름의 길이는?

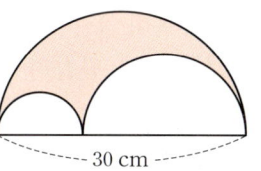

① 3 cm ② 4 cm ③ 5 cm
④ 6 cm ⑤ 7 cm

0847 상 중 하

오른쪽 그림과 같이 원 모양의 연못의 둘레에 폭이 3 m인 산책로를 만들었더니 산책로의 넓이가 연못의 넓이의 $\frac{1}{3}$이 되었다. 이때 연못의 둘레의 길이를 구하시오.

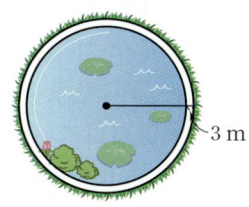

→ 수학의 바이블 70쪽

유형 22 이차방정식의 활용 − 변의 길이를 줄이거나 늘인 도형

0848 상 중 하

오른쪽 그림과 같이 정사각형의 가로의 길이를 5 cm만큼 늘이고, 세로의 길이를 4 cm만큼 줄였더니 그 넓이가 36 cm²가 되었다. 처음 정사각형의 한 변의 길이는?

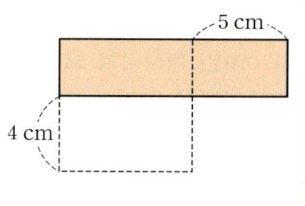

① 5 cm ② 6 cm ③ 7 cm
④ 8 cm ⑤ 9 cm

→ **유형 Point** 한 변의 길이가 x cm인 정사각형의 가로의 길이를 a cm만큼 늘이고, 세로의 길이를 b cm만큼 줄이면 이 직사각형의 넓이는
➡ $(x+a)(x-b)$ cm²

★★
0849 상 중 하

가로와 세로의 길이가 각각 4 m, 3 m인 직사각형 모양의 화단이 있다. 이 화단의 가로와 세로의 길이를 각각 x m만큼 늘였더니 넓이가 처음 화단의 넓이보다 18 m²만큼 넓어졌다. 이때 x의 값을 구하시오.

0850 상 중 하

밑변의 길이와 높이가 같은 삼각형이 있다. 이 삼각형의 밑변의 길이를 4 cm, 높이를 2 cm 늘였더니 그 넓이가 처음 삼각형의 넓이의 3배가 되었다. 이때 처음 삼각형의 넓이를 구하시오.

0851 상 중 하 서술형

오른쪽 그림과 같이 가로와 세로의 길이가 각각 25 cm, 16 cm인 직사각형에서 가로의 길이는 매초 1 cm씩 줄어들고, 세로의 길이는 매초 2 cm씩 늘어나고 있다. 이때 처음 직사각형과 넓이가 같아지는 것은 몇 초 후인지 구하시오.

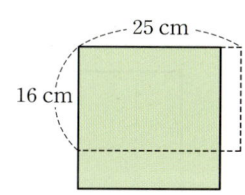

Ⅲ − 2. 이차방정식의 활용

▶수학의 바이블 126쪽

유형 23 이차방정식의 활용 − 상자를 만드는 경우

0852 상 중 하

오른쪽 그림과 같이 한 변의 길이가 12 cm인 정사각형 모양의 종이의 네 귀퉁이에서 크기가 같은 정사각형을 잘라 내어 뚜껑이 없는 직육면체 모양의 상자를 만들려고 한다. 상자의 밑넓이가 64 cm²일 때, 잘라 낸 정사각형의 한 변의 길이를 구하시오.

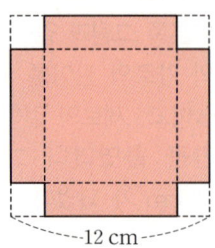

−12 cm−

▶ **유형 Point** 구하는 변의 길이를 x cm로 놓고
(직육면체의 부피)=(가로의 길이)×(세로의 길이)×(높이)
임을 이용한다.

0853 상 중 하 서술형

오른쪽 그림과 같이 정사각형 모양의 종이의 네 귀퉁이에서 한 변의 길이가 3 cm인 정사각형을 잘라 내어 뚜껑이 없는 직육면체 모양의 상자를 만들려고 한다. 상자의 부피가 147 cm²일 때, 처음 정사각형의 한 변의 길이를 구하시오.

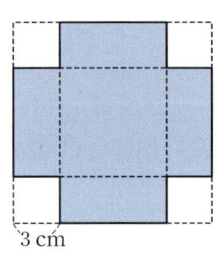

3 cm

0854 상 중 하

다음 그림과 같이 폭이 20 cm인 철판의 양쪽을 같은 길이만큼 수직으로 접어 올려 물받이를 만들려고 한다. 색칠한 부분의 가로의 길이는 세로의 길이보다 길고 그 넓이가 42 cm²일 때, 색칠한 부분의 세로의 길이를 구하시오.

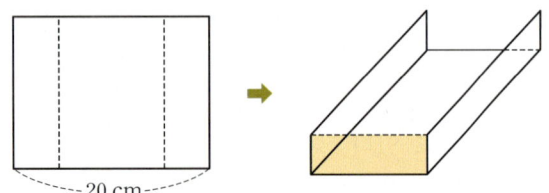

−20 cm−

유형 24 이차방정식의 활용 − 도로를 만드는 경우

0855 상 중 하

오른쪽 그림과 같이 가로와 세로의 길이가 각각 14 m, 12 m인 직사각형 모양의 땅에 폭이 일정한 도로를 만들려고 한다. 도로를 제외한 땅의 넓이가 120 m²가 되도록 할 때, 이 도로의 폭을 구하시오.

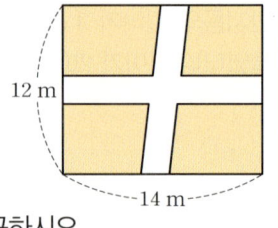

12 m

−14 m−

▶ **유형 Point** 길을 제외한 땅을 옮겨 붙이면 직사각형 모양이 된다.

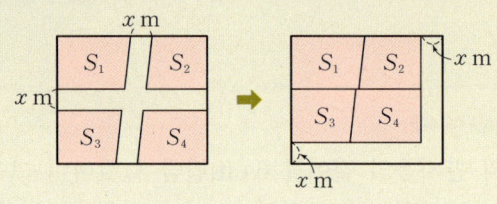

0856 상 중 하

오른쪽 그림과 같이 가로, 세로의 길이가 각각 10 m, 6 m인 직사각형 모양의 꽃밭이 있다. 이 꽃밭의 둘레에 폭이 일정하고 넓이가 80 m²인 산책로를 만들려고 할 때, 산책로의 폭은?

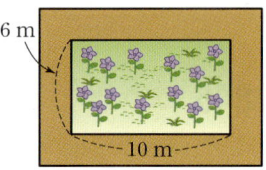

6 m

10 m

① 1 m
② $\frac{3}{2}$ m
③ 2 m
④ $\frac{5}{2}$ m
⑤ 3 m

0857 상 중 하

오른쪽 그림과 같이 가로, 세로의 길이가 각각 20 m, 16 m인 직사각형 모양의 땅에 폭이 일정한 길을 만들었더니 길을 제외한 땅의 넓이가 144 m²가 되었다. 길의 폭을 구하시오.

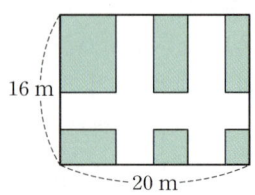

16 m

−20 m−

0858

이차방정식 $ax^2+bx+c=0$의 근의 공식을 $x=\dfrac{-b\pm\sqrt{b^2-4ac}}{6a}$

로 잘못 외워서 어떤 이차방정식의 근을 구했더니 $x=-1$ 또는 $x=4$가 나왔다. 이 이차방정식의 옳은 두 근의 합은?

(단, a, b, c는 상수)

① 3 ② 6 ③ 9
④ 12 ⑤ 15

0859

이차방정식 $2x-\dfrac{(x-1)(x+1)}{3}=0.5(x-1)$의 두 근 사이에

있는 모든 자연수의 합은?

① 3 ② 5 ③ 6
④ 9 ⑤ 10

0860

방정식 $(x^2-2x)^2-7(x^2-2x)+10=0$의 모든 근의 합을 구하시오.

0861

이차방정식 $x^2+mx+n=0$의 근에 대한 설명으로 옳은 것을 보기에서 모두 고른 것은? (단, m, n은 상수)

> **보기**
> ㄱ. $m=2$, $n=-1$이면 서로 다른 두 근을 갖는다.
> ㄴ. $m=0$, $n=4$이면 중근을 갖는다.
> ㄷ. $m<0$이면 근이 없다.
> ㄹ. $n<0$이면 서로 다른 두 근을 갖는다.

① ㄱ, ㄴ ② ㄱ, ㄹ ③ ㄴ, ㄷ
④ ㄴ, ㄹ ⑤ ㄷ, ㄹ

0862

이차방정식 $(2k+1)x^2-(2k+1)x+1=0$이 중근을 갖도록 하는 상수 k의 값은?

① $-\dfrac{3}{2}$ ② $-\dfrac{1}{2}$ ③ 1
④ $\dfrac{1}{2}$ ⑤ $\dfrac{3}{2}$

★★0863

이차방정식 $x^2-(k+2)x+4=0$이 중근을 가질 때의 상수 k의 값 중 큰 값이 이차방정식 $3x^2-4ax+a^2+4=0$의 한 근일 때, 상수 a의 값을 구하시오.

0864

이차방정식 $3x^2-2x-k+1=0$이 해를 갖도록 하는 가장 작은 정수 k의 값을 구하시오.

0865 생각이 쑥쑥

한 개의 주사위를 2번 던져 첫 번째 나온 눈의 수를 a, 두 번째 나온 눈의 수를 b라고 할 때, 이차방정식 $x^2+ax+b=0$이 서로 다른 두 근을 가질 확률은?

① $\dfrac{1}{3}$ ② $\dfrac{5}{12}$ ③ $\dfrac{17}{36}$
④ $\dfrac{1}{2}$ ⑤ $\dfrac{19}{36}$

0866

이차방정식 $(3x-1)(x+2)-(2x+1)(x+1)=5$의 두 근을 α, β라고 할 때, $\dfrac{\beta}{\alpha+1}+\dfrac{\alpha}{\beta+1}$의 값을 구하시오.

0867

이차방정식 $x^2+ax+b=0$의 두 근을 α, β라고 하면 이차방정식 $x^2+4x-8=0$의 두 근은 2α, 2β이다. 이때 ab의 값은? (단, a, b는 상수)

① -6 ② -4 ③ -2
④ 2 ⑤ 4

0868

이차방정식 $x^2-ax-12=0$의 두 근이 모두 정수일 때, 다음 중 상수 a의 값이 될 수 <u>없는</u> 것은?

① -11 ② -4 ③ -1
④ 6 ⑤ 11

0869

이차방정식 $8x^2+ax+b=0$의 두 근이 $\dfrac{1}{2}$, $\dfrac{1}{4}$일 때, a, b를 두 근으로 하고 x^2의 계수가 1인 이차방정식은? (단, a, b는 상수)

① $x^2-4x-5=0$ ② $x^2+4x-5=0$
③ $x^2-5x-6=0$ ④ $x^2+5x-6=0$
⑤ $x^2+5x+6=0$

0870

이차방정식 $x^2+kx+24=0$의 두 근의 비가 $2:3$일 때, 상수 k의 값을 모두 구하시오.

★★**0871**

이차방정식 $x^2+ax+b=0$을 푸는데 재연이는 x의 계수를 잘못 보고 풀어 $x=-4$ 또는 $x=3$의 해를 얻었고, 민석이는 상수항을 잘못 보고 풀어 $x=2$ 또는 $x=5$의 해를 얻었다. 이때 ab의 값은? (단, a, b는 상수)

① -120 ② -84 ③ 56
④ 84 ⑤ 120

0872

이차방정식 $x^2-8x+k-2=0$의 한 근이 $4-2\sqrt{3}$일 때, 유리수 k의 값은?

① -6 ② -4 ③ -2
④ 4 ⑤ 6

0873

n명의 사람들이 서로 한 번씩 악수를 할 때, 악수의 총 횟수는 $\dfrac{n(n-1)}{2}$번이 된다. 어느 회의에 참가한 모든 사람들이 서로 한 번씩 악수한 총 횟수가 15번일 때, 회의에 참석한 사람은 모두 몇 명인지 구하시오.

0874

두 실수 a, b에 대하여 $a▲b=a^2+b^2-ab$일 때,
$(2x+1)▲(x-3)=15$를 만족하는 모든 실수 x의 값의 합은?

① -2　　　② $-\dfrac{3}{2}$　　　③ -1

④ $\dfrac{1}{2}$　　　⑤ 1

0875

연속하는 세 자연수의 제곱의 합이 110일 때, 세 자연수의 합을
구하시오.

0876 생각이 쑥쑥

모양과 크기가 같은 직사각형 모양의
타일 6개를 오른쪽 그림과 같이 넓이
가 260 cm²인 직사각형 모양의 벽면
에 빈틈없이 붙였더니 비어 있는 부
분의 가로의 길이가 4 cm가 되었다.
이때 타일 한 개의 넓이는 몇 cm²인지 구하시오.

★☆★ 0877

오른쪽 그림과 같이 가로, 세로의
길이가 각각 12 cm, 8 cm인 직사
각형 ABCD가 있다. 점 P는 점 B
를 출발하여 점 C까지 매초 2 cm
의 속력으로 $\overline{BC}$ 위를 움직이고, 점
Q는 점 C를 출발하여 점 D까지 매초 1 cm의 속력으로 $\overline{CD}$ 위
를 움직인다. 점 P, 점 Q가 각각 점 B, 점 C에서 동시에 출발한
다고 할 때, 출발한 지 몇 초 후에 처음으로 △PCQ의 넓이가
8 cm²가 되는지 구하시오.

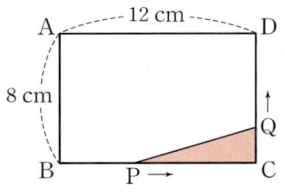

0878

오른쪽 그림과 같이 점 A는 직선 $y=3x$
위의 점이고 두 점 C, D는 직선 $x=8$
위의 점이며 직사각형 ABCD의 넓이는
45이다. 점 A의 좌표를 (a, b)라고 할
때, $a+b$의 최댓값은?
(단, 점 A는 제1사분면 위의 점이다.)

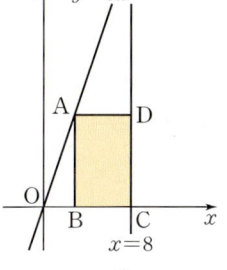

① 12　　　② 14

③ 16　　　④ 18

⑤ 20

0879

오른쪽 그림과 같이 $\overline{AB}=\overline{AC}$, $\angle A=36°$
인 이등변삼각형 ABC에서 $\angle B$의 이등분
선이 변 AC와 만나는 점을 D라고 하자.
$\overline{CD}=2$일 때, $\overline{AB}$의 길이를 구하시오.

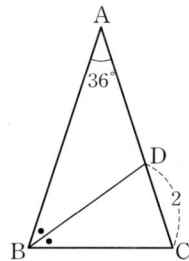

0880

높이가 밑면의 반지름의 길이보다 4 cm 더 긴 원기둥이 있다.
이 원기둥의 옆넓이가 90π cm²일 때, 원기둥의 부피는?

① 144π cm³　　　② 196π cm³　　　③ 200π cm³

④ 225π cm³　　　⑤ 250π cm³

교과서 속 창의·융합 문제

0881

다음은 인도의 수학자 바스카라(Bhaskara, A. ; 1114~1185)
가 쓴 책에 있는 이차방정식과 관련된 시이다. 이를 읽고, 숲
속에 사는 원숭이는 몇 마리인지 모두 구하시오.

> 숲 속에 있는 원숭이 무리가 아주 재미있게 놀고 있네.
> 그 무리의 $\dfrac{1}{8}$의 제곱은 숲 속을 뛰놀며 돌아다닌다네.
> 산들바람이 불 때마다 소리를 서로 외친다네.
> 남은 원숭이는 12마리.
> 원숭이는 숲 속에 모두 몇 마리나 있는 것인지 ……

0882

이차방정식 $3x^2+8x+a=0$의 해를 근의 공식을 이용하여 구하였더니 $x=\dfrac{b\pm\sqrt{10}}{3}$이었다. 이때 $a+b$의 값을 구하시오.

(단, a, b는 유리수)

단계1 근의 공식을 이용하여 해를 구하시오. [40%]

단계2 a, b의 값을 각각 구하시오. [40%]

단계3 $a+b$의 값을 구하시오. [20%]

0883

이차방정식 $2x^2+14x+a=0$의 해를 근의 공식을 이용하여 구하였더니 $x=\dfrac{b\pm\sqrt{31}}{2}$이었다. 이때 $a+b$의 값을 구하시오.

(단, a, b는 유리수)

풀이

답 _____

0884

이차방정식 $2x^2-5x-4=0$의 두 근을 α, β라고 할 때, $\alpha-2$, $\beta-2$를 두 근으로 하고 x^2의 계수가 2인 이차방정식을 구하시오.

단계1 근과 계수의 관계를 이용하여 $\alpha+\beta$, $\alpha\beta$의 값을 각각 구하시오. [40%]

단계2 $\alpha-2$, $\beta-2$를 두 근으로 하고 x^2의 계수가 2인 이차방정식을 구하시오. [60%]

0885

이차방정식 $3x^2-6x-8=0$의 두 근을 α, β라고 할 때, $\alpha+1$, $\beta+1$을 두 근으로 하고 x^2의 계수가 6인 이차방정식을 구하시오.

풀이

답 _____

0886

이차방정식 $x^2+ax+b=0$의 한 근이 $1+\sqrt{2}$일 때, $a+b$의 값을 구하시오. (단, a, b는 유리수)

단계1 이차방정식 $x^2+ax+b=0$의 다른 한 근을 구하시오. [20%]

단계2 a의 값을 구하시오. [30%]

단계3 b의 값을 구하시오. [30%]

단계4 $a+b$의 값을 구하시오. [20%]

0887

이차방정식 $x^2-2px+3q+1=0$의 한 근이 $3+\sqrt{5}$일 때, $p+q$의 값을 구하시오. (단, p, q는 유리수)

풀이

답 _____

단계를 밟아 서술하기

0888

이차방정식 $x^2-kx+12=0$의 두 근의 비가 1 : 3일 때, 상수 k의 값을 구하시오. (단, 두 근은 모두 자연수이다.)

단계1 두 근을 α, 3α라고 할 때, α의 값을 구하시오. [50%]

단계2 k의 값을 구하시오. [50%]

스스로 서술하기

0889

이차방정식 $4x^2-7x+k=0$의 두 근의 비가 3 : 4일 때, 상수 k의 값을 구하시오.

 풀이

답 _____

0890

1부터 n까지의 자연수의 합은 $\dfrac{n(n+1)}{2}$이다. 합이 120이 되려면 1부터 얼마까지의 자연수를 더해야 하는지 구하시오.

단계1 n에 대한 이차방정식을 n^2+an+b 꼴로 나타내시오. [50%]

단계2 1부터 얼마까지의 자연수를 더해야 하는지 구하시오. [50%]

0891

n명 중 대표 2명을 뽑는 경우의 수는 $\dfrac{n(n-1)}{2}$이다. 동아리 회원 중 대표 2명을 뽑는 경우의 수가 66일 때, 이 동아리의 회원은 몇 명인지 구하시오.

 풀이

답 _____

0892

오른쪽 그림과 같이 가로의 길이가 60 m, 세로의 길이가 40 m인 직사각형 모양의 꽃밭에 폭이 x m로 일정한 길을 내었더니 길을 제외한 꽃밭의 넓이가 1500 m²가 되었다. 이때 x의 값을 구하시오.

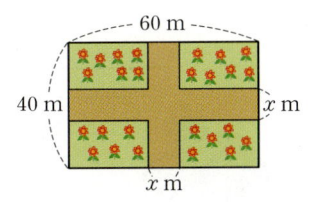

단계1 x에 대한 이차방정식을 $x^2+ax+b=0$ 꼴로 나타내시오. [40%]

단계2 이차방정식의 근을 구하시오. [40%]

단계3 x의 값을 구하시오. [20%]

0893

오른쪽 그림과 같이 가로의 길이가 30 m, 세로의 길이가 50 m인 직사각형 모양의 채소밭에 폭이 x m로 일정한 길을 내었더니 길을 제외한 채소밭의 넓이가 1125 m²가 되었다. 이때 x의 값을 구하시오.

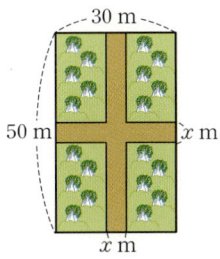

풀이

답 _____

아래의 마인드맵에서 빈칸을 채우면서 학습한 내용을 확인해 봅시다.

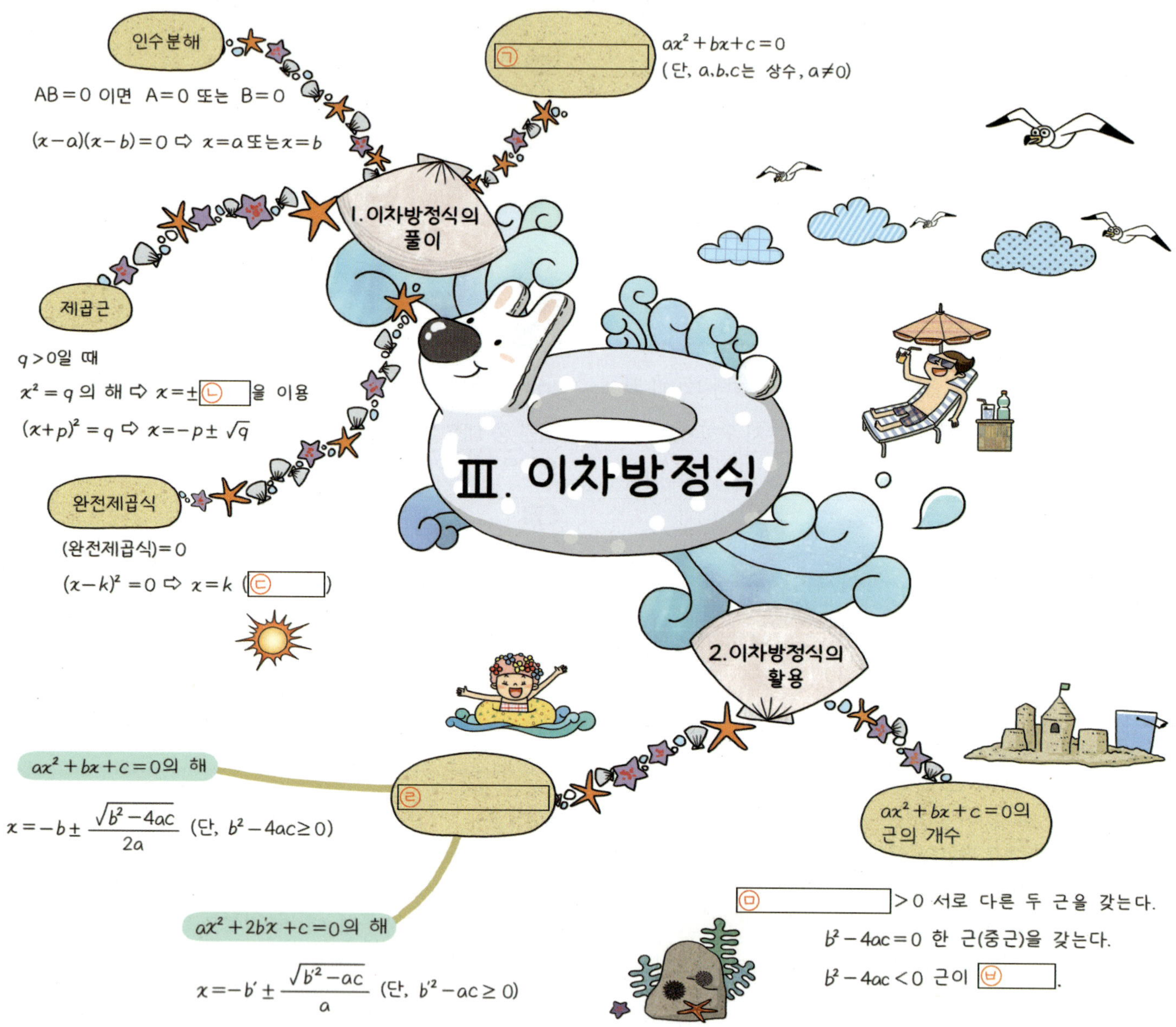

인수분해

$AB=0$ 이면 $A=0$ 또는 $B=0$

$(x-a)(x-b)=0 \Rightarrow x=a$ 또는 $x=b$

Ⅲ. 이차방정식

1. 이차방정식의 풀이

㉠

$ax^2+bx+c=0$

(단, a, b, c는 상수, $a \neq 0$)

제곱근

$q>0$일 때

$x^2=q$ 의 해 $\Rightarrow x=\pm$ ㉡ 을 이용

$(x+p)^2=q \Rightarrow x=-p\pm\sqrt{q}$

완전제곱식

(완전제곱식)$=0$

$(x-k)^2=0 \Rightarrow x=k$ (㉢)

$ax^2+bx+c=0$의 해

$x=-b\pm\dfrac{\sqrt{b^2-4ac}}{2a}$ (단, $b^2-4ac\geq0$)

㉣

$ax^2+2b'x+c=0$의 해

$x=-b'\pm\dfrac{\sqrt{b'^2-ac}}{a}$ (단, $b'^2-ac\geq0$)

2. 이차방정식의 활용

$ax^2+bx+c=0$의 근의 개수

㉤ >0 서로 다른 두 근을 갖는다.

$b^2-4ac=0$ 한 근(중근)을 갖는다.

$b^2-4ac<0$ 근이 ㉥ .

㉠ 방정식의 우변에 있는 모든 항을 이항하여 정리한 식이 (x에 대한 이차식)$=0$ 꼴로 나타나는 방정식

㉡ x는 q의 제곱근

㉢ 이차방정식의 두 해가 중복되어 같을 때의 해

㉣ 이차방정식의 근을 구하는 공식

㉤ 근의 공식에서 근호 안의 식

㉥ 이차방정식이 근을 가질 조건은 $b^2-4ac\geq0$

답 | ㉠ 이차방정식 ㉡ $\sqrt{q}$ ㉢ 중근 ㉣ 근의 공식 ㉤ b^2-4ac ㉥ 없다

Ⅳ. 이차함수

🍃 이해가 부족한 유형은 □ 안에 ✔를 표시하고 다시 풀어 봅시다.

1 이차함수의 그래프 (1)

개념 1 이차함수

함수 $y=f(x)$에서

$$y=ax^2+bx+c \ (a, \ b, \ c\text{는 상수}, \ a\neq0)$$

와 같이 y가 x의 이차식으로 나타날 때, 이 함수를 x에 대한 이차함수라고 한다.

예 ① $y=x^2$, $y=-2x^2+1$, $y=3x^2+2x-1$은 이차함수이다.

② $y=-x+1$, $y=\dfrac{1}{x}$, $y=-\dfrac{2}{x^2}$는 이차함수가 아니다.

• a, b, c는 상수이고, $a\neq0$일 때

① ax^2+bx+c ➡ 이차식

② $ax^2+bx+c=0$ ➡ 이차방정식

③ $y=ax^2+bx+c$ ➡ 이차함수

• 함수 $y=f(x)$에 대하여

$f(▲)$ ➡ $x=▲$일 때의 y의 값

➡ $x=▲$일 때의 함숫값

➡ x 대신 ▲를 대입했을 때의
$f(x)$의 값

개념 2 이차함수 $y=x^2$의 그래프

이차함수 $y=x^2$의 그래프는

(1) 원점을 지나고 아래로 볼록한 곡선이다.

(2) y축에 대하여 대칭이다. ──→ y축을 접는 선으로 하여 접으면 그래프가 완전히 포개어진다.

(3) $x>0$일 때, x의 값이 증가하면 y의 값도 증가한다.

$x<0$일 때, x의 값이 증가하면 y의 값은 감소한다.

(4) 원점을 제외한 부분은 모두 x축보다 위쪽에 있다.

(5) 이차함수 $y=-x^2$의 그래프와 x축에 대하여 대칭이다.

참고 이차함수 $y=x^2$, $y=-x^2$의 그래프와 같은 모양의 곡선을 포물선이라고 한다.

① 포물선은 선대칭도형으로 그 대칭축을 포물선의 축이라 한다.

② 포물선과 축의 교점을 포물선의 꼭짓점이라고 한다.

예 $y=x^2$, $y=-x^2$의 그래프에서

① 축의 방정식: $x=0$ (y축) ② 꼭짓점의 좌표: $(0, \ 0)$

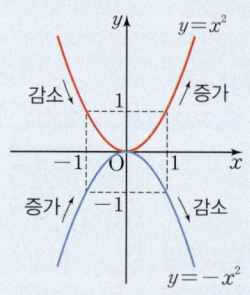

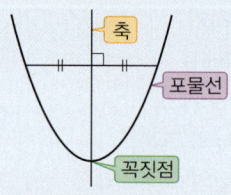

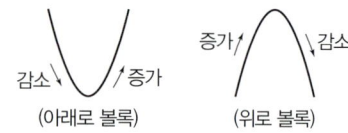

• 이차함수의 그래프의 모양

(아래로 볼록) 감소 ↘↗ 증가

(위로 볼록) 증가 ↗↘ 감소

• 이차함수 $y=-x^2$의 그래프

① 원점을 지나고 위로 볼록한 곡선이다.

② y축에 대하여 대칭이다.

③ $x>0$일 때, x의 값이 증가하면 y의 값은 감소한다.

$x<0$일 때, x의 값이 증가하면 y의 값도 증가한다.

④ 원점을 제외한 부분은 모두 x축보다 아래쪽에 있다.

⑤ 이차함수 $y=x^2$의 그래프와 x축에 대하여 대칭이다.

개념 3 이차함수 $y=ax^2$의 그래프

이차함수 $y=ax^2$의 그래프는

(1) 원점을 지나고 y축에 대하여 대칭이다.

(2) **그래프의 모양** ➡ a의 부호에 따라 결정

① $a>0$이면 아래로 볼록한 포물선이다.

② $a<0$이면 위로 볼록한 포물선이다.

(3) **꼭짓점의 좌표 :** $(0, \ 0)$

(4) **축의 방정식 :** $x=0$ (y축)

──→ 축을 나타내는 직선의 방정식

(5) **그래프의 폭** ➡ a의 절댓값의 크기에 따라 결정

a의 절댓값이 클수록 그래프의 폭은 좁아진다.

(6) 이차함수 $y=-ax^2$의 그래프와 x축에 대하여 대칭이다.

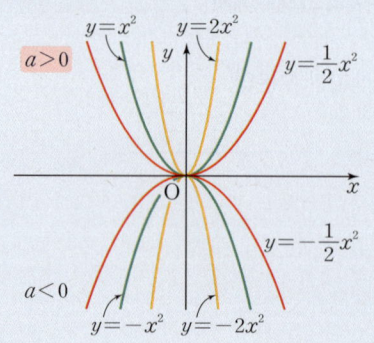

• 이차함수 $y=ax^2$의 그래프의 증가, 감소

① $a>0$인 경우

$x>0$일 때, x의 값 증가 ➡ y의 값 증가

$x<0$일 때, x의 값 증가 ➡ y의 값 감소

② $a<0$인 경우

$x>0$일 때, x의 값 증가 ➡ y의 값 감소

$x<0$일 때, x의 값 증가 ➡ y의 값 증가

1 이차함수

0894

다음 중 이차함수인 것에는 ◯표, 이차함수가 <u>아닌</u> 것에는 ×표를 ( ) 안에 써넣으시오.

(1) $y = -\dfrac{3}{4}x^2 + 2x + 1$ ( )

(2) $y = \dfrac{5}{2}x + 4$ ( )

(3) $y = 5x^2 - \dfrac{x}{2}$ ( )

(4) $y = \dfrac{1}{x^2}$ ( )

(5) $y = (x+1)^2 - x^2$ ( )

(6) $y = x(x+1) - 1$ ( )

0895

다음에서 y를 x에 대한 식으로 나타내고, 이차함수인 것에는 ◯표, 이차함수가 <u>아닌</u> 것에는 ×표를 ( ) 안에 써넣으시오.

(1) 한 개에 700원하는 아이스크림 x개를 샀을 때의 가격 y원

⇒ _____ ( )

(2) 한 모서리의 길이가 x cm인 정육면체의 겉넓이 y cm²

⇒ _____ ( )

(3) 시속 x km로 $(x+4)$시간 동안 달린 거리 y km

⇒ _____ ( )

(4) 한 변의 길이가 x cm인 정삼각형의 둘레의 길이 y cm

⇒ _____ ( )

0896

이차함수 $f(x) = x^2 - 2x - 1$에 대하여 다음 함숫값을 구하시오.

(1) $f(0)$

(2) $f(2)$

(3) $f(-1)$

(4) $f\left(\dfrac{1}{2}\right)$

2 이차함수 $y = x^2$의 그래프

0897

이차함수 $y = x^2$의 그래프에 대하여 □ 안에 알맞은 것을 써넣으시오.

(1) 꼭짓점의 좌표는 (□, □)이다.

(2) 그래프의 모양은 □로 볼록한 포물선이다.

(3) □축에 대하여 대칭이므로 축의 방정식은 □이다.

(4) $x > 0$일 때, x의 값이 증가하면 y의 값은 □한다.

0898

이차함수 $y = -x^2$의 그래프에 대하여 □ 안에 알맞은 것을 써넣으시오.

(1) 꼭짓점의 좌표는 (□, □)이다.

(2) 그래프의 모양은 □로 볼록한 포물선이다.

(3) □축에 대하여 대칭이므로 축의 방정식은 □이다.

(4) $x > 0$일 때, x의 값이 증가하면 y의 값은 □한다.

3 이차함수 $y = ax^2$의 그래프

0899

다음 보기의 이차함수에 대하여 물음에 답하시오.

> **보기**
>
> ㄱ. $y = 2x^2$ ㄴ. $y = -3x^2$ ㄷ. $y = -\dfrac{2}{3}x^2$
>
> ㄹ. $y = \dfrac{1}{2}x^2$ ㅁ. $y = \dfrac{3}{2}x^2$ ㅂ. $y = -2x^2$

(1) 그래프가 아래로 볼록한 이차함수를 모두 고르시오.

(2) 그래프가 위로 볼록한 이차함수를 모두 고르시오.

(3) 그래프의 폭이 가장 넓은 이차함수를 고르시오.

(4) 그래프의 폭이 가장 좁은 이차함수를 고르시오.

(5) 그래프가 x축에 대하여 서로 대칭인 것끼리 짝 지으시오.

1 이차함수의 그래프 (1)

개념 4 **이차함수 $y=ax^2+q$의 그래프**

이차함수 $y=ax^2+q$의 그래프는
(1) 이차함수 $y=ax^2$의 그래프를 y축의 방향으로 q만큼 평행이동한 것이다.
    └ y 대신 $y-q$ 대입
(2) **꼭짓점의 좌표** : $(0, q)$
(3) **축의 방정식** : $x=0$ (y축)

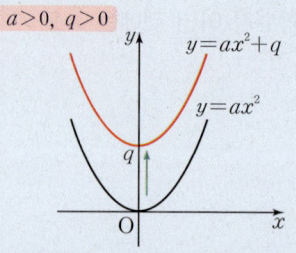

개념 5 **이차함수 $y=a(x-p)^2$의 그래프**

이차함수 $y=a(x-p)^2$의 그래프는
(1) 이차함수 $y=ax^2$의 그래프를 x축의 방향으로 p만큼 평행이동한 것이다.
    └ x 대신 $x-p$ 대입
(2) **꼭짓점의 좌표** : $(p, 0)$
(3) **축의 방정식** : $x=p$

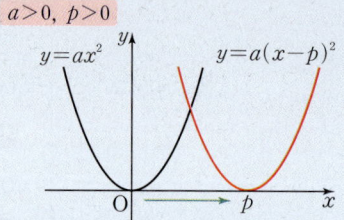

개념 6 **이차함수 $y=a(x-p)^2+q$의 그래프**

이차함수 $y=a(x-p)^2+q$의 그래프는
(1) 이차함수 $y=ax^2$의 그래프를 x축의 방향으로 p만큼, y축의 방향으로 q만큼 평행이동한 것이다.
(2) **꼭짓점의 좌표** : (p, q)
    └ x 대신 $x-p$ 대입
       y 대신 $y-q$ 대입
(3) **축의 방정식** : $x=p$

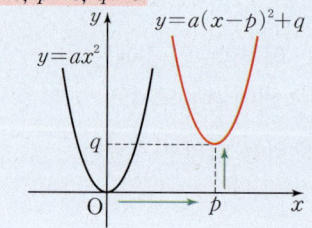

참고 이차함수 $y=ax^2$의 그래프의 평행이동

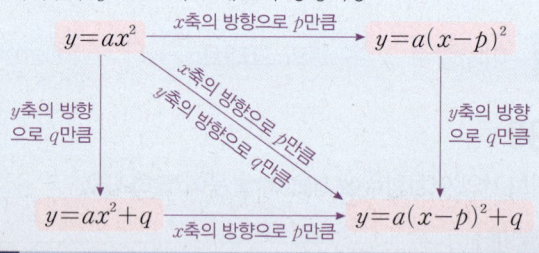

개념 7 **이차함수 $y=a(x-p)^2+q$의 그래프의 활용**

(1) **이차함수 $y=a(x-p)^2+q$의 그래프에서** a, p, q**의 부호**
  ① a**의 부호 : 그래프의 모양에 따라 결정한다.**
    ㉠ 아래로 볼록 : $a>0$ ㉡ 위로 볼록 : $a<0$
  ② p, q**의 부호 : 꼭짓점의 위치에 따라 결정한다.**
    ㉠ 제1사분면 : $p>0, q>0$ ㉡ 제2사분면 : $p<0, q>0$
    ㉢ 제3사분면 : $p<0, q<0$ ㉣ 제4사분면 : $p>0, q<0$

(2) **이차함수 $y=a(x-p)^2+q$의 그래프의 평행이동**
이차함수 $y=a(x-p)^2+q$의 그래프를 x축의 방향으로 m만큼, y축의 방향으로 n만큼 평행이동하면 $y=a(x-m-p)^2+q+n$
  ① 꼭짓점의 좌표 : $(p+m, q+n)$
  ② 축의 방정식 : $x=p+m$

- 그래프를 평행이동하면 그래프의 모양은 바뀌지 않고 위치만 바뀐다.

- 이차함수의 그래프를 x축의 방향으로 평행이동하면 축의 방정식이 변하므로 그래프의 증가, 감소하는 범위도 변한다.
이차함수 $y=a(x-p)^2$ $(a>0)$의 그래프는
  ① $x<p$일 때, x의 값이 증가하면 y의 값은 감소한다.
  ② $x>p$일 때, x의 값이 증가하면 y의 값도 증가한다.

- 이차함수 $y=a(x-p)^2+q$의 그래프에서 증가, 감소하는 x의 값의 범위는 축 $x=p$를 기준으로 나뉜다.

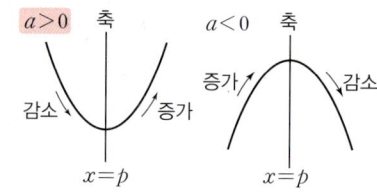

- 이차함수 $y=a(x-p)^2+q$의 그래프의 **대칭이동**
  ① x축에 대하여 대칭이동 : y 대신 $-y$를 대입한다.
    $-y=a(x-p)^2+q$
    ➡ $y=-a(x-p)^2-q$
  ② y축에 대하여 대칭이동 : x 대신 $-x$를 대입한다.
    $y=a(-x-p)^2+q$
    ➡ $y=a(x+p)^2+q$

4 이차함수 $y=ax^2+q$의 그래프

0900

다음 이차함수의 그래프를 y축의 방향으로 [ ] 안의 수만큼 평행이동한 그래프를 나타내는 이차함수의 식을 구하시오.

(1) $y=3x^2$ [2]

(2) $y=-\dfrac{4}{3}x^2$ $\left[-\dfrac{1}{2} \right]$

0901

다음 이차함수의 그래프의 꼭짓점의 좌표와 축의 방정식을 차례대로 구하시오.

(1) $y=\dfrac{1}{3}x^2-\dfrac{1}{2}$

(2) $y=-4x^2+\dfrac{1}{5}$

0902

이차함수 $y=ax^2+q$의 그래프가 다음 그림과 같을 때, a, q의 부호를 구하시오. (단, a, q는 상수)

(1) 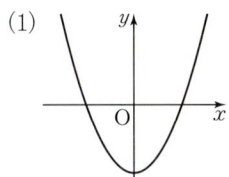   (2)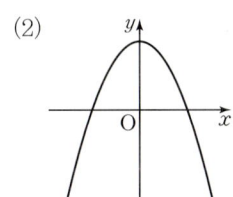

5 이차함수 $y=a(x-p)^2$의 그래프

0903

다음 이차함수의 그래프를 x축의 방향으로 [ ] 안의 수만큼 평행이동한 그래프를 나타내는 이차함수의 식을 구하시오.

(1) $y=3x^2$ [-2]

(2) $y=\dfrac{1}{2}x^2$ [3]

0904

다음 이차함수의 그래프의 꼭짓점의 좌표와 축의 방정식을 차례대로 구하시오.

(1) $y=2(x+3)^2$

(2) $y=-\dfrac{3}{2}\left(x-\dfrac{1}{2}\right)^2$

0905

이차함수 $y=a(x-p)^2$의 그래프가 다음 그림과 같을 때, a, p의 부호를 구하시오. (단, a, p는 상수)

(1) 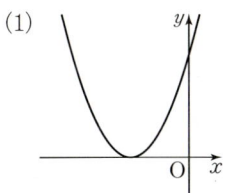   (2)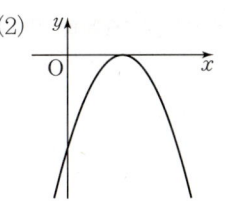

6 이차함수 $y=a(x-p)^2+q$의 그래프

0906

다음 이차함수의 그래프를 x축의 방향으로 p만큼, y축의 방향으로 q만큼 평행이동한 그래프를 나타내는 이차함수의 식을 구하시오.

(1) $y=2x^2$ [$p=3$, $q=4$]

(2) $y=-x^2$ [$p=1$, $q=-2$]

0907

다음 이차함수의 그래프의 꼭짓점의 좌표와 축의 방정식을 차례대로 구하시오.

(1) $y=3(x-1)^2+4$

(2) $y=-\dfrac{2}{3}(x+2)^2-3$

7 이차함수 $y=a(x-p)^2+q$의 그래프의 활용

0908

이차함수 $y=a(x-p)^2+q$의 그래프가 다음과 같을 때, □ 안에 $>$, $=$, $<$를 써넣으시오.

(1) 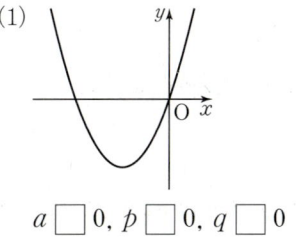   (2)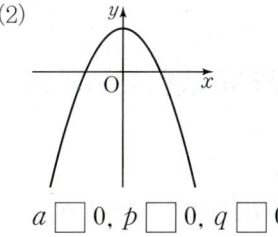

$a \,\square\, 0$, $p \,\square\, 0$, $q \,\square\, 0$ $a \,\square\, 0$, $p \,\square\, 0$, $q \,\square\, 0$

0909

다음 이차함수의 그래프를 x축의 방향으로 m만큼, y축의 방향으로 n만큼 평행이동한 그래프를 나타내는 이차함수의 식을 구하시오.

(1) $y=2x^2-1$ [$m=2$, $n=-1$]

(2) $y=-(x+3)^2$ [$m=-1$, $n=5$]

(3) $y=4(x-2)^2+1$ [$m=-4$, $n=2$]

IV-1. 이차함수의 그래프 (1)

유형 01 이차함수

0910 상 중 하

다음 중 이차함수가 아닌 것은?

① $y=\dfrac{x^2}{2}$

② $y=x(x+3)(x-2)$

③ $y=-\dfrac{1}{3}x(x+2)$

④ $y=2x^2-3x+4$

⑤ $y=0.2x^2-0.5x+0.7$

➤ **유형 Point** y가 x에 대한 이차함수

(1) $y=(x$의 이차식$)$

(2) $y=ax^2+bx+c$ $(a, b, c$는 상수, $a\neq0)$

0911 상 중 하

다음 보기에서 y가 x에 대한 이차함수인 것을 모두 고르시오.

보기

ㄱ. $y=x(x+2)-1$

ㄴ. $y=(x^2+4x)-x^2$

ㄷ. $y=\dfrac{1}{2}x^2+5$

ㄹ. $y=x^3+2x-3$

ㅁ. $y=\dfrac{1}{x^2}$

ㅂ. $y=-\dfrac{x^2}{3}$

0912 상 중 하

다음 중 y가 x에 대한 이차함수인 것을 모두 고르면?

(정답 2개)

① 반지름의 길이가 x cm인 원의 둘레의 길이 y cm

② 한 변의 길이가 x cm인 정사각형의 넓이 y cm²

③ 한 모서리의 길이가 x cm인 정육면체의 부피 y cm³

④ 윗변의 길이가 x cm, 아랫변의 길이가 $3x$ cm, 높이가 3 cm인 사다리꼴의 넓이 y cm²

⑤ 반지름의 길이가 x cm, 중심각의 크기가 120°인 부채꼴의 넓이 y cm²

0913 상 중 하

함수 $y=(3-k)x^2+4x-2$가 x에 대한 이차함수일 때, k의 값이 될 수 없는 것은? (단, k는 상수)

① -3

② -2

③ 0

④ 2

⑤ 3

유형 02 이차함수의 함숫값

0914 상 중 하

이차함수 $f(x)=-3x^2-x+5$에서 $f(1)+f(0)$의 값은?

① -6

② -5

③ 4

④ 5

⑤ 6

➤ **유형 Point** 이차함수 $f(x)=ax^2+bx+c$에 대하여 $f(p)$는

(1) $x=p$일 때의 함숫값

(2) x 대신 p를 대입했을 때의 $f(x)$의 값

(3) ap^2+bp+c

0915 상 중 하

이차함수 $f(x)=2x^2+ax+5$에서 $f(-1)=2$일 때, 상수 a의 값은?

① 1

② 2

③ 3

④ 4

⑤ 5

0916 상 중 하

이차함수 $f(x)=3x^2+5x+7$에서 $f(a)=9$일 때, 양수 a의 값은?

① $\dfrac{1}{3}$

② $\dfrac{2}{3}$

③ 1

④ $\dfrac{4}{3}$

⑤ $\dfrac{5}{3}$

0917 상 중 하 서술형

이차함수 $f(x)=ax^2-5x+3$에서 $f(3)=6$, $f(-2)=b$일 때, $a-b$의 값을 구하시오. (단, a, b는 상수)

▶수학의 바이블 65쪽

유형 03 이차함수 $y=ax^2$의 그래프의 모양

0918 상 **중** 하

다음 이차함수 중 그 그래프가 위로 볼록하고, 폭이 가장 넓은 것은?

① $y=-4x^2$ ② $y=-x^2$ ③ $y=-\dfrac{1}{4}x^2$

④ $y=\dfrac{1}{2}x^2$ ⑤ $y=x^2$

→ **유형 Point** 이차함수 $y=ax^2$에서

(1) a의 부호는 그래프의 볼록한 방향을 결정
➡ $a>0$이면 아래로 볼록, $a<0$이면 위로 볼록

(2) a의 절댓값은 그래프의 폭을 결정
➡ a의 절댓값이 클수록 그래프의 폭은 좁아진다.

0919 상 **중** 하
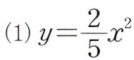

이차함수 $y=x^2$의 그래프가 오른쪽 그림과 같을 때, 다음 이차함수의 그래프로 알맞은 것을 고르시오.

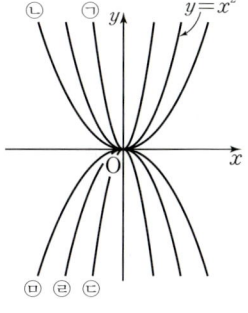

(1) $y=\dfrac{2}{5}x^2$ (2) $y=-x^2$

(3) $y=-\dfrac{2}{5}x^2$ (4) $y=4x^2$

0920 상 중 **하**

두 이차함수 $y=3ax^2$, $y=6x^2$의 그래프가 오른쪽 그림과 같을 때, 실수 a의 값의 범위를 구하시오.

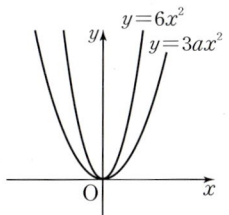

0921 상 **중** 하

세 이차함수 $y=ax^2$, $y=-\dfrac{3}{4}x^2$, $y=-4x^2$의 그래프가 오른쪽 그림과 같을 때, 다음 중 실수 a의 값이 될 수 <u>없는</u> 것은?

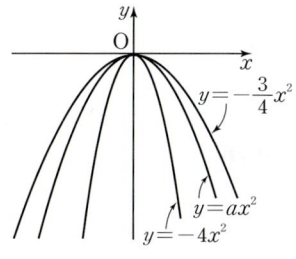

① -3 ② $-\dfrac{5}{2}$

③ -2 ④ $-\dfrac{3}{2}$

⑤ $-\dfrac{1}{2}$

▶수학의 바이블 65쪽

유형 04 이차함수 $y=ax^2$의 그래프의 성질

0922 상 **중** 하

다음 중 이차함수 $y=ax^2$의 그래프에 대한 설명으로 옳지 <u>않은</u> 것은? (단, a는 상수)

① 꼭짓점의 좌표는 $(0,0)$이다.

② $a>0$일 때, 아래로 볼록하다.

③ 점 $(-2, 4a)$를 지난다.

④ a의 절댓값이 작을수록 그래프의 폭이 넓어진다.

⑤ $a<0$일 때, $x>0$인 범위에서 x의 값이 증가하면 y의 값도 증가한다.

→ **유형 Point** (1) 이차함수 $y=ax^2$의 그래프의 성질
① 꼭짓점의 좌표는 $(0,0)$이고, y축에 대칭인 포물선이다.
② a의 절댓값이 클수록 그래프의 폭은 좁아진다.
③ 이차함수 $y=-ax^2$의 그래프와 x축에 대하여 대칭이다.
(2) 이차함수 $y=ax^2$의 그래프가 점 (p,q)를 지나면 ➡ $q=ap^2$

0923 상 **중** 하

다음 중 이차함수 $y=\dfrac{3}{4}x^2$의 그래프에 대한 설명으로 옳은 것은?

① 축의 방정식은 $y=0$이다.

② 점 $(2,-3)$을 지난다.

③ 위로 볼록한 포물선이다.

④ y축에 대하여 대칭이다.

⑤ $x<0$일 때, x의 값이 증가하면 y의 값은 증가한다.

0924 상 **중** 하

다음 보기에서 이차함수의 그래프가 x축에 대하여 서로 대칭인 것끼리 바르게 짝 지은 것을 모두 고르면? (정답 2개)

보기

ㄱ. $y=-\dfrac{1}{7}x^2$ ㄴ. $y=-7x^2$ ㄷ. $y=-\dfrac{5}{3}x^2$

ㄹ. $y=-\dfrac{3}{5}x^2$ ㅁ. $y=7x^2$ ㅂ. $y=\dfrac{3}{5}x^2$

① ㄱ, ㄴ ② ㄴ, ㅁ ③ ㄷ, ㄹ

④ ㄷ, ㅂ ⑤ ㄹ, ㅂ

0925 상 중 하

다음 중 이차함수 $y=-3x^2$의 그래프에 대한 설명으로 옳은 것은?

① 꼭짓점의 좌표는 $(0, -3)$이다.
② 축의 방정식은 $x=-3$이다.
③ 아래로 볼록한 포물선이다.
④ $y=-\dfrac{1}{3}x^2$의 그래프보다 폭이 넓다.
⑤ $y=3x^2$의 그래프와 x축에 대하여 대칭이다.

0926 상 중 하

이차함수 $y=-4x^2$의 그래프와 x축에 대하여 대칭인 이차함수의 그래프가 점 $(-1, k)$를 지날 때, k의 값은?

① 1 ② 2 ③ 3
④ 4 ⑤ 5

0927 상 중 하

다음 보기에서 두 이차함수 $y=6x^2$, $y=\dfrac{1}{6}x^2$의 그래프의 공통점을 모두 고르시오.

> **보기**
> ㄱ. 원점을 지나는 직선이다. ㄴ. 축의 방정식은 $x=0$이다.
> ㄷ. 위로 볼록한 포물선이다. ㄹ. 제 1, 2 사분면을 지난다.

0928 상 중 하 서술형

이차함수 $y=\dfrac{4}{3}x^2$의 그래프는 점 $(-3, a)$를 지나고, 이차함수 $y=bx^2$의 그래프와 x축에 대하여 대칭일 때, ab의 값을 구하시오. (단, b는 상수)

수학의 바이블 65쪽

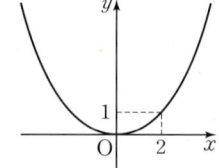

유형 05 **이차함수 $y=ax^2$의 식 구하기**

0929 상 중 하

오른쪽 그림과 같이 원점을 꼭짓점으로 하고 점 $(2, 1)$을 지나는 포물선을 그래프로 하는 이차함수의 식은?

① $y=-\dfrac{1}{4}x^2$ ② $y=-\dfrac{1}{2}x^2$
③ $y=\dfrac{1}{4}x^2$ ④ $y=2x^2$
⑤ $y=4x^2$

→ **유형 Point** 그래프가 원점을 꼭짓점으로 하고 y축을 축으로 하는 포물선이면 구하는 이차함수의 식을 $y=ax^2 (a\neq 0)$으로 놓고 그래프가 지나는 점의 좌표를 대입하여 a의 값을 구한다.

0930 상 중 하

원점을 꼭짓점으로 하는 포물선이 두 점 $(3, -27)$, $(1, k)$를 지날 때, k의 값을 구하시오.

0931 상 중 하

이차함수 $y=f(x)$의 그래프가 오른쪽 그림과 같을 때, $f(9)$의 값은?

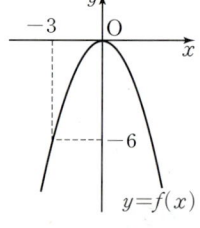

① -54 ② -48
③ -42 ④ -36
⑤ -30

0932 상 중 하

원점을 꼭짓점으로 하고 축의 방정식이 $x=0$인 이차함수 $y=f(x)$의 그래프가 점 $(2, -20)$을 지날 때, $f(-3)$의 값은?

① -45 ② -30 ③ -15
④ 5 ⑤ 10

0933 상 중 하

원점을 꼭짓점으로 하고, y축을 축으로 하는 포물선이 두 점 $(-3, -9)$, $(k, -16)$을 지날 때, k의 값은? (단, $k < 0$)

① -5 ② -4 ③ -3
④ -2 ⑤ -1

0934 상 중 하 서술형

오른쪽 그림과 같이 원점을 꼭짓점으로 하고 점 $(-2, 6)$을 지나는 이차함수의 그래프가 있다. 이 그래프와 x축에 대하여 대칭인 그래프를 나타내는 이차함수의 식을 구하시오.

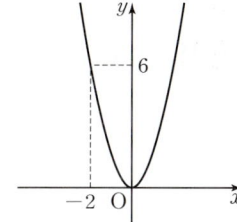

▶ 수학의 바이블 133쪽

▶ 수학의 바이블 133쪽

유형 06 이차함수 $y = ax^2 + q$의 그래프

0935 상 중 하

이차함수 $y = 3x^2$의 그래프를 y축의 방향으로 1만큼 평행이동한 그래프의 꼭짓점의 좌표를 (p, q), 축의 방정식을 $x = m$이라고 할 때, $p + q + m$의 값은?

① -4 ② -1 ③ 0
④ 1 ⑤ 4

→ **유형 Point** 이차함수 $y = ax^2 + q$의 그래프는 $y = ax^2$의 그래프를 y축의 방향으로 q만큼 평행이동한 것이다.
➡ 축의 방정식: $x = 0$, 꼭짓점의 좌표: $(0, q)$

0936 상 중 하

이차함수 $y = -2x^2$의 그래프를 y축의 방향으로 5만큼 평행이동한 그래프의 식은?

① $y = -2x^2 - 5$ ② $y = -2x^2 + 5$
③ $y = -2(x-5)^2$ ④ $y = -2(x+5)^2$
⑤ $y = 2x^2 + 5$

0937 상 중 하

이차함수 $y = \dfrac{1}{2}x^2$의 그래프를 y축의 방향으로 -3만큼 평행이동한 그래프의 꼭짓점의 좌표가 $(0, q)$일 때, 상수 q의 값을 구하시오.

★★ 0938 상 중 하

이차함수 $y = 3x^2$의 그래프를 y축의 방향으로 k만큼 평행이동하면 점 $(-1, 7)$을 지난다. 이때 k의 값은?

① -4 ② -2 ③ -1
④ 1 ⑤ 4

0939 상 중 하

이차함수 $y = x^2 + 5$의 그래프가 두 점 $(a, 9)$, $(-3, b)$를 지날 때, $\dfrac{b}{a}$의 값은? (단, $a > 0$)

① 1 ② 3 ③ 5
④ 7 ⑤ 9

0940 상 중 하

다음 중 이차함수 $y = -\dfrac{1}{2}x^2 + 8$의 그래프에 대한 설명으로 옳지 <u>않은</u> 것은?

① 꼭짓점의 좌표는 $(0, 8)$이다.
② 축의 방정식은 $x = 0$이다.
③ $x < 0$일 때, x의 값이 증가하면 y의 값도 증가한다.
④ $y = -x^2 + 8$의 그래프보다 폭이 넓다.
⑤ $y = -\dfrac{1}{2}x^2$의 그래프를 y축의 방향으로 -8만큼 평행이동한 것이다.

수학의 바이블 65쪽

유형 07 이차함수 $y=a(x-p)^2$의 그래프

0941 상 중 하

이차함수 $y=3x^2$의 그래프를 x축의 방향으로 2만큼 평행이동한 그래프에 대한 설명으로 옳지 <u>않은</u> 것을 모두 고르면?

(정답 2개)

① 꼭짓점의 좌표는 $(2, 0)$이다.

② $y=-x^2$의 그래프보다 폭이 좁다.

③ 아래로 볼록한 포물선이다.

④ $x<2$일 때, x의 값이 증가하면 y의 값도 증가한다.

⑤ 모든 x의 값에 대하여 y의 값은 양수이다.

→ **유형 Point** 이차함수 $y=a(x-p)^2$의 그래프는 $y=ax^2$의 그래프를 x축의 방향으로 p만큼 평행이동한 것이다.
➡ 축의 방정식: $x=p$, 꼭짓점의 좌표: $(p, 0)$

0942 상 중 하

이차함수 $y=\dfrac{1}{4}x^2$의 그래프를 x축의 방향으로 k만큼 평행이동한 그래프의 축의 방정식이 $x=5$일 때, k의 값은?

① -8 ② -5 ③ 1

④ 5 ⑤ 8

0943 상 중 하

이차함수 $y=-3(x+1)^2$의 그래프는 $y=-3(x-1)^2$의 그래프를 x축의 방향으로 p만큼 평행이동한 것이다. 이때 p의 값을 구하시오.

0944 상 중 하

이차함수 $y=-\dfrac{1}{5}x^2$의 그래프를 x축의 방향으로 a만큼 평행이동한 그래프의 꼭짓점의 좌표는 $(-1, 0)$이다. 평행이동한 그래프가 $(4, b)$를 지날 때, $a+b$의 값을 구하시오.

0945 상 중 하

이차함수 $y=a(x+1)^2$의 그래프가 점 $(-2, 2)$를 지날 때, 이 그래프가 y축과 만나는 점의 좌표는? (단, a는 상수)

① $(0, -3)$ ② $(0, -2)$ ③ $(0, -1)$

④ $(0, 2)$ ⑤ $(0, 3)$

0946 상 중 하

오른쪽 그림은 이차함수 $y=a(x-p)^2$의 그래프이다. 이때 $a+p$의 값을 구하시오.
(단, a, p는 상수)

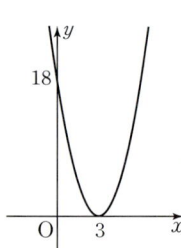

0947 상 중 하

이차함수 $y=-\dfrac{3}{2}x^2$의 그래프를 x축의 방향으로 6만큼 평행이동한 그래프에서 x의 값이 증가할 때, y의 값은 감소하는 x의 값의 범위는?

① $x>-6$ ② $x<-6$ ③ $x>\dfrac{1}{6}$

④ $x<6$ ⑤ $x>6$

0948 상 중 하 서술형

이차함수 $y=3x^2$의 그래프를 x축의 방향으로 -2만큼 평행이동한 그래프가 두 점 $(1, m)$, $(-3, n)$을 지날 때, mn의 값을 구하시오.

→ 수학의 바이블 133쪽

유형 08 이차함수 $y=a(x-p)^2+q$의 그래프

0949 상 중 **하**

이차함수 $y=4x^2$의 그래프를 x축의 방향으로 2만큼, y축의 방향으로 -3만큼 평행이동한 그래프가 점 $(4, a)$를 지날 때, a의 값은?

① 9   ② 11   ③ 13
④ 15   ⑤ 17

> **유형 Point**   이차함수 $y=a(x-p)^2+q$의 그래프는 $y=ax^2$의 그래프를 x축의 방향으로 p만큼, y축의 방향으로 q만큼 평행이동한 것이다.
> ➡ 축의 방정식: $x=p$, 꼭짓점의 좌표: (p, q)

0950 상 중 **하**

다음 이차함수의 그래프 중 꼭짓점이 제4사분면 위에 있는 것은?

① $y=-3x^2+2$ ② $y=-\dfrac{1}{2}(x+1)^2$

③ $y=-(x-1)^2+5$ ④ $y=3(x+2)^2-4$

⑤ $y=\dfrac{1}{2}(x-3)^2-7$

0951 상 중 **하**

다음 이차함수 중 그 그래프의 축이 가장 왼쪽에 있는 것은?

① $y=-6x^2$ ② $y=4x^2+7$

③ $y=-3(x+4)^2$ ④ $y=5(x-2)^2+1$

⑤ $y=-7(x+5)^2-2$

0952 상 중 **하**

이차함수 $y=-x^2+1$의 그래프를 x축의 방향으로 p만큼, y축의 방향으로 -3만큼 평행이동하면 점 $(3, -3)$을 지난다. 이때 가능한 p의 값을 모두 구하시오.

0953 상 중 하

이차함수 $y=(x+2)^2-4$의 그래프에 대한 설명으로 옳지 않은 것은?

① 꼭짓점의 좌표는 $(-2, -4)$이다.
② 축의 방정식은 $x=-2$이다.
③ $y=-x^2+3$의 그래프와 폭이 같다.
④ 제1, 2, 3사분면을 지난다.
⑤ 평행이동하면 $y=-x^2$의 그래프와 포개어진다.

0954 상 **중** 하

이차함수 $y=-(x+3)^2+5$의 그래프가 지나지 <u>않는</u> 사분면을 구하시오.

0955 상 중 하

이차함수 $y=\dfrac{1}{3}(x-4)^2$의 그래프를 y축의 방향으로 q만큼 평행이동한 그래프가 두 점 $(1, 5)$, $(3, k)$를 지날 때, $q+3k$의 값을 구하시오.

0956 상 중 하   서술형

이차함수 $y=3(x-2p)^2+3p^2$의 그래프의 꼭짓점이 일차함수 $y=2x+7$의 그래프 위에 있을 때, 상수 p의 값을 구하시오. (단, $p>0$)

▶수학의 바이블 68쪽

유형 09 이차함수 $y=a(x-p)^2+q$의 그래프의 평행이동

0957 상 중 하

이차함수 $y=3(x-2)^2+1$의 그래프를 x축의 방향으로 m만큼, y축의 방향으로 n만큼 평행이동한 그래프의 꼭짓점의 좌표가 $(6, -3)$일 때, mn의 값을 구하시오.

> **유형 Point** 이차함수 $y=a(x-p)^2+q$의 그래프를 x축의 방향으로 m만큼, y축의 방향으로 n만큼 평행이동한 $y=a(x-m-p)^2+q+n$의 그래프에서 꼭짓점의 좌표와 축의 방정식은 다음과 같다.
> (1) 꼭짓점의 좌표 : $(p+m, q+n)$
> (2) 축의 방정식 : $x=p+m$

0958 상 중 하

이차함수 $y=-\dfrac{1}{3}(x-2)^2+3$의 그래프를 x축의 방향으로 2만큼, y축의 방향으로 1만큼 평행이동한 그래프를 나타내는 이차함수의 식은?

① $y=-\dfrac{1}{3}(x-1)^2+4$　　② $y=-\dfrac{1}{3}(x-3)^2+5$

③ $y=-\dfrac{1}{3}(x-4)^2+4$　　④ $y=\dfrac{1}{3}(x-3)^2+5$

⑤ $y=\dfrac{1}{3}(x-4)^2+4$

0959 상 중 하

이차함수 $y=-(x+1)^2-2$의 그래프를 x축의 방향으로 k만큼, y축의 방향으로 $2k$만큼 평행이동한 그래프가 점 $(1, 3)$을 지난다. 이때 k의 값은?

① -5　　　② -3　　　③ -1

④ 3　　　　⑤ 5

0960 상 중 하

이차함수 $y=a(x-2)^2+5$의 그래프는 이차함수 $y=-2(x+b)^2+c$의 그래프를 x축의 방향으로 -3만큼, y축의 방향으로 1만큼 평행이동한 것이다. 이때 $a-b+c$의 값을 구하시오. (단, a, b, c는 상수)

▶수학의 바이블 68쪽

유형 10 이차함수 $y=a(x-p)^2+q$의 그래프의 대칭이동

0961 상 중 하

이차함수 $y=-(x+1)^2+2$의 그래프를 x축에 대하여 대칭이동한 그래프를 나타내는 이차함수의 식은?

① $y=-(x+1)^2-2$　　② $y=-(x-1)^2-2$

③ $y=(x+1)^2+2$　　④ $y=(x+1)^2-2$

⑤ $y=(x-1)^2-2$

> **유형 Point** 이차함수 $y=a(x-p)^2+q$의 그래프를 x축, y축에 대하여 각각 대칭이동하면 다음과 같다.
> (1) x축에 대하여 대칭이동 ➡ y 대신 $-y$를 대입 : $y=-a(x-p)^2-q$
> (2) y축에 대하여 대칭이동 ➡ x 대신 $-x$를 대입 : $y=a(x+p)^2+q$

0962 상 중 하

이차함수 $y=-\dfrac{1}{2}(x-3)^2+1$의 그래프를 y축에 대하여 대칭이동한 그래프가 점 $(-2, k)$를 지날 때, k의 값을 구하시오.

0963 상 중 하

이차함수 $y=a(x+4)^2$의 그래프를 x축에 대하여 대칭이동한 후 y축에 대하여 대칭이동한 그래프가 점 $(3, -5)$를 지날 때, 상수 a의 값은?

① 1　　　　② 2　　　　③ 3

④ 4　　　　⑤ 5

0964 상 중 하 서술형

이차함수 $y=\dfrac{1}{4}x^2+6$의 그래프를 x축에 대하여 대칭이동한 후 y축의 방향으로 b만큼 평행이동하였더니 이차함수 $y=ax^2+2$의 그래프와 일치하였다. 이때 ab의 값을 구하시오. (단, a는 상수)

유형 11 이차함수 $y=a(x-p)^2+q$의 식 구하기

0965

이차함수 $y=a(x-p)^2+q$의 그래프가 오른쪽 그림과 같을 때, $a+p+q$의 값은? (단, a, p, q는 상수)

① -4　　　　② -3

③ -2　　　　④ 3

⑤ 4

→ 유형 Point 이차함수의 그래프의 꼭짓점의 좌표가 (p, q)이면 이차함수의 식을 $y=a(x-p)^2+q\ (a\neq0)$로 놓을 수 있다.

0966

이차함수 $y=-\dfrac{1}{3}x^2$의 그래프와 모양이 같고 꼭짓점의 좌표가 $(2, 6)$인 포물선을 그래프로 하는 이차함수의 식을 $y=a(x-p)^2+q$라고 할 때, apq의 값은?

(단, a, p, q는 상수)

① -8　　　　② -4　　　　③ 2

④ 4　　　　⑤ 8

0967

오른쪽 그림과 같은 포물선을 그래프로 하는 이차함수의 식을 구하시오.

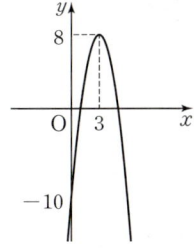

0968

다음 중 꼭짓점의 좌표가 $(0, 3)$이고 점 $(-2, 11)$을 지나는 이차함수의 그래프 위의 점인 것은?

① $\left(-\dfrac{3}{2}, 7\right)$　　② $(-1, 1)$　　③ $\left(\dfrac{1}{2}, \dfrac{5}{2}\right)$

④ $(1, 6)$　　⑤ $(3, 21)$

0969

축의 방정식이 $x=-1$이고, 두 점 $(-1, 5)$, $(0, -1)$을 지나는 포물선을 그래프로 갖는 이차함수의 식을 $y=a(x-p)^2+q$라고 하자. 이때 상수 a, p, q에 대하여 $a+p+q$의 값을 구하시오.

0970 서술형

꼭짓점의 좌표가 $(-2, 5)$이고 점 $(-6, 13)$을 지나는 이차함수의 그래프가 y축과 만나는 점의 좌표를 구하시오.

0971

이차함수 $y=-2x^2$의 그래프를 꼭짓점의 좌표가 $(-1, 3)$이 되도록 평행이동한 그래프가 점 $(k, -5)$를 지난다. 이때 모든 k의 값의 합은?

① -3　　　　② -2　　　　③ -1

④ 1　　　　⑤ 2

0972

이차함수 $y=a(x-p)^2+q$의 그래프가 x축과 두 점 $(-3, 0)$, $(5, 0)$에서 만나고, 꼭짓점은 $y=-4$ 위에 있을 때, apq의 값을 구하시오. (단, a, p, q는 상수)

유형 12 이차함수 $y=a(x-p)^2+q$의 그래프에서 증가, 감소하는 범위

0973 상 **중** 하

다음 이차함수의 그래프 중 x의 값이 증가할 때, y의 값은 감소하는 x의 값의 범위가 $x<-4$인 것은?

① $y=-(x+1)^2-4$ ② $y=-3x^2+4$

③ $y=-\dfrac{1}{2}(x+4)^2-2$ ④ $y=3(x+4)^2+1$

⑤ $y=(x-4)^2-4$

→ **유형 Point** 축의 방정식 $x=p$를 기준으로 증가, 감소가 바뀐다.

(1) $a>0$일 때

$x<p$일 때 ➡ x의 값이 증가할 때 y의 값은 감소

$x>p$일 때 ➡ x의 값이 증가할 때 y의 값도 증가

(2) $a<0$일 때

$x<p$일 때 ➡ x의 값이 증가할 때 y의 값도 증가

$x>p$일 때 ➡ x의 값이 증가할 때 y의 값은 감소

0974 상 **중** 하

이차함수 $y=-(x+6)^2+3$의 그래프에서 x의 값이 증가할 때, y의 값도 증가하는 x의 값의 범위는?

① $x<-6$ ② $x>-6$ ③ $x<3$

④ $x<6$ ⑤ $x>6$

0975 상 **중** 하

이차함수 $y=\dfrac{4}{5}x^2$의 그래프를 x축의 방향으로 4만큼, y축의 방향으로 -2만큼 평행이동한 그래프에서 x의 값이 증가할 때, y의 값이 감소하는 x의 값의 범위는?

① $x>-5$ ② $x<5$ ③ $x<0$

④ $x<4$ ⑤ $x>4$

0976 상 **중** 하 **서술형**

이차함수 $y=a(x-p)^2+1$의 그래프에서 x의 값이 증가할 때, y의 값이 감소하는 x의 값의 범위는 $x>2$라고 한다. 이 이차함수의 그래프가 점 $(3, -1)$을 지날 때, $2a+p$의 값을 구하시오. (단, a, p는 상수)

유형 13 이차함수 $y=a(x-p)^2+q$의 그래프에서 a, p, q의 부호

0977 상 **중** 하

이차함수 $y=a(x-p)^2+q$의 그래프가 오른쪽 그림과 같을 때, 다음 중 옳은 것은? (단, a, p, q는 상수)

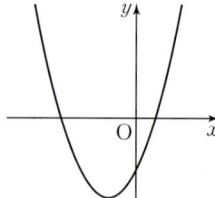

① $a<0$, $p<0$, $q<0$

② $a<0$, $p>0$, $q<0$

③ $a>0$, $p<0$, $q<0$

④ $a>0$, $p<0$, $q>0$

⑤ $a>0$, $p>0$, $q<0$

→ **유형 Point** (1) a의 부호 : 그래프의 모양으로 결정한다.

① 아래로 볼록 : $a>0$ ② 위로 볼록 : $a<0$

(2) p, q의 부호 : 꼭짓점의 위치로 결정한다.

① 제1사분면 : $p>0$, $q>0$ ② 제2사분면 : $p<0$, $q>0$

③ 제3사분면 : $p<0$, $q<0$ ④ 제4사분면 : $p>0$, $q<0$

0978 상 **중** 하

이차함수 $y=a(x-p)^2$의 그래프가 오른쪽 그림과 같을 때, 다음 중 옳은 것은? (단, a, p는 상수)

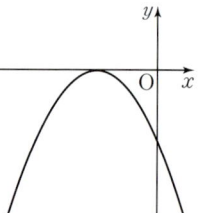

① $a>0$, $p>0$ ② $a>0$, $p<0$

③ $a<0$, $p>0$ ④ $a<0$, $p<0$

⑤ $a<0$, $p=0$

0979 상 **중** 하

이차함수 $y=ax^2+q$의 그래프가 제3사분면과 제4사분면을 지나지 않을 때, 다음 중 항상 옳은 것은? (단, a, q는 상수)

① $a<0$ ② $q<0$ ③ $a+q<0$

④ $aq\geq0$ ⑤ $a-q<0$

0980 상 **중** 하

일차함수 $y=ax+b$의 그래프가 오른쪽 그림과 같을 때, 이차함수 $y=(x-a)^2+b$의 그래프의 꼭짓점의 위치는?(단, a, b는 상수)

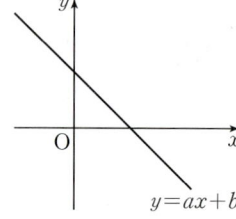

① 제1사분면 ② 제2사분면

③ 제3사분면 ④ 제4사분면

⑤ x축

▶수학의 바이블 70쪽

0981 상중하

$a>0$, $p<0$, $q<0$일 때, 다음 중 이차함수 $y=a(x-p)^2+q$의 그래프로 알맞은 것은? (단, a, p, q는 상수)

① 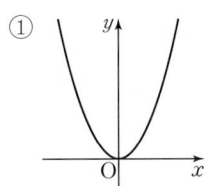 ② 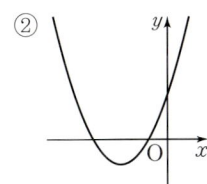 ③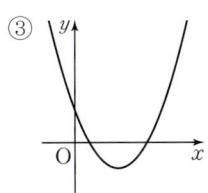

④ 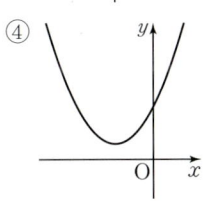 ⑤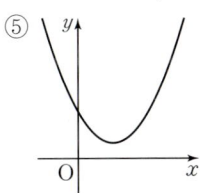

0982 상중하

이차함수 $y=a(x-p)^2+q$의 그래프가 오른쪽 그림과 같을 때, 다음 중 이차함수 $y=p(x-q)^2+a$의 그래프로 알맞은 것은? (단, a, p, q는 상수)

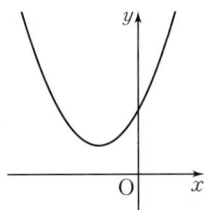

① 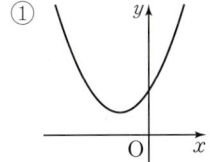 ② 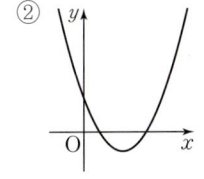 ③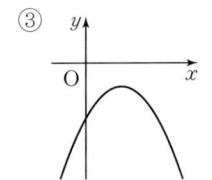

④ 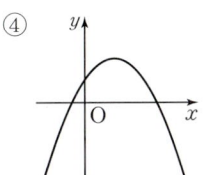 ⑤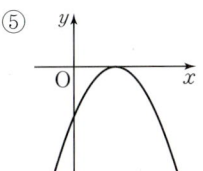

0983 상중하

이차함수 $y=-a(x+p)^2$의 그래프가 오른쪽 그림과 같을 때 $y=-px^2+a$의 그래프에 대한 다음 설명 중 옳은 것은? (단, a, p는 상수)

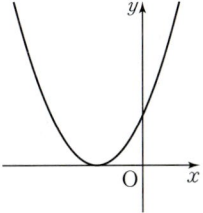

① 제1사분면만을 지난다.
② 제2사분면만을 지난다.
③ 제1, 2사분면만을 지난다.
④ 제2, 3, 4사분면만을 지난다.
⑤ 제3, 4사분면만을 지난다.

유형 14 두 이차함수의 그래프와 색칠한 부분의 넓이

0984 상중하

오른쪽 그림은 두 이차함수 $y=-2(x-1)^2+4$, $y=-2(x-3)^2+4$의 그래프를 그린 것이다. 두 점 A, B는 각각 두 이차함수의 그래프의 꼭짓점일 때, 색칠한 부분의 넓이는?

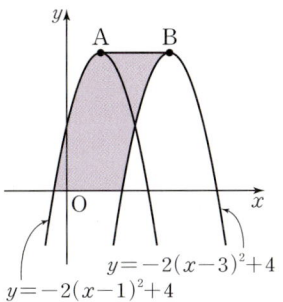

① 2   ② 4
③ 6   ④ 8
⑤ 10

→ **유형 Point** (1) x^2의 계수가 같은 두 이차함수의 그래프는 모양과 폭이 같아서 평행이동하면 서로 겹칠 수 있다.

(2) 색칠한 부분의 넓이를 대칭축을 중심으로 쪼개어 이동시킨다.

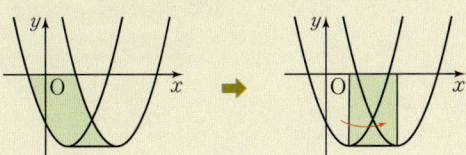

0985 상중하

오른쪽 그림은 두 이차함수 $y=x^2$, $y=(x-2)^2-4$의 그래프를 그린 것이다. 두 이차함수의 그래프와 직선 $x=2$로 둘러싸인 부분의 넓이는?

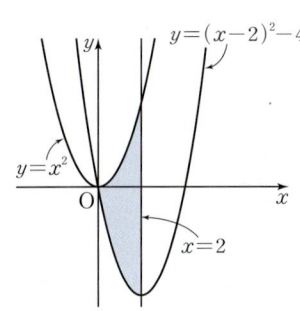

① 2   ② 4
③ 6   ④ 8
⑤ 10

0986

$y=2x^2-4x(ax-5)$가 이차함수일 때, 다음 중 상수 a의 값이 될 수 없는 것은?

① $\dfrac{1}{2}$ ② 1 ③ $\dfrac{4}{3}$

④ 2 ⑤ 3

0987

이차함수 $f(x)=3x^2+ax+b$에서 $f(1)=0$, $f(-2)=6$일 때, $f(0)$의 값은? (단, a, b는 상수)

① -4 ② -2 ③ -1

④ 1 ⑤ 2

0988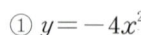

오른쪽 그림과 같이 직선 $y=9$가 두 이차함수 $y=x^2$, $y=ax^2$의 그래프 및 y축과 만나는 점을 각각 A, D, B, C, E라고 하자. $\overline{AB}=\overline{BE}=\overline{EC}=\overline{CD}$일 때, 상수 a의 값을 구하시오.

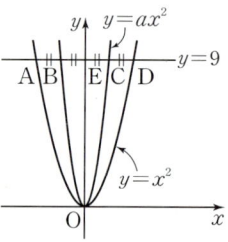

0989

두 이차함수 $y=\dfrac{1}{4}x^2$, $y=-2x^2$의 그래프가 오른쪽 그림과 같을 때, 다음 이차함수 중 그래프가 색칠한 부분을 지나는 것은? (단, 경계선은 제외한다.)

① $y=-4x^2$ ② $y=-3x^2$

③ $y=-x^2$ ④ $y=\dfrac{1}{2}x^2$

⑤ $y=x^2$

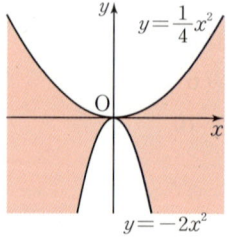

0990

오른쪽 그림과 같이 원점을 꼭짓점으로 하는 이차함수의 그래프에서 k의 값을 구하시오.

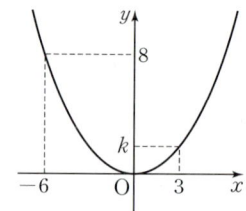

0991

다음 중 원점을 꼭짓점으로 하고 점 $(2, -8)$을 지나는 포물선과 x축에 대하여 대칭인 포물선이 지나는 점이 아닌 것은?

① $(-2, 8)$ ② $(-1, 2)$ ③ $\left(\dfrac{1}{2}, \dfrac{1}{2}\right)$

④ $(1, 2)$ ⑤ $(3, 12)$

0992

다음 중 아래 조건을 모두 만족하는 포물선을 그래프로 하는 이차함수의 식은?

(가) 꼭짓점의 좌표가 $(0, 5)$이다.

(나) $y=x^2$의 그래프보다 그래프의 폭이 좁다.

(다) 모든 사분면을 지난다.

---

① $y=-\dfrac{1}{2}x^2+5$ ② $y=-\dfrac{1}{2}(x+5)^2$

③ $y=-x^2+5$ ④ $y=-2(x+5)^2$

⑤ $y=-2x^2+5$

0993

오른쪽 그림과 같이 이차함수 $y=-4(x-p)^2$의 그래프와 x축, y축의 교점을 각각 A, B라 하고 원점을 O라고 할 때, $\overline{OB}=4\overline{OA}$가 성립한다. 이때 양수 p의 값을 구하시오.

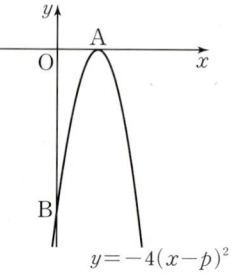

0994

이차함수 $y=\dfrac{1}{6}x^2$의 그래프를 x축에 대하여 대칭이동한 후 x축의 방향으로 -4만큼, y축의 방향으로 2만큼 평행이동하였더니 $y=a(x-p)^2+q$의 그래프가 되었다. 이때 $a+p+q$의 값은?

(단, a, p, q는 상수)

① $-\dfrac{13}{6}$ ② -2 ③ $-\dfrac{7}{6}$

④ $\dfrac{13}{6}$ ⑤ $\dfrac{35}{6}$

★★ 0995

이차함수 $y=4(x-1)^2+5$의 그래프를 y축의 방향으로 a만큼 평행이동하면 점 $(2, 12)$를 지나고, $y=4(x-1)^2+5$의 그래프를 x축의 방향으로 b만큼 평행이동하면 점 $(3, 21)$을 지난다. 이때 ab의 값은? (단, $b>0$)

① -12 ② -6 ③ 2

④ 6 ⑤ 12

0996

이차함수 $y=-\dfrac{1}{4}(x+p)^2+q$의 그래프를 x축의 방향으로 3만큼 평행이동한 그래프의 꼭짓점의 좌표가 $(5, 2)$이고 점 $(3, k)$를 지날 때, $k+p+q$의 값은? (단, p, q는 상수)

① -3 ② -2 ③ 1

④ 2 ⑤ 3

0997

이차함수 $y=\dfrac{3}{4}(x-1)^2$의 그래프를 x축의 방향으로 k만큼, y축의 방향으로 $3-k$만큼 평행이동한 그래프의 꼭짓점이 제1사분면에 있을 때, k의 값의 범위를 구하시오.

0998 사고력 쑥쑥

두 이차함수 $y=(x-2)^2-10$, $y=(x+3)^2-10$의 그래프가 오른쪽 그림과 같을 때, 색칠한 부분의 넓이를 구하시오. (단, 두 점 A, B는 각 그래프의 꼭짓점이다.)

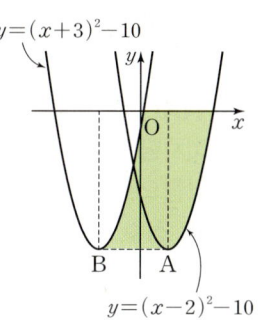

0999

이차함수 $y=a(x-p)^2+q$의 그래프가 오른쪽 그림과 같을 때, 다음 중 $y=apx+q$의 그래프로 알맞은 것은?

(단, a, p, q는 상수)

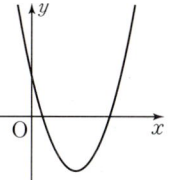

①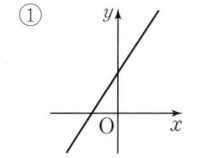
②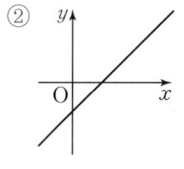
③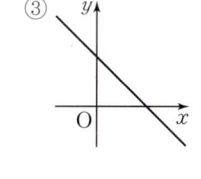

④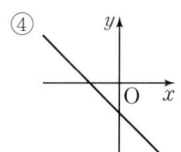
⑤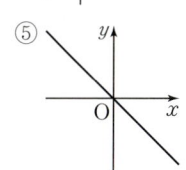

교과서 속 창의·융합 문제

1000

다음 그림과 같이 포물선 모양의 레일이 있는데 O지점에서 P지점까지의 기둥의 높이는 7 m이고, O지점에서 4 m 떨어진 A지점에서 Q지점까지의 높이는 9 m이다. O지점에서 8 m 떨어진 B지점에서 R지점까지의 높이를 $h\text{ m}$라고 할 때, h의 값은? (단, 점 P는 포물선의 꼭짓점이다.)

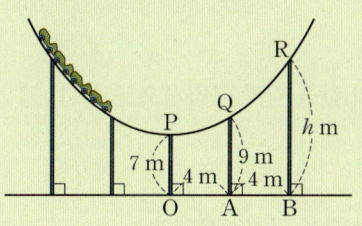

① 11 ② 12 ③ 13

④ 14 ⑤ 15

 단계를 밟아 서술하기

1001

이차함수 $y=2x^2$의 그래프를 x축의 방향으로 2만큼, y축의 방향으로 -4만큼 평행이동하면 점 $(3,\ k)$를 지난다고 할 때, 상수 k의 값을 구하시오.

단계 1 이차함수 $y=2x^2$의 그래프를 x축의 방향으로 2만큼, y축의 방향으로 -4만큼 평행이동한 그래프를 나타내는 이차함수의 식을 구하시오. [50%]

단계 2 상수 k의 값을 구하시오. [50%]

1002

이차함수 $y=\frac{1}{4}x^2$의 그래프를 x축의 방향으로 2만큼, y축의 방향으로 -1만큼 평행이동하면 점 $(k,\ 3)$을 지난다. 이때 상수 k의 값을 모두 구하시오.

풀이

답 _____

1003

이차함수 $y=-2x^2$의 그래프와 x축에 대하여 대칭인 그래프가 점 $(a-4,\ 2a-1)$을 지날 때, 모든 a의 값의 합을 구하시오.

단계 1 이차함수 $y=-2x^2$의 그래프와 x축에 대하여 대칭인 그래프를 나타내는 이차함수의 식을 구하시오. [30%]

단계 2 모든 a의 값의 합을 구하시오. [70%]

1004

이차함수 $y=6x^2$의 그래프와 x축에 대하여 대칭인 그래프가 점 $(a+2,\ 6a-2)$를 지날 때, 모든 a의 값의 합을 구하시오.

풀이

답 _____

1005

오른쪽 그림은 직선 $x=-1$을 축으로 하는 이차함수 $y=a(x-p)^2+q$의 그래프이다. 이때 apq의 값을 구하시오.
(단, $a,\ p,\ q$는 상수)

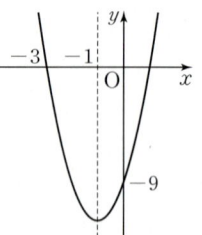

단계 1 p의 값을 구하시오. [30%]

단계 2 $a,\ q$의 값을 각각 구하시오. [50%]

단계 3 apq의 값을 구하시오. [20%]

1006

오른쪽 그림은 직선 $x=2$를 축으로 하는 이차함수 $y=a(x-p)^2+q$의 그래프이다. 이때 apq의 값을 구하시오.
(단, $a,\ p,\ q$는 상수)

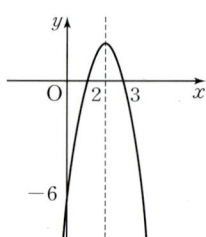

풀이

답

단계를 밟아 서술하기

1007

오른쪽 그림은 직선 $y=4$와 두 이차함수 $y=x^2$, $y=ax^2$의 그래프를 나타낸 것이다. $\overline{AB}=\overline{BC}=\overline{CD}=\overline{DE}$일 때, 상수 a의 값을 구하시오.

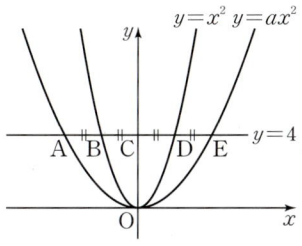

단계 1 ▶ 점 B, D의 좌표를 각각 구하시오. [50%]

단계 2 ▶ 상수 a의 값을 구하시오. [50%]

스스로 서술하기

1008

오른쪽 그림은 직선 $y=-9$와 두 이차함수 $y=-x^2$, $y=ax^2$의 그래프를 나타낸 것이다. $\overline{AB}=\overline{BC}=\overline{CD}=\overline{DE}$일 때, 상수 a의 값을 구하시오.

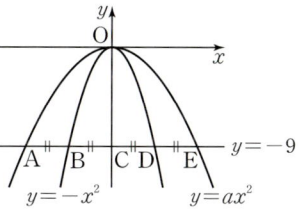

풀이

답 _____

1009

이차함수 $y=-5x^2+a$의 그래프를 x축에 대하여 대칭이동한 후 y축의 방향으로 3만큼 평행이동하였더니 이차함수 $y=bx^2+7$의 그래프와 일치하였다. 이때 $a+b$의 값을 구하시오. (단, a, b는 상수)

단계 1 ▶ 이차함수 $y=-5x^2+a$의 그래프와 x축에 대하여 대칭인 그래프를 나타내는 이차함수의 식을 구하시오. [35%]

단계 2 ▶ 단계 1 에서 구한 이차함수의 그래프를 y축의 방향으로 3만큼 평행이동한 그래프를 나타내는 이차함수의 식을 구하시오. [35%]

단계 3 ▶ $a+b$의 값을 구하시오. [30%]

1010

이차함수 $y=\dfrac{1}{3}x^2-a$의 그래프를 x축에 대하여 대칭이동한 후 y축의 방향으로 -2만큼 평행이동하였더니 이차함수 $y=bx^2+4$의 그래프와 일치하였다. 이때 ab의 값을 구하시오. (단, a, b는 상수)

풀이

답 _____

1011

이차함수 $y=-3(x+2)^2-4$의 그래프를 y축에 대하여 대칭이동한 그래프에서 x의 값이 증가할 때, y의 값이 감소하는 x의 값의 범위를 구하시오.

단계 1 ▶ 이차함수 $y=-3(x+2)^2-4$의 그래프를 y축에 대하여 대칭이동한 그래프의 식을 구하시오. [50%]

단계 2 ▶ x의 값이 증가할 때, y의 값이 감소하는 x의 값의 범위를 구하시오. [50%]

1012

이차함수 $y=-2(x-2)^2+5$의 그래프를 x축에 대하여 대칭이동한 그래프에서 x의 값이 증가할 때, y의 값이 감소하는 x의 값의 범위를 구하시오.

풀이

답 _____

2 이차함수의 그래프 (2)

개념 1 이차함수 $y=ax^2+bx+c$의 그래프

이차함수 $y=ax^2+bx+c$의 그래프는 <mark>$y=a(x-p)^2+q$ 꼴로 고쳐서 그린다.</mark>

$$y=ax^2+bx+c \Rightarrow y=a\left(x+\frac{b}{2a}\right)^2-\frac{b^2-4ac}{4a}$$

직선 $x=p$를 축으로 하고 꼭짓점의 좌표가 $(p,\,q)$인 포물선

(1) **꼭짓점의 좌표** : $\left(-\dfrac{b}{2a},\ -\dfrac{b^2-4ac}{4a}\right)$

(2) **축의 방정식** : $x=-\dfrac{b}{2a}$

(3) **y축과의 교점의 좌표** : $(0,\ c)$ —y절편은 c

> 참고 $y=ax^2+bx+c=a\left(x^2+\dfrac{b}{a}x\right)+c$
>
> $\qquad =a\left\{x^2+\dfrac{b}{a}x+\left(\dfrac{b}{2a}\right)^2-\left(\dfrac{b}{2a}\right)^2\right\}+c$
>
> $\qquad =a\left\{x^2+\dfrac{b}{a}x+\left(\dfrac{b}{2a}\right)^2\right\}-\dfrac{b^2}{4a}+c$
>
> $\qquad =a\left(x+\dfrac{b}{2a}\right)^2-\dfrac{b^2-4ac}{4a}$

- $y=ax^2+bx+c \Rightarrow$ 이차함수의 일반형
  $y=a(x-p)^2+q \Rightarrow$ 이차함수의 표준형

- 이차함수의 식이 $y=a(x-p)^2+q$ 꼴인 경우 그래프의 꼭짓점의 좌표, 축의 방정식을 쉽게 알 수 있으며, $y=ax^2+bx+c$ 꼴인 경우 y축과의 교점을 쉽게 알 수 있다.

개념 2 이차함수 $y=ax^2+bx+c$의 그래프에서 x축, y축과의 교점

이차함수 $y=ax^2+bx+c$의 그래프에서

(1) **x축과의 교점의 x좌표** : $y=0$일 때의 x의 값을 구한다. — 이차방정식 $ax^2+bx+c=0$의 해

(2) **y축과의 교점의 y좌표** : $x=0$일 때의 y의 값을 구한다.

> 예 이차함수 $y=x^2-4x-5$의 그래프에서
>
> ① $y=0$을 대입하면 $0=x^2-4x-5$, $(x+1)(x-5)=0$
>   ∴ $x=-1$ 또는 $x=5 \Rightarrow x$축과의 교점의 좌표 : $(-1,\,0),\ (5,\,0)$
>
> ② $x=0$을 대입하면 $y=0^2-4\times0-5=-5 \Rightarrow y$축과의 교점의 좌표 : $(0,\,-5)$

- 이차함수의 그래프와 y축과의 교점은 항상 존재하지만 x축과의 교점은 존재하지 않을 수도 있다.

개념 3 이차함수 $y=ax^2+bx+c$의 그래프와 $a,\,b,\,c$의 부호

(1) **a의 부호** : <mark>그래프의 모양</mark>에 따라 결정
  ① 아래로 볼록 : $a>0$
  ② 위로 볼록 : $a<0$

(2) **b의 부호** : <mark>축의 위치</mark>에 따라 결정
  ① 축이 y축의 왼쪽에 위치 : $ab>0$
    $\Rightarrow a,\,b$는 서로 같은 부호
  ② 축이 y축과 일치 : $b=0$
  ③ 축이 y축의 오른쪽에 위치 : $ab<0$
    $\Rightarrow a,\,b$는 서로 다른 부호

(3) **c의 부호** : <mark>y축과의 교점의 위치</mark>에 따라 결정
  ① y축과의 교점이 원점의 위쪽에 위치 : $c>0$
  ② y축과의 교점이 원점과 일치 : $c=0$ — 그래프가 원점을 지난다.
  ③ y축과의 교점이 원점의 아래쪽에 위치 : $c<0$

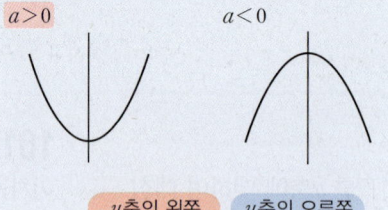

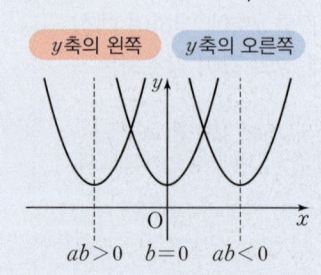

- **b의 부호**
  이차함수 $y=ax^2+bx+c$의 그래프의 축의 방정식이 $x=-\dfrac{b}{2a}$이므로
  ① 축이 y축의 왼쪽에 있으면
    $-\dfrac{b}{2a}<0 \Rightarrow ab>0$
  ② 축이 y축의 오른쪽에 있으면
    $-\dfrac{b}{2a}>0 \Rightarrow ab<0$

- **c의 부호**
  이차함수 $y=ax^2+bx+c\,(a>0)$의 그래프와 y축과의 교점의 위치

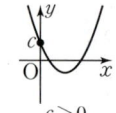
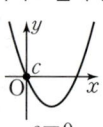
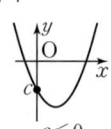

$\qquad c>0 \qquad c=0 \qquad c<0$

1 이차함수 $y=ax^2+bx+c$의 그래프

1013

다음은 이차함수 $y=x^2-4x+6$을 $y=a(x-p)^2+q$ 꼴로 나타내는 과정이다. □ 안에 알맞은 수를 써넣으시오.

$$y=x^2-4x+6$$
$$=(x^2-4x)+6$$
$$=(x^2-4x+\boxed{}-\boxed{})+6$$
$$=(x-\boxed{})^2+\boxed{}$$

1014

다음 이차함수를 $y=a(x-p)^2+q$ 꼴로 나타내고, 꼭짓점의 좌표와 축의 방정식을 각각 구하시오.

이차함수	$y=a(x-p)^2+q$	꼭짓점의 좌표	축의 방정식
(1) $y=x^2+2x-3$			
(2) $y=-x^2+4x+3$			
(3) $y=\frac{1}{2}x^2-3x-6$			
(4) $y=-\frac{1}{4}x^2-x+1$			

2 이차함수 $y=ax^2+bx+c$의 그래프에서 x축, y축과의 교점

1015

다음은 이차함수 $y=x^2-5x-6$의 그래프에서 x축, y축과의 교점의 좌표를 구하는 과정이다. □ 안에 알맞은 수를 써넣으시오.

x축 위의 점의 y좌표는 □이므로
$y=x^2-5x-6$에 $y=$□을 대입하면
$x^2-5x-6=$□, $(x+1)(x-\boxed{})=0$
∴ $x=-1$ 또는 $x=\boxed{}$
따라서 x축과의 교점의 좌표는 $(-1, 0)$, $(\boxed{}, 0)$이다.
한편, $x=0$일 때 y의 값이 □이므로 y축과의 교점의 좌표는 $(0, \boxed{})$이다.

1016

다음 이차함수의 그래프에서 x축, y축과의 교점의 좌표를 각각 구하시오.

(1) $y=3x^2-3$
⇨ x축과의 교점 : _____
　　y축과의 교점 : _____

(2) $y=-2x^2-4x+6$
⇨ x축과의 교점 : _____
　　y축과의 교점 : _____

3 이차함수 $y=ax^2+bx+c$의 그래프와 a, b, c의 부호

1017

이차함수 $y=ax^2+bx+c$의 그래프가 오른쪽 그림과 같을 때, □ 안에 알맞은 부등호를 써넣으시오.

(단, a, b, c는 상수)

(1) 그래프가 아래로 볼록하므로
⇨ $a \boxed{} 0$

(2) 축이 y축의 왼쪽에 있으므로
⇨ $ab \boxed{} 0$ ∴ $b \boxed{} 0$

(3) y축과의 교점이 원점의 아래쪽에 있으므로
⇨ $c \boxed{} 0$

1018

이차함수 $y=ax^2+bx+c$의 그래프가 오른쪽 그림과 같을 때, □ 안에 알맞은 부등호를 써넣으시오.

(단, a, b, c는 상수)

(1) 그래프가 위로 볼록하므로
⇨ $a \boxed{} 0$

(2) 축이 y축의 오른쪽에 있으므로
⇨ $ab \boxed{} 0$ ∴ $b \boxed{} 0$

(3) y축과의 교점이 원점의 위쪽에 있으므로
⇨ $c \boxed{} 0$

2 이차함수의 그래프 (2)

개념 4 이차함수의 식 구하기 (1)

꼭짓점 (p, q)와 그래프가 지나는 다른 한 점을 알 때

❶ 구하는 이차함수의 식을 $y=a(x-p)^2+q$로 놓는다.

❷ 주어진 한 점의 좌표를 대입하여 a의 값을 구한다.

예 꼭짓점의 좌표가 $(1, 3)$이고 점 $(0, 5)$를 지나는 이차함수의 식은

   ❶ 꼭짓점의 좌표가 $(1, 3)$이므로 이차함수의 식을 $y=a(x-1)^2+3$으로 놓는다.

   ❷ 점 $(0, 5)$를 지나므로 ❶의 식에 $x=0$, $y=5$를 대입하면 $5=a+3$ $\therefore a=2$

     $\therefore y=2(x-1)^2+3$, 즉 $y=2x^2-4x+5$

● 꼭짓점의 좌표에 따라 이차함수의 식을 다음과 같이 놓으면 편리하다.

꼭짓점의 좌표	이차함수의 식
$(0, 0)$	$y=ax^2$
$(0, q)$	$y=ax^2+q$
$(p, 0)$	$y=a(x-p)^2$
(p, q)	$y=a(x-p)^2+q$

개념 5 이차함수의 식 구하기 (2)

축의 방정식 $x=p$와 그래프가 지나는 두 점을 알 때

❶ 구하는 이차함수의 식을 $y=a(x-p)^2+q$로 놓는다.

❷ 주어진 두 점의 좌표를 각각 대입하여 a, q을 값을 구한다.

예 축의 방정식이 $x=1$이고 두 점 $(0, 1)$, $(3, 4)$를 지나는 이차함수의 식은

   ❶ 축의 방정식이 $x=1$이므로 이차함수의 식을 $y=a(x-1)^2+q$로 놓는다.

   ❷ 두 점 $(0, 1)$, $(3, 4)$를 지나므로

    ➡ ❶의 식에 $x=0$, $y=1$을 대입하면 $1=a(0-1)^2+q$ $\therefore a+q=1$ ······ ㉠

    ➡ ❶의 식에 $x=3$, $y=4$를 대입하면 $4=a(3-1)^2+q$ $\therefore 4a+q=4$ ······ ㉡

    ㉠, ㉡을 연립하여 풀면 $a=1$, $q=0$

    $\therefore y=(x-1)^2$, 즉 $y=x^2-2x+1$

● 축의 방정식에 따라 이차함수의 식을 다음과 같이 놓으면 편리하다.

축의 방정식	이차함수의 식
$x=0$	$y=ax^2+q$
$x=p$	$y=a(x-p)^2+q$

개념 6 이차함수의 식 구하기 (3)

y축과의 교점 $(0, k)$와 그래프 위의 서로 다른 두 점을 알 때

❶ 이차함수의 식을 $y=ax^2+bx+k$로 놓는다.

❷ 두 점의 좌표를 각각 대입하여 a, b의 값을 구한다.

예 그래프가 y축과 점 $(0, 7)$에서 만나고, 두 점 $(-1, 1)$, $(1, 9)$를 지나는 이차함수의 식은

   ❶ y절편이 7이므로 이차함수의 식을 $y=ax^2+bx+7$로 놓는다.

   ❷ 두 점 $(-1, 1)$, $(1, 9)$를 지나므로

    ❶의 식에 $x=-1$, $y=1$을 대입하면 $1=a-b+7$ $\therefore a-b=-6$ ······ ㉠

    ❶의 식에 $x=1$, $y=9$를 대입하면 $9=a+b+7$ $\therefore a+b=2$ ······ ㉡

    ㉠, ㉡을 연립하여 풀면 $a=-2$, $b=4$

    $\therefore y=-2x^2+4x+7$

개념 7 이차함수의 식 구하기 (4)

x축과의 두 교점 $(m, 0)$, $(n, 0)$과 다른 한 점을 알 때

❶ 이차함수의 식을 $y=a(x-m)(x-n)$으로 놓는다.

❷ 다른 한 점의 좌표를 대입하여 a의 값을 구한다.

예 그래프와 x축과의 교점의 좌표가 $(2, 0)$, $(-3, 0)$이고, $(1, 4)$를 지나는 이차함수의 식은

   ❶ 이차함수의 식을 $y=a(x-2)(x+3)$으로 놓는다.

   ❷ 점 $(1, 4)$를 지나므로 ❶의 식에 $x=1$, $y=4$를 대입하면

    $4=a(1-2)(1+3)$ $\therefore a=-1$

    $\therefore y=-(x-2)(x+3)$, 즉 $y=-x^2-x+6$

● 이차함수의 그래프는 축에 대하여 대칭이므로 x축과의 두 교점의 좌표가 $(m, 0)$, $(n, 0)$이면 축의 방정식은 $x=\dfrac{m+n}{2}$이다.

4 이차함수의 식 구하기 (1)

1019

다음은 꼭짓점의 좌표가 $(2, 3)$이고 점 $(1, 4)$를 지나는 포물선을 그래프로 하는 이차함수의 식을 $y=ax^2+bx+c$ 꼴로 나타내는 과정이다. □ 안에 알맞은 것을 써넣으시오.

꼭짓점의 좌표가 $(2, 3)$이므로 구하는 이차함수의 식을
$y=a(x-\square)^2+\square$으로 놓는다.
이 그래프가 점 $(1, 4)$를 지나므로
$x=\square$, $y=\square$를 위의 식에 대입하면 $a=\square$
따라서 구하는 이차함수의 식은 $\boxed{}$

1020

다음과 같은 포물선을 그래프로 하는 이차함수의 식을
$y=a(x-p)^2+q$ 꼴로 나타내시오.

(1) 꼭짓점의 좌표가 $(2, 0)$이고 점 $(1, 2)$를 지나는 포물선

(2) 꼭짓점의 좌표가 $(1, -1)$이고 점 $(2, 2)$를 지나는 포물선

5 이차함수의 식 구하기 (2)

1021

다음은 직선 $x=2$를 축으로 하고 두 점 $(1, 0)$, $(4, 3)$을 지나는 포물선을 그래프로 하는 이차함수의 식을 $y=ax^2+bx+c$ 꼴로 나타내는 과정이다. □ 안에 알맞은 것을 써넣으시오.

직선 $x=2$를 축으로 하므로 구하는 이차함수의 식을
$y=a(x-\square)^2+q$로 놓는다.
이 그래프가 두 점 $(1, 0)$, $(4, 3)$을 지나므로
$x=1$, $y=0$을 대입하면 $\square=a+q$ ...... ㉠
$x=4$, $y=3$을 대입하면 $3=\square a+q$ ...... ㉡
㉠, ㉡을 연립하여 풀면 $a=\square$, $q=\square$
따라서 구하는 이차함수의 식은 $\boxed{}$

1022

다음과 같은 포물선을 그래프로 하는 이차함수의 식을
$y=a(x-p)^2+q$ 꼴로 나타내시오.

(1) 축의 방정식이 $x=1$이고 두 점 $(-1, -8)$, $(2, -2)$를 지나는 포물선

(2) 축의 방정식이 $x=-3$이고 두 점 $(-2, 1)$, $(0, 2)$를 지나는 포물선

6 이차함수의 식 구하기 (3)

1023

다음은 세 점 $(0, -2)$, $(-1, 7)$, $(1, 5)$를 지나는 포물선을 그래프로 하는 이차함수의 식을 $y=ax^2+bx+c$ 꼴로 나타내는 과정이다. □ 안에 알맞은 것을 써넣으시오.

구하는 이차함수의 식을 $y=ax^2+bx-2$로 놓는다.
이 그래프가 두 점 $(-1, 7)$, $(1, 5)$를 지나므로
$x=\square$, $y=\square$을 대입하면
$7=\square$ $\therefore a-b=\square$ ...... ㉠
$x=\square$, $y=\square$를 대입하면
$5=\square$ $\therefore a+b=\square$ ...... ㉡
㉠, ㉡을 연립하여 풀면 $a=\square$, $b=\square$
따라서 구하는 이차함수의 식은 $\boxed{}$

7 이차함수의 식 구하기 (4)

1024

다음은 x축과 두 점 $(-2, 0)$, $(2, 0)$에서 만나고 점 $(0, 8)$을 지나는 포물선을 그래프로 하는 이차함수의 식을 $y=ax^2+bx+c$ 꼴로 나타내는 과정이다. □ 안에 알맞은 것을 써넣으시오.

구하는 이차함수의 식을 $y=a(x+\square)(x-\square)$로 놓는다.
이 그래프가 점 $(0, 8)$을 지나므로
$x=\square$, $y=\square$을 대입하면
$8=\square a$ $\therefore a=\square$
따라서 구하는 이차함수의 식은
$y=\square(x+\square)(x-\square)=\boxed{}$

유형 01 이차함수 $y=ax^2+bx+c$를 $y=a(x-p)^2+q$ 꼴로 변형하기

1025 상 중 하

이차함수 $y=3x^2-12x+7$을 $y=a(x-p)^2+q$ 꼴로 나타낼 때, $a+p+q$의 값은? (단, a, p, q는 상수)

① -5 ② -3 ③ -1
④ 0 ⑤ 2

> **유형 Point** 이차함수 $y=ax^2+bx+c$는 다음과 같이 $y=a(x-p)^2+q$ 꼴로 고친다.
> $$y=ax^2+bx+c \Rightarrow y=a\left(x+\frac{b}{2a}\right)^2-\frac{b^2-4ac}{4a}$$

1026 상 중 하

이차함수 $y=\frac{1}{3}x^2-2x+1$을 $y=a(x-p)^2+q$ 꼴로 나타낼 때, $3a+p+q$의 값은? (단, a, p, q는 상수)

① 1 ② 2 ③ 3
④ 4 ⑤ 5

1027 상 중 하 서술형

이차함수 $y=-\frac{1}{2}x^2+3x+5$의 그래프가 이차함수 $y=-\frac{1}{2}(x-p)^2+\frac{q}{2}$의 그래프와 같을 때, $p+q$의 값을 구하시오. (단, p, q는 상수)

1028 상 중 하

이차함수 $y=x^2+mx+n$의 그래프는 점 $(1, 1)$을 지나고, 이차함수의 식을 $y=(x-p)^2+q$ 꼴로 고쳤을 때, $p+q=\frac{9}{4}$이다. 이때 mn의 값은? (단, m, n, p, q는 상수)

① -9 ② -6 ③ -4
④ 6 ⑤ 9

유형 02 이차함수 $y=ax^2+bx+c$의 그래프의 꼭짓점의 좌표와 축의 방정식

1029 상 중 하

이차함수 $y=x^2-2ax+5$의 그래프가 점 $(1, 2)$를 지날 때, 이 그래프의 꼭짓점의 좌표는? (단, a는 상수)

① $(-1, 0)$ ② $(-1, 1)$ ③ $(2, 0)$
④ $(2, 1)$ ⑤ $(2, 2)$

> **유형 Point** 이차함수 $y=ax^2+bx+c$를 $y=a(x-p)^2+q$ 꼴로 고쳐서 구한다.
> (1) 꼭짓점의 좌표 : (p, q)
> (2) 축의 방정식 : $x=p$

1030 상 중 하

이차함수 $y=-2x^2+12x+a$의 그래프의 꼭짓점의 좌표가 $(b, 6)$일 때, $a+b$의 값을 구하시오. (단, a는 상수)

1031 상 중 하

다음 이차함수 중 그 그래프의 꼭짓점이 제3사분면에 있는 것은?

① $y=x^2+2x+3$ ② $y=2x^2+12x+18$
③ $y=-x^2+4x-3$ ④ $y=3x^2-12x+9$
⑤ $y=-x^2-4x-8$

1032 상 중 하

이차함수 $y=\frac{1}{2}x^2-ax+4$의 그래프의 축의 방정식이 $x=4$일 때, 상수 a의 값은?

① -4 ② -2 ③ 0
④ 2 ⑤ 4

1033 상 중 하

이차함수 $y=-2x^2+16x+m-1$의 그래프의 꼭짓점이 직선 $y=x+7$ 위에 있을 때, 상수 m의 값은?

① -20 ② -5 ③ 7
④ 16 ⑤ 24

▶수학의 바이블 65쪽

유형 03 이차함수 $y=ax^2+bx+c$의 그래프가 축과 만나는 점

1034 상 중 하

이차함수 $y=x^2-6x+8$의 그래프가 x축과 만나는 두 점의 x좌표를 각각 p, q라 하고, y축과 만나는 점의 y좌표를 r라고 할 때, $p+q+r$의 값은? (단, $p<q$)

① 8 ② 10 ③ 12
④ 14 ⑤ 16

→ **유형 Point** 이차함수 $y=ax^2+bx+c$의 그래프가
(1) x축과 만나는 점의 x좌표 ➡ $y=0$을 대입
(2) y축과 만나는 점의 y좌표 ➡ $x=0$을 대입

1035 상 중 하 서술형

이차함수 $y=10x^2-3x+a$의 그래프는 x축과 서로 다른 두 점에서 만난다. 두 교점 중 한 점의 x좌표가 $-\dfrac{1}{5}$일 때, 이 그래프가 y축과 만나는 점의 좌표를 구하시오.

(단, a는 상수)

1036 상 중 하

이차함수 $y=-2x^2+7x-6$의 그래프와 x축과의 교점을 A, B라고 할 때, 선분 AB의 길이는?

① $\dfrac{1}{4}$ ② $\dfrac{1}{2}$ ③ 1
④ $\dfrac{3}{2}$ ⑤ 2

▶수학의 바이블 65쪽

유형 04 이차함수 $y=ax^2+bx+c$의 그래프 그리기

1037 상 중 하

다음 중 이차함수 $y=-\dfrac{1}{2}x^2+2x-3$의 그래프는?

① 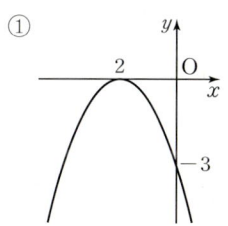 ②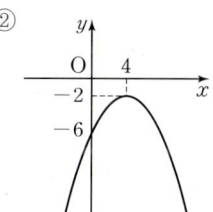

③ 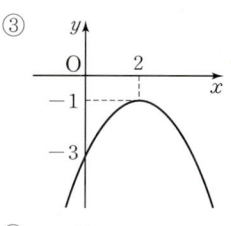 ④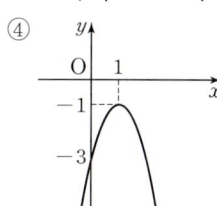

⑤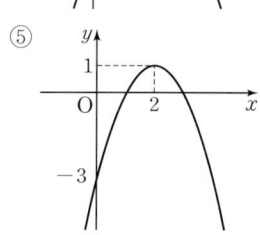

→ **유형 Point** 이차함수 $y=ax^2+bx+c$의 그래프는
(1) $y=a(x-p)^2+q$ 꼴로 변형하여 꼭짓점의 좌표 (p, q)를 구한다.
(2) 그래프의 모양을 결정한다.
➡ $a>0$이면 아래로 볼록하고, $a<0$이면 위로 볼록하다.
(3) y축과의 교점의 좌표를 구한다. ➡ $(0, c)$

1038 상 중 하

이차함수 $y=x^2-6x+3$의 그래프가 지나지 <u>않는</u> 사분면은?

① 제1사분면 ② 제2사분면
③ 제3사분면 ④ 제4사분면
⑤ 제2, 3사분면

1039 상 중 하

이차함수 $y=-2x^2+4x+k+1$의 그래프가 모든 사분면을 지날 때, 상수 k의 값의 범위를 구하시오.

Ⅳ-2. 이차함수의 그래프 (2)

▶ 수학의 바이블 161쪽

유형 **05** 이차함수 $y=ax^2+bx+c$의 그래프가 x축과 만나는 점의 개수

1040 상중하

이차함수 $y=-x^2+8x+2k+2$의 그래프가 x축과 한 점에서 만날 때, 상수 k의 값을 구하시오.

> **유형 Point** 이차함수 $y=ax^2+bx+c$를 $y=a(x-p)^2+q$ 꼴로 변형하면 그래프의 꼭짓점의 좌표는 (p, q)이다.

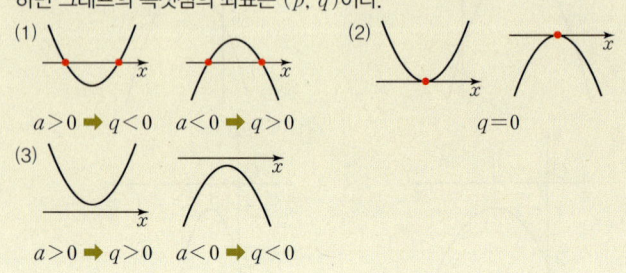

1041 상중하

다음 이차함수 중 그래프가 x축과 한 점에서 만나는 것은?

① $y=x^2-2$ ② $y=x^2-4x+3$
③ $y=-x^2+4x+5$ ④ $y=-x^2+6x-9$
⑤ $y=-(x-4)(x-2)$

1042 상중하

이차함수 $y=2x^2-8x+k-3$의 그래프가 x축과 만나지 않을 때, 상수 k의 값의 범위를 구하시오.

1043 상중하

다음 이차함수 중 그래프가 x축과 서로 다른 두 점에서 만나는 것은?

① $y=-2x^2+4x-5$ ② $y=x^2-12x+36$
③ $y=-x^2-4x-4$ ④ $y=x^2-6x+10$
⑤ $y=3x^2+18x+5$

▶ 수학의 바이블 158쪽

유형 **06** 이차함수 $y=ax^2+bx+c$의 그래프의 평행이동

1044 상중하

이차함수 $y=2x^2+x-2$의 그래프를 x축의 방향으로 1만큼, y축의 방향으로 2만큼 평행이동하면 이차함수 $y=ax^2+bx+c$의 그래프와 일치한다. 이때 $a+b-c$의 값은? (단, a, b, c는 상수)

① -6 ② -2 ③ 0
④ 2 ⑤ 6

> **유형 Point** 이차함수 $y=ax^2+bx+c$의 그래프를 x축의 방향으로 m만큼, y축의 방향으로 n만큼 평행이동한 그래프의 식은
> ❶ $y=a(x-p)^2+q$ 꼴로 변형한다.
> ❷ x 대신 $x-m$, y 대신 $y-n$을 대입한다.

★★ 1045 상중하

이차함수 $y=x^2-4x-5$의 그래프를 x축의 방향으로 2만큼, y축의 방향으로 6만큼 평행이동한 그래프의 꼭짓점의 좌표를 구하시오.

1046 상중하 서술형

이차함수 $y=2x^2-2x-3$의 그래프를 x축의 방향으로 1만큼, y축의 방향으로 -2만큼 평행이동한 그래프가 점 $(2, k)$를 지난다. 이때 k의 값을 구하시오.

1047 상중하

이차함수 $y=-x^2+10x+k$의 그래프를 y축의 방향으로 -10만큼 평행이동하였더니 x축과 만나지 않았다. 이때 실수 k의 값의 범위는?

① $k<-15$ ② $-10<k<-5$ ③ $k<-10$
④ $k>-15$ ⑤ $k>-10$

▸수학의 바이블 161쪽

유형 07 이차함수 $y=ax^2+bx+c$의 그래프에서 증가, 감소하는 범위

1048 상중하

이차함수 $y=-x^2+6x-4$의 그래프에서 x의 값이 증가할 때, y의 값도 증가하는 x의 값의 범위는?

① $x>-3$ 　② $x<3$ 　③ $x>3$
④ $x<5$ 　⑤ $x>5$

→ **유형 Point** 이차함수 $y=ax^2+bx+c$를 $y=a(x-p)^2+q$ 꼴로 변형했을 때, 축의 방정식 $x=p$를 기준으로 y의 값이 증가·감소하는 범위가 나뉜다.
(1) $a>0$일 때 ① $x<p$이면 x의 값이 증가할 때 y의 값은 감소
　　　　　　② $x>p$이면 x의 값이 증가할 때 y의 값도 증가
(2) $a<0$일 때 ① $x<p$이면 x의 값이 증가할 때 y의 값도 증가
　　　　　　② $x>p$이면 x의 값이 증가할 때 y의 값은 감소

1049 상중하

이차함수 $y=2x^2-4x-5$의 그래프에서 x의 값이 증가할 때, y의 값도 증가하는 x의 값의 범위는?

① $x<-1$ 　② $x>-1$ 　③ $x<1$
④ $x>1$ 　⑤ $x<2$

1050 상중하

다음 이차함수 중 x의 값이 증가할 때, y의 값은 감소하는 x의 값의 범위가 $x>1$인 것은?

① $y=-2x^2+8x-7$ 　② $y=-x^2-3x-7$
③ $y=-\frac{1}{2}x^2+x-3$ 　④ $y=\frac{1}{2}x^2-2x-1$
⑤ $y=x^2-2x-5$

1051 상중하 서술형

이차함수 $y=-\frac{1}{4}x^2+ax-1$의 그래프에서 $x<2$이면 x의 값이 증가할 때 y의 값도 증가하고, $x>2$이면 x의 값이 증가할 때 y의 값은 감소한다. 이때 상수 a의 값을 구하시오.

▸수학의 바이블 159쪽

유형 08 이차함수 $y=ax^2+bx+c$의 그래프의 성질

1052 상중하

다음 중 이차함수 $y=2x^2+12x+10$의 그래프에 대한 설명으로 옳지 않은 것은?

① 꼭짓점의 좌표는 $(-3, -8)$이다.
② 축의 방정식은 $x=-3$이다.
③ x축과의 교점의 좌표는 $(-5, 0)$, $(1, 0)$이다.
④ 제4사분면을 지나지 않는다.
⑤ $y=2x^2$의 그래프를 x축의 방향으로 -3만큼, y축의 방향으로 -8만큼 평행이동한 것이다.

→ **유형 Point** (1) 꼭짓점의 좌표, 축의 방정식을 구할 때
➡ $y=a(x-p)^2+q$ 꼴로 변형한다.
(2) x축과의 교점의 x좌표를 구할 때
➡ 이차방정식 $ax^2+bx+c=0$의 해를 구한다.

★★ 1053 상중하

다음 중 이차함수 $y=-\frac{1}{3}x^2+2x-1$의 그래프에 대한 설명으로 옳지 않은 것을 모두 고르면? (정답 2개)

① 모든 x의 값에 대하여 $y\geq2$이다.
② 꼭짓점의 좌표는 $(3, 2)$이다.
③ 아래로 볼록한 포물선이다.
④ 제1, 3, 4사분면을 지난다.
⑤ $x>3$일 때, x의 값이 증가하면 y의 값은 감소한다.

1054 상중하

다음 보기에서 이차함수 $y=-3x^2-12x+2$의 그래프에 대한 설명으로 옳은 것을 모두 고른 것은?

보기
ㄱ. 꼭짓점의 좌표는 $(2, -14)$이다.
ㄴ. 모든 사분면을 지난다.
ㄷ. y축과의 교점의 좌표는 $(0, 2)$이다.
ㄹ. $y=3x^2$의 그래프를 평행이동한 것이다.
ㅁ. $x<-2$일 때, x의 값이 증가하면 y의 값은 감소한다.

① ㄱ, ㄴ 　② ㄱ, ㄷ 　③ ㄴ, ㄷ
④ ㄴ, ㄹ 　⑤ ㄷ, ㄹ

IV - 2. 이차함수의 그래프 (2)

▶**수학의 바이블** 65쪽

유형 09 이차함수 $y=ax^2+bx+c$의 그래프의 활용

1055 상 중 하

오른쪽 그림과 같이 이차함수 $y=2x^2-4x-6$의 그래프가 x축과 만나는 점을 각각 A, B라 하고, 그 래프의 꼭짓점을 C라고 할 때, $\triangle$ACB의 넓이는?

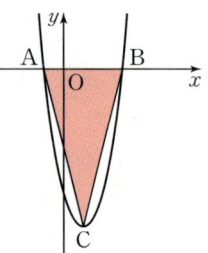

① 12　　　　② 13
③ 14　　　　④ 15
⑤ 16

→ 유형 Point　△ABC의 넓이 구하기

❶ 두 점 A, B의 좌표를 구한다.
　➡ 이차방정식 $ax^2+bx+c=0$의 해를 구한다.
❷ 점 C의 좌표를 구한다.
　➡ $y=a(x-p)^2+q$ 꼴로 변형하여 꼭짓점 (p, q)를 구한다.
❸ △ABC의 넓이를 구한다.

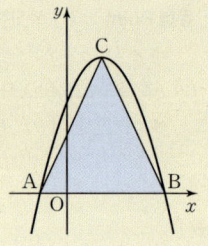

**1056** 상 중 하

오른쪽 그림과 같이 이차함수 $y=-x^2+2x+8$의 그래프가 x축과 만나는 점을 각각 A, B라 하고, y축 과 만나는 점을 C라고 할 때, $\triangle$ABC의 넓이는?

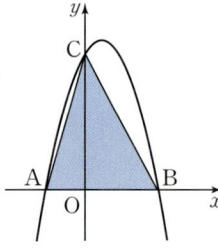

① 12　　　　② 16
③ 20　　　　④ 24
⑤ 28

1057 상 중 하

오른쪽 그림과 같은 이차함수 $y=x^2+3x-4$의 그래프의 꼭짓점 을 A, y축과의 교점을 B라고 할 때, $\triangle$OAB의 넓이를 구하시오.

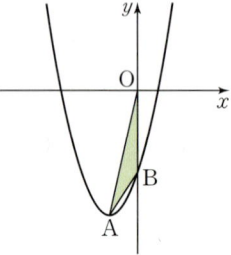

1058 상 중 하

오른쪽 그림과 같은 이차함수 $y=x^2+2ax$의 그래프에서 꼭짓점을 P, x축과의 교점을 O, A라고 하자. 점 A의 좌표가 $(6, 0)$일 때, $\triangle$OPA의 넓이는? (단, a는 상수)

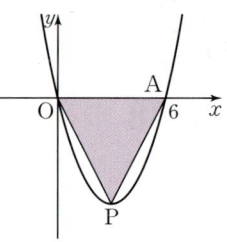

① 20　　　　② 24
③ 27　　　　④ 30
⑤ 32

1059 상 중 하　서술형

오른쪽 그림과 같이 이차함수 $y=-x^2+ax+b$의 그래프가 x축과 만나는 점을 각각 O, B라 하고, 그래 프의 꼭짓점을 A라고 할 때, $\triangle$ABO의 넓이를 구하시오.
　　(단, O는 원점이고, a, b는 상수)

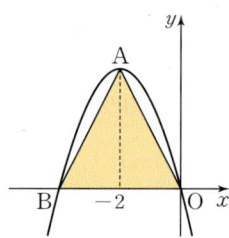

1060 상 중 하

오른쪽 그림과 같은 이차함수 $y=-x^2+4x+5$의 그래프에서 x축 과의 교점을 A, B, y축과의 교점을 C, 꼭짓점을 P라고 할 때, $\triangle$ABC와 $\triangle$ABP의 넓이의 비는?

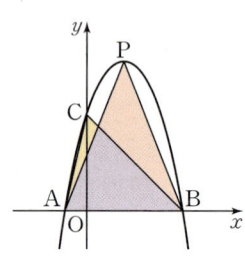

① 3 : 5　　　　② 4 : 5
③ 5 : 9　　　　④ 5 : 6
⑤ 7 : 9

▶수학의 바이블 65쪽

유형 10 이차함수 $y=ax^2+bx+c$의 그래프에서 a, b, c의 부호

1061 상중하

이차함수 $y=ax^2+bx+c$의 그래프가 오른쪽 그림과 같을 때, 다음 중 옳은 것은? (단, a, b, c는 상수)

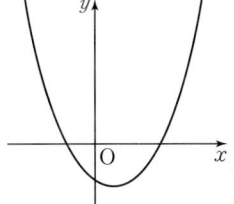

① $a>0$, $b>0$, $c>0$
② $a>0$, $b>0$, $c<0$
③ $a>0$, $b<0$, $c<0$
④ $a<0$, $b>0$, $c<0$
⑤ $a<0$, $b<0$, $c>0$

→ **유형 Point** (1) a의 부호 : 그래프의 모양으로 결정
　　① 아래로 볼록 ➡ $a>0$　　② 위로 볼록 ➡ $a<0$
　(2) b의 부호 : 축의 위치로 결정
　　① y축의 왼쪽 ➡ $ab>0$ (a, b는 서로 같은 부호)
　　② y축과 일치 ➡ $b=0$
　　③ y축의 오른쪽 ➡ $ab<0$ (a, b는 서로 다른 부호)
　(3) c의 부호 : y축과의 교점의 위치로 결정
　　① 원점의 위쪽 ➡ $c>0$
　　② 원점과 일치 ➡ $c=0$
　　③ 원점의 아래쪽 ➡ $c<0$

1062 상중하

이차함수 $y=ax^2+bx+c$의 그래프가 오른쪽 그림과 같을 때, 다음 중 옳은 것은? (단, a, b, c는 상수)

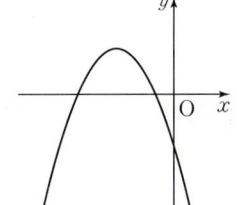

① $a>0$, $b>0$, $c>0$
② $a>0$, $b>0$, $c<0$
③ $a<0$, $b>0$, $c>0$
④ $a<0$, $b<0$, $c<0$
⑤ $a<0$, $b<0$, $c>0$

1063 상중하

이차함수 $y=ax^2+bx+c$의 그래프가 오른쪽 그림과 같을 때, 다음 중 옳은 것은? (단, a, b, c는 상수)

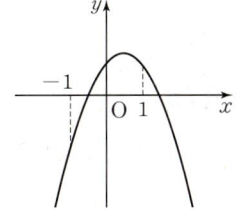

① $ab>0$　　② $ac>0$
③ $\dfrac{b}{c}<0$　　④ $a-b+c<0$
⑤ $a+b+c<0$

1064 상중하

$a<0$, $b<0$, $c>0$일 때, 이차함수 $y=ax^2+bx+c$의 그래프의 꼭짓점은 제몇 사분면에 있는지 구하시오.

★★ 1065 상중하

일차함수 $y=ax+b$의 그래프가 오른쪽 그림과 같을 때, 다음 중 이차함수 $y=ax^2+bx+ab$의 그래프로 알맞은 것은? (단, a, b는 상수)

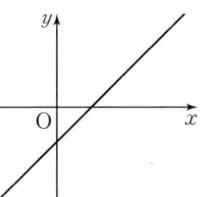

① 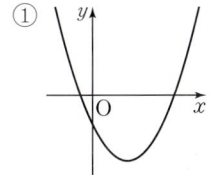　② 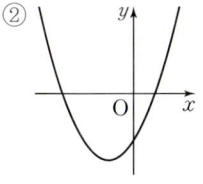　③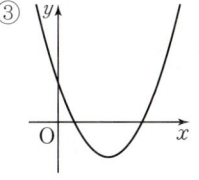

④ 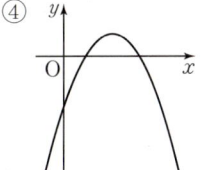　⑤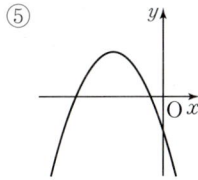

1066 상중하

이차함수 $y=ax^2+bx+c$의 그래프가 오른쪽 그림과 같을 때, 다음 중 이차함수 $y=-cx^2+bx-a$의 그래프로 알맞은 것은? (단, a, b, c는 상수)

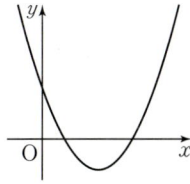

① 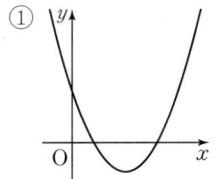　② 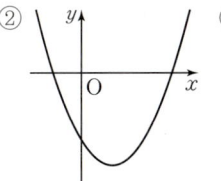　③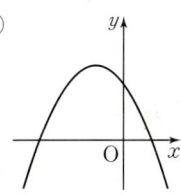

④ 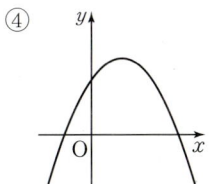　⑤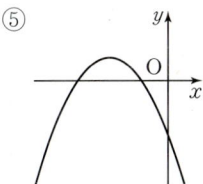

▶수학의 바이블 68쪽

유형 11 꼭짓점과 다른 한 점을 알 때, 이차함수의 식 구하기

1067 상 **중** 하

꼭짓점의 좌표가 $(2, 5)$이고 y축과의 교점의 y좌표가 1인 포물선을 그래프로 하는 이차함수의 식을 $y=ax^2+bx+c$ 라고 할 때, $a+b-c$의 값은? (단, a, b, c는 상수)

① -2 ② -1 ③ 0

④ 1 ⑤ 2

➔ **유형 Point** 꼭짓점 (p, q)와 그래프 위의 다른 한 점 (x_1, y_1)을 알 때
❶ 이차함수의 식을 $y=a(x-p)^2+q$로 놓는다.
❷ $x=x_1$, $y=y_1$을 대입하여 a의 값을 구한다.

1068 상 **중** 하

다음 조건을 모두 만족하는 포물선을 그래프로 하는 이차함수의 식을 $y=ax^2+bx+c$ 꼴로 나타내시오.

> ㈎ x축과 한 점에서 만난다.
> ㈏ 축의 방정식은 $x=-6$이다.
> ㈐ 점 $(-2, 8)$을 지난다.

1069 상 **중** 하

이차함수 $y=ax^2+bx+c$의 그래프가 오른쪽 그림과 같을 때, abc의 값은? (단, a, b, c는 상수)

① -12 ② -4
③ 3 ④ 4
⑤ 12

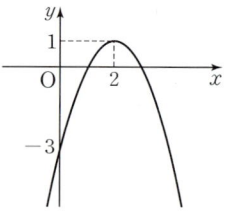

1070 상 **중** 하

오른쪽 그림과 같은 이차함수의 그래프가 점 $(7, k)$를 지날 때, k의 값을 구하시오.

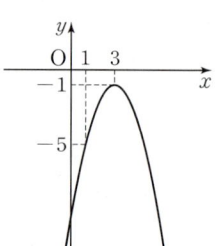

▶수학의 바이블 68쪽

유형 12 축의 방정식과 두 점을 알 때, 이차함수의 식 구하기

1071 상 **중** 하

축의 방정식이 $x=-2$이고, 두 점 $(0, 9)$, $(1, 19)$를 지나는 포물선을 그래프로 하는 이차함수의 식을 $y=ax^2+bx+c$라고 할 때, $ab+c$의 값을 구하시오.

(단, a, b, c는 상수)

➔ **유형 Point** 축의 방정식 $x=p$와 그래프 위의 두 점 (x_1, y_1), (x_2, y_2)를 알 때
❶ 이차함수의 식을 $y=a(x-p)^2+q$로 놓는다.
❷ 두 점 (x_1, y_1), (x_2, y_2)의 좌표를 각각 대입하여 a, q의 값을 구한다.

1072 상 **중** 하

이차함수 $y=-\dfrac{1}{2}x^2+ax+b$의 그래프의 축의 방정식이 $x=-2$이고 점 $(-4, 7)$을 지날 때, $a+b$의 값은?

(단, a, b는 상수)

① 1 ② 3 ③ 5

④ 7 ⑤ 9

1073 상 **중** 하 서술형

오른쪽 그림은 직선 $x=2$를 축으로 하는 이차함수 $y=ax^2+bx+c$의 그래프이다. 이때 $a+b-c$의 값을 구하시오.

(단, a, b, c는 상수)

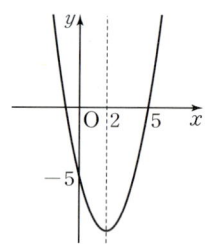

1074 상 **중** 하

축의 방정식이 $x=-3$이고, 두 점 $(-4, 3)$, $(2, -21)$을 지나는 포물선이 y축과 만나는 점의 좌표는?

① $(0, -10)$ ② $(0, -7)$ ③ $(0, -5)$

④ $(0, 5)$ ⑤ $(0, 7)$

▶ 수학의 바이블 70쪽

유형 13 y축과의 교점과 두 점을 알 때, 이차함수의 식 구하기

1075 상중하

이차함수 $y=ax^2+bx+c$의 그래프가 세 점 $(0, -2)$, $(1, 2)$, $(2, 4)$를 지날 때, $a+bc$의 값은?

(단, a, b, c는 상수)

① -11 ② -7 ③ 1

④ 3 ⑤ 6

> **유형 Point** y축과 점 $(0, k)$에서 만나고, 그래프 위의 서로 다른 두 점을 알 때
> ❶ 이차함수의 식을 $y=ax^2+bx+k$로 놓는다.
> ❷ 두 점의 좌표를 각각 대입하여 a, b의 값을 구한다.

1076 상중하

세 점 $(0, 5)$, $(-1, 0)$, $(3, 8)$을 지나는 포물선의 꼭짓점의 좌표는?

① $(-3, 9)$ ② $(-2, 7)$ ③ $(-1, 8)$

④ $(1, 7)$ ⑤ $(2, 9)$

1077 상중하

세 점 $(0, -6)$, $(1, 0)$, $(-1, k)$를 지나는 포물선을 그래프로 하는 이차함수의 식을 $y=2x^2+ax+b$라고 할 때, $a+b+k$의 값은? (단, a, b는 상수)

① -10 ② -8 ③ -6

④ -4 ⑤ -2

★★ 1078 상중하

오른쪽 그림과 같은 이차함수의 그래프가 점 $(k, -13)$을 지날 때, k의 값을 구하시오. (단, $k<0$)

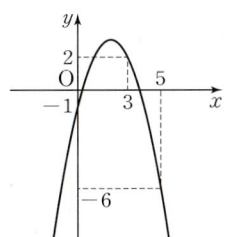

▶ 수학의 바이블 161쪽

유형 14 x축과의 두 교점과 다른 한 점을 알 때, 이차함수의 식 구하기

1079 상중하

이차함수 $y=ax^2+bx+c$의 그래프가 x축과 두 점 $(-3, 0)$, $(1, 0)$에서 만나고 점 $(0, 3)$을 지날 때, $a-b+c$의 값은? (단, a, b, c는 상수)

① 0 ② 2 ③ 4

④ 6 ⑤ 8

> **유형 Point** x축과 두 점 $(m, 0)$, $(n, 0)$에서 만나고, 그래프 위의 다른 한 점 (x_1, y_1)을 알 때
> ❶ 이차함수의 식을 $y=a(x-m)(x-n)$으로 놓는다.
> ❷ $x=x_1$, $y=y_1$을 대입하여 a의 값을 구한다.

1080 상중하

그래프가 x축과 두 점 $(-2, 0)$, $(4, 0)$에서 만나고, 이차함수 $y=\dfrac{1}{2}x^2+3x-5$의 그래프를 평행이동하면 완전히 포개어지는 이차함수의 식은?

① $y=\dfrac{1}{2}x^2-x+4$ ② $y=\dfrac{1}{2}x^2+x-4$

③ $y=\dfrac{1}{2}x^2-x-4$ ④ $y=x^2-x+4$

⑤ $y=2x^2-x-4$

1081 상중하 서술형

이차함수 $y=ax^2+bx+c$의 그래프가 오른쪽 그림과 같을 때, $a-b+c$의 값을 구하시오.

(단, a, b, c는 상수)

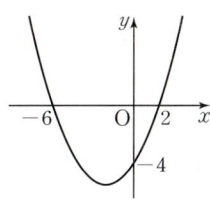

1082 상중하

이차함수 $y=ax^2+bx+c$의 그래프는 y축을 축으로 하고, x축과 만나는 두 점 사이의 거리가 4이다. 이 그래프가 점 $(3, -5)$를 지날 때, $a+b+c$의 값은? (단, a, b, c는 상수)

① -3 ② -1 ③ 1

④ 3 ⑤ 5

1083

이차함수 $y=\dfrac{1}{2}x^2+x-\dfrac{3}{2}$의 그래프가 $y=\dfrac{1}{2}(x-p)^2+q$의 그래프와 완전히 포개어진다고 할 때, $p+q$의 값은?

(단, p, q는 상수)

① -6 ② -4 ③ -3

④ 3 ⑤ 6

1084

일차함수 $y=3x+7$의 그래프가 이차함수 $y=-x^2+2kx-3$의 그래프의 꼭짓점을 지날 때, 양수 k의 값은?

① 1 ② 2 ③ 3

④ 4 ⑤ 5

1085

이차함수 $y=ax^2+4x+6$의 그래프는 x축과 서로 다른 두 점에서 만난다. 두 교점 중 한 점의 좌표가 $(-1,\ 0)$일 때, 다른 한 점의 좌표는? (단, a는 상수)

① $(-3,\ 0)$ ② $(-2,\ 0)$ ③ $\left(\dfrac{1}{2},\ 0\right)$

④ $\left(\dfrac{3}{2},\ 0\right)$ ⑤ $(3,\ 0)$

1086

이차함수 $y=-3x^2+6x-4$의 그래프가 지나지 <u>않는</u> 사분면은?

① 제1, 2사분면 ② 제1, 4사분면

③ 제2, 3사분면 ④ 제2, 4사분면

⑤ 제3, 4사분면

1087

이차함수 $y=3x^2+6x-a+1$의 그래프가 x축과 만나지 않도록 하는 실수 a의 값의 범위는?

① $a<-2$ ② $a>-2$ ③ $-2<a<2$

④ $a<2$ ⑤ $a>2$

1088

이차함수 $y=-2x^2+3x$의 그래프를 x축의 방향으로 p만큼, y축의 방향으로 q만큼 평행이동하였더니 $y=-2x^2-x-3$의 그래프와 완전히 포개어졌다. 이때 pq의 값을 구하시오.

(단, p, q는 상수)

1089

오른쪽 그림과 같은 이차함수 $y=-\dfrac{1}{2}x^2+ax+b$의 그래프에서 x의 값이 증가할 때 y의 값도 증가하는 x의 값의 범위는 $x<k$이다. 이때 $a+b+k$의 값은?

(단, a, b는 상수이고 $k>0$)

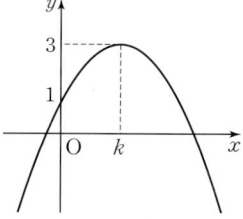

① -6 ② -5 ③ 3

④ 5 ⑤ 6

1090

다음 중 이차함수 $y=\dfrac{1}{4}x^2+3x-7$의 그래프에 대한 설명으로 옳지 <u>않은</u> 것은?

① 꼭짓점의 좌표는 $(-6,\ -16)$이다.

② x축과 서로 다른 두 점에서 만난다.

③ y축과 만나는 점의 y좌표는 -7이다.

④ $x>-6$일 때, x의 값이 증가하면 y의 값도 증가한다.

⑤ $y=\dfrac{1}{4}x^2$의 그래프를 x축의 방향으로 6만큼, y축의 방향으로 -16만큼 평행이동한 것이다.

1091

이차함수 $y=ax^2+bx+c$의 그래프가 오른쪽 그림과 같을 때, $a-2b+c$의 값은?

(단, a, b, c는 상수)

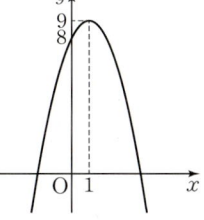

① -8　　　　② -3

③ 1　　　　④ 3

⑤ 11

1092

이차함수 $y=x^2+ax+b$의 그래프는 축의 방정식이 $x=-2$이고, x축과 만나는 두 점 사이의 거리가 6이다. 이때 $a+b$의 값을 구하시오. (단, a, b는 상수)

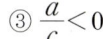

1093

세 점 $(-1, 5)$, $(0, 8)$, $(3, 5)$를 지나는 포물선과 x축과의 두 교점을 A, B라고 할 때, 선분 AB의 길이는?

① 4　　　　② 6　　　　③ 8

④ 10　　　　⑤ 12

1094

이차함수 $y=ax^2+bx+c$의 그래프가 오른쪽 그림과 같을 때, 다음 중 옳지 않은 것은? (단, a, b, c는 상수)

① $ab<0$　　　　② $bc>0$

③ $\dfrac{a}{c}<0$　　　　④ $a-b+c<0$

⑤ $\dfrac{1}{4}a+\dfrac{1}{2}b+c>0$

1095 생각이 쑥쑥

오른쪽 그림과 같은 이차함수 $y=-x^2+6x+7$의 그래프에서 점 A는 꼭짓점, 점 B는 y축과의 교점, 점 C는 x축과의 교점일 때, 사각형 ABOC의 넓이를 구하시오.

(단, 점 C의 x좌표는 0보다 크다.)

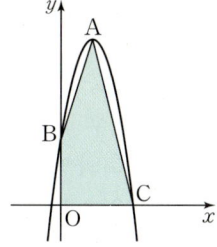

1096

이차함수 $y=-x^2-7x+5$의 그래프와 x축에 대하여 대칭인 포물선의 식을 $y=ax^2+bx+c$라고 할 때, $a+b+c$의 값은?

(단, a, b, c는 상수)

① -10　　　　② -3　　　　③ 0

④ 3　　　　⑤ 10

1097 교과서 속 창의·융합 문제

현수교의 주 케이블은 다음 그림과 같이 이차함수의 그래프인 포물선 모양이다. 왼쪽 탑으로부터의 수평 거리를 x m, 상판에서 주 케이블까지의 높이를 y m라고 할 때, x와 y 사이에는 $y=\dfrac{1}{1000}x^2-\dfrac{1}{10}ax+170$인 관계가 성립한다. 이차함수 $y=\dfrac{1}{1000}x^2-\dfrac{1}{10}ax+170$의 그래프의 축의 방정식이 $x=400$일 때, 꼭짓점의 좌표를 구하시오. (단, a는 상수)

서술형 콕콕

단계를 밟아 서술하기

스스로 서술하기

1098

이차함수 $y=2x^2-4x+4$의 그래프를 x축의 방향으로 m만큼, y축의 방향으로 n만큼 평행이동하였더니 이차함수 $y=2x^2+8x+16$의 그래프와 겹쳐졌다. 이때 $m+n$의 값을 구하시오.

단계 1 $y=2x^2-4x+4$와 $y=2x^2+8x+16$을 $y=a(x-p)^2+q$ 꼴로 나타내시오. [40%]

(단, a, p, q는 상수)

단계 2 m, n의 값을 각각 구하시오. [40%]

단계 3 $m+n$의 값을 구하시오. [20%]

1099

이차함수 $y=2x^2-2$의 그래프를 x축의 방향으로 a만큼, y축의 방향으로 b만큼 평행이동하였더니 이차함수 $y=2x^2-4x-3$의 그래프와 겹쳐졌다. 이때 $a+b$의 값을 구하시오.

풀이

답 _____

1100

이차함수 $y=2x^2-12x+2$의 그래프에서 x의 값이 증가할 때, y의 값도 증가하는 x의 값의 범위를 구하시오.

단계 1 $y=2x^2-12x+2$를 $y=a(x-p)^2+q$ 꼴로 나타내시오. (단, a, p, q는 상수) [50%]

단계 2 x의 값이 증가할 때, y의 값도 증가하는 x의 값의 범위를 구하시오. [50%]

1101

이차함수 $y=-3x^2-6x+11$의 그래프에서 x의 값이 증가할 때, y의 값은 감소하는 x의 값의 범위를 구하시오.

풀이

답 _____

1102

이차함수 $y=x^2-2ax-b$의 그래프는 점 $(1, 4)$를 지나고 꼭짓점은 직선 $y=-2x+7$ 위에 있을 때, $a-b$의 값을 구하시오. (단, a, b는 상수)

단계 1 이차함수 $y=x^2-2ax-b$의 그래프의 꼭짓점의 좌표를 a를 사용하여 나타내시오. [60%]

단계 2 $a-b$의 값을 구하시오. [40%]

1103

이차함수 $y=x^2+2ax+2b$의 그래프가 점 $(-1, 5)$를 지나고 꼭짓점이 직선 $y=2x+8$ 위에 있을 때, $a+b$의 값을 구하시오. (단, a, b는 상수)

풀이

답 _____

단계를 밟아 서술하기

1104

오른쪽 그림은 이차함수
$y=ax^2+2x+8$의 그래프이다. 이 그래프의 꼭짓점을 A, x축과의 두 교점을 각각 B, C라고 할 때, $\triangle$ABC의 넓이를 구하시오. (단, a는 상수)

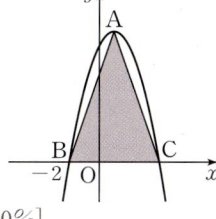

단계 1 꼭짓점 A의 좌표를 구하시오. [50%]

단계 2 점 C의 좌표를 구하시오. [30%]

단계 3 $\triangle$ABC의 넓이를 구하시오. [20%]

스스로 서술하기

1105

오른쪽 그림은 이차함수
$y=ax^2+6x+7$의 그래프이다. 이 그래프의 꼭짓점을 A, x축과의 두 교점을 각각 B, C라고 할 때, $\triangle$ABC의 넓이를 구하시오. (단, a는 상수)

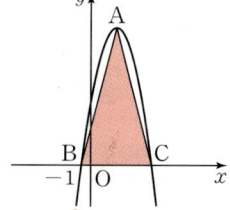

풀이

답 _____

1106

세 점 $(0, 7)$, $(3, 1)$, $(-1, 17)$을 지나는 포물선의 꼭짓점의 좌표를 구하시오.

단계 1 세 점을 지나는 포물선을 그래프로 하는 이차함수의 식을 $y=ax^2+bx+c$ 꼴로 나타내시오. [70%]
(단, a, b, c는 상수)

단계 2 포물선의 꼭짓점의 좌표를 구하시오. [30%]

1107

세 점 $(0, 1)$, $(-2, -15)$, $(1, 6)$을 지나는 포물선의 꼭짓점의 좌표를 구하시오.

풀이

답 _____

1108

이차함수 $y=ax^2+bx+c$의 그래프가 x축과 두 점 $(-2, 0)$, $(4, 0)$에서 만나고 y축과 점 $(0, -8)$에서 만날 때, abc의 값을 구하시오. (단, a, b, c는 상수)

단계 1 a의 값을 구하시오. [40%]

단계 2 b, c의 값을 각각 구하시오. [40%]

단계 3 abc의 값을 구하시오. [20%]

1109

이차함수 $y=ax^2+bx+c$의 그래프가 x축과 두 점 $(2, 0)$, $(-3, 0)$에서 만나고 y축과 점 $(0, 6)$에서 만날 때, $a+b+c$의 값을 구하시오. (단, a, b, c는 상수)

풀이

답 _____

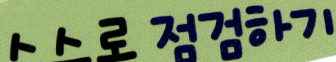

아래의 마인드맵에서 빈칸을 채우면서 학습한 내용을 확인해 봅시다.

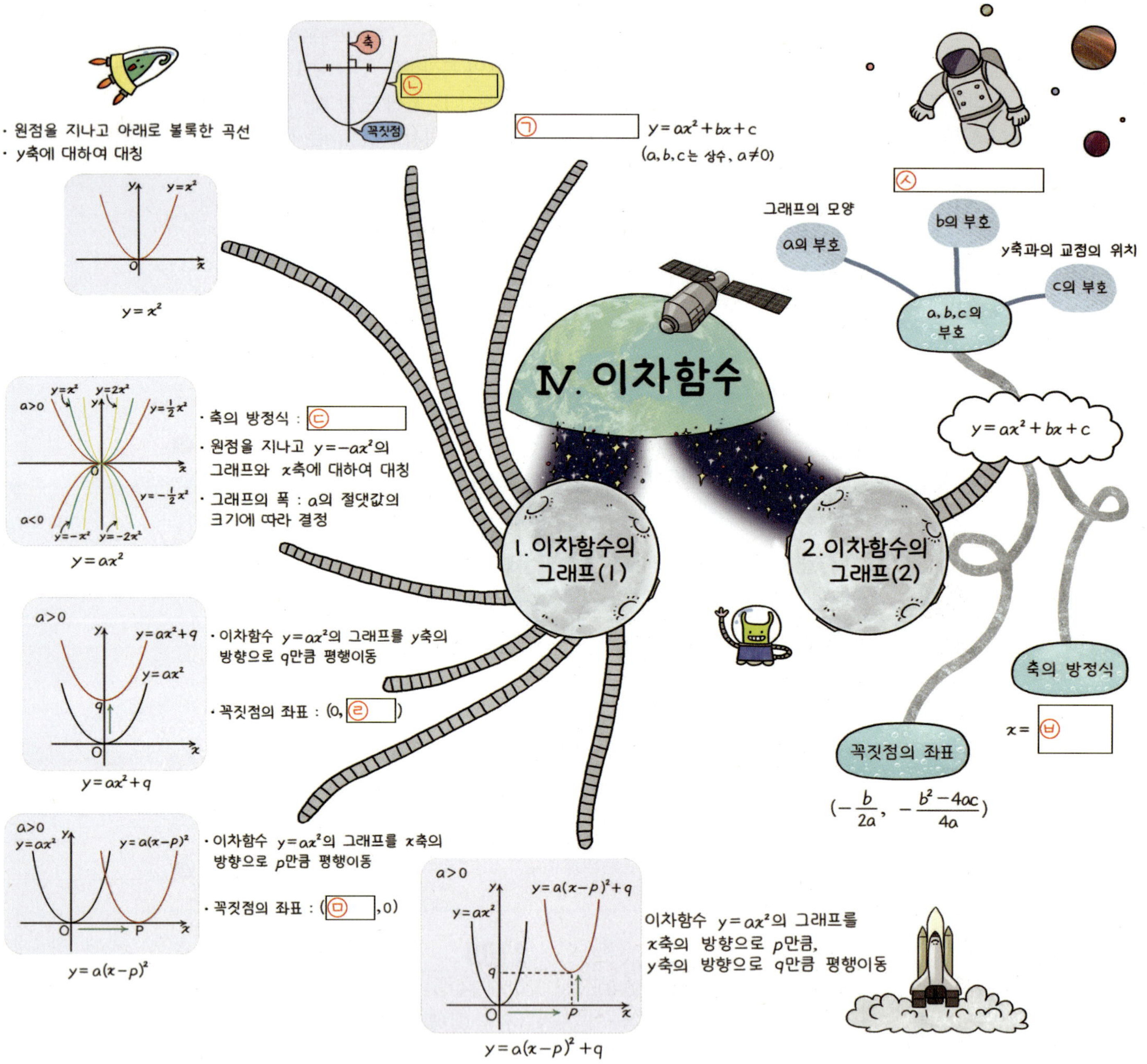

Ⅳ. 이차함수

1. 이차함수의 그래프(1)

2. 이차함수의 그래프(2)

ⓙ

$y = ax^2 + bx + c$ (a, b, c는 상수, $a \neq 0$)

・원점을 지나고 아래로 볼록한 곡선
・y축에 대하여 대칭

$y = x^2$

$y = ax^2$

・축의 방정식 : ⓒ
・원점을 지나고 $y = -ax^2$의 그래프와 x축에 대하여 대칭
・그래프의 폭 : a의 절댓값의 크기에 따라 결정

$y = ax^2 + q$

$a > 0$
$y = ax^2 + q$
$y = ax^2$
・이차함수 $y = ax^2$의 그래프를 y축의 방향으로 q만큼 평행이동
・꼭짓점의 좌표 : $(0,$ ⓔ $)$

$y = a(x-p)^2$

$a > 0$
$y = ax^2$
$y = a(x-p)^2$
・이차함수 $y = ax^2$의 그래프를 x축의 방향으로 p만큼 평행이동
・꼭짓점의 좌표 : $($ ⓜ $, 0)$

$a > 0$
$y = ax^2$
$y = a(x-p)^2 + q$
이차함수 $y = ax^2$의 그래프를 x축의 방향으로 p만큼, y축의 방향으로 q만큼 평행이동

$y = a(x-p)^2 + q$

ⓢ

그래프의 모양
a의 부호
b의 부호
y축과의 교점의 위치
c의 부호

a, b, c의 부호

$y = ax^2 + bx + c$

축의 방정식
$x = $ ⓗ

꼭짓점의 좌표
$\left(-\dfrac{b}{2a}, \ -\dfrac{b^2 - 4ac}{4a} \right)$

ⓙ $y = f(x)$에서 y가 x에 대한 이차식으로 나타나는 함수
ⓛ 이차함수 그래프와 같은 모양의 곡선
ⓒ y축의 방정식
ⓔ $y = ax^2$의 그래프를 y축의 방향으로 q만큼 이동

ⓜ $y = ax^2$의 그래프를 x축의 방향으로 p만큼 이동
ⓗ 축의 방정식은 꼭짓점의 x좌표와 같다.
ⓢ $y = ax^2 + bx + c$의 축의 방정식은 $x = -\dfrac{b}{2a}$

답 | ⓙ 이차함수 ⓛ 포물선 ⓒ $x = 0$ ⓔ q ⓜ p ⓗ $-\dfrac{b}{2a}$ ⓢ 축의 위치

유형을 완벽하게 마스터하는
중학 수학 유형 기본서

新 수학의 바이블 유형은
新 수학의 바이블 개념의 기본 개념과
꼭 알아야 할 필수 유형만 선정하여 수록한 유형서입니다.

바이블 Point 1

실력을 길러주는 4단계 콕콕 SYSTEM

BOB의 콕콕 코너를 통해 중학 수학의 모든 유형을 체계적으로 학습할 수 있도록 구성

- **개념 콕콕** : 개념을 익힐 수 있는 간단하고 쉬운 문제로 구성
- **유형 콕콕** : 내신 빈출 문제를 유형별로 총망라하여 집중 학습할 수 있도록 구성
- **실력 콕콕** : 학습한 유형의 응용 문제로 실력을 다질 수 있도록 구성
- **서술형 콕콕** : 학교 시험에 자주 출제되는 서술형 문제로 구성

바이블 Point 2

개념 기본서 '新 수학의 바이블 개념'과의 연계 학습이 가능한 상호 순환 구성

유형 콕콕의 각 유형별로 수학의 바이블 개념 해당 페이지를 표기하여 상세한 개념 확인 가능

바이블 Point 3

개념을 완벽하게 마스터할 수 있는 바이블만의 커리큘럼

- 연산 문제의 반복 학습을 통해 기초를 다지는 '바이블 **연산**'
- 쉽고 빠르게 개념을 완벽하게 마스터할 수 있는 '바이블 **개념**'
- 필수 유형만 선정하여 체계적으로 학습할 수 있는 '바이블 **유형**'

新 수학의
바이블
BOB

핵심을 쉽게! **유형**을 빠르게! 실력을 우월하게!

유형

중학 3-1

정답과 풀이

이투스북

2022 개정 교육과정

개념서의 본보기

22 개정 중등 교과서 분석!
핵심 개념과 탐구 자료 수록

- 모든 중등 교과서의 핵심 개념을 빠짐없이 정리
- 교과서마다 다른 유사 탐구를 제시하여 설명

실제 중학교 시험지 반영!
내신 완벽 대비 가능

- 시험 출제 가능성이 높은 문제를 난이도별 제시
- 진짜 시험에서 '본' 대로 내신 대비 문제 자료 흑백 제시

중등

본 중등과학
2022 개정 교육과정
중등과학 내신 대비 기본서

고등

본 통합사회1, 2
통합사회 8종 교과서의
개념을 종합하여 담은
내신 대비 기본서

본 통합과학1, 2
통합과학 5종 교과서의
핵심 개념을 정리한
내신 대비 기본서

• 이투스북 도서는 전국 서점 및 온라인 서점에서 구매하실 수 있습니다.　• 이투스북 온라인 서점 | www.etoosbook.com

이투스북

新 수학의 바이블

BOB

유형

중학 **3-1**

정답과 풀이

정답과 풀이

1 제곱근의 뜻과 성질

개념 콕콕 본문 | 7쪽

0001
답 (1) 6, -6 (2) 14, -14 (3) 0 (4) 없다. (5) $\frac{1}{7}$, $-\frac{1}{7}$ (6) 1.2, -1.2

0002
답 (1) $\pm\sqrt{12}$ (2) $\pm\sqrt{42}$ (3) $\pm\sqrt{\frac{7}{20}}$ (4) $\pm\sqrt{2.9}$

0003
답 (1) 4 (2) -13 (3) $\frac{2}{9}$ (4) ±0.8

0004
답 (1) $\pm\sqrt{6}$ (2) $\sqrt{6}$ (3) ±5 (4) 5 (5) $\pm\sqrt{\frac{1}{7}}$ (6) $\sqrt{\frac{1}{7}}$

0005
답 (1) $\sqrt{5}$ (2) $\pm\sqrt{13}$ (3) $\sqrt{24}$ (4) $-\sqrt{20}$

0006
답 (1) 7 (2) -2.8 (3) -11 (4) -17 (5) $\frac{4}{7}$ (6) $-\frac{2}{3}$

0007
(1) (주어진 식)$=8+5=13$
(2) (주어진 식)$=3-11=-8$
(3) (주어진 식)$=\frac{2}{3}\times6=4$
(4) (주어진 식)$=-\sqrt{8^2}\div4=-8\div4=-2$
답 (1) 13 (2) -8 (3) 4 (4) -2

0008
(1) $3a>0$이므로 $\sqrt{(3a)^2}=3a$
(2) $-2a<0$이므로 $\sqrt{(-2a)^2}=-(-2a)=2a$
(3) $5a<0$이므로 $\sqrt{(5a)^2}=-5a$
(4) $-4a>0$이므로 $\sqrt{(-4a)^2}=-4a$
답 (1) $3a$ (2) $2a$ (3) $-5a$ (4) $-4a$

0009
(1) $12<15$이므로 $\sqrt{12}<\sqrt{15}$
(2) $3=\sqrt{9}$이고, $13>9$이므로 $\sqrt{13}>3$

(3) $4=\sqrt{16}$이고, $17>16$이므로 $\sqrt{17}>4$
  $\therefore -\sqrt{17}<-4$
(4) $\frac{1}{4}>\frac{1}{5}$이므로 $-\sqrt{\frac{1}{4}}<-\sqrt{\frac{1}{5}}$
답 (1) $<$ (2) $>$ (3) $<$ (4) $<$

유형 콕콕 본문 | 8~16쪽

0010 ④	**0011** ⑤	**0012** ④	**0013** 27
0014 ③	**0015** ④	**0016** ③, ⑤	**0017** ①
0018 ②, ④	**0019** ②	**0020** -3	**0021** 28 cm²
0022 $\sqrt{63}$	**0023** $\sqrt{34}$ cm	**0024** $\sqrt{61}$ cm	**0025** ③
0026 ④	**0027** ②	**0028** ①, ⑤	**0029** ③
0030 ⑤	**0031** ②	**0032** -7	**0033** ⑤
0034 ⑤	**0035** ②	**0036** 21	**0037** ②, ⑤
0038 ⑤	**0039** ②	**0040** ⑤	**0041** ①
0042 ②	**0043** $a-3b$	**0044** $-4a-3b$	
0045 ②	**0046** ④	**0047** ③	**0048** $2a-2c$
0049 ⑤	**0050** ③	**0051** ③	**0052** ②
0053 6	**0054** ④	**0055** 147	**0056** 15
0057 4	**0058** ⑤	**0059** ③	**0060** ⑤
0061 ④	**0062** ②	**0063** ⑤	**0064** 61
0065 ④	**0066** ⑤		
0067 $\sqrt{5.9}$, $\sqrt{11}$, $\sqrt{\frac{62}{5}}$, 4, $\sqrt{23}$			**0068** 11
0069 ③	**0070** ⑤	**0071** 1	**0072** 4
0073 ④	**0074** 12개	**0075** ②	**0076** 3
0077 ②	**0078** 9	**0079** ②	**0080** ④

0010
④ 음수의 제곱근은 없다.
답 ④

0011
x는 15의 제곱근이므로 $x^2=15$ 또는 $x=\pm\sqrt{15}$
답 ⑤

0012
음수의 제곱근은 없으므로 제곱근을 구할 수 없는 수는 -5, $-\frac{1}{4}$
이다.
답 ④

0013
$a^2=10$, $b^2=17$이므로 ······ 70%
  $a^2+b^2=10+17=27$ ······ 30%
답 27

0014

① 11의 제곱근은 $\pm\sqrt{11}$이므로 $-\sqrt{11}$은 11의 제곱근이다.

② $\sqrt{36}=6$의 제곱근은 $\pm\sqrt{6}$이다.

③ 3의 제곱근은 $\pm\sqrt{3}$이고, 제곱근 3은 $\sqrt{3}$이므로 같지 않다.

④ $\sqrt{0.25}=0.5$

⑤ $\left(-\dfrac{1}{7}\right)^2=\dfrac{1}{49}$의 음의 제곱근은 $-\dfrac{1}{7}$이다.   탭 ③

0015

①, ②, ③, ⑤ ± 3 ④ 3   탭 ④

0016

① 0의 제곱근은 1개, 양수의 제곱근은 2개이다.

② $0.\dot{4}=\dfrac{4}{9}$의 제곱근은 $\pm\dfrac{2}{3}$이다.

③ $\left(\dfrac{1}{3}\right)^2=\dfrac{1}{9}$의 제곱근은 $\pm\dfrac{1}{3}$이다.

④ 제곱하여 0.5가 되는 수는 $\pm\sqrt{0.5}$의 2개이다.

⑤ 13의 제곱근은 $\sqrt{13}$, $-\sqrt{13}$의 2개이고, $\sqrt{13}+(-\sqrt{13})=0$이다.

따라서 옳은 것은 ③, ⑤이다.   탭 ③, ⑤

0017

$(-8)^2=64$의 음의 제곱근은 -8이므로 $a=-8$

$\sqrt{16}=4$의 양의 제곱근은 2이므로 $b=2$

$\therefore a+b=-8+2=-6$ 탭 ①

0018

② 0.09의 음의 제곱근 ⇨ -0.3

④ $\sqrt{\dfrac{1}{64}}=\dfrac{1}{8}$의 양의 제곱근 ⇨ $\sqrt{\dfrac{1}{8}}$ 탭 ②, ④

0019

$1.\dot{7}=\dfrac{17-1}{9}=\dfrac{16}{9}$이므로 $1.\dot{7}$의 음의 제곱근은 $-\dfrac{4}{3}$이다.   탭 ②

0020

제곱근 144는 12이므로 $A=12$ ……40%

$\left(-\dfrac{1}{4}\right)^2=\dfrac{1}{16}$의 음의 제곱근은 $-\dfrac{1}{4}$이므로 $B=-\dfrac{1}{4}$ ……40%

$\therefore AB=12\times\left(-\dfrac{1}{4}\right)=-3$ ……20%

탭 -3

0021

$\triangle$ABC에서 $\overline{AB}=\sqrt{(\sqrt{65})^2-7^2}=4\,(\text{cm})$

$\therefore \square$ABCD$=7\times 4=28\,(\text{cm}^2)$ 탭 $28\,\text{cm}^2$

0022

(삼각형의 넓이)$=\dfrac{1}{2}\times 14\times 9=63$

넓이가 63인 정사각형의 한 변의 길이를 x라고 하면

$x^2=63$ $\therefore x=\sqrt{63}\,(\because x>0)$

따라서 구하는 정사각형의 한 변의 길이는 $\sqrt{63}$이다.   탭 $\sqrt{63}$

0023

새로 만들어진 정사각형의 넓이는 $3^2+5^2=34\,(\text{cm}^2)$

넓이가 34 cm²인 정사각형의 한 변의 길이를 x cm라고 하면

$x^2=34$ $\therefore x=\sqrt{34}\,(\because x>0)$

따라서 구하는 정사각형의 한 변의 길이는 $\sqrt{34}$ cm이다.

탭 $\sqrt{34}$ cm

0024

$\triangle$ABD에서 $\overline{AD}=\sqrt{10^2-8^2}=6\,(\text{cm})$

$\triangle$ADC에서 $\overline{AC}=\sqrt{6^2+5^2}=\sqrt{61}\,(\text{cm})$ 탭 $\sqrt{61}$ cm

0025

주어진 수의 제곱근을 각각 구하면

$\pm\sqrt{1.6}$, $\pm\sqrt{\dfrac{1}{36}}=\pm\dfrac{1}{6}$, $\pm\sqrt{27}$, $\pm\sqrt{\dfrac{49}{81}}=\pm\dfrac{7}{9}$,

$\pm\sqrt{0.\dot{1}}=\pm\sqrt{\dfrac{1}{9}}=\pm\dfrac{1}{3}$

따라서 제곱근을 근호를 사용하지 않고 나타낼 수 있는 수는

$\dfrac{1}{36}$, $\dfrac{49}{81}$, $0.\dot{1}$의 3개이다.   탭 ③

0026

④ $\sqrt{\dfrac{25}{144}}=\dfrac{5}{12}$ 탭 ④

0027

② $\dfrac{4}{625}$의 제곱근은 $\pm\sqrt{\dfrac{4}{625}}=\pm\dfrac{2}{25}$ 탭 ②

0028

① $\sqrt{0.09}=0.3$의 제곱근은 $\pm\sqrt{0.3}$

② $2.\dot{7}=\dfrac{27-2}{9}=\dfrac{25}{9}$의 제곱근은 $\pm\sqrt{\dfrac{25}{9}}=\pm\dfrac{5}{3}$

③ $\dfrac{36}{121}$의 제곱근은 $\pm\sqrt{\dfrac{36}{121}}=\pm\dfrac{6}{11}$

④ $0.\dot{1}\dot{6}$의 제곱근은 $\pm\sqrt{0.\dot{1}\dot{6}}=\pm 0.4$

⑤ $\sqrt{225}=15$의 제곱근은 $\pm\sqrt{15}$

따라서 제곱근을 근호를 사용하지 않고 나타낼 수 없는 수는 ①, ⑤이다.   탭 ①, ⑤

0029

①, ②, ④, ⑤ 3 ③ -3 탭 ③

0030

① $\frac{1}{3}$ ② $\frac{1}{4}$ ③ $\frac{1}{2}$ ④ $\frac{1}{2}$ ⑤ $\frac{1}{6}$

따라서 가장 작은 수는 ⑤이다. 답 ⑤

0031

ㄴ. $(-\sqrt{15})^2=15$

ㄷ. $-\sqrt{(-12)^2}=-12$ 답 ②

0032

$\sqrt{(-9)^2}=9$의 음의 제곱근은 -3이므로 $A=-3$ ······ 40%

$(-\sqrt{16})^2=16$의 양의 제곱근은 4이므로 $B=4$ ······ 40%

$\therefore A-B=-3-4=-7$ ······ 20%

답 -7

0033

(주어진 식)$=10\div2+7\times\frac{4}{7}=5+4=9$ 답 ⑤

0034

(주어진 식)$=5+7-8=4$ 답 ⑤

0035

① (주어진 식)$=3+3=6$

② (주어진 식)$=12\div12=1$

③ (주어진 식)$=\frac{4}{3}\times\frac{9}{2}=6$

④ (주어진 식)$=4-9\div(-3)=4-(-3)=4+3=7$

⑤ (주어진 식)$=5+0.2\times10=5+2=7$ 답 ②

0036

(주어진 식)$=25-4\times\frac{5}{2}+6=25-10+6=21$ 답 21

0037

① $a<0$이므로 $-\sqrt{a^2}=-(-a)=a$

② $-2a>0$이므로 $\sqrt{(-2a)^2}=-2a$

③ $\frac{a}{3}<0$이므로 $\sqrt{\frac{a^2}{9}}=\sqrt{\left(\frac{a}{3}\right)^2}=-\frac{a}{3}$

④ $6a<0$이므로 $\sqrt{36a^2}=\sqrt{(6a)^2}=-6a$

⑤ $-5a>0$이므로 $-\sqrt{(-5a)^2}=-(-5a)=5a$ 답 ②, ⑤

0038

$a>0$일 때, $-a<0$이므로

① $(\sqrt{a})^2=a$ ② $\sqrt{a^2}=a$

③ $(-\sqrt{a})^2=a$ ④ $\sqrt{(-a)^2}=-(-a)=a$

⑤ $-\sqrt{(-a)^2}=-\{-(-a)\}=-a$

답 ⑤

0039

ㄱ. $-a>0$이므로 $-\sqrt{(-a)^2}=-(-a)=a$

ㄴ. $3a<0$이므로 $-\sqrt{(3a)^2}=-(-3a)=3a$

ㄷ. $4a<0$이므로 $\sqrt{16a^2}=\sqrt{(4a)^2}=-4a$

ㄹ. $-5a>0$이므로 $\sqrt{(-5a)^2}=-5a$ 답 ②

0040

① $2a>0$이므로 $\sqrt{4a^2}=\sqrt{(2a)^2}=2a$

② $\frac{7}{10}a>0$이므로 $\sqrt{\frac{49a^2}{100}}=\sqrt{\left(\frac{7}{10}a\right)^2}=\frac{7}{10}a$

③ $a>0$이므로 $\frac{\sqrt{a^2}}{2}=\frac{a}{2}$

④ $-2a<0$이므로 $-\sqrt{(-2a)^2}=-\{-(-2a)\}=-2a$

⑤ $-3a<0$이므로 $\sqrt{(-3a)^2}=-(-3a)=3a$

따라서 그 값이 가장 큰 것은 ⑤이다. 답 ⑤

0041

$-2a<0$, $3a>0$, $4b<0$이므로

(주어진 식)$=-(-2a)+3a-(-4b)$

$=2a+3a+4b$

$=5a+4b$ 답 ⑤

0042

$-4a>0$, $3a<0$이므로

(주어진 식)$=\sqrt{(-4a)^2}-\sqrt{a^2}+\sqrt{(3a)^2}$

$=-4a-(-a)+(-3a)$

$=-4a+a-3a$

$=-6a$ 답 ②

0043

$2a<0$, $-3b<0$이므로

(주어진 식)$=\sqrt{a^2}-\sqrt{(2a)^2}-\sqrt{(-3b)^2}$

$=-a-(-2a)-\{-(-3b)\}$

$=-a+2a-3b$

$=a-3b$ 답 $a-3b$

0044

$a>0$이고, $ab<0$에서 a, b는 서로 다른 부호이므로 $a>0$, $b<0$

따라서 $-5a<0$, $3b<0$이므로 ······ 40%

(주어진 식)$=\sqrt{a^2}-\sqrt{(-5a)^2}+\sqrt{(3b)^2}$

$=a-\{-(-5a)\}+(-3b)$ ······ 40%

$=a-5a-3b$

$=-4a-3b$ ······ 20%

답 $-4a-3b$

0045

$a-3<0$, $a+2>0$이므로

(주어진 식)$=-(a-3)-(a+2)$

$\qquad\qquad=-a+3-a-2$

$\qquad\qquad=-2a+1$ 　　　　　　　　답 ②

0046

$a>0$, $a-4<0$이므로

(주어진 식)$=a-\{-(a-4)\}$

$\qquad\qquad=a+a-4$

$\qquad\qquad=2a-4$ 　　　　　　　　답 ④

0047

$a-3<0$, $3-a>0$이므로

(주어진 식)$=-(a-3)+(3-a)$

$\qquad\qquad=-a+3+3-a$

$\qquad\qquad=-2a+6$ 　　　　　　　　답 ③

0048

$a-b>0$, $b-c>0$, $c-a<0$이므로

(주어진 식)$=(a-b)+(b-c)-(c-a)$

$\qquad\qquad=a-b+b-c-c+a=2a-2c$ 　　답 $2a-2c$

0049

$84x=2^2\times3\times7\times x$이므로 $x=3\times7\times$(자연수)^2 꼴이어야 한다.

따라서 가장 작은 자연수 x의 값은 $3\times7=21$ 　　답 ⑤

0050

$28x=2^2\times7\times x$이므로 $x=7\times$(자연수)^2 꼴이어야 한다.

① $7=7\times1^2$　　　② $28=7\times2^2$　　　③ $49=7^2$

④ $63=7\times3^2$　　　⑤ $112=7\times4^2$ 　　　　답 ③

0051

$\dfrac{45}{2}x=\dfrac{3^2\times5}{2}\times x$이므로 $x=2\times5\times$(자연수)^2 꼴이어야 한다.

따라서 가장 작은 자연수 x의 값은 $2\times5=10$ 　　답 ③

0052

$300\times x=2^2\times3\times5^2\times x$이므로 $x=3\times$(자연수)^2 꼴이어야 한다.

따라서 가장 작은 두 자리 자연수 x의 값은 $3\times2^2=12$ 　답 ②

0053

$\dfrac{216}{x}=\dfrac{2^3\times3^3}{x}$이므로 x는 $2^3\times3^3$의 약수이면서 $2\times3\times$(자연수)^2 꼴이어야 한다.

따라서 가장 작은 자연수 x의 값은 $2\times3=6$이다. 　　답 6

0054

$\dfrac{72}{x}=\dfrac{2^3\times3^2}{x}$이므로 x는 $2^3\times3^2$의 약수이면서 $2\times$(자연수)^2 꼴이어야 한다.

따라서 자연수 x는 2, $2\times2^2=2^3=8$, $2\times3^2=18$,

$2\times6^2=2^3\times3^2=72$이다. 　　　　　　답 ④

0055

$\dfrac{112}{x}=\dfrac{2^4\times7}{x}$이므로 x는 $2^4\times7$의 약수이면서 $7\times$(자연수)^2 꼴이어야 한다.

따라서 자연수 x는 7, 7×2^2, 7×2^4이므로 　　……70%

구하는 합은 $7+28+112=147$ 　　　　　　……30%

　　　　　　　　　　　　　　　　　　　　답 147

0056

x의 값이 최소일 때, $\sqrt{\dfrac{540}{x}}$의 값이 최대이므로 $\sqrt{\dfrac{540}{x}}$이 가장 큰 자연수가 되려면 가장 작은 자연수 x의 값을 구하면 된다.

이때 $\dfrac{540}{x}=\dfrac{2^2\times3^3\times5}{x}$이므로 x는 $2^2\times3^3\times5$의 약수이면서 $3\times5\times$(자연수)^2 꼴이어야 한다.

따라서 가장 작은 자연수 x의 값은 $3\times5=15$이다. 　　답 15

0057

32보다 큰 (자연수)^2 꼴인 수는 36, 49, 64, $\cdots$

x가 가장 작은 자연수이므로

$32+x=36$　　　$\therefore x=4$ 　　　　　　답 4

0058

$13+x$가 13보다 큰 (자연수)^2 꼴인 수이어야 하므로

$13+x=16$, 25, 36, 49, 64, $\cdots$

$\therefore x=3$, 12, 23, 36, 51, $\cdots$

따라서 x의 값이 아닌 것은 ⑤이다. 　　　　답 ⑤

0059

20보다 큰 (자연수)^2 꼴인 수는 25, 36, 49, $\cdots$

$20+x=25$, 36, 49, $\cdots$　　　$\therefore x=5$, 16, 29, $\cdots$

따라서 30 이하의 자연수 x는 5, 16, 29의 3개이다. 　　답 ③

0060

75보다 큰 (자연수)^2 꼴인 수는 81, 100, 121, $\cdots$

a는 가장 작은 자연수이므로 $75+a=81$　　　$\therefore a=6$

$\therefore b=\sqrt{75+6}=\sqrt{81}=9$

$\therefore a+b=6+9=15$ 　　　　　　　　　　答 ⑤

0061

$21-x$가 0 또는 21보다 작은 (자연수)^2 꼴인 수이어야 하므로

$21-x=0, 1, 4, 9, 16$

$\therefore x=21, 20, 17, 12, 5$

따라서 자연수 x의 개수는 5개이다. **답 ④**

0062

$30-x$가 30보다 작은 (자연수)^2 꼴인 수 중 가장 큰 수이어야 하므로

$30-x=25$ $\therefore x=5$ **답 ②**

0063

$14-x$가 14보다 작은 (자연수)^2 꼴인 수이어야 하므로

$14-x=1, 4, 9$ $\therefore x=13, 10, 5$

따라서 모든 자연수 x의 값의 합은

$13+10+5=28$ **답 ⑤**

0064

$\sqrt{55-x}$가 정수가 되려면 $55-x$는 0 또는 55보다 작은 (자연수)^2

꼴인 수이어야 하므로

$55-x=0, 1, 4, 9, 16, 25, 36, 49$ ……50%

$\therefore x=55, 54, 51, 46, 39, 30, 19, 6$ ……30%

따라서 $M=55, m=6$이므로

$M+m=55+6=61$ ……20%

답 61

0065

① $5=\sqrt{25}$이고 $\sqrt{25}<\sqrt{28}$이므로 $5<\sqrt{28}$

② $\sqrt{6}<\sqrt{8}$이므로 $-\sqrt{6}>-\sqrt{8}$

③ $0.3=\sqrt{0.09}$이고 $\sqrt{0.09}<\sqrt{0.3}$이므로 $0.3<\sqrt{0.3}$

④ $\dfrac{1}{2}=\sqrt{\dfrac{1}{4}}$이고 $\sqrt{\dfrac{1}{3}}>\sqrt{\dfrac{1}{4}}$이므로 $-\sqrt{\dfrac{1}{3}}<-\sqrt{\dfrac{1}{4}}$

   $\therefore -\sqrt{\dfrac{1}{3}}<-\dfrac{1}{2}$

⑤ $4=\sqrt{16}$이고 $\sqrt{15}<\sqrt{16}$이므로 $-\sqrt{15}>-\sqrt{16}$

   $\therefore -\sqrt{15}>-4$ **답 ④**

0066

① $6=\sqrt{36}$이고 $\sqrt{35}<\sqrt{36}$이므로 $-\sqrt{35}>-\sqrt{36}$

   $\therefore -\sqrt{35}>-6$

② $\dfrac{3}{4}>\dfrac{2}{3}$이므로 $\sqrt{\dfrac{3}{4}}>\sqrt{\dfrac{2}{3}}$

③ $4=\sqrt{16}$이고 $\sqrt{16}>\sqrt{12}$이므로 $4>\sqrt{12}$

④ $\dfrac{1}{5}=\sqrt{\dfrac{1}{25}}$이고 $\sqrt{\dfrac{1}{25}}<\sqrt{\dfrac{1}{5}}$이므로 $\dfrac{1}{5}<\sqrt{\dfrac{1}{5}}$

⑤ $\dfrac{1}{3}=\sqrt{\dfrac{1}{9}}$이고 $\sqrt{\dfrac{1}{9}}<\sqrt{\dfrac{1}{8}}$이므로 $-\sqrt{\dfrac{1}{9}}>-\sqrt{\dfrac{1}{8}}$

   $\therefore -\dfrac{1}{3}>-\sqrt{\dfrac{1}{8}}$ **답 ⑤**

0067

$4=\sqrt{16}$, $\sqrt{\dfrac{62}{5}}=\sqrt{12.4}$이고 $5.9<11<12.4<16<23$이므로

$\sqrt{5.9}<\sqrt{11}<\sqrt{\dfrac{62}{5}}<4<\sqrt{23}$ **답 $\sqrt{5.9}, \sqrt{11}, \sqrt{\dfrac{62}{5}}, 4, \sqrt{23}$**

0068

$\sqrt{\dfrac{22}{4}}=\sqrt{5.5}$, $\sqrt{(-2)^2}=\sqrt{4}$, $3=\sqrt{9}$이고 $2<4<5.5<7<9$이므로

$\sqrt{2}<\sqrt{(-2)^2}<\sqrt{\dfrac{22}{4}}<\sqrt{7}<3$

$\therefore -3<-\sqrt{7}<-\sqrt{\dfrac{22}{4}}<-\sqrt{(-2)^2}<-\sqrt{2}$ ……70%

따라서 $a=-3, b=-\sqrt{2}$이므로

$a^2+b^2=(-3)^2+(-\sqrt{2})^2=9+2=11$ ……30%

답 11

0069

$\sqrt{2}<\sqrt{4}$이므로 $\sqrt{2}<2$

따라서 $2-\sqrt{2}>0$, $\sqrt{2}-2<0$이므로

(주어진 식)$=(2-\sqrt{2})-\{-(\sqrt{2}-2)\}$

$=2-\sqrt{2}+\sqrt{2}-2=0$ **답 ③**

0070

$\sqrt{3}+\sqrt{5}>0$, $\sqrt{3}-\sqrt{5}<0$이므로

(주어진 식)$=(\sqrt{3}+\sqrt{5})+\{-(\sqrt{3}-\sqrt{5})\}$

$=\sqrt{3}+\sqrt{5}-\sqrt{3}+\sqrt{5}$

$=2\sqrt{5}$ **답 ⑤**

0071

$\sqrt{9}<\sqrt{10}<\sqrt{16}$이므로 $3<\sqrt{10}<4$

따라서 $3-\sqrt{10}<0$, $4-\sqrt{10}>0$이므로

(주어진 식)$=-(3-\sqrt{10})+(4-\sqrt{10})$

$=-3+\sqrt{10}+4-\sqrt{10}$

$=1$ **답 1**

0072

$\sqrt{7}<\sqrt{9}$이므로 $\sqrt{7}<3$

따라서 $3-\sqrt{7}>0$, $\sqrt{7}-3<0$이므로

(주어진 식)$=(3-\sqrt{7})-\{-(\sqrt{7}-3)\}-3+7$

$=3-\sqrt{7}+\sqrt{7}-3-3+7$

$=4$ **답 4**

0073

$4^2<(\sqrt{2n})^2<5^2$에서 $16<2n<25$ $\therefore 8<n<\dfrac{25}{2}$

따라서 자연수 n은 9, 10, 11, 12의 4개이다. **답 ④**

0074

$\sqrt{4x} < 7$에서 $(\sqrt{4x})^2 < 7^2$ $\therefore 4x < 49$ $\therefore x < \dfrac{49}{4}$

따라서 자연수 x는 $1, 2, 3, \cdots, 11, 12$의 12개이다. **답** 12개

0075

$-\sqrt{10} < -\sqrt{x-2} < -\dfrac{5}{2}$에서 $\dfrac{5}{2} < \sqrt{x-2} < \sqrt{10}$

$\left(\dfrac{5}{2}\right)^2 < (\sqrt{x-2})^2 < (\sqrt{10})^2$, $\dfrac{25}{4} < x-2 < 10$

$\therefore \dfrac{33}{4} < x < 12$

따라서 자연수 x는 $9, 10, 11$이므로

구하는 합은 $9+10+11=30$ **답** ②

0076

$\sqrt{3} < x < \sqrt{29}$에서 $(\sqrt{3})^2 < x^2 < (\sqrt{29})^2$

$\therefore 3 < x^2 < 29$ ······ 30%

이때 x는 자연수이므로 $x^2=4, 9, 16, 25$

$\therefore x=2, 3, 4, 5$ ······ 40%

따라서 $M=5$, $m=2$이므로 $M-m=5-2=3$ ······ 30%

답 3

0077

$6 < \sqrt{45} < 7$이므로 $f(45)=6$

$4 < \sqrt{21} < 5$이므로 $f(21)=4$

$\therefore f(45)-f(21)=6-4=2$ **답** ②

0078

$14 < \sqrt{200} < 15$이므로 $f(200)=14$

$5 < \sqrt{28} < 6$이므로 $f(28)=5$

$\therefore f(200)-f(28)=14-5=9$ **답** 9

0079

$3 < \sqrt{12} < 4$이므로 $x=3$

$5 < \sqrt{32} < 6$이므로 $y=5$

$\therefore y-x=5-3=2$ **답** ②

0080

$\sqrt{1}=1$, $\sqrt{4}=2$, $\sqrt{9}=3$이므로

$f(1)=f(2)=f(3)=1$

$f(4)=f(5)=f(6)=f(7)=f(8)=2$

$f(9)=3$

$\therefore$ (주어진 식)$=1\times3+2\times5+3=16$ **답** ④

실력 콕콕 본문 | 17~19쪽

0081 ②, ⑤	**0082** $\sqrt{6}$	**0083** $\sqrt{72}$ cm	**0084** $\sqrt{12}$ cm
0085 5	**0086** ㄷ, ㄹ	**0087** ③	**0088** -1
0089 5	**0090** ②	**0091** 8	**0092** ⑤
0093 ③	**0094** 90	**0095** ④	**0096** ②
0097 ①	**0098** ②	**0099** $2x+10$	**0100** $2a$
0101 ③	**0102** ①	**0103** ①	**0104** 9

0081

② $\sqrt{9}=3$의 제곱근은 $\pm\sqrt{3}$이다.

⑤ $\sqrt{25}=5$를 2배하면 $10=\sqrt{100}$이다. **답** ②, ⑤

0082

$a=14$, $b=-14$이므로

$\sqrt{2a-b-6}=\sqrt{2\times14-(-14)-6}=\sqrt{36}=6$

따라서 제곱근은 6은 $\sqrt{6}$이다. **답** $\sqrt{6}$

0083

닮음비가 $1:3$이므로 두 원의 넓이의 비는 $1^2:3^2=1:9$

두 원의 넓이를 각각 x cm^2, $9x$ cm^{2}라고 하면

$x+9x=80\pi$, $10x=80\pi$ $\therefore x=8\pi$

따라서 큰 원의 넓이는 $9x=9\times8\pi=72\pi$(cm^2)이므로 큰 원의 반지름의 길이는 $\sqrt{72}$ cm이다. **답** $\sqrt{72}$ cm

0084

(B의 넓이)$=2\times$(C의 넓이)$=2\times3=6$ (cm^2)

(A의 넓이)$=2\times$(B의 넓이)$=2\times6=12$ (cm^2)

정사각형 A의 한 변의 길이를 x cm라고 하면 $x^2=12$

$\therefore x=\sqrt{12}$ ($\because x>0$)

따라서 정사각형 A의 한 변의 길이는 $\sqrt{12}$ cm이다. **답** $\sqrt{12}$ cm

0085

$\triangle$ABC에서 $\overline{AC}=\sqrt{3^2+2^2}=\sqrt{13}$

$\triangle$ACD에서 $\overline{AD}=\sqrt{(\sqrt{13})^2+2^2}=\sqrt{17}$

$\triangle$ADE에서 $\overline{AE}=\sqrt{(\sqrt{17})^2+2^2}=\sqrt{21}$

$\triangle$AEF에서 $\overline{AF}=\sqrt{(\sqrt{21})^2+2^2}=\sqrt{25}=5$ **답** 5

0086

ㄱ. $\sqrt{4^2+8^2}=\sqrt{80}$

ㄴ. 원의 반지름의 길이를 r라고 하면

  $\pi r^2=12\pi$, $r^2=12$ $\therefore r=\sqrt{12}$ ($\because r>0$)

ㄷ. 정사각형의 한 변의 길이를 x라고 하면

  $x^2=\dfrac{144}{49}$ $\therefore x=\dfrac{12}{7}$ ($\because x>0$)

ㄹ. 정육면체의 한 모서리의 길이를 x라고 하면

  $6x^2=54$, $x^2=9$ $\therefore x=3$ ($\because x>0$) **답** ㄷ, ㄹ

0087

① $\sqrt{\left(\dfrac{1}{10}\right)^2}=\dfrac{1}{10}$ ② $\sqrt{0.\dot{1}}=\sqrt{\dfrac{1}{9}}=\dfrac{1}{3}$ ③ $\left(-\sqrt{\dfrac{1}{5}}\right)^2=\dfrac{1}{5}$

④ $\sqrt{\left(-\dfrac{1}{4}\right)^2}=\dfrac{1}{4}$ ⑤ $\sqrt{(-0.5)^2}=0.5=\dfrac{1}{2}$

$\dfrac{1}{10}<\dfrac{1}{5}<\dfrac{1}{4}<\dfrac{1}{3}<\dfrac{1}{2}$이므로

$\sqrt{\left(\dfrac{1}{10}\right)^2}<\left(-\sqrt{\dfrac{1}{5}}\right)^2<\sqrt{\left(-\dfrac{1}{4}\right)^2}<\sqrt{0.\dot{1}}<\sqrt{(-0.5)^2}$

따라서 작은 수부터 차례로 나열할 때, 두 번째에 오는 수는 ③이다.

답 ③

0088

(i) $2a+1\geq0$일 때, $\sqrt{(2a+1)^2}=2a+1=5$ ∴ $a=2$

(ii) $2a+1<0$일 때, $\sqrt{(2a+1)^2}=-(2a+1)=5$ ∴ $a=-3$

(i), (ii)에서 $a=2$ 또는 $a=-3$이므로

구하는 합은 $2+(-3)=-1$

답 -1

0089

$A=\sqrt{(-24)^2}\times\sqrt{\left(\dfrac{5}{8}\right)^2}+\sqrt{\left(\dfrac{2}{3}\right)^2}\div\left(-\sqrt{\dfrac{1}{15}}\right)^2$

$\quad=24\times\dfrac{5}{8}+\dfrac{2}{3}\div\dfrac{1}{15}$

$\quad=24\times\dfrac{5}{8}+\dfrac{2}{3}\times15$

$\quad=15+10=25$

따라서 제곱근 A는 $\sqrt{A}=\sqrt{25}=5$이다.

답 5

0090

(주어진 식)$=\sqrt{a^2}\times\sqrt{\left(-\dfrac{16}{9}a\right)^2}-\sqrt{(5a)^2}\times\sqrt{(0.6a)^2}$

$\qquad\qquad=-a\times\left(-\dfrac{16}{9}a\right)-(-5a)\times(-0.6a)$

$\qquad\qquad=\dfrac{16}{9}a^2-3a^2=-\dfrac{11}{9}a^2$

답 ②

0091

$x>5$에서 $x-2>0$, $5-x<0$이므로

$\sqrt{(x-2)^2}+\sqrt{(5-x)^2}=(x-2)+\{-(5-x)\}$

$\qquad\qquad\qquad\qquad\quad=x-2-5+x$

$\qquad\qquad\qquad\qquad\quad=2x-7$

즉 $2x-7=9$이므로 $2x=16$ ∴ $x=8$

답 8

0092

ㄱ. $2+x>0$, $2-x<0$이므로 $A=(2+x)+\{-(2-x)\}=2x$

ㄴ. $2+x>0$, $2-x>0$이므로 $A=(2+x)+(2-x)=4$

ㄷ. $2+x<0$, $2-x>0$이므로 $A=-(2+x)+(2-x)=-2x$

답 ⑤

0093

$45n=3^2\times5\times n$이므로 $n=5\times$(자연수)^2 꼴이어야 한다.

따라서 $20<n<150$인 n은 5×3^2, 5×4^2, 5×5^2의 3개이다.

답 ③

0094

$2\times9.8\times h=2\times\dfrac{7^2}{5}\times h$이므로

$h=2\times5\times$(자연수)^2 꼴이어야 한다.

따라서 두 자리 자연수 h는

$2\times5\times1^2=10$, $2\times5\times2^2=40$, $2\times5\times3^2=90$이므로

h의 값 중 가장 큰 수는 90이다.

답 90

0095

$54xy=2\times3^3\times xy$이므로 $xy=2\times3\times$(자연수)^2 꼴이어야 한다.

(단, $1\leq xy\leq36$)

따라서 xy의 순서쌍 (x, y)는

(i) $xy=2\times3=6$인 경우 : $(1, 6)$, $(2, 3)$, $(3, 2)$, $(6, 1)$의 4개

(ii) $xy=2\times3\times2^2=24$인 경우 : $(4, 6)$, $(6, 4)$의 2개

(i), (ii)에서 구하는 확률은 $\dfrac{6}{36}=\dfrac{1}{6}$

답 ④

0096

$\dfrac{80}{a}=\dfrac{2^4\times5}{a}$이므로 a는 $2^4\times5$의 약수이면서 $5\times$(자연수)^2 꼴이어야 한다.

$a=5\times1^2=5$일 때, $b=\sqrt{16}=4$

$a=5\times2^2=20$일 때, $b=\sqrt{4}=2$

$a=5\times4^2=80$일 때, $b=\sqrt{1}=1$

따라서 구하는 순서쌍 (a, b)는 $(5, 4)$, $(20, 2)$, $(80, 1)$의 3개이다.

답 ②

0097

$0.25=\dfrac{1}{4}=\sqrt{\dfrac{1}{16}}$, $\dfrac{1}{5}=\sqrt{\dfrac{1}{25}}$, $\sqrt{\dfrac{41}{5}}=\sqrt{8.2}$이고

$\dfrac{1}{25}<\dfrac{1}{16}<\dfrac{1}{3}<7<8.2$이므로 $\dfrac{1}{5}<0.25<\sqrt{\dfrac{1}{3}}<\sqrt{7}<\sqrt{\dfrac{41}{5}}$

∴ $-\sqrt{\dfrac{41}{5}}<-\sqrt{7}<-\sqrt{\dfrac{1}{3}}<-0.25<-\dfrac{1}{5}$

답 ①

0098

$0<a<1$이므로

① $0<\sqrt{a}<1$ ② $\dfrac{1}{a}>1$ ③ $0<a<1$

④ $0<a^2<1$ ⑤ $\sqrt{\dfrac{1}{a}}>1$

이때 $\dfrac{1}{a}>\sqrt{\dfrac{1}{a}}$이므로 $\dfrac{1}{a}$의 값이 가장 크다.

다른 풀이

$a=\dfrac{1}{4}$이라고 하면

① $\sqrt{a}=\dfrac{1}{2}$ ② $\dfrac{1}{a}=4$ ③ $a=\dfrac{1}{4}$ ④ $a^2=\dfrac{1}{16}$

⑤ $\sqrt{\dfrac{1}{a}}=2$이므로 $a^2<a<\sqrt{a}<\sqrt{\dfrac{1}{a}}<\dfrac{1}{a}$임을 알 수 있고, $\dfrac{1}{a}$의 값

이 가장 크다.　　　　　　　　　　　　　　　　　　　　　　답 ②

0099

$5x-4>3(x+2)$에서 $5x-4>3x+6$, $2x>10$　　∴ $x>5$

따라서 $x+5>0$, $5-x<0$이므로

(주어진 식)$=\sqrt{\{3(x+5)\}^2}-\sqrt{(2x)^2}+\sqrt{(5-x)^2}$

$\qquad\qquad=3(x+5)-2x+\{-(5-x)\}$

$\qquad\qquad=3x+15-2x-5+x=2x+10$　　답 $2x+10$

0100

$a>1$이므로 $a+\dfrac{1}{a}>0$, $\dfrac{1}{a}-a<0$

$\therefore \sqrt{\left(a+\dfrac{1}{a}\right)^2}+\sqrt{\left(\dfrac{1}{a}-a\right)^2}=\left(a+\dfrac{1}{a}\right)+\left\{-\left(\dfrac{1}{a}-a\right)\right\}$

$\qquad\qquad=a+\dfrac{1}{a}-\dfrac{1}{a}+a=2a$　　답 $2a$

0101

$3^2<(\sqrt{x+2})^2\le 4^2$에서 $9<x+2\le 16$　　∴ $7<x\le 14$

따라서 두 자리 자연수 x는 10, 11, 12, 13, 14의 5개이다.　답 ③

0102

$-\sqrt{15}<-\sqrt{3x+2}<-2$에서 $2<\sqrt{3x+2}<\sqrt{15}$

$2^2<(\sqrt{3x+2})^2<(\sqrt{15})^2$에서 $4<3x+2<15$

$2<3x<13$　　∴ $\dfrac{2}{3}<x<\dfrac{13}{3}$

따라서 자연수 x는 1, 2, 3, 4이므로

구하는 합은 $1+2+3+4=10$　　　　　　　　　　　　　　답 ①

0103

$5<\sqrt{29}<6$이므로 $M(29)=5$

$6<\sqrt{39}<7$이므로 $M(39)=6$

$8<\sqrt{71}<9$이므로 $M(71)=8$

$\therefore M(29)+M(39)-M(71)=5+6-8=3$　　　　　　答 ①

0104

두 꽃밭의 한 변의 길이는 각각 $\sqrt{29-x}$, $\sqrt{20x}$이고 모두 자연수이

어야 한다.

(ⅰ) $29-x$는 29보다 작은 (자연수)^2 꼴인 수이어야 하므로

$\quad 29-x=1, 4, 9, 16, 25$　　∴ $x=28, 25, 20, 13, 4$

(ⅱ) $20x=2^2\times 5\times x$이므로 $x=5\times$(자연수)^2 꼴이어야 한다.

$\quad\therefore x=5, 20, 45, \cdots$

(ⅰ), (ⅱ)에서 구하는 자연수 x의 값은 20이므로 꽃밭 A의 넓이는

$29-20=9$　　　　　　　　　　　　　　　　　　　　　　　답 9

서술형 콕콕　　　　　　　　　　　　　　本문 | 20~21쪽

0105 11　　　**0106** 1　　　**0107** -6　　**0108** 4
0109 $a+6b$　**0110** $-2a+2b$　　　**0111** 9
0112 16　　　**0113** 12　　　**0114** 5　　**0115** 52
0116 22

0105

단계 1　$\left(-\dfrac{3}{11}\right)^2=\dfrac{9}{121}$의 양의 제곱근은 $\sqrt{\dfrac{9}{121}}=\dfrac{3}{11}$이므로

$\qquad a=\dfrac{3}{11}$

단계 2　$7.\dot{1}=\dfrac{71-7}{9}=\dfrac{64}{9}$의 음의 제곱근은 $-\sqrt{\dfrac{64}{9}}=-\dfrac{8}{3}$이므로

$\qquad b=-\dfrac{8}{3}$

단계 3　$11a-3b=11\times\dfrac{3}{11}-3\times\left(-\dfrac{8}{3}\right)=3+8=11$

　　　　　　　　　　　　　　　　　　　　　　　　　　　　答 11

0106

$5.\dot{4}=\dfrac{54-5}{9}=\dfrac{49}{9}$의 양의 제곱근은 $\sqrt{\dfrac{49}{9}}=\dfrac{7}{3}$이므로

$a=\dfrac{7}{3}$　　　　　　　　　　　　　　　　　　……40%

$\sqrt{(-1.44)^2}=1.44$의 음의 제곱근은 $-\sqrt{1.44}=-1.2$이므로

$b=-1.2$　　　　　　　　　　　　　　　　　……40%

$\therefore 3a+5b=3\times\dfrac{7}{3}+5\times(-1.2)=7+(-6)=1$　……20%

　　　　　　　　　　　　　　　　　　　　　　　　　　　答 1

0107

단계 1　$A=\sqrt{\left(\dfrac{3}{4}\right)^2}\div\sqrt{\left(\dfrac{1}{2}\right)^2}-\sqrt{(-2)^2}\times\dfrac{9}{4}$

$\qquad=\dfrac{3}{4}\div\dfrac{1}{2}-2\times\dfrac{9}{4}$

$\qquad=\dfrac{3}{4}\times 2-2\times\dfrac{9}{4}$

$\qquad=\dfrac{3}{2}-\dfrac{9}{2}=-3$

단계 2　$B=-\sqrt{15^2}\div\sqrt{(-3)^2}+\sqrt{\left(\dfrac{1}{4}\right)^2}\times(-\sqrt{8})^2$

$\qquad=-15\div 3+\dfrac{1}{4}\times 8$

$\qquad=-5+2=-3$

단계 3　$A+B=-3+(-3)=-6$

　　　　　　　　　　　　　　　　　　　　　　　　　答 -6

0108

$$A = (-\sqrt{0.5})^2 \div \sqrt{0.1^2} \times \sqrt{\left(\frac{1}{5}\right)^2} + \sqrt{(-13)^2}$$
$$= 0.5 \div 0.1 \times \frac{1}{5} + 13$$
$$= 5 \times \frac{1}{5} + 13$$
$$= 1 + 13 = 14 \qquad \cdots\cdots 40\%$$
$$B = -(-\sqrt{5})^2 \times (\sqrt{0.6})^2 - \sqrt{(1.4)^2} \div \sqrt{0.2^2}$$
$$= -5 \times 0.6 - 1.4 \div 0.2$$
$$= -3 - 7 = -10 \qquad \cdots\cdots 40\%$$
$$\therefore A + B = 14 + (-10) = 4 \qquad \cdots\cdots 20\%$$

답 4

0109

단계 1 $a - b < 0$에서 $a < b$이고, $ab < 0$에서 a, b는 서로 다른 부호이므로
$a < 0$, $b > 0$

단계 2 $a < 0$이므로 $2a < 0$, $b > 0$이므로 $-7b < 0$

단계 3 (주어진 식) $= \sqrt{a^2} - \sqrt{(2a)^2} + \sqrt{(-7b)^2} - \sqrt{b^2}$
$$= -a - (-2a) + \{-(-7b)\} - b$$
$$= -a + 2a + 7b - b = a + 6b$$

답 $a + 6b$

0110

$a - b > 0$에서 $a > b$, $ab < 0$에서 a, b는 서로 다른 부호이므로
$a > 0$, $b < 0$ $\qquad \cdots\cdots 30\%$
따라서 $-a < 0$, $3a > 0$, $3b < 0$, $-5b > 0$이므로 $\qquad \cdots\cdots 20\%$
(주어진 식) $= \sqrt{(-a)^2} - \sqrt{(3a)^2} + \sqrt{(3b)^2} - \sqrt{(-5b)^2}$
$$= -(-a) - 3a + (-3b) - (-5b)$$
$$= a - 3a - 3b + 5b = -2a + 2b \qquad \cdots\cdots 50\%$$

답 $-2a + 2b$

0111

단계 1 $\sqrt{\dfrac{27}{a}} = \sqrt{\dfrac{3^3}{a}}$이 자연수가 되려면 a는 3^3의 약수이면서
$3 \times (자연수)^2$ 꼴이어야 하므로 $x = 3$

단계 2 $\sqrt{\dfrac{75}{2}b} = \sqrt{\dfrac{3 \times 5^2}{2} \times b}$ 가 자연수가 되려면
$b = 2 \times 3 \times (자연수)^2$ 꼴이어야 하므로 $y = 2 \times 3 = 6$

단계 3 $x + y = 3 + 6 = 9$

답 9

0112

$\sqrt{54a} = \sqrt{2 \times 3^3 \times a}$가 자연수가 되려면 $a = 2 \times 3 \times (자연수)^2$ 꼴이어야 하므로 $x = 2 \times 3 = 6$ $\qquad \cdots\cdots 40\%$

$\sqrt{\dfrac{72}{5}b} = \sqrt{\dfrac{2^3 \times 3^2}{5} \times b}$가 자연수가 되려면 $b = 2 \times 5 \times (자연수)^2$ 꼴이어야 하므로 $y = 2 \times 5 = 10$ $\qquad \cdots\cdots 40\%$

$\therefore x + y = 6 + 10 = 16 \qquad \cdots\cdots 20\%$

답 16

0113

단계 1 $\sqrt{90 - x} - \sqrt{100 + y}$가 가장 큰 정수가 되려면 $\sqrt{90 - x}$가 가장 큰 자연수이어야 한다.
90보다 작은 $(자연수)^2$ 꼴인 수 중 가장 큰 수는 81이므로
$90 - x = 81 \qquad \therefore x = 9$

단계 2 $\sqrt{90 - x} - \sqrt{100 + y}$가 가장 큰 정수가 되려면 $\sqrt{100 + y}$는 가장 작은 자연수이어야 한다.
100보다 큰 $(자연수)^2$ 꼴인 수 중 가장 작은 수는 121이므로
$100 + y = 121 \qquad \therefore y = 21$

단계 3 $y - x = 21 - 9 = 12$

답 12

0114

$\sqrt{50 - x} - \sqrt{60 + y}$가 가장 큰 정수가 되려면 $\sqrt{50 - x}$는 가장 큰 자연수이어야 한다.
이때 50보다 작은 $(자연수)^2$ 꼴인 수 중 가장 큰 수는 49이므로
$50 - x = 49 \qquad \therefore x = 1 \qquad \cdots\cdots 40\%$
$\sqrt{50 - x} - \sqrt{60 + y}$가 가장 큰 정수가 되려면 $\sqrt{60 + y}$는 가장 작은 자연수이어야 한다.
이때 60보다 큰 $(자연수)^2$ 꼴인 수 중 가장 작은 수는 64이므로
$60 + y = 64 \qquad \therefore y = 4 \qquad \cdots\cdots 40\%$
$\therefore x + y = 1 + 4 = 5 \qquad \cdots\cdots 20\%$

답 5

0115

단계 1 $3^2 < \left(\sqrt{\dfrac{x+3}{2}}\right)^2 < 6^2$에서 $9 < \dfrac{x+3}{2} < 36$
$18 < x + 3 < 72 \qquad \therefore 15 < x < 69$

단계 2 $M = 68$, $m = 16$

단계 3 $M - m = 68 - 16 = 52$

답 52

0116

$2^2 < \left(\sqrt{\dfrac{x-1}{2}}\right)^2 < 4^2$에서 $4 < \dfrac{x-1}{2} < 16$
$8 < x - 1 < 32 \qquad \therefore 9 < x < 33 \qquad \cdots\cdots 60\%$
따라서 $M = 32$, $m = 10$이므로 $\qquad \cdots\cdots 30\%$
$M - m = 32 - 10 = 22 \qquad \cdots\cdots 10\%$

답 22

2 무리수와 실수

개념 콕콕 본문 | 23쪽

0117

(2) $-\sqrt{81}=-\sqrt{9^2}=-9$이므로 유리수이다.

(6) $\sqrt{(-3.5)^2}=3.5$이므로 유리수이다.

답 (1) 무 (2) 유 (3) 무 (4) 유 (5) 무 (6) 유

0118

(1) 0은 유리수이다.

(3) $\sqrt{0.01}=\sqrt{0.1^2}=0.1$이므로 유리수이다.

답 (1) × (2) ○ (3) × (4) ○

0119

(1) $\overline{AC}=\sqrt{1^2+3^2}=\sqrt{10}$

점 P는 원점에서 오른쪽으로 $\sqrt{10}$만큼 떨어진 점이므로 점 P에 대응하는 수는 $\sqrt{10}$

(2) $\overline{AC}=\sqrt{2^2+1^2}=\sqrt{5}$

점 P는 원점에서 왼쪽으로 $\sqrt{5}$만큼 떨어진 점이므로 점 P에 대응하는 수는 $-\sqrt{5}$

답 (1) $\sqrt{10}$ (2) $-\sqrt{5}$

0120

(2) $\sqrt{6}$과 $\sqrt{8}$ 사이에는 무수히 많은 무리수가 있다.

(4) 수직선은 실수에 대응하는 점으로 완전히 메울 수 있다.

답 (1) ○ (2) × (3) ○ (4) × (5) × (6) ○

0121

$2=\sqrt{4}$이고 $\dfrac{15}{4}<4$이므로 $\sqrt{\dfrac{15}{4}}<2$

$-3=-\sqrt{9}$이고 $5<7.1<9$이므로

$-3<-\sqrt{7.1}<-\sqrt{5}$

$\therefore -3<-\sqrt{7.1}<-\sqrt{5}<\sqrt{\dfrac{15}{4}}<2$

답 $-3,\ -\sqrt{7.1},\ -\sqrt{5},\ \sqrt{\dfrac{15}{4}},\ 2$

0122

(1) $(\sqrt{5}+3)-(3+\sqrt{6})=\sqrt{5}-\sqrt{6}<0$

$\therefore \sqrt{5}+3<3+\sqrt{6}$

(2) $(\sqrt{15}-7)-(\sqrt{13}-7)=\sqrt{15}-\sqrt{13}>0$

$\therefore \sqrt{15}-7>\sqrt{13}-7$

(3) $(3+\sqrt{5})-5=\sqrt{5}-2=\sqrt{5}-\sqrt{4}>0$

$\therefore 3+\sqrt{5}>5$

(4) $7-(\sqrt{14}+3)=4-\sqrt{14}=\sqrt{16}-\sqrt{14}>0$

$\therefore 7>\sqrt{14}+3$

(5) $(\sqrt{15}-3)-2=\sqrt{15}-5=\sqrt{15}-\sqrt{25}<0$

$\therefore \sqrt{15}-3<2$

(6) $(2-\sqrt{24})-(-3)=5-\sqrt{24}=\sqrt{25}-\sqrt{24}>0$

$\therefore 2-\sqrt{24}>-3$

답 (1) < (2) > (3) > (4) > (5) < (6) >

유형 콕콕 본문 | 24~28쪽

0123 3개	**0124** ③	**0125** ①, ④	**0126** ④
0127 ④	**0128** ④	**0129** ㄱ, ㄷ	**0130** ④
0131 ④	**0132** ㄹ	**0133** ③	**0134** 5
0135 P : $-1-\sqrt{18}$, Q : $1+\sqrt{8}$			**0136** $3-\sqrt{11}$
0137 ③, ⑤	**0138** $-2+\sqrt{13}$		**0139** ④, ⑤
0140 ③	**0141** ③, ④	**0142** ⑤	**0143** ③
0144 구간 B	**0145** ④	**0146** ㄷ, ㅁ	**0147** ⑤
0148 5개	**0149** ③, ④	**0150** ②	**0151** ③
0152 ③	**0153** ⑤	**0154** $c<a<b$	
0155 B	**0156** $\sqrt{2}+\sqrt{5}$		

0123

$-\sqrt{(-3)^2}=-3$, $\sqrt{\dfrac{16}{49}}=\dfrac{4}{7}$, $2.\dot{7}=\dfrac{27-2}{9}=\dfrac{25}{9}$는 유리수이다.

따라서 무리수는 $\sqrt{0.1}$, $1-\sqrt{7}$, $\sqrt{\dfrac{2}{9}}$의 3개이다. 답 3개

0124

③ $\sqrt{0.\dot{4}}=\sqrt{\dfrac{4}{9}}=\sqrt{\left(\dfrac{2}{3}\right)^2}=\dfrac{2}{3}$이므로 유리수이다. 답 ③

0125

② $\sqrt{1.69}=1.3$

③ $\sqrt{36}-\sqrt{16}=6-4=2$

⑤ $\sqrt{0.\dot{1}}=\sqrt{\dfrac{1}{9}}=\dfrac{1}{3}$

답 ①, ④

0126

각 정사각형의 한 변의 길이는 다음과 같다.

① $\sqrt{1.44}=1.2$ ② $\sqrt{4}=2$ ③ $\sqrt{\dfrac{81}{16}}=\dfrac{9}{4}$

④ $\sqrt{10}$ ⑤ $\sqrt{49}=7$

따라서 한 변의 길이가 무리수인 정사각형은 ④이다. 답 ④

0127

④ $\sqrt{4}=2$와 같이 근호 안의 수가 (자연수)^2 꼴이면 유리수이다.

답 ④

0128

① 소수는 유한소수와 무한소수로 이루어져 있다.

② 4는 자연수이지만 4의 제곱근은 ±2로 유리수이다.

③ 유한소수는 모두 유리수이다.

⑤ 순환소수는 무한소수이지만 유리수이다.

답 ④

0129

ㄴ. 순환소수는 유한소수로 나타낼 수 없지만 유리수이다.

ㄹ. 근호 안의 수가 (자연수)^2 꼴이면 유리수이다.

답 ㄱ, ㄷ

0130

④ 실수 중 정수가 아닌 수는 정수가 아닌 유리수 또는 무리수이다.

답 ④

0131

□ 안에 알맞은 것은 무리수이다.

① $\sqrt{0.25}=0.5$ ② $\sqrt{\dfrac{49}{4}}=\dfrac{7}{2}$

③ $-\dfrac{\sqrt{16}}{5}=-\dfrac{4}{5}$ ⑤ $1-\sqrt{9}=1-3=-2$

답 ④

0132

ㄱ. $\dfrac{1}{2}$은 정수가 아니지만 유리수이다.

ㄴ. 무리수는 순환하지 않는 무한소수로 나타낼 수 있다.

ㄷ. 순환소수가 아닌 무한소수는 무리수이므로 실수이다.

답 ㄹ

0133

①, ②, ③ $\overline{AC}=\sqrt{1^2+2^2}=\sqrt{5}$이므로

$\overline{AP}=\overline{AC}=\sqrt{5}$ ∴ $P(1+\sqrt{5})$

④ $\overline{AQ}=\overline{AC}=\sqrt{5}$이므로 $Q(1-\sqrt{5})$

⑤ $\overline{BP}=\overline{AP}-\overline{AB}=\sqrt{5}-1$

답 ③

0134

△ABC에서 $\overline{AC}=\sqrt{1^2+1^2}=\sqrt{2}$

$\overline{AP}=\overline{AC}=\sqrt{2}$이므로 점 P에 대응하는 수는 $-3+\sqrt{2}$

따라서 $a=-3$, $b=2$이므로 $b-a=2-(-3)=5$

답 5

0135

△ABC에서 $\overline{AC}=\sqrt{3^2+3^2}=\sqrt{18}$

△DEF에서 $\overline{DF}=\sqrt{2^2+2^2}=\sqrt{8}$

…… 30%

$\overline{PC}=\overline{AC}=\sqrt{18}$이므로 점 P에 대응하는 수는

$-1-\sqrt{18}$

…… 35%

$\overline{DQ}=\overline{DF}=\sqrt{8}$이므로 점 Q에 대응하는 수는

$1+\sqrt{8}$

…… 35%

답 P : $-1-\sqrt{18}$, Q : $1+\sqrt{8}$

0136

정사각형 ABCD의 넓이가 11이므로 한 변의 길이는 $\sqrt{11}$이다.

따라서 $\overline{AP}=\overline{AD}=\sqrt{11}$이므로

점 P에 대응하는 수는 $3-\sqrt{11}$

답 $3-\sqrt{11}$

0137

① 정사각형 (가)의 한 변의 길이는 $\sqrt{1^2+2^2}=\sqrt{5}$이고, 정사각형 (나)의 한 변의 길이는 $\sqrt{1^2+3^2}=\sqrt{10}$이다.

② 점 A에 대응하는 수는 $-5-\sqrt{5}$이다.

④ 점 C에 대응하는 수는 $-1-\sqrt{10}$이다.

답 ③, ⑤

0138

△ABC에서 $\overline{AC}=\sqrt{2^2+3^2}=\sqrt{13}$

…… 30%

$\overline{AQ}=\overline{AC}=\sqrt{13}$이고 점 Q에 대응하는 수는 $-2-\sqrt{13}$이므로

점 A에 대응하는 수는 $-2-\sqrt{13}+\sqrt{13}=-2$이다.

…… 40%

따라서 $\overline{AP}=\overline{AC}=\sqrt{13}$이므로 점 P에 대응하는 수는

$-2+\sqrt{13}$이다.

…… 30%

답 $-2+\sqrt{13}$

0139

④ 서로 다른 두 정수 사이에는 정수가 없거나 유한개가 있다.

⑤ 수직선은 실수에 대응하는 점으로 완전히 메울 수 있다.

답 ④, ⑤

0140

ㄱ. 0과 1 사이에는 무수히 많은 무리수가 있다.

ㄹ. $\dfrac{1}{4}$과 $\dfrac{1}{3}$ 사이에는 정수가 없다.

답 ③

0141

③ 2와 $\sqrt{5}$ 사이에는 무수히 많은 유리수가 있다.

④ 1에 가장 가까운 무리수는 알 수 없다.

답 ③, ④

0142

$\sqrt{9}<\sqrt{15}<\sqrt{16}$에서 $3<\sqrt{15}<4$이므로 $2<\sqrt{15}-1<3$

따라서 $\sqrt{15}-1$에 대응하는 점은 E이다.

답 ⑤

0143

$\sqrt{16}<\sqrt{21}<\sqrt{25}$에서 $4<\sqrt{21}<5$이므로 $\sqrt{21}$에 대응하는 점은 C이다.

답 ③

0144

$\sqrt{4}<\sqrt{6}<\sqrt{9}$에서 $2<\sqrt{6}<3$이므로

$-3<-\sqrt{6}<-2$ ·······30%

$5-3<5-\sqrt{6}<5-2$ ∴ $2<5-\sqrt{6}<3$ ·······40%

따라서 $5-\sqrt{6}$에 대응하는 점은 구간 B에 있다. ·······30%

답 구간 B

0145

$1<\sqrt{2}<2$이므로 $2<1+\sqrt{2}<3$, 즉 $1+\sqrt{2}$에 대응하는 점은 C이다.

$2<\sqrt{5}<3$이므로 $-1<\sqrt{5}-3<0$, 즉 $\sqrt{5}-3$에 대응하는 점은 A이다.

$1<\sqrt{3}<2$이므로 $0<-1+\sqrt{3}<1$, 즉 $-1+\sqrt{3}$에 대응하는 점은 B이다.

답 ④

0146

ㄱ. $\sqrt{6}-1=1.449<\sqrt{5}$

ㄴ. $\sqrt{6}-0.3=2.149<\sqrt{5}$

ㄷ. $\sqrt{5}+0.2=2.436$이므로 $\sqrt{5}<\sqrt{5}+0.2<\sqrt{6}$

ㄹ. $\dfrac{\sqrt{5}+3}{2}=2.618>\sqrt{6}$

ㅁ. $\dfrac{\sqrt{5}+\sqrt{6}}{2}$은 $\sqrt{5}$와 $\sqrt{6}$의 평균이므로 $\sqrt{5}<\dfrac{\sqrt{5}+\sqrt{6}}{2}<\sqrt{6}$

답 ㄷ, ㅁ

0147

⑤ $4=\sqrt{16}$이므로 $4>\sqrt{15}$

따라서 4는 $\sqrt{2}$와 $\sqrt{15}$ 사이의 수가 아니다.

답 ⑤

0148

$1=\sqrt{1}$, $2=\sqrt{4}$이므로 1과 2 사이에 있는 수는

$\sqrt{2}$, $\sqrt{1.3}$, $\sqrt{2.24}$, $\sqrt{\dfrac{5}{2}}$, $\sqrt{\dfrac{10}{3}}$의 5개이다.

답 5개

0149

① $9<\dfrac{19}{2}<10$이므로 $3<\sqrt{\dfrac{19}{2}}<\sqrt{10}$

② $\sqrt{10}-0.1=3.062$이므로 $3<\sqrt{10}-0.1<\sqrt{10}$

③ $\dfrac{35}{3}>10$이므로 $\sqrt{\dfrac{35}{3}}>\sqrt{10}$

④ $\dfrac{\sqrt{10}}{2}+1=2.581<3$

⑤ $\dfrac{3+\sqrt{10}}{2}$은 3과 $\sqrt{10}$의 평균이므로 $3<\dfrac{3+\sqrt{10}}{2}<\sqrt{10}$

답 ③, ④

0150

① $(\sqrt{2}+1)-(\sqrt{3}+1)=\sqrt{2}-\sqrt{3}<0$ ∴ $\sqrt{2}+1<\sqrt{3}+1$

② $6-(3+\sqrt{12})=3-\sqrt{12}=\sqrt{9}-\sqrt{12}<0$ ∴ $6<3+\sqrt{12}$

③ $(\sqrt{5}-2)-(\sqrt{3}-2)=\sqrt{5}-\sqrt{3}>0$ ∴ $\sqrt{5}-2>\sqrt{3}-2$

④ $(4-\sqrt{8})-1=3-\sqrt{8}=\sqrt{9}-\sqrt{8}>0$ ∴ $4-\sqrt{8}>1$

⑤ $(\sqrt{22}+2)-7=\sqrt{22}-5=\sqrt{22}-\sqrt{25}<0$ ∴ $\sqrt{22}+2<7$

따라서 옳은 것은 ②이다. **답** ②

0151

① $5-(\sqrt{7}+3)=2-\sqrt{7}=\sqrt{4}-\sqrt{7}<0$ ∴ $5<\sqrt{7}+3$

② $(-\sqrt{11}-3)-(-\sqrt{11}-\sqrt{7})=-3+\sqrt{7}=-\sqrt{9}+\sqrt{7}<0$

∴ $-\sqrt{11}-3<-\sqrt{11}-\sqrt{7}$

③ $(3-\sqrt{15})-(-1)=4-\sqrt{15}=\sqrt{16}-\sqrt{15}>0$

∴ $3-\sqrt{15}>-1$

④ $(-2-\sqrt{19})-(-6)=4-\sqrt{19}=\sqrt{16}-\sqrt{19}<0$

∴ $-2-\sqrt{19}<-6$

⑤ $(\sqrt{6}-5)-(\sqrt{12}-5)=\sqrt{6}-\sqrt{12}<0$

∴ $\sqrt{6}-5<\sqrt{12}-5$

따라서 부등호의 방향이 나머지 넷과 다른 하나는 ③이다. **답** ③

0152

ㄱ. $(\sqrt{21}-4)-1=\sqrt{21}-5=\sqrt{21}-\sqrt{25}<0$

∴ $\sqrt{21}-4<1$

ㄴ. $(\sqrt{7}-\sqrt{5})-(3-\sqrt{5})=\sqrt{7}-3=\sqrt{7}-\sqrt{9}<0$

∴ $\sqrt{7}-\sqrt{5}<3-\sqrt{5}$

ㄷ. $(-\sqrt{10}-2)-(-\sqrt{10}-\sqrt{6})=-2+\sqrt{6}=-\sqrt{4}+\sqrt{6}>0$

∴ $-\sqrt{10}-2>-\sqrt{10}-\sqrt{6}$

ㄹ. $\left(5-\sqrt{\dfrac{1}{7}}\right)-\left(5-\sqrt{\dfrac{1}{6}}\right)=-\sqrt{\dfrac{1}{7}}+\sqrt{\dfrac{1}{6}}>0$

∴ $5-\sqrt{\dfrac{1}{7}}>5-\sqrt{\dfrac{1}{6}}$

답 ③

0153

$a-b=(2+\sqrt{5})-(\sqrt{3}+\sqrt{5})=2-\sqrt{3}=\sqrt{4}-\sqrt{3}>0$ ∴ $a>b$

$b-c=(\sqrt{3}+\sqrt{5})-(2+\sqrt{3})=\sqrt{5}-2=\sqrt{5}-\sqrt{4}>0$ ∴ $b>c$

∴ $c<b<a$

답 ⑤

0154

$a-b=(\sqrt{6}+2)-(\sqrt{6}+\sqrt{7})=2-\sqrt{7}=\sqrt{4}-\sqrt{7}<0$

∴ $a<b$

$a-c=(\sqrt{6}+2)-3=\sqrt{6}-1>0$ ∴ $a>c$

∴ $c<a<b$

답 $c<a<b$

0155

$(5-\sqrt{3})-4=1-\sqrt{3}<0$ ∴ $5-\sqrt{3}<4$ ·······40%

$(5-\sqrt{3})-(5-\sqrt{5})=-\sqrt{3}+\sqrt{5}>0$

∴ $5-\sqrt{3}>5-\sqrt{5}$ ·······40%

∴ $5-\sqrt{5}<5-\sqrt{3}<4$ ·······10%

따라서 한 변의 길이가 가장 긴 정사각형이 넓이가 가장 크므로 넓이가 가장 큰 정사각형은 B이다. ·······10%

답 B

0156

(ⅰ) $-3-\sqrt{3}$은 음수이고, $\sqrt{2}+\sqrt{5}$, $3+\sqrt{2}$, 5는 양수이다.

(ⅱ) $(\sqrt{2}+\sqrt{5})-(3+\sqrt{2})=\sqrt{5}-3=\sqrt{5}-\sqrt{9}<0$

$\therefore \sqrt{2}+\sqrt{5}<3+\sqrt{2}$

(ⅲ) $(3+\sqrt{2})-5=\sqrt{2}-2=\sqrt{2}-\sqrt{4}<0$ $\quad\therefore 3+\sqrt{2}<5$

(ⅰ)~(ⅲ)에서 $5>3+\sqrt{2}>\sqrt{2}+\sqrt{5}>-3-\sqrt{3}$

따라서 크기가 큰 것부터 차례로 나열할 때, 세 번째에 오는 수는
$\sqrt{2}+\sqrt{5}$이다. 답 $\sqrt{2}+\sqrt{5}$

0157

$-\sqrt{7}$은 유리수가 아니므로 $\dfrac{(정수)}{(0이\ 아닌\ 정수)}$ 꼴로 나타낼 수 없다.

답 ⑤

0158

① 8의 제곱근은 $\pm\sqrt{8}$

② $\dfrac{49}{16}$의 제곱근은 $\pm\sqrt{\dfrac{49}{16}}=\pm\dfrac{7}{4}$

③ $18.\dot{7}=\dfrac{187-18}{9}=\dfrac{169}{9}$의 제곱근은 $\pm\sqrt{\dfrac{169}{9}}=\pm\dfrac{13}{3}$

④ $\dfrac{\sqrt{81}}{25}=\dfrac{9}{25}$의 제곱근은 $\pm\sqrt{\dfrac{9}{25}}=\pm\dfrac{3}{5}$

⑤ 14.4의 제곱근은 $\pm\sqrt{14.4}$ 답 ①, ⑤

0159

x가 (자연수)^2 꼴이면 $\sqrt{x}$는 유리수가 된다.

30 이하의 자연수 중 (자연수)^2 꼴인 수는 1^2, 2^2, 3^2, 4^2, 5^2의 5개이다.

따라서 $\sqrt{x}$가 무리수가 되도록 하는 x의 개수는 $30-5=25$(개)

답 25개

0160

① $a^2=(\sqrt{3})^2=3$

② $\sqrt{3a^2}=\sqrt{3\times3}=\sqrt{9}=3$

③ $\sqrt{(-a)^2}=\sqrt{(-\sqrt{3})^2}=\sqrt{3}$

④ $9-a^2=9-3=6$

⑤ $\sqrt{a^2+1}=\sqrt{3+1}=\sqrt{4}=2$

따라서 유리수가 아닌 것은 ③이다. 답 ③

0161

ㄱ. (유리수)+(유리수)=(유리수)이므로 $a+1$은 유리수이다.

ㄴ. (유리수)-(무리수)=(무리수)이므로 $a-\sqrt{3}$은 무리수이다.

ㄷ. $a=0$인 경우 $\sqrt{5}a=0$이므로 유리수이다.

ㄹ. (유리수)+(무리수)=(무리수)이므로 $a+\sqrt{11}$은 무리수이다.

ㅁ. (유리수)^2=(유리수)이므로 a^2은 유리수이다.

따라서 항상 무리수인 것은 ㄴ, ㄹ이다. 답 ③

0162

㈎는 순환소수가 아닌 무한소수, 즉 무리수를 나타낸다.

① -0.3은 유리수 ② $\sqrt{16}=4$는 유리수

③ $\dfrac{2}{3}$, $\sqrt{\dfrac{9}{49}}=\dfrac{3}{7}$은 유리수 ⑤ $\sqrt{0.01}=0.1$은 유리수

따라서 무리수만으로 짝 지어진 것은 ④이다. 답 ④

0163

$-3+\sqrt{2}$에 대응하는 점은 -3에 대응하는 점에서 오른쪽으로
$\sqrt{2}$만큼 떨어진 점이다.

이때 한 변의 길이가 1인 정사각형의 대각선의 길이는
$\sqrt{1^2+1^2}=\sqrt{2}$이므로 $-3+\sqrt{2}$에 대응하는 점은 B이다. 답 ②

0164

$\overline{AB}=\overline{BC}=x$라고 하면 $\dfrac{1}{2}\times x\times x=3$ $\quad\therefore x^2=6$

$\overline{AP}=\overline{AC}=\sqrt{x^2+x^2}=\sqrt{6+6}=\sqrt{12}$이고 점 P에 대응하는 수가
$5+\sqrt{12}$이므로 점 A에 대응하는 수는 $5+\sqrt{12}-\sqrt{12}=5$이다.

따라서 점 Q에 대응하는 수는 $5-\sqrt{12}$이다. 답 $5-\sqrt{12}$

0165

(원의 둘레의 길이)$=2\pi\times\dfrac{1}{2}=\pi$이므로

점 P가 처음으로 다시 수직선과 만나는 점에 대응하는 수는 $3-\pi$이다. 답 $3-\pi$

0166

오른쪽 그림과 같이 $\overline{OD}$, $\overline{OC}$를 그으면
$\triangle ODA$에서 $\overline{OD}=\sqrt{2^2+2^2}=\sqrt{8}$
$\triangle OCB$에서 $\overline{OC}=\sqrt{2^2+2^2}=\sqrt{8}$
$\overline{OP}=\overline{OD}=\sqrt{8}$이므로 점 P에 대응
하는 수는 $5-\sqrt{8}$
$\overline{OQ}=\overline{OC}=\sqrt{8}$이므로 점 Q에 대응하는 수는 $5+\sqrt{8}$ 답 ③

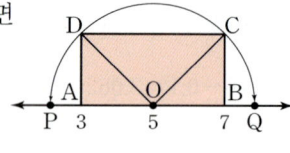

0167

$\overline{AB}=\sqrt{1^2+3^2}=\sqrt{10}$이므로 정사각형 ABCD의 한 변의 길이는
$\sqrt{10}$이다.

$\overline{AP}=\overline{AB}=\sqrt{10}$이고 점 P에 대응하는 수가 $\sqrt{10}-2$이므로
점 A에 대응하는 수는 $\sqrt{10}-2-\sqrt{10}=-2$이다.

따라서 $\overline{AQ}=\overline{AD}=\overline{AB}=\sqrt{10}$이므로 점 Q에 대응하는 수는
$-2-\sqrt{10}$이다. 답 $-2-\sqrt{10}$

0168

① $\sqrt{3}$과 2 사이에는 무수히 많은 유리수가 있다.

② $-3<-\sqrt{5}<-2$, $3<\sqrt{10}<4$이므로 $-\sqrt{5}$와 $\sqrt{10}$ 사이에 있는 정수는 -2, -1, 0, 1, 2, 3의 6개이다.

④ 수직선은 실수에 대응하는 점으로 완전히 메울 수 있다. 🖺 ①, ④

0169

④ $3<\sqrt{10}<4$이므로 $0<-3+\sqrt{10}<1$

따라서 $-3+\sqrt{10}$은 0과 1 사이의 수이므로 점 D의 좌표로 알맞지 않다. 🖺 ④

0170

$\sqrt{4}<\sqrt{6}<\sqrt{9}$에서 $2<\sqrt{6}<3$이므로 $-3<-\sqrt{6}<-2$

따라서 점 A에 대응하는 수는 $-\sqrt{6}$이므로 $a=-\sqrt{6}$

$\sqrt{9}<\sqrt{10}<\sqrt{16}$에서 $3<\sqrt{10}<4$이므로 점 D에 대응하는 수는 $\sqrt{10}$이다.

$\therefore b=\sqrt{10}$

$\therefore a^2+b^2=(-\sqrt{6})^2+(\sqrt{10})^2=6+10=16$ 🖺 16

0171

② $\dfrac{\sqrt{3}+2}{3}=1.244<\sqrt{3}$이므로 $\dfrac{\sqrt{3}+2}{3}$는 $\sqrt{3}$과 3 사이의 수가 아니다.

④ $\sqrt{3}$과 3 사이의 정수는 2의 1개이다. 🖺 ②, ④

0172

$6<\sqrt{a}<7$에서 $36<a<49$

따라서 구하는 자연수 a의 개수는 37, 38, 39, $\cdots$, 48의 12개이다.

🖺 ④

0173

$1<\sqrt{3}<2$에서 $-2<-\sqrt{3}<-1$이고 $2<\sqrt{5}<3$이므로

① 자연수 x는 1, 2의 2개이다.

④ 무리수 x는 무수히 많다. 🖺 ①, ④

0174

ㄱ. $(3+\sqrt{5})-(3+\sqrt{6})=\sqrt{5}-\sqrt{6}<0$이므로 $3+\sqrt{5}<3+\sqrt{6}$

ㄴ. $(\sqrt{8}-\sqrt{11})-(3-\sqrt{11})=\sqrt{8}-3=\sqrt{8}-\sqrt{9}<0$이므로 $\sqrt{8}-\sqrt{11}<3-\sqrt{11}$

ㄷ. $(-5+\sqrt{7})-(-5+\sqrt{3})=\sqrt{7}-\sqrt{3}>0$이므로 $-5+\sqrt{7}>-5+\sqrt{3}$

ㄹ. $\left(-\dfrac{1}{2}-\sqrt{13}\right)-\left(-\sqrt{\dfrac{2}{3}}-\sqrt{13}\right)=-\dfrac{1}{2}+\sqrt{\dfrac{2}{3}}$

$\qquad\qquad\qquad\qquad\qquad =-\sqrt{\dfrac{1}{4}}+\sqrt{\dfrac{2}{3}}>0$

$\therefore -\dfrac{1}{2}-\sqrt{13}>-\sqrt{\dfrac{2}{3}}-\sqrt{13}$ 🖺 ④

0175

피타고라스 정리에 의하여

$\overline{OA}=\sqrt{1^2+3^2}=\sqrt{10}$, $\overline{OB}=\sqrt{2^2+4^2}=\sqrt{20}$

따라서 원점 O를 중심으로 하고 $\overline{OA}$와 $\overline{OB}$를 각각 반지름으로 하는 원을 그려 수직선과 만나는 네 점의 좌표는 $P(-\sqrt{20})$, $Q(-\sqrt{10})$, $R(\sqrt{10})$, $S(\sqrt{20})$이고, 수직선 위에 나타내면 오른쪽 그림과 같다. 🖺 $-\sqrt{20}$, $-\sqrt{10}$, $\sqrt{10}$, $\sqrt{20}$, 풀이 참조

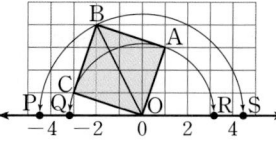

서술형 콕콕 본문 | 32~33쪽

0176 138개 **0177** 90개 **0178** $-1+\sqrt{17}$

0179 $1+\sqrt{10}$ **0180** 60 **0181** 42 **0182** 8개

0183 5개 **0184** 4, $2-\sqrt{5}$

0185 $\sqrt{5}+3$, $-\sqrt{8}-2$

0176

[단계1] $\sqrt{3n}$이 유리수가 되려면 n은 3×(자연수)^2 꼴이어야 하므로 150 이하의 자연수 n은 $3\times1^2=3$, $3\times2^2=12$, $3\times3^2=27$, $3\times4^2=48$, $3\times5^2=75$, $3\times6^2=108$, $3\times7^2=147$의 7개이다.

[단계2] $\sqrt{5n}$이 유리수가 되려면 n은 5×(자연수)^2 꼴이어야 하므로 150 이하의 자연수 n은 $5\times1^2=5$, $5\times2^2=20$, $5\times3^2=45$, $5\times4^2=80$, $5\times5^2=125$의 5개이다.

[단계3] $\sqrt{3n}$ 또는 $\sqrt{5n}$이 유리수가 되도록 하는 자연수 n의 개수가 $7+5=12$(개)이므로 $\sqrt{3n}$, $\sqrt{5n}$이 모두 무리수가 되도록 하는 자연수 n의 개수는 $150-12=138$(개)이다.

🖺 138개

0177

$\sqrt{2n}$이 유리수가 되려면 n은 2×(자연수)^2 꼴이어야 하므로 100 이하의 자연수 n은 $2\times1^2=2$, $2\times2^2=8$, $2\times3^2=18$, $2\times4^2=32$, $2\times5^2=50$, $2\times6^2=72$, $2\times7^2=98$의 7개이다. ⋯⋯ 40%

$\sqrt{7n}$이 유리수가 되려면 n은 7×(자연수)^2 꼴이어야 하므로 100 이하의 자연수 n은 $7\times1^2=7$, $7\times2^2=28$, $7\times3^2=63$의 3개이다. ⋯⋯ 40%

따라서 $\sqrt{2n}$ 또는 $\sqrt{7n}$이 유리수가 되도록 하는 자연수 n의 개수는 $7+3=10$(개)이므로 $\sqrt{2n}$, $\sqrt{7n}$이 모두 무리수가 되도록 하는 자연수 n의 개수는 $100-10=90$(개)이다. ⋯⋯ 20%

🖺 90개

0178

단계1 $\overline{BP}=\overline{BA}=\sqrt{1^2+3^2}=\sqrt{10}$

$\overline{EQ}=\overline{ED}=\sqrt{1^2+4^2}=\sqrt{17}$

단계2 $\overline{BP}=\sqrt{10}$이고 점 P에 대응하는 수가 $-4-\sqrt{10}$이므로 점 B에 대응하는 수는 $-4-\sqrt{10}+\sqrt{10}=-4$이다.

단계3 점 E는 점 B에서 오른쪽으로 3만큼 떨어진 점이므로 점 E에 대응하는 수는 $-4+3=-1$이다.

단계4 $\overline{EQ}=\sqrt{17}$이고 점 Q는 점 E의 오른쪽에 있으므로 점 Q에 대응하는 수는 $-1+\sqrt{17}$이다.

답 $-1+\sqrt{17}$

0179

$\overline{BP}=\overline{BA}=\sqrt{2^2+1^2}=\sqrt{5}$

$\overline{FQ}=\overline{FG}=\sqrt{3^2+1^2}=\sqrt{10}$ ……30%

$\overline{BP}=\sqrt{5}$이고 점 P에 대응하는 수가 $-3-\sqrt{5}$이므로 점 B에 대응하는 수는 $-3-\sqrt{5}+\sqrt{5}=-3$이다. ……30%

이때 점 F는 점 B에서 오른쪽으로 4만큼 떨어진 점이므로 점 F에 대응하는 수는 $-3+4=1$이다. ……20%

따라서 $\overline{FQ}=\sqrt{10}$이고 점 Q는 점 F의 오른쪽에 있으므로 점 Q에 대응하는 수는 $1+\sqrt{10}$이다. ……20%

답 $1+\sqrt{10}$

0180

단계1 $\sqrt{64}<\sqrt{75}<\sqrt{81}$이므로 $8<\sqrt{75}<9$

이때 $\sqrt{121}=11$이므로 $19<\sqrt{75}+\sqrt{121}<20$

단계2 $a=20$이므로 $3a=3\times20=60$

답 60

0181

$\sqrt{81}<\sqrt{94}<\sqrt{100}$이므로 $9<\sqrt{94}<10$

이때 $\sqrt{144}=12$이므로 $21<\sqrt{94}+\sqrt{144}<22$ ……80%

따라서 $a=21$이므로 $2a=2\times21=42$ ……20%

답 42

0182

단계1 $2<\sqrt{5}<3$이므로 $-3<-\sqrt{5}<-2$

$\therefore -2<1-\sqrt{5}<-1$

단계2 $2<\sqrt{6}<3$이므로 $6<4+\sqrt{6}<7$

단계3 $1-\sqrt{5}$와 $4+\sqrt{6}$ 사이에 있는 정수는 -1, 0, 1, 2, 3, 4, 5, 6의 8개이다.

답 8개

0183

$2<\sqrt{7}<3$이므로 $-3<-\sqrt{7}<-2$

$\therefore -1<2-\sqrt{7}<0$ ……40%

$3<\sqrt{10}<4$이므로 $4<1+\sqrt{10}<5$ ……40%

따라서 $2-\sqrt{7}$과 $1+\sqrt{10}$ 사이에 있는 정수는 0, 1, 2, 3, 4의 5개이다. ……20%

답 5개

0184

단계1 $-\sqrt{6}+2$, $2-\sqrt{5}$는 음수이고, $3+\sqrt{2}$, $\sqrt{7}+1$, 4는 양수이다.

단계2 $(-\sqrt{6}+2)-(2-\sqrt{5})=-\sqrt{6}+\sqrt{5}<0$이므로

$-\sqrt{6}+2<2-\sqrt{5}$

단계3 $(3+\sqrt{2})-4=-1+\sqrt{2}>0$이므로 $3+\sqrt{2}>4$

$(\sqrt{7}+1)-4=\sqrt{7}-3=\sqrt{7}-\sqrt{9}<0$이므로 $\sqrt{7}+1<4$

$\therefore \sqrt{7}+1<4<3+\sqrt{2}$

단계4 $-\sqrt{6}+2<2-\sqrt{5}<\sqrt{7}+1<4<3+\sqrt{2}$이므로 수를 수직선 위에 나타낼 때, 오른쪽에서 두 번째에 오는 수는 4이고, 왼쪽에서 두 번째에 오는 수는 $2-\sqrt{5}$이다.

답 4, $2-\sqrt{5}$

0185

$-\sqrt{8}-2$, -5는 음수이고,

$\sqrt{5}+3$, $\sqrt{5}+\sqrt{11}$, 5는 양수이다. ……10%

(i) 음수끼리 대소를 비교하면

$(-\sqrt{8}-2)-(-5)=-\sqrt{8}+3=-\sqrt{8}+\sqrt{9}>0$

$\therefore -\sqrt{8}-2>-5$ ……30%

(ii) 양수끼리 대소를 비교하면

$(\sqrt{5}+3)-(\sqrt{5}+\sqrt{11})=3-\sqrt{11}=\sqrt{9}-\sqrt{11}<0$이므로

$\sqrt{5}+3<\sqrt{5}+\sqrt{11}$

$(\sqrt{5}+3)-5=\sqrt{5}-2=\sqrt{5}-\sqrt{4}>0$이므로

$\sqrt{5}+3>5$

$\therefore 5<\sqrt{5}+3<\sqrt{5}+\sqrt{11}$ ……40%

따라서 $-5<-\sqrt{8}-2<5<\sqrt{5}+3<\sqrt{5}+\sqrt{11}$이므로 수를 수직선 위에 나타낼 때, 오른쪽에서 두 번째에 오는 수는 $\sqrt{5}+3$이고, 왼쪽에서 두 번째에 오는 수는 $-\sqrt{8}-2$이다. ……20%

답 $\sqrt{5}+3$, $-\sqrt{8}-2$

3 근호를 포함한 식의 계산

개념 콕콕

본문 | 35, 37쪽

0186

(3) $\sqrt{\dfrac{3}{5}} \times \sqrt{10} = \sqrt{\dfrac{3}{5} \times 10} = \sqrt{6}$

(4) $\sqrt{\dfrac{2}{3}} \times \sqrt{\dfrac{5}{4}} = \sqrt{\dfrac{2}{3} \times \dfrac{5}{4}} = \sqrt{\dfrac{5}{6}}$

답 (1) $\sqrt{26}$ (2) $\sqrt{66}$ (3) $\sqrt{6}$ (4) $\sqrt{\dfrac{5}{6}}$ (5) $4\sqrt{21}$ (6) $6\sqrt{10}$

0187

(3) $\sqrt{66} \div \sqrt{11} = \dfrac{\sqrt{66}}{\sqrt{11}} = \sqrt{\dfrac{66}{11}} = \sqrt{6}$

(4) $8\sqrt{12} \div 4\sqrt{8} = \dfrac{8\sqrt{12}}{4\sqrt{8}} = \dfrac{8}{4}\sqrt{\dfrac{12}{8}} = 2\sqrt{\dfrac{3}{2}}$

답 (1) $\sqrt{2}$ (2) $\sqrt{5}$ (3) $\sqrt{6}$ (4) $2\sqrt{\dfrac{3}{2}}$

0188

(1) $\sqrt{27} = \sqrt{3^2 \times 3} = 3\sqrt{3}$ (2) $\sqrt{72} = \sqrt{6^2 \times 2} = 6\sqrt{2}$

(3) $-\sqrt{80} = -\sqrt{4^2 \times 5} = -4\sqrt{5}$ (4) $-\sqrt{68} = -\sqrt{2^2 \times 17} = -2\sqrt{17}$

답 (1) $3\sqrt{3}$ (2) $6\sqrt{2}$ (3) $-4\sqrt{5}$ (4) $-2\sqrt{17}$

0189

(1) $2\sqrt{5} = \sqrt{2^2 \times 5} = \sqrt{20}$ (2) $4\sqrt{3} = \sqrt{4^2 \times 3} = \sqrt{48}$

(3) $-5\sqrt{2} = -\sqrt{5^2 \times 2} = -\sqrt{50}$ (4) $-3\sqrt{6} = -\sqrt{3^2 \times 6} = -\sqrt{54}$

답 (1) $\sqrt{20}$ (2) $\sqrt{48}$ (3) $-\sqrt{50}$ (4) $-\sqrt{54}$

0190

(1) $\sqrt{\dfrac{6}{25}} = \sqrt{\dfrac{6}{5^2}} = \dfrac{\sqrt{6}}{5}$ (2) $\sqrt{\dfrac{11}{36}} = \sqrt{\dfrac{11}{6^2}} = \dfrac{\sqrt{11}}{6}$

(3) $\sqrt{0.13} = \sqrt{\dfrac{13}{100}} = \sqrt{\dfrac{13}{10^2}} = \dfrac{\sqrt{13}}{10}$ (4) $-\sqrt{\dfrac{5}{9}} = -\sqrt{\dfrac{5}{3^2}} = -\dfrac{\sqrt{5}}{3}$

답 (1) $\dfrac{\sqrt{6}}{5}$ (2) $\dfrac{\sqrt{11}}{6}$ (3) $\dfrac{\sqrt{13}}{10}$ (4) $-\dfrac{\sqrt{5}}{3}$

0191

(1) $\dfrac{\sqrt{3}}{5} = \dfrac{\sqrt{3}}{\sqrt{5^2}} = \sqrt{\dfrac{3}{25}}$

(2) $\dfrac{\sqrt{5}}{6} = \dfrac{\sqrt{5}}{\sqrt{6^2}} = \sqrt{\dfrac{5}{36}}$

(3) $-\dfrac{\sqrt{2}}{7} = -\dfrac{\sqrt{2}}{\sqrt{7^2}} = -\sqrt{\dfrac{2}{49}}$

(4) $-\dfrac{\sqrt{3}}{8} = -\dfrac{\sqrt{3}}{\sqrt{8^2}} = -\sqrt{\dfrac{3}{64}}$

(5) $\dfrac{3\sqrt{7}}{2} = \dfrac{\sqrt{3^2 \times 7}}{\sqrt{2^2}} = \sqrt{\dfrac{63}{4}}$

(6) $-\dfrac{5\sqrt{2}}{6} = -\dfrac{\sqrt{5^2 \times 2}}{\sqrt{6^2}} = -\sqrt{\dfrac{50}{36}}$

답 (1) $\sqrt{\dfrac{3}{25}}$ (2) $\sqrt{\dfrac{5}{36}}$ (3) $-\sqrt{\dfrac{2}{49}}$

(4) $-\sqrt{\dfrac{3}{64}}$ (5) $\sqrt{\dfrac{63}{4}}$ (6) $-\sqrt{\dfrac{50}{36}}$

0192

(1) $\dfrac{1}{\sqrt{5}} = \dfrac{\sqrt{5}}{\sqrt{5} \times \sqrt{5}} = \dfrac{\sqrt{5}}{5}$

(2) $-\dfrac{5}{\sqrt{6}} = -\dfrac{5 \times \sqrt{6}}{\sqrt{6} \times \sqrt{6}} = -\dfrac{5\sqrt{6}}{6}$

(3) $\dfrac{\sqrt{7}}{\sqrt{11}} = \dfrac{\sqrt{7} \times \sqrt{11}}{\sqrt{11} \times \sqrt{11}} = \dfrac{\sqrt{77}}{11}$

(4) $\dfrac{2}{3\sqrt{3}} = \dfrac{2 \times \sqrt{3}}{3\sqrt{3} \times \sqrt{3}} = \dfrac{2\sqrt{3}}{9}$

(5) $\dfrac{\sqrt{3}}{2\sqrt{5}} = \dfrac{\sqrt{3} \times \sqrt{5}}{2\sqrt{5} \times \sqrt{5}} = \dfrac{\sqrt{15}}{10}$

(6) $-\dfrac{3}{2\sqrt{7}} = -\dfrac{3 \times \sqrt{7}}{2\sqrt{7} \times \sqrt{7}} = -\dfrac{3\sqrt{7}}{14}$

답 (1) $\dfrac{\sqrt{5}}{5}$ (2) $-\dfrac{5\sqrt{6}}{6}$ (3) $\dfrac{\sqrt{77}}{11}$

(4) $\dfrac{2\sqrt{3}}{9}$ (5) $\dfrac{\sqrt{15}}{10}$ (6) $-\dfrac{3\sqrt{7}}{14}$

0193

답 (1) 1.435 (2) 1.507 (3) 1.533 (4) 1.578

0194

답 (1) 10.1 (2) 13.3 (3) 12.0 (4) 14.4

0195

답 (1) 100, 10, 14.14 (2) 20, 20, 44.72
(3) 100, 10, 0.1414 (4) 20, 20, 0.4472

0196

(5) $\sqrt{6} + 3\sqrt{6} - 2\sqrt{6} = (1 + 3 - 2)\sqrt{6} = 2\sqrt{6}$

답 (1) $4\sqrt{5}$ (2) $10\sqrt{3}$ (3) $\sqrt{10}$ (4) $-2\sqrt{2}$ (5) $2\sqrt{6}$

0197

(1) $\sqrt{8} + \sqrt{18} = 2\sqrt{2} + 3\sqrt{2} = 5\sqrt{2}$

(2) $3\sqrt{5} + \sqrt{45} = 3\sqrt{5} + 3\sqrt{5} = 6\sqrt{5}$

(3) $\sqrt{24} - \sqrt{54} = 2\sqrt{6} - 3\sqrt{6} = -\sqrt{6}$

(4) $2\sqrt{2} + \sqrt{32} - \sqrt{50} = 2\sqrt{2} + 4\sqrt{2} - 5\sqrt{2} = \sqrt{2}$

답 (1) $5\sqrt{2}$ (2) $6\sqrt{5}$ (3) $-\sqrt{6}$ (4) $\sqrt{2}$

0198

(2) $\sqrt{5}(2\sqrt{10}-\sqrt{2})=2\sqrt{50}-\sqrt{10}=10\sqrt{2}-\sqrt{10}$

(3) $(\sqrt{45}-\sqrt{50})\div\sqrt{5}=(\sqrt{45}-\sqrt{50})\times\dfrac{1}{\sqrt{5}}=\sqrt{9}-\sqrt{10}=3-\sqrt{10}$

(4) $(\sqrt{24}+2\sqrt{2})\div\sqrt{2}=(\sqrt{24}+2\sqrt{2})\times\dfrac{1}{\sqrt{2}}=\sqrt{12}+2=2\sqrt{3}+2$

(5) $5\sqrt{6}-\sqrt{3}\times\sqrt{2}=5\sqrt{6}-\sqrt{6}=4\sqrt{6}$

(6) $\dfrac{1}{\sqrt{3}}+\sqrt{3}=\dfrac{\sqrt{3}}{\sqrt{3}\times\sqrt{3}}+\sqrt{3}=\dfrac{\sqrt{3}}{3}+\sqrt{3}=\dfrac{4\sqrt{3}}{3}$

답 (1) $\sqrt{6}+\sqrt{10}$ (2) $10\sqrt{2}-\sqrt{10}$ (3) $3-\sqrt{10}$
(4) $2\sqrt{3}+2$ (5) $4\sqrt{6}$ (6) $\dfrac{4\sqrt{3}}{3}$

유형 콕콕

본문 | 38~49쪽

0199 ⑤	**0200** ⑤	**0201** 12	**0202** 3
0203 -8	**0204** ②	**0205** 6배	**0206** $\sqrt{2}$
0207 57	**0208** ④	**0209** 15	**0210** $4\sqrt{5}$
0211 ②, ⑤	**0212** $\dfrac{2}{9}$	**0213** ③	**0214** 30
0215 ③	**0216** ⑤	**0217** ④	**0218** 3
0219 $\dfrac{\sqrt{3}}{3}$	**0220** ④	**0221** 11	**0222** ㄱ, ㄷ, ㄹ
0223 $\dfrac{\sqrt{2}}{\sqrt{5}}$	**0224** 32	**0225** ③	**0226** ②
0227 ③	**0228** 10	**0229** $\dfrac{5\sqrt{2}}{18}$	**0230** ⑤
0231 $8\sqrt{3}$	**0232** ⑤	**0233** $\dfrac{3}{2}$	**0234** $2\sqrt{3}$
0235 $9\sqrt{6}\,\text{cm}^2$	**0236** $4\sqrt{2}\,\text{cm}$	**0237** $\sqrt{2}$	**0238** $3\sqrt{3}\,\text{cm}$
0239 $16\sqrt{3}\,\text{cm}^2$		**0240** $4\sqrt{3}\,\text{cm}$	**0241** 10 cm
0242 $6\sqrt{3}\,\text{cm}^2$	**0243** 1854	**0244** 537.3	**0245** 22
0246 ④	**0247** ③, ④	**0248** ④	**0249** ④
0250 6	**0251** $18\sqrt{6}$	**0252** ②	**0253** ⑤
0254 $\sqrt{10}$	**0255** 0	**0256** ②	**0257** 28
0258 $3\sqrt{6}-2\sqrt{3}$		**0259** $\dfrac{1}{3}$	**0260** -2
0261 8	**0262** $\dfrac{4}{3}$	**0263** ③	**0264** 56
0265 ⑤	**0266** ④	**0267** ②	**0268** 34
0269 ①	**0270** ③	**0271** 6	**0272** $\sqrt{2}$
0273 ④	**0274** ①	**0275** ②	**0276** $5+15\sqrt{6}$
0277 ③	**0278** ⑤	**0279** 5	
0280 (1) 3 (2) 5		**0281** ④	**0282** ①
0283 ③	**0284** $9-\sqrt{3}$	**0285** $28\sqrt{6}\,\text{cm}$	**0286** 3
0287 $13\sqrt{2}\,\text{cm}$	**0288** $24\sqrt{3}\,\text{cm}^3$		**0289** 15
0290 $-1+2\sqrt{2}$		**0291** $-6-2\sqrt{5}$	
0292 ④	**0293** ④	**0294** ②	**0295** $b<a<c$

0199

$(-3\sqrt{6})\times\sqrt{\dfrac{11}{6}}\times(-2\sqrt{3})=6\sqrt{6\times\dfrac{11}{6}\times3}=6\sqrt{33}$ 답 ⑤

0200

⑤ $\sqrt{\dfrac{16}{13}}\times5\sqrt{\dfrac{13}{8}}=5\sqrt{\dfrac{16}{13}\times\dfrac{13}{8}}=5\sqrt{2}$ 답 ⑤

0201

$\sqrt{\dfrac{8}{5}}\times\sqrt{\dfrac{45}{2}}=\sqrt{\dfrac{8}{5}\times\dfrac{45}{2}}=\sqrt{36}=6$이므로 $a=6$

$3\sqrt{\dfrac{6}{7}}\times\sqrt{\dfrac{14}{3}}=3\sqrt{\dfrac{6}{7}\times\dfrac{14}{3}}=3\sqrt{4}=6$이므로 $b=6$

$\therefore a+b=6+6=12$ 답 12

0202

$\sqrt{3}\times\sqrt{2}\times\sqrt{k}\times\sqrt{12}\times\sqrt{2k}=\sqrt{3\times2\times k\times12\times2k}=\sqrt{12^2\times k^2}$
$\qquad\qquad=\sqrt{(12k)^2}=12k\ (\because k>0)$

따라서 $12k=36$이므로 $k=3$ 답 3

0203

$\dfrac{2\sqrt{5}}{3\sqrt{2}}\div\dfrac{\sqrt{5}}{2\sqrt{6}}\div\left(-\dfrac{\sqrt{3}}{6\sqrt{7}}\right)=\dfrac{2\sqrt{5}}{3\sqrt{2}}\times\dfrac{2\sqrt{6}}{\sqrt{5}}\times\left(-\dfrac{6\sqrt{7}}{\sqrt{3}}\right)$
$\qquad\qquad=-\dfrac{24}{3}\sqrt{\dfrac{5\times6\times7}{2\times5\times3}}=-8\sqrt{7}$

따라서 $a\sqrt{7}=-8\sqrt{7}$이므로 $a=-8$ 답 -8

0204

ㄱ. $8\div\dfrac{4}{\sqrt{5}}=8\times\dfrac{\sqrt{5}}{4}=2\sqrt{5}$

ㄴ. $20\sqrt{6}\div4\sqrt{2}=\dfrac{20\sqrt{6}}{4\sqrt{2}}=5\sqrt{\dfrac{6}{2}}=5\sqrt{3}$

ㄷ. $2\sqrt{3}\div\dfrac{4\sqrt{3}}{\sqrt{7}}=2\sqrt{3}\times\dfrac{\sqrt{7}}{4\sqrt{3}}=\dfrac{1}{2}\sqrt{3\times\dfrac{7}{3}}=\dfrac{\sqrt{7}}{2}$

ㄹ. $\left(-\dfrac{\sqrt{20}}{\sqrt{18}}\right)\div\dfrac{\sqrt{10}}{\sqrt{6}}=\left(-\dfrac{\sqrt{20}}{\sqrt{18}}\right)\times\dfrac{\sqrt{6}}{\sqrt{10}}$
$\qquad\qquad=-\sqrt{\dfrac{20}{18}\times\dfrac{6}{10}}=-\sqrt{\dfrac{2}{3}}$ 답 ②

0205

$\sqrt{27}\div\dfrac{\sqrt{3}}{2}=\sqrt{27}\times\dfrac{2}{\sqrt{3}}=2\sqrt{27\times\dfrac{1}{3}}=2\sqrt{9}=6$

따라서 $\sqrt{27}$은 $\dfrac{\sqrt{3}}{2}$의 6배이다. 답 6배

0206

$\sqrt{a}=\sqrt{\dfrac{21}{5}}\div\sqrt{\dfrac{3}{10}}=\dfrac{\sqrt{21}}{\sqrt{5}}\div\dfrac{\sqrt{3}}{\sqrt{10}}$

$\quad=\dfrac{\sqrt{21}}{\sqrt{5}}\times\dfrac{\sqrt{10}}{\sqrt{3}}=\sqrt{\dfrac{21}{5}\times\dfrac{10}{3}}=\sqrt{14}$ ······50%

$\sqrt{b}=\dfrac{\sqrt{84}}{\sqrt{12}}=\sqrt{\dfrac{84}{12}}=\sqrt{7}$ ⋯⋯ 30%

$\therefore \sqrt{a}\div\sqrt{b}=\sqrt{14}\div\sqrt{7}=\sqrt{\dfrac{14}{7}}=\sqrt{2}$ ⋯⋯ 20%

답 $\sqrt{2}$

0207

$3\sqrt{6}=\sqrt{3^2\times6}=\sqrt{54}$이므로 $a=54$

$\sqrt{75}=\sqrt{5^2\times3}=5\sqrt{3}$이므로 $b=3$

$\therefore a+b=54+3=57$ 답 57

0208

④ $-8\sqrt{2}=-\sqrt{8^2\times2}=-\sqrt{128}$ 답 ④

0209

$7\sqrt{2}=\sqrt{7^2\times2}=\sqrt{98}$이므로

$23+5a=98,\ 5a=75 \qquad \therefore a=15$ 답 15

0210

$4\sqrt{6}=\sqrt{4^2\times6}=\sqrt{96}$이므로 $a=96$

$\sqrt{72}=\sqrt{6^2\times2}=6\sqrt{2}$이므로 $b=6$

$\sqrt{640}=\sqrt{8^2\times10}=8\sqrt{10}$이므로 $c=10$

$\therefore \sqrt{a-b-c}=\sqrt{96-6-10}=\sqrt{80}=\sqrt{4^2\times5}=4\sqrt{5}$ 답 $4\sqrt{5}$

0211

① $\sqrt{\dfrac{3}{64}}=\sqrt{\dfrac{3}{8^2}}=\dfrac{\sqrt{3}}{8}$

② $\sqrt{\dfrac{10}{72}}=\sqrt{\dfrac{5}{36}}=\sqrt{\dfrac{5}{6^2}}=\dfrac{\sqrt{5}}{6}$

③ $-\sqrt{\dfrac{12}{48}}=-\sqrt{\dfrac{1}{4}}=-\sqrt{\dfrac{1}{2^2}}=-\dfrac{1}{2}$

④ $\sqrt{0.05}=\sqrt{\dfrac{5}{100}}=\sqrt{\dfrac{5}{10^2}}=\dfrac{\sqrt{5}}{10}$

⑤ $-\sqrt{0.75}=-\sqrt{\dfrac{75}{100}}=-\sqrt{\dfrac{3}{4}}=-\sqrt{\dfrac{3}{2^2}}=-\dfrac{\sqrt{3}}{2}$ 답 ②, ⑤

0212

$\sqrt{\dfrac{25}{45}}=\sqrt{\dfrac{5}{9}}=\sqrt{\dfrac{5}{3^2}}=\dfrac{\sqrt{5}}{3}$이므로 $a=3$

$\dfrac{\sqrt{2}}{3\sqrt{3}}=\dfrac{\sqrt{2}}{\sqrt{3^2\times3}}=\sqrt{\dfrac{2}{27}}$이므로 $b=\dfrac{2}{27}$

$\therefore ab=3\times\dfrac{2}{27}=\dfrac{2}{9}$ 답 $\dfrac{2}{9}$

0213

$\sqrt{0.6}=\sqrt{\dfrac{60}{100}}=\sqrt{\dfrac{2^2\times15}{10^2}}=\dfrac{2\sqrt{15}}{10}=\dfrac{\sqrt{15}}{5} \qquad \therefore k=\dfrac{1}{5}$ 답 ③

0214

$\sqrt{\dfrac{72}{25}}=\sqrt{\dfrac{6^2\times2}{5^2}}=\dfrac{6\sqrt{2}}{5}$이므로 $a=\dfrac{6}{5}$ ⋯⋯ 40%

$\sqrt{0.0112}=\sqrt{\dfrac{112}{10000}}=\sqrt{\dfrac{4^2\times7}{100^2}}=\dfrac{4\sqrt{7}}{100}=\dfrac{\sqrt{7}}{25}$이므로

$b=\dfrac{1}{25}$ ⋯⋯ 40%

$\therefore \dfrac{a}{b}=a\times\dfrac{1}{b}=\dfrac{6}{5}\times25=30$ ⋯⋯ 20%

답 30

0215

$\sqrt{135}=\sqrt{3^3\times5}=(\sqrt{3})^3\times\sqrt{5}=a^3b$ 답 ③

0216

$\sqrt{32}-\sqrt{63}=\sqrt{4^2\times2}-\sqrt{3^2\times7}=4\sqrt{2}-3\sqrt{7}=4a-3b$ 답 ⑤

0217

① $\sqrt{600}=\sqrt{6\times10^2}=10\sqrt{6}=10a$

② $\sqrt{6000}=\sqrt{60\times10^2}=10\sqrt{60}=10b$

③ $\sqrt{60000}=\sqrt{6\times100^2}=100\sqrt{6}=100a$

④ $\sqrt{0.6}=\sqrt{\dfrac{60}{10^2}}=\dfrac{\sqrt{60}}{10}=\dfrac{b}{10}$

⑤ $\sqrt{0.006}=\sqrt{\dfrac{60}{100^2}}=\dfrac{\sqrt{60}}{100}=\dfrac{b}{100}$ 답 ④

0218

$\sqrt{500}+\sqrt{1.26}=\sqrt{5\times100}+\sqrt{\dfrac{126}{100}}=\sqrt{5\times10^2}+\dfrac{\sqrt{3^2\times14}}{\sqrt{10^2}}$

$=10\sqrt{5}+\dfrac{3\sqrt{14}}{10}=10x+\dfrac{3}{10}y$ ⋯⋯ 60%

따라서 $a=10,\ b=\dfrac{3}{10}$이므로 ⋯⋯ 20%

$ab=10\times\dfrac{3}{10}=3$ ⋯⋯ 20%

답 3

0219

$\dfrac{2\sqrt{3}}{\sqrt{5}}=\dfrac{2\sqrt{3}\times\sqrt{5}}{\sqrt{5}\times\sqrt{5}}=\dfrac{2\sqrt{15}}{5}$이므로 $a=\dfrac{2}{5}$

$\dfrac{5}{\sqrt{12}}=\dfrac{5\sqrt{3}}{2\sqrt{3}\times\sqrt{3}}=\dfrac{5\sqrt{3}}{6}$이므로 $b=\dfrac{5}{6}$

$\therefore \sqrt{ab}=\sqrt{\dfrac{2}{5}\times\dfrac{5}{6}}=\sqrt{\dfrac{1}{3}}=\dfrac{1}{\sqrt{3}}=\dfrac{\sqrt{3}}{3}$ 답 $\dfrac{\sqrt{3}}{3}$

0220

④ $\dfrac{4}{5\sqrt{2}}=\dfrac{4\times\sqrt{2}}{5\sqrt{2}\times\sqrt{2}}=\dfrac{4\sqrt{2}}{10}=\dfrac{2\sqrt{2}}{5}$ 답 ④

0221

$$\frac{\sqrt{a}}{\sqrt{117}}=\frac{\sqrt{a}}{3\sqrt{13}}=\frac{\sqrt{a}\times\sqrt{13}}{3\sqrt{13}\times\sqrt{13}}=\frac{\sqrt{13a}}{39}$$

$\frac{\sqrt{13a}}{39}=\frac{\sqrt{143}}{39}$ 이므로 $13a=143$ $\quad\therefore a=11$ **답** 11

0222

ㄴ. $\sqrt{\frac{b}{a}}=\frac{\sqrt{b}}{\sqrt{a}}=\frac{\sqrt{b}\times\sqrt{a}}{\sqrt{a}\times\sqrt{a}}=\frac{\sqrt{ab}}{a}$ **답** ㄱ, ㄷ, ㄹ

0223

$\frac{\sqrt{2}}{\sqrt{5}}=\frac{\sqrt{10}}{5}$, $\frac{2}{\sqrt{5}}=\frac{2\sqrt{5}}{5}=\frac{\sqrt{20}}{5}$, $\frac{2}{5}=\frac{\sqrt{4}}{5}$, $\sqrt{5}=\frac{5\sqrt{5}}{5}=\frac{\sqrt{125}}{5}$ 이므로 $\frac{2}{5}<\frac{2}{\sqrt{5}}<\frac{\sqrt{2}}{\sqrt{5}}<\frac{2}{\sqrt{5}}<\sqrt{5}$

따라서 세 번째에 오는 수는 $\frac{\sqrt{2}}{\sqrt{5}}$이다. **답** $\frac{\sqrt{2}}{\sqrt{5}}$

0224

$\sqrt{\frac{27}{32}}=\frac{\sqrt{27}}{\sqrt{32}}=\frac{3\sqrt{3}}{4\sqrt{2}}=\frac{3\sqrt{3}\times\sqrt{2}}{4\sqrt{2}\times\sqrt{2}}=\frac{3\sqrt{6}}{8}$ ······50%

따라서 $a=4$, $b=3$, $c=\frac{3}{8}$이므로 ······20%

$\frac{ab}{c}=4\times3\div\frac{3}{8}=4\times3\times\frac{8}{3}=32$ ······30%

답 32

0225

$\frac{3\sqrt{3}}{\sqrt{2}}\div\frac{\sqrt{6}}{\sqrt{5}}\times\frac{\sqrt{8}}{\sqrt{15}}=\frac{3\sqrt{3}}{\sqrt{2}}\times\frac{\sqrt{5}}{\sqrt{6}}\times\frac{2\sqrt{2}}{\sqrt{15}}=\frac{6}{\sqrt{6}}=\sqrt{6}$ **답** ③

0226

$\sqrt{18}\times(-2\sqrt{6})\div\frac{3}{\sqrt{32}}=3\sqrt{2}\times(-2\sqrt{6})\times\frac{4\sqrt{2}}{3}$
$=-8\sqrt{24}=-16\sqrt{6}$ **답** ②

0227

③ $\frac{3}{2\sqrt{5}}\div(-\sqrt{50})\times2\sqrt{10}=\frac{3}{2\sqrt{5}}\times\left(-\frac{1}{5\sqrt{2}}\right)\times2\sqrt{10}$
$=-\frac{3}{5}$ **답** ③

0228

$\sqrt{50}\times\sqrt{8}\div\sqrt{6}\times\sqrt{3}=5\sqrt{2}\times2\sqrt{2}\times\frac{1}{\sqrt{6}}\times\sqrt{3}=10\sqrt{2}$
$\therefore a=10$ **답** 10

0229

(주어진 식)$=\frac{\sqrt{5a}}{\sqrt{2b}}\times\frac{\sqrt{b}}{3\sqrt{a}}\times\frac{\sqrt{2a}}{\sqrt{6b}}\times\frac{\sqrt{5b}}{\sqrt{3a}}$
$=\frac{5}{3\sqrt{18}}=\frac{5}{9\sqrt{2}}=\frac{5\sqrt{2}}{18}$ **답** $\frac{5\sqrt{2}}{18}$

0230

(가) : $12\times\sqrt{20}\div4\sqrt{3}=12\times2\sqrt{5}\times\frac{1}{4\sqrt{3}}=\frac{6\sqrt{5}}{\sqrt{3}}=2\sqrt{15}$ **답** ⑤

0231

$\overline{AD}$를 한 변으로 하는 정사각형의 넓이가 24이므로
$\overline{AD}=\sqrt{24}=2\sqrt{6}$
$\overline{CD}$를 한 변으로 하는 정사각형의 넓이가 8이므로
$\overline{CD}=\sqrt{8}=2\sqrt{2}$
$\therefore \square ABCD=\overline{AD}\times\overline{CD}=2\sqrt{6}\times2\sqrt{2}=4\sqrt{12}=8\sqrt{3}$ **답** $8\sqrt{3}$

0232

직육면체의 높이를 x cm라고 하면 $3\sqrt{5}\times2\sqrt{2}\times x=12\sqrt{30}$
$\therefore x=12\sqrt{30}\div3\sqrt{5}\div2\sqrt{2}=12\sqrt{30}\times\frac{1}{3\sqrt{5}}\times\frac{1}{2\sqrt{2}}=2\sqrt{3}$ **답** ⑤

0233

(삼각형의 넓이)$=\frac{1}{2}\times\sqrt{6}\times\sqrt{18}=\frac{1}{2}\times\sqrt{6}\times3\sqrt{2}=3\sqrt{3}$ ······30%

(직사각형의 넓이)$=x\times\sqrt{12}=x\times2\sqrt{3}=2\sqrt{3}x$ ······30%

따라서 $2\sqrt{3}x=3\sqrt{3}$이므로 $x=\frac{3\sqrt{3}}{2\sqrt{3}}=\frac{3}{2}$ ······40%

답 $\frac{3}{2}$

0234

원뿔의 밑면의 반지름의 길이를 r $(r>0)$라고 하면
$\frac{1}{3}\times\pi\times r^2\times\sqrt{48}=16\sqrt{3}\pi$, $\frac{4\sqrt{3}}{3}r^2=16\sqrt{3}$
$r^2=16\sqrt{3}\div\frac{4\sqrt{3}}{3}=16\sqrt{3}\times\frac{3}{4\sqrt{3}}=12$
$\therefore r=\sqrt{12}=2\sqrt{3}$ $(\because r>0)$ **답** $2\sqrt{3}$

0235

$\triangle ABC$에서 $\overline{AB}=\sqrt{(3\sqrt{5})^2-(3\sqrt{3})^2}=\sqrt{18}=3\sqrt{2}(cm)$
$\therefore \square ABCD=3\sqrt{3}\times3\sqrt{2}=9\sqrt{6}(cm^2)$ **답** $9\sqrt{6}$ cm²

0236

정사각형 ABCD의 한 변의 길이를 x cm라고 하면
$\triangle BCD$에서 $x^2+x^2=8^2$, $2x^2=64$
$x^2=32$ $\quad\therefore x=\sqrt{32}=4\sqrt{2}(\because x>0)$
따라서 정사각형 ABCD의 한 변의 길이는 $4\sqrt{2}$ cm이다.
답 $4\sqrt{2}$ cm

0237

$\overline{BD}=\sqrt{3^2+3^2}=3\sqrt{2}(cm)$이므로 $a=3\sqrt{2}$
$\overline{BH}=\sqrt{(3\sqrt{2})^2+(3\sqrt{2})^2}=\sqrt{36}=6(cm)$이므로 $b=6$
$\therefore \frac{b}{a}=\frac{6}{3\sqrt{2}}=\frac{6\sqrt{2}}{6}=\sqrt{2}$ **답** $\sqrt{2}$

0238

정육면체의 한 모서리의 길이를 a cm라고 하면

$\overline{FH}=\sqrt{a^2+a^2}=a\sqrt{2}$(cm)이므로

직각삼각형 BFH에서

$\overline{BH}=\sqrt{a^2+(a\sqrt{2})^2}=a\sqrt{3}$(cm)

즉 $a\sqrt{3}=9$이므로 $a=\dfrac{9}{\sqrt{3}}=\dfrac{9\sqrt{3}}{3}=3\sqrt{3}$

따라서 정육면체의 한 모서리의 길이는 $3\sqrt{3}$cm이다.　📗 $3\sqrt{3}$ cm

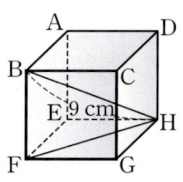

0239

오른쪽 그림과 같이 점 A에서 $\overline{BC}$에 내린 수선의

발을 H라고 하면 $\overline{BH}=\dfrac{1}{2}\overline{BC}=\dfrac{1}{2}\times8=4$(cm)

$\triangle$ABH에서 $\overline{AH}=\sqrt{8^2-4^2}=4\sqrt{3}$(cm)

$\therefore \triangle ABC=\dfrac{1}{2}\times8\times4\sqrt{3}=16\sqrt{3}$(cm^2)

📗 $16\sqrt{3}$ cm^2

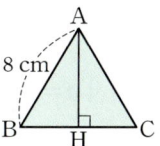

0240

$\overline{AD}$는 정삼각형 ABC의 중선이므로 $\triangle$ABC의 높이이다.

$\overline{BD}=\overline{CD}=\dfrac{1}{2}\times12=6$(cm)이므로

$\triangle$ABD에서 $\overline{AD}=\sqrt{12^2-6^2}=6\sqrt{3}$(cm)

$\therefore \overline{AG}=\dfrac{2}{3}\overline{AD}=\dfrac{2}{3}\times6\sqrt{3}=4\sqrt{3}$(cm)　📗 $4\sqrt{3}$ cm

0241

$\overline{AB}=x$ cm라고 하면

$\overline{BH}=\dfrac{1}{2}\overline{BC}=\dfrac{x}{2}$(cm)이므로

$\triangle$ABH에서 $(5\sqrt{3})^2+\left(\dfrac{x}{2}\right)^2=x^2$, $75+\dfrac{x^2}{4}=x^2$

$x^2=100$　$\therefore x=10\ (\because x>0)$

따라서 정삼각형 ABC의 한 변의 길이는 10 cm이다.　📗 10 cm

0242

$\overline{AB}=\sqrt{(2\sqrt{5})^2+2^2}=2\sqrt{6}$(cm)　……30%

오른쪽 그림과 같이 점 D에서 $\overline{AB}$에 내린 수선의

발을 H라고 하면

$\overline{BH}=\dfrac{1}{2}\overline{AB}=\sqrt{6}$(cm)이므로

$\overline{DH}=\sqrt{(2\sqrt{6})^2-(\sqrt{6})^2}=3\sqrt{2}$(cm)　……40%

$\therefore \triangle ADB=\dfrac{1}{2}\times2\sqrt{6}\times3\sqrt{2}=6\sqrt{3}$(cm^2)　……30%

📗 $6\sqrt{3}$ cm^2

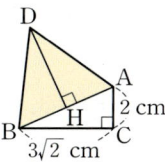

0243

$\sqrt{6.13}=2.476$이므로 $a=2.476$, $\sqrt{6.22}=2.494$이므로 $b=6.22$

$\therefore 1000a-100b=2476-622=1854$　📗 1854

0244

$\sqrt{26.3}=5.128$이므로 $a=5.128$, $\sqrt{24.5}=4.950$이므로 $b=24.5$

$\therefore 100a+b=512.8+24.5=537.3$　📗 537.3

0245

$\sqrt{5.61}=2.369$이므로 $a=5.61$, $\sqrt{5.83}=2.415$이므로 $b=5.83$

$\therefore 100(b-a)=100\times(5.83-5.61)$

$=100\times0.22=22$　📗 22

0246

④ $\sqrt{0.3}=\sqrt{\dfrac{30}{100}}=\dfrac{\sqrt{30}}{10}=\dfrac{5.477}{10}=0.5477$　📗 ④

0247

④ $\sqrt{5000}=\sqrt{50\times100}=10\sqrt{50}$이므로 $\sqrt{50}$의 값이 주어져야 한다.

📗 ③, ④

0248

$49.5=10\times4.95=10\sqrt{24.5}=\sqrt{100\times24.5}=\sqrt{2450}$

$\therefore a=2450$　📗 ④

0249

④ $\sqrt{691}=\sqrt{6.91\times100}=10\sqrt{6.91}$ 이므로 $\sqrt{6.91}$의 값이 주어져야 한다.　📗 ④

0250

$\sqrt{2}+5\sqrt{7}+8\sqrt{2}-2\sqrt{7}=(1+8)\sqrt{2}+(5-2)\sqrt{7}=9\sqrt{2}+3\sqrt{7}$

따라서 $a=9$, $b=3$이므로 $a-b=9-3=6$　📗 6

0251

$A=-5\sqrt{2}-2\sqrt{2}+4\sqrt{2}=-3\sqrt{2}$

$B=-5\sqrt{3}+2\sqrt{3}-3\sqrt{3}=-6\sqrt{3}$

$\therefore AB=-3\sqrt{2}\times(-6\sqrt{3})=18\sqrt{6}$　📗 $18\sqrt{6}$

0252

$\dfrac{3\sqrt{3}}{4}+\dfrac{\sqrt{5}}{6}-\dfrac{\sqrt{3}}{2}+\dfrac{\sqrt{5}}{3}=\left(\dfrac{3}{4}-\dfrac{1}{2}\right)\sqrt{3}+\left(\dfrac{1}{6}+\dfrac{1}{3}\right)\sqrt{5}$

$=\dfrac{\sqrt{3}}{4}+\dfrac{\sqrt{5}}{2}=\dfrac{1}{4}a+\dfrac{1}{2}b$　📗 ②

0253

$\dfrac{\sqrt{a}}{5}-\dfrac{\sqrt{a}}{6}=\dfrac{6\sqrt{a}}{30}-\dfrac{5\sqrt{a}}{30}=\dfrac{\sqrt{a}}{30}$

$\dfrac{\sqrt{a}}{30}=\dfrac{3}{10}$이므로 $\sqrt{a}=9$　$\therefore a=81$　📗 ⑤

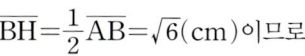

0254

$x+y=\dfrac{\sqrt{5}+\sqrt{2}}{2}+\dfrac{\sqrt{5}-\sqrt{2}}{2}=\dfrac{2\sqrt{5}}{2}=\sqrt{5}$ ······ 40%

$x-y=\dfrac{\sqrt{5}+\sqrt{2}}{2}-\dfrac{\sqrt{5}-\sqrt{2}}{2}=\dfrac{2\sqrt{2}}{2}=\sqrt{2}$ ······ 40%

$\therefore (x+y)(x-y)=\sqrt{5}\times\sqrt{2}=\sqrt{10}$ ······ 20%

답 $\sqrt{10}$

0255

$\sqrt{108}-\sqrt{80}-\sqrt{75}+\sqrt{45}=6\sqrt{3}-4\sqrt{5}-5\sqrt{3}+3\sqrt{5}=\sqrt{3}-\sqrt{5}$

따라서 $a=1$, $b=-1$이므로 $a+b=1+(-1)=0$ 답 0

0256

$2\sqrt{20}-3\sqrt{45}+\sqrt{5}=4\sqrt{5}-9\sqrt{5}+\sqrt{5}=-4\sqrt{5}$ 답 ②

0257

$2\sqrt{a}+\sqrt{63}-\sqrt{175}=\sqrt{28}$에서 $2\sqrt{a}+3\sqrt{7}-5\sqrt{7}=2\sqrt{7}$

$2\sqrt{a}=4\sqrt{7}$, $\sqrt{a}=2\sqrt{7}$ $\therefore a=28$ 답 28

0258

$6\sqrt{24}-2\sqrt{27}-3\sqrt{54}+\sqrt{48}$

$=12\sqrt{6}-6\sqrt{3}-9\sqrt{6}+4\sqrt{3}$

$=3\sqrt{6}-2\sqrt{3}$ 답 $3\sqrt{6}-2\sqrt{3}$

0259

$\sqrt{18}-\dfrac{\sqrt{98}}{6}+\dfrac{\sqrt{8}}{4}-\dfrac{\sqrt{72}}{3}=3\sqrt{2}-\dfrac{7\sqrt{2}}{6}+\dfrac{2\sqrt{2}}{4}-\dfrac{6\sqrt{2}}{3}$

$=\left(3-\dfrac{7}{6}+\dfrac{1}{2}-2\right)\sqrt{2}=\dfrac{\sqrt{2}}{3}$

$\therefore k=\dfrac{1}{3}$ 답 $\dfrac{1}{3}$

0260

$\sqrt{125}-7\sqrt{2}-\sqrt{20}+\dfrac{4}{\sqrt{2}}=5\sqrt{5}-7\sqrt{2}-2\sqrt{5}+2\sqrt{2}$

$=-5\sqrt{2}+3\sqrt{5}$

따라서 $a=-5$, $b=3$이므로

$a+b=-5+3=-2$ 답 -2

0261

$2\sqrt{54}-\dfrac{6\sqrt{2}}{\sqrt{3}}+\sqrt{96}=6\sqrt{6}-\dfrac{6\sqrt{6}}{3}+4\sqrt{6}$

$=6\sqrt{6}-2\sqrt{6}+4\sqrt{6}=8\sqrt{6}$

$\therefore a=8$ 답 8

0262

$b=a+\dfrac{1}{a}=\sqrt{3}+\dfrac{1}{\sqrt{3}}=\sqrt{3}+\dfrac{\sqrt{3}}{3}=\dfrac{4}{3}\sqrt{3}=\dfrac{4}{3}a$

$\therefore k=\dfrac{4}{3}$ 답 $\dfrac{4}{3}$

0263

$\dfrac{b}{a}-\dfrac{a}{b}=\dfrac{\sqrt{7}}{\sqrt{5}}-\dfrac{\sqrt{5}}{\sqrt{7}}=\dfrac{\sqrt{35}}{5}-\dfrac{\sqrt{35}}{7}=\dfrac{2\sqrt{35}}{35}$

다른 풀이

$\dfrac{b}{a}-\dfrac{a}{b}=\dfrac{b^2-a^2}{ab}=\dfrac{(\sqrt{7})^2-(\sqrt{5})^2}{\sqrt{5}\times\sqrt{7}}=\dfrac{7-5}{\sqrt{35}}=\dfrac{2\sqrt{35}}{35}$ 답 ③

0264

$\sqrt{48}-\sqrt{50}-\dfrac{6}{\sqrt{2}}+\dfrac{9}{\sqrt{3}}=4\sqrt{3}-5\sqrt{2}-\dfrac{6\sqrt{2}}{2}+\dfrac{9\sqrt{3}}{3}$

$=4\sqrt{3}-5\sqrt{2}-3\sqrt{2}+3\sqrt{3}$

$=7\sqrt{3}-8\sqrt{2}$ ······ 70%

따라서 $a=7$, $b=8$이므로 $ab=7\times8=56$ ······ 30%

답 56

0265

$2\sqrt{3}(\sqrt{6}-3\sqrt{2})-\sqrt{2}(\sqrt{3}-1)=2\sqrt{18}-6\sqrt{6}-\sqrt{6}+\sqrt{2}$

$=6\sqrt{2}-6\sqrt{6}-\sqrt{6}+\sqrt{2}$

$=7\sqrt{2}-7\sqrt{6}$

따라서 $a=7$, $b=-7$이므로

$a-b=7-(-7)=14$ 답 ⑤

0266

$5\sqrt{2}-\sqrt{6}(\sqrt{3}-2\sqrt{6})=5\sqrt{2}-\sqrt{18}+12$

$=5\sqrt{2}-3\sqrt{2}+12$

$=12+2\sqrt{2}$ 답 ④

0267

$\sqrt{2}A-\sqrt{3}B=\sqrt{2}(\sqrt{8}-\sqrt{3})-\sqrt{3}(\sqrt{2}+\sqrt{3})$

$=\sqrt{16}-\sqrt{6}-\sqrt{6}-\sqrt{9}$

$=4-\sqrt{6}-\sqrt{6}-3$

$=1-2\sqrt{6}$ 답 ②

0268

$\sqrt{3}(2-\sqrt{21})+\sqrt{7}\left(\dfrac{\sqrt{3}}{\sqrt{7}}-2\right)=2\sqrt{3}-3\sqrt{7}+\sqrt{3}-2\sqrt{7}$

$=3\sqrt{3}-5\sqrt{7}$

따라서 $a=3$, $b=-5$이므로

$a^2+b^2=3^2+(-5)^2=34$ 답 34

0269

$\dfrac{\sqrt{72}+2}{\sqrt{12}}=\dfrac{6\sqrt{2}+2}{2\sqrt{3}}=\dfrac{3\sqrt{2}+1}{\sqrt{3}}=\dfrac{(3\sqrt{2}+1)\times\sqrt{3}}{\sqrt{3}\times\sqrt{3}}$

$=\dfrac{3\sqrt{6}+\sqrt{3}}{3}=\dfrac{\sqrt{3}}{3}+\sqrt{6}$

따라서 $a=\dfrac{1}{3}$, $b=1$이므로

$a+b=\dfrac{1}{3}+1=\dfrac{4}{3}$ 답 ①

0270

$$\frac{\sqrt{6}-\sqrt{18}}{\sqrt{3}}+\sqrt{6}=\frac{\sqrt{6}-3\sqrt{2}}{\sqrt{3}}+\sqrt{6}=\frac{(\sqrt{6}-3\sqrt{2})\times\sqrt{3}}{\sqrt{3}\times\sqrt{3}}+\sqrt{6}$$
$$=\frac{3\sqrt{2}-3\sqrt{6}}{3}+\sqrt{6}=\sqrt{2}-\sqrt{6}+\sqrt{6}=\sqrt{2}$$ 답 ③

0271

$$x=\frac{15+\sqrt{15}}{\sqrt{5}}=\frac{(15+\sqrt{15})\times\sqrt{5}}{\sqrt{5}\times\sqrt{5}}=\frac{15\sqrt{5}+5\sqrt{3}}{5}=3\sqrt{5}+\sqrt{3}$$
$$y=\frac{15-\sqrt{15}}{\sqrt{5}}=\frac{(15-\sqrt{15})\times\sqrt{5}}{\sqrt{5}\times\sqrt{5}}=\frac{15\sqrt{5}-5\sqrt{3}}{5}=3\sqrt{5}-\sqrt{3}$$

따라서 $x-y=(3\sqrt{5}+\sqrt{3})-(3\sqrt{5}-\sqrt{3})=2\sqrt{3}$이므로

$$\sqrt{3}(x-y)=\sqrt{3}\times2\sqrt{3}=6$$ 답 6

0272

$$x=\frac{\sqrt{6}+\sqrt{3}}{\sqrt{2}}=\frac{(\sqrt{6}+\sqrt{3})\times\sqrt{2}}{\sqrt{2}\times\sqrt{2}}=\frac{2\sqrt{3}+\sqrt{6}}{2}$$ ······ 30%
$$y=\frac{\sqrt{6}-\sqrt{3}}{\sqrt{2}}=\frac{(\sqrt{6}-\sqrt{3})\times\sqrt{2}}{\sqrt{2}\times\sqrt{2}}=\frac{2\sqrt{3}-\sqrt{6}}{2}$$ ······ 30%

따라서 $x+y=\frac{2\sqrt{3}+\sqrt{6}}{2}+\frac{2\sqrt{3}-\sqrt{6}}{2}=2\sqrt{3}$,

$$x-y=\frac{2\sqrt{3}+\sqrt{6}}{2}-\frac{2\sqrt{3}-\sqrt{6}}{2}=\sqrt{6}$$이므로 ······ 20%

$$\frac{x+y}{x-y}=\frac{2\sqrt{3}}{\sqrt{6}}=\frac{2}{\sqrt{2}}=\sqrt{2}$$ ······ 20%

답 $\sqrt{2}$

0273

$$\sqrt{2}(\sqrt{2}+2\sqrt{6})-\frac{4+3\sqrt{3}}{\sqrt{3}}=2+4\sqrt{3}-\frac{4}{\sqrt{3}}-3$$
$$=2+4\sqrt{3}-\frac{4\sqrt{3}}{3}-3$$
$$=-1+\frac{8\sqrt{3}}{3}$$

따라서 $a=-1$, $b=\frac{8}{3}$이므로 $a+3b=-1+3\times\frac{8}{3}=7$ 답 ④

0274

$$3\sqrt{5}(2-\sqrt{5})+\frac{5}{\sqrt{5}}-\sqrt{20}=6\sqrt{5}-15+\sqrt{5}-2\sqrt{5}$$
$$=-15+5\sqrt{5}$$ 답 ①

0275

$$\frac{3}{\sqrt{2}}(2+2\sqrt{6})-\frac{\sqrt{3}}{3}(\sqrt{6}-6)=\frac{6}{\sqrt{2}}+\frac{6\sqrt{6}}{\sqrt{2}}-\frac{3\sqrt{2}}{3}+2\sqrt{3}$$
$$=3\sqrt{2}+6\sqrt{3}-\sqrt{2}+2\sqrt{3}$$
$$=2\sqrt{2}+8\sqrt{3}$$

따라서 $a=2$, $b=8$이므로 $a-b=2-8=-6$ 답 ②

0276

$$\sqrt{75}\left(\sqrt{3}+\frac{4}{\sqrt{2}}\right)-\frac{5}{\sqrt{3}}(\sqrt{12}-\sqrt{18})$$
$$=5\sqrt{3}(\sqrt{3}+2\sqrt{2})-\frac{5\sqrt{3}}{3}(2\sqrt{3}-3\sqrt{2})$$
$$=15+10\sqrt{6}-10+5\sqrt{6}=5+15\sqrt{6}$$ 답 $5+15\sqrt{6}$

0277

$$\sqrt{3}A-2\sqrt{2}B=\sqrt{3}\left(4\sqrt{3}-\frac{6}{\sqrt{2}}\right)-2\sqrt{2}\left(\sqrt{3}+\frac{\sqrt{2}}{2}\right)$$
$$=12-\frac{6\sqrt{3}}{\sqrt{2}}-2\sqrt{6}-2$$
$$=12-3\sqrt{6}-2\sqrt{6}-2$$
$$=10-5\sqrt{6}$$ 답 ③

0278

$$2\sqrt{3}(\sqrt{3}+a)-4\sqrt{3}(1+\sqrt{3})=6+2a\sqrt{3}-4\sqrt{3}-12$$
$$=-6+(2a-4)\sqrt{3}$$

따라서 $2a-4=0$이므로 $a=2$ 답 ⑤

0279

$$8\sqrt{5}-a\sqrt{5}+3-\frac{15}{\sqrt{5}}=8\sqrt{5}-a\sqrt{5}+3-3\sqrt{5}=3+(5-a)\sqrt{5}$$

따라서 $5-a=0$이므로 $a=5$ 답 5

0280

(1) $A=6(k-\sqrt{7})-3\sqrt{7}+3k\sqrt{7}-13$
$$=6k-6\sqrt{7}-3\sqrt{7}+3k\sqrt{7}-13$$
$$=(6k-13)+(3k-9)\sqrt{7}$$ ······ 40%

A가 유리수이므로 $3k-9=0$ ∴ $k=3$ ······ 40%

(2) $k=3$이므로 $A=6k-13=6\times3-13=5$ ······ 20%

답 (1) 3   (2) 5

0281

$2<\sqrt{8}<3$에서 $4<\sqrt{8}+2<5$이므로

$a=4$, $b=(\sqrt{8}+2)-4=\sqrt{8}-2=2\sqrt{2}-2$

∴ $ab=4(2\sqrt{2}-2)=8\sqrt{2}-8$ 답 ④

0282

$2<\sqrt{7}<3$이므로 $a=2$, $b=\sqrt{7}-2$

∴ $2a-b=2\times2-(\sqrt{7}-2)=6-\sqrt{7}$ 답 ①

0283

$2<\sqrt{5}<3$이므로 $k=\sqrt{5}-2$

∴ $\sqrt{5}=k+2$

$13<\sqrt{180}<14$이므로 $\sqrt{180}$의 소수 부분은

$\sqrt{180}-13=6\sqrt{5}-13=6(k+2)-13=6k-1$ 답 ③

0284

$1<\sqrt{3}<2$이므로 $a=\sqrt{3}-1$

$4<\sqrt{18}<5$이므로 $b=\sqrt{18}-4=3\sqrt{2}-4$

$\therefore \sqrt{3}a+\sqrt{2}b+\dfrac{8}{\sqrt{2}}=\sqrt{3}(\sqrt{3}-1)+\sqrt{2}(3\sqrt{2}-4)+4\sqrt{2}$

$\qquad\qquad\qquad\qquad =3-\sqrt{3}+6-4\sqrt{2}+4\sqrt{2}=9-\sqrt{3}$

답 $9-\sqrt{3}$

0285

직사각형의 세로의 길이는 $270\div5\sqrt{6}=\dfrac{270}{5\sqrt{6}}=\dfrac{54}{\sqrt{6}}=9\sqrt{6}$ (cm)

따라서 직사각형의 둘레의 길이는

$(5\sqrt{6}+9\sqrt{6})\times2=28\sqrt{6}$ (cm)

답 $28\sqrt{6}$ cm

0286

(사다리꼴의 넓이)$=\dfrac{1}{2}\times\{(\sqrt{2}+1)+(4\sqrt{3}-1)\}\times\sqrt{3}$

$\qquad\qquad\qquad\quad =\dfrac{1}{2}\times(\sqrt{2}+4\sqrt{3})\times\sqrt{3}=6+\dfrac{\sqrt{6}}{2}$

따라서 $a=6$, $b=\dfrac{1}{2}$이므로 $ab=6\times\dfrac{1}{2}=3$

답 3

0287

$\overline{AB}=\sqrt{8}+\sqrt{32}=2\sqrt{2}+4\sqrt{2}=6\sqrt{2}$ (cm)

$\overline{BC}=\sqrt{32}+\sqrt{18}=4\sqrt{2}+3\sqrt{2}=7\sqrt{2}$ (cm)

$\therefore \overline{AB}+\overline{BC}=6\sqrt{2}+7\sqrt{2}=13\sqrt{2}$ (cm)

답 $13\sqrt{2}$ cm

0288

(밑면의 가로의 길이)$=\sqrt{108}-2\sqrt{3}=6\sqrt{3}-2\sqrt{3}=4\sqrt{3}$ (cm)

(밑면의 세로의 길이)$=\sqrt{48}-2\sqrt{3}=4\sqrt{3}-2\sqrt{3}=2\sqrt{3}$ (cm)

(높이)$=\sqrt{3}$ (cm) ······60%

$\therefore$ (부피)$=4\sqrt{3}\times2\sqrt{3}\times\sqrt{3}=24\sqrt{3}$ (cm³) ······40%

답 $24\sqrt{3}$ cm³

0289

$\triangle$ABC에서 $\overline{AB}=\sqrt{3^2+2^2}=\sqrt{13}$,

$\triangle$DEF에서 $\overline{DF}=\sqrt{2^2+3^2}=\sqrt{13}$이므로

$\overline{PB}=\overline{AB}=\sqrt{13}$, $\overline{QF}=\overline{DF}=\sqrt{13}$

따라서 $a=4-\sqrt{13}$, $b=11+\sqrt{13}$이므로

$a+b=(4-\sqrt{13})+(11+\sqrt{13})=15$

답 15

0290

정사각형 ABCD의 한 변의 길이는 1이므로

$\overline{AC}=\overline{BD}=\sqrt{1^2+1^2}=\sqrt{2}$

$\therefore \overline{AP}=\overline{AC}=\sqrt{2}$, $\overline{BQ}=\overline{BD}=\sqrt{2}$ ······40%

따라서 점 P에 대응하는 수는 $-2+\sqrt{2}$이고, 점 Q에 대응하는 수는

$-1-\sqrt{2}$이므로

$\overline{PQ}=(-2+\sqrt{2})-(-1-\sqrt{2})$

$\qquad =-2+\sqrt{2}+1+\sqrt{2}=-1+2\sqrt{2}$ ······60%

답 $-1+2\sqrt{2}$

0291

$\overline{AC}=\sqrt{3^2+1^2}=\sqrt{10}$, $\overline{BD}=\sqrt{1^2+1^2}=\sqrt{2}$이므로

$\overline{AP}=\overline{AC}=\sqrt{10}$, $\overline{BQ}=\overline{BD}=\sqrt{2}$

따라서 $p=2-\sqrt{10}$, $q=3+\sqrt{2}$이므로

$\sqrt{2}p-2q=\sqrt{2}(2-\sqrt{10})-2(3+\sqrt{2})$

$\qquad\qquad =2\sqrt{2}-\sqrt{20}-6-2\sqrt{2}$

$\qquad\qquad =2\sqrt{2}-2\sqrt{5}-6-2\sqrt{2}=-6-2\sqrt{5}$

답 $-6-2\sqrt{5}$

0292

④ $(3\sqrt{7}-2)-(2\sqrt{7}+1)=\sqrt{7}-3=\sqrt{7}-\sqrt{9}<0$

$\therefore 3\sqrt{7}-2<2\sqrt{7}+1$

답 ④

0293

① $(\sqrt{2}+3)-(\sqrt{3}+3)=\sqrt{2}-\sqrt{3}<0$ $\quad\therefore \sqrt{2}+3<\sqrt{3}+3$

② $(2-\sqrt{2})-(-\sqrt{2}+3)=-1<0$ $\quad\therefore 2-\sqrt{2}<-\sqrt{2}+3$

③ $(3\sqrt{6}+\sqrt{7})-(\sqrt{6}+3\sqrt{7})=2\sqrt{6}-2\sqrt{7}=\sqrt{24}-\sqrt{28}<0$

$\qquad \therefore 3\sqrt{6}+\sqrt{7}<\sqrt{6}+3\sqrt{7}$

④ $(2\sqrt{3}+1)-(\sqrt{3}+1)=\sqrt{3}>0$ $\quad\therefore 2\sqrt{3}+1>\sqrt{3}+1$

⑤ $(\sqrt{18}+\sqrt{12})-(5\sqrt{3}+\sqrt{2})=3\sqrt{2}+2\sqrt{3}-5\sqrt{3}-\sqrt{2}$

$\qquad\qquad\qquad\qquad\qquad\qquad =2\sqrt{2}-3\sqrt{3}=\sqrt{8}-\sqrt{27}<0$

$\qquad \therefore \sqrt{18}+\sqrt{12}<5\sqrt{3}+\sqrt{2}$

따라서 부등호가 나머지 넷과 다른 하나는 ④이다.

답 ④

0294

ㄴ. $(3\sqrt{2}+\sqrt{3})-(2\sqrt{2}+2\sqrt{3})=\sqrt{2}-\sqrt{3}<0$

$\qquad \therefore 3\sqrt{2}+\sqrt{3}<2\sqrt{2}+2\sqrt{3}$

ㄷ. $(\sqrt{48}+2\sqrt{5})-(\sqrt{45}+3\sqrt{3})=4\sqrt{3}+2\sqrt{5}-3\sqrt{5}-3\sqrt{3}$

$\qquad\qquad\qquad\qquad\qquad\qquad =\sqrt{3}-\sqrt{5}<0$

$\qquad \therefore \sqrt{48}+2\sqrt{5}<\sqrt{45}+3\sqrt{3}$

답 ②

0295

$a-b=(3\sqrt{5}+2)-(10-\sqrt{20})$

$\qquad =3\sqrt{5}+2-10+2\sqrt{5}$

$\qquad =5\sqrt{5}-8$

$\qquad =\sqrt{125}-\sqrt{64}>0$

이므로 $a>b$

$a-c=(3\sqrt{5}+2)-(\sqrt{80}+1)$

$\qquad =3\sqrt{5}+2-4\sqrt{5}-1$

$\qquad =-\sqrt{5}+1<0$

이므로 $a<c$

$\therefore b<a<c$

답 $b<a<c$

실력 콕콕

본문 | 50~51쪽

0296 30	**0297** 17	**0298** $\frac{6}{5}$	**0299** ④
0300 $\frac{27}{5}$	**0301** ③	**0302** 20	**0303** ④
0304 $72\sqrt{3}\pi$ cm³		**0305** $12\sqrt{5}$ cm	
0306 $5\sqrt{2}-7$	**0307** ③	**0308** ③	**0309** $8\sqrt{3}-13$
0310 $18\sqrt{2}$ cm		**0311** $6+4\sqrt{10}$	
0312 47			

0296

$\sqrt{10} \times \sqrt{12} \times \sqrt{45} = \sqrt{2 \times 5 \times 2^2 \times 3 \times 3^2 \times 5}$
$\qquad\qquad\qquad\qquad = 30\sqrt{6}$

$\therefore a = 30$ 답 30

0297

$3\sqrt{3} \times \sqrt{\frac{50}{3}} = 3\sqrt{3 \times \frac{50}{3}} = 3\sqrt{50} = 15\sqrt{2}$

따라서 $a=15$, $b=2$이므로 $a+b=15+2=17$ 답 17

0298

$\sqrt{2.88} = \sqrt{\frac{288}{100}} = \sqrt{\frac{12^2 \times 2}{10^2}} = \frac{12\sqrt{2}}{10} = \frac{6\sqrt{2}}{5}$

$\therefore k = \frac{6}{5}$ 답 $\frac{6}{5}$

0299

$a\sqrt{\frac{9b}{a}} + b\sqrt{\frac{16a}{b}} = \sqrt{a^2 \times \frac{9b}{a}} + \sqrt{b^2 \times \frac{16a}{b}}$
$\qquad\qquad\qquad = \sqrt{9ab} + \sqrt{16ab} = 3\sqrt{ab} + 4\sqrt{ab}$

$ab=16$을 위의 식에 대입하면
(주어진 식) $= 3\sqrt{16} + 4\sqrt{16} = 12 + 16 = 28$ 답 ④

0300

$a = \frac{3\sqrt{3}}{\sqrt{2}} \div \frac{\sqrt{6}}{\sqrt{5}} \div \frac{\sqrt{18}}{\sqrt{8}} = \frac{3\sqrt{3}}{\sqrt{2}} \times \frac{\sqrt{5}}{\sqrt{6}} \times \frac{2\sqrt{2}}{3\sqrt{2}} = \sqrt{5}$

$b = \sqrt{18} \div \frac{2}{\sqrt{54}} \div \frac{\sqrt{5}}{\sqrt{3}} = 3\sqrt{2} \times \frac{3\sqrt{6}}{2} \times \frac{\sqrt{3}}{\sqrt{5}} = \frac{27}{\sqrt{5}}$

$\therefore \frac{b}{a} = b \div a = \frac{27}{\sqrt{5}} \div \sqrt{5} = \frac{27}{\sqrt{5}} \times \frac{1}{\sqrt{5}} = \frac{27}{5}$ 답 $\frac{27}{5}$

0301

$7 = 2 + 5 = (\sqrt{2})^2 + (\sqrt{5})^2 = a^2 + b^2$이므로
$\sqrt{7} = \sqrt{a^2 + b^2}$ 답 ③

0302

$\frac{3\sqrt{a}}{4\sqrt{3}} = \frac{3\sqrt{a} \times \sqrt{3}}{4\sqrt{3} \times \sqrt{3}} = \frac{\sqrt{3a}}{4}$

$\frac{\sqrt{3a}}{4} = \frac{\sqrt{15}}{2}$에서 $\sqrt{3a} = 2\sqrt{15} = \sqrt{2^2 \times 15} = \sqrt{60}$

따라서 $3a=60$이므로 $a=20$ 답 20

0303

$\frac{2}{\sqrt{3}} \div \frac{\sqrt{20}}{\sqrt{12}} \times \frac{6\sqrt{5}}{\sqrt{6}} = \frac{2}{\sqrt{3}} \times \frac{2\sqrt{3}}{2\sqrt{5}} \times \frac{6\sqrt{5}}{\sqrt{6}} = \frac{12}{\sqrt{6}} = 2\sqrt{6}$

$\therefore a = 6$ 답 ④

0304

주어진 전개도로 만들어지는 원기둥의 밑면인 원의 반지름의 길이를 r cm라고 하면
$2\pi r = 6\sqrt{2}\pi$ $\qquad \therefore r = 3\sqrt{2}$
따라서 구하는 원기둥의 부피는
$\pi \times (3\sqrt{2})^2 \times 4\sqrt{3} = 72\sqrt{3}\pi$ (cm³) 답 $72\sqrt{3}\pi$ cm³

0305

$\triangle$BFG에서 $\overline{\text{BG}} = \sqrt{3^2 + 6^2} = \sqrt{45} = 3\sqrt{5}$(cm)
$\triangle$ABG에서 $\overline{\text{AG}} = \sqrt{(4\sqrt{5})^2 + (3\sqrt{5})^2} = \sqrt{125} = 5\sqrt{5}$(cm)
따라서 $\triangle$ABG의 둘레의 길이는
$\overline{\text{AB}} + \overline{\text{BG}} + \overline{\text{AG}} = 4\sqrt{5} + 3\sqrt{5} + 5\sqrt{5} = 12\sqrt{5}$(cm) 답 $12\sqrt{5}$ cm

0306

$3\sqrt{2}-4 = \sqrt{18}-\sqrt{16} > 0$, $2\sqrt{2}-3 = \sqrt{8}-\sqrt{9} < 0$이므로
$\sqrt{(3\sqrt{2}-4)^2} - \sqrt{(2\sqrt{2}-3)^2} = 3\sqrt{2}-4 - \{-(2\sqrt{2}-3)\}$
$\qquad\qquad\qquad\qquad\qquad\qquad = 3\sqrt{2}-4 + 2\sqrt{2}-3 = 5\sqrt{2}-7$
답 $5\sqrt{2}-7$

0307

① $5x = 5\sqrt{7}$

② $x^2 + 2x = (\sqrt{7})^2 + 2 \times \sqrt{7} = 7 + 2\sqrt{7}$

③ $x^3 - 7x = (\sqrt{7})^3 - 7 \times \sqrt{7} = 7\sqrt{7} - 7\sqrt{7} = 0$

④ $\frac{1}{x} = \frac{1}{\sqrt{7}} = \frac{\sqrt{7}}{7}$

⑤ $x + \frac{1}{x} = \sqrt{7} + \frac{1}{\sqrt{7}} = \sqrt{7} + \frac{\sqrt{7}}{7} = \frac{8}{7}\sqrt{7}$

따라서 유리수인 것은 ③이다. 답 ③

0308

$(1-3\sqrt{8}) + 5 + (3+\sqrt{32}) = x + 5 + (2+\sqrt{72})$이므로
$9 - 6\sqrt{2} + 4\sqrt{2} = x + 7 + 6\sqrt{2}$
$\therefore x = 9 - 2\sqrt{2} - (7 + 6\sqrt{2}) = 2 - 8\sqrt{2}$ 답 ③

0309

$8 < \sqrt{75} < 9$이므로 $f(75) = \sqrt{75} - 8 = 5\sqrt{3} - 8$
$5 < \sqrt{27} < 6$이므로 $f(27) = \sqrt{27} - 5 = 3\sqrt{3} - 5$
$\therefore f(75) + f(27) = 5\sqrt{3} - 8 + 3\sqrt{3} - 5 = 8\sqrt{3} - 13$ 답 $8\sqrt{3}-13$

Ⅰ-3. 근호를 포함한 식의 계산

0310
세 정사각형의 한 변의 길이는 각각
$\sqrt{2}$ cm, $\sqrt{8}=2\sqrt{2}$ (cm), $\sqrt{18}=3\sqrt{2}$ (cm)
$\therefore$ (도형의 둘레의 길이)$=(\sqrt{2}+2\sqrt{2}+3\sqrt{2})\times 2+3\sqrt{2}\times 2$
$=12\sqrt{2}+6\sqrt{2}$
$=18\sqrt{2}$ (cm)   답 $18\sqrt{2}$ cm

0311
$\overline{AB}=\sqrt{1^2+3^2}=\sqrt{10}$이므로
$\overline{AP}=\overline{AQ}=\overline{AB}=\sqrt{10}$
따라서 $p=3+\sqrt{10}$, $q=3-\sqrt{10}$이므로
$3p-q=3(3+\sqrt{10})-(3-\sqrt{10})$
$=9+3\sqrt{10}-3+\sqrt{10}=6+4\sqrt{10}$ 답 $6+4\sqrt{10}$

0312
$\sqrt{12.6\times 400}=\sqrt{5040}=12\sqrt{35}$ (km)이므로
$a=12$, $b=35$
$\therefore a+b=12+35=47$ 답 47

0313
[단계 1] $\sqrt{1.08}=\sqrt{\dfrac{108}{100}}=\sqrt{\dfrac{6^2\times 3}{10^2}}=\dfrac{6\sqrt{3}}{10}=\dfrac{3\sqrt{3}}{5}$이므로 $a=\dfrac{3}{5}$

[단계 2] $\dfrac{2\sqrt{5}}{3}=\dfrac{\sqrt{2^2\times 5}}{\sqrt{3^2}}=\sqrt{\dfrac{20}{9}}$이므로 $b=\dfrac{20}{9}$

[단계 3] $\sqrt{ab}=\sqrt{\dfrac{3}{5}\times\dfrac{20}{9}}=\sqrt{\dfrac{4}{3}}=\dfrac{2}{\sqrt{3}}=\dfrac{2\sqrt{3}}{3}$

답 $\dfrac{2\sqrt{3}}{3}$

0314
$\sqrt{1.28}=\sqrt{\dfrac{128}{100}}=\sqrt{\dfrac{8^2\times 2}{10^2}}=\dfrac{8\sqrt{2}}{10}=\dfrac{4\sqrt{2}}{5}$이므로 $a=\dfrac{4}{5}$ ······ 40%

$\dfrac{5\sqrt{3}}{4}=\dfrac{\sqrt{5^2\times 3}}{\sqrt{4^2}}=\sqrt{\dfrac{75}{16}}$이므로 $b=\dfrac{75}{16}$ ······ 40%

$\therefore \sqrt{ab}=\sqrt{\dfrac{4}{5}\times\dfrac{75}{16}}=\sqrt{\dfrac{15}{4}}=\dfrac{\sqrt{15}}{2}$ ······ 20%

답 $\dfrac{\sqrt{15}}{2}$

0315
[단계 1] 직사각형의 넓이가 49이므로 $ab=49$

[단계 2] $\dfrac{20}{a}\sqrt{\dfrac{a}{b}}-\dfrac{6}{b}\sqrt{\dfrac{b}{a}}=20\sqrt{\dfrac{1}{a^2}\times\dfrac{a}{b}}-6\sqrt{\dfrac{1}{b^2}\times\dfrac{b}{a}}$
$=20\sqrt{\dfrac{1}{ab}}-6\sqrt{\dfrac{1}{ab}}=\dfrac{14}{\sqrt{ab}}$

[단계 3] $\dfrac{14}{\sqrt{ab}}$에 $ab=49$를 대입하면 $\dfrac{14}{\sqrt{ab}}=\dfrac{14}{\sqrt{49}}=\dfrac{14}{7}=2$

답 2

0316
직사각형의 넓이가 36이므로 $ab=36$ ······ 20%

$\dfrac{15}{a}\sqrt{\dfrac{a}{b}}+\dfrac{3}{b}\sqrt{\dfrac{b}{a}}=15\sqrt{\dfrac{1}{a^2}\times\dfrac{a}{b}}+3\sqrt{\dfrac{1}{b^2}\times\dfrac{b}{a}}$
$=15\sqrt{\dfrac{1}{ab}}+3\sqrt{\dfrac{1}{ab}}$ ······ 60%
$=\dfrac{18}{\sqrt{ab}}$
$=\dfrac{18}{\sqrt{36}}$
$=\dfrac{18}{6}=3$ ······ 20%

답 3

0317
[단계 1] $2\sqrt{24+a}=\sqrt{2^2\times(24+a)}=\sqrt{96+4a}$이고
$4\sqrt{5}=\sqrt{4^2\times 5}=\sqrt{80}$이므로
$96+4a=80$, $4a=-16$ $\therefore a=-4$

[단계 2] $2\sqrt{3}=\sqrt{2^2\times 3}=\sqrt{12}$이므로
$25-b=12$ $\therefore b=13$

[단계 3] $a+b=-4+13=9$

답 9

0318
$3\sqrt{a-\dfrac{8}{3}}=\sqrt{3^2\times\left(a-\dfrac{8}{3}\right)}=\sqrt{9a-24}$이고
$4\sqrt{3}=\sqrt{4^2\times 3}=\sqrt{48}$이므로
$9a-24=48$, $9a=72$ $\therefore a=8$ ······ 50%
$5\sqrt{2}=\sqrt{5^2\times 2}=\sqrt{50}$이므로
$48-b=50$ $\therefore b=-2$ ······ 30%
$\therefore a-b=8-(-2)=10$ ······ 20%

답 10

0319

단계 1 $\dfrac{5\sqrt{2}}{2}\left(2-\dfrac{\sqrt{3}}{5}\right)+\dfrac{14-\sqrt{75}}{\sqrt{2}}=5\sqrt{2}-\dfrac{\sqrt{6}}{2}+\dfrac{14\sqrt{2}-5\sqrt{6}}{2}$

$\qquad\qquad\qquad\qquad\qquad\quad=5\sqrt{2}-\dfrac{\sqrt{6}}{2}+7\sqrt{2}-\dfrac{5}{2}\sqrt{6}$

$\qquad\qquad\qquad\qquad\qquad\quad=12\sqrt{2}-3\sqrt{6}$

단계 2 $12\sqrt{2}-3\sqrt{6}=a\sqrt{2}+b\sqrt{6}$이므로 $a=12,\ b=-3$

단계 3 $\sqrt{a+b}=\sqrt{12+(-3)}=\sqrt{9}=3$

답 3

0320

$\dfrac{3}{\sqrt{3}}+\sqrt{6}\times\sqrt{30}-\dfrac{\sqrt{10}+\sqrt{24}}{\sqrt{2}}=\sqrt{3}+6\sqrt{5}-\sqrt{5}-\sqrt{12}$

$\qquad\qquad\qquad\qquad\qquad\qquad\quad=\sqrt{3}+6\sqrt{5}-\sqrt{5}-2\sqrt{3}$

$\qquad\qquad\qquad\qquad\qquad\qquad\quad=-\sqrt{3}+5\sqrt{5}$ $\qquad$ ······ 60%

따라서 $a=-1,\ b=5$이므로 $\qquad$ ······ 20%

$\sqrt{a+b}=\sqrt{-1+5}=\sqrt{4}=2$ $\qquad$ ······ 20%

답 2

0321

단계 1 $\dfrac{a}{\sqrt{2}}(\sqrt{8}+4)-\sqrt{40}\left(\dfrac{1}{\sqrt{5}}+\dfrac{1}{\sqrt{10}}\right)=2a+2a\sqrt{2}-2\sqrt{2}-2$

$\qquad\qquad\qquad\qquad\qquad\qquad\qquad\qquad=(2a-2)+(2a-2)\sqrt{2}$

단계 2 $2a-2=0$ $\qquad\therefore a=1$

답 1

0322

$\sqrt{24}-\dfrac{2\sqrt{2}}{\sqrt{3}}+a\left(\dfrac{\sqrt{18}-\sqrt{3}}{\sqrt{2}}\right)-3=2\sqrt{6}-\dfrac{2\sqrt{6}}{3}+a\left(3-\dfrac{\sqrt{6}}{2}\right)-3$

$\qquad\qquad\qquad\qquad\qquad\qquad\quad=2\sqrt{6}-\dfrac{2\sqrt{6}}{3}+3a-\dfrac{a\sqrt{6}}{2}-3$

$\qquad\qquad\qquad\qquad\qquad\qquad\quad=(3a-3)+\left(\dfrac{4}{3}-\dfrac{1}{2}a\right)\sqrt{6}$

$\qquad\qquad\qquad\qquad\qquad\qquad\qquad\qquad\qquad$ ······ 60%

따라서 $\dfrac{4}{3}-\dfrac{1}{2}a=0$이므로 $a=\dfrac{8}{3}$ $\qquad$ ······ 40%

답 $\dfrac{8}{3}$

0323

단계 1 $2<\sqrt{6}<3$에서 $6<4+\sqrt{6}<7$이므로

$\qquad a=(4+\sqrt{6})-6=-2+\sqrt{6}$

단계 2 $2<\sqrt{6}<3$에서 $-3<-\sqrt{6}<-2$

$\qquad 2<5-\sqrt{6}<3$이므로 $b=(5-\sqrt{6})-2=3-\sqrt{6}$

단계 3 $2a+b=2(-2+\sqrt{6})+(3-\sqrt{6})$

$\qquad\qquad\quad=-4+2\sqrt{6}+3-\sqrt{6}=-1+\sqrt{6}$

답 $-1+\sqrt{6}$

0324

$1<\sqrt{2}<2$에서 $-2<-\sqrt{2}<-1$

$1<3-\sqrt{2}<2$이므로 $a=(3-\sqrt{2})-1=2-\sqrt{2}$ $\qquad$ ······ 35%

$4<\sqrt{18}<5$에서 $5<\sqrt{18}+1<6$이므로

$b=(\sqrt{18}+1)-5=3\sqrt{2}-4$ $\qquad$ ······ 35%

$\therefore a-2b=2-\sqrt{2}-2(3\sqrt{2}-4)$

$\qquad\qquad\quad=2-\sqrt{2}-6\sqrt{2}+8$

$\qquad\qquad\quad=10-7\sqrt{2}$ $\qquad$ ······ 30%

답 $10-7\sqrt{2}$

Ⅱ. 다항식의 곱셈과 인수분해

1 다항식의 곱셈

개념 콕콕 본문 | 57쪽

0325

(3) (주어진 식) $=2x^2-3xy+x+2xy-3y^2+y$
$=2x^2-xy+x-3y^2+y$

답 (1) $ac+2ad+3bc+6bd$
(2) $4xy-8x+3y-6$
(3) $2x^2-xy+x-3y^2+y$

0326

답 (1) a^2+2a+1 (2) $4x^2+4x+1$ (3) a^2-4a+4
(4) $9x^2-30x+25$ (5) a^2-9 (6) $25a^2-4$
(7) $x^2-2x-15$ (8) $x^2+7xy-44y^2$
(9) $6a^2+11a+4$ (10) $8x^2-22x+15$

0327

답 (1) 1, 1, 10201
(2) 3, 600, 9, 9409
(3) 50, 50, 2500, 2491
(4) $\sqrt{13}$, $\sqrt{7}$, 13, 6

0328

답 (1) $\sqrt{5}-2$ (2) $3+\sqrt{7}$ (3) $5\sqrt{2}-3\sqrt{5}$
(4) $\dfrac{\sqrt{10}+\sqrt{6}}{2}$ (5) $3-2\sqrt{2}$ (6) $\dfrac{13+2\sqrt{30}}{7}$

0329

답 (1) $2xy$, -2, 18 (2) $4xy$, -4, 20

0330

답 (1) $2xy$, 4, 13 (2) $4xy$, 8, 17

0331

답 (1) 2, 2, 23 (2) 4, 4, 21

유형 콕콕 본문 | 58~68쪽

0332 13	**0333** ④	**0334** ④	**0335** 4
0336 ④	**0337** ②	**0338** ②	**0339** 1
0340 ①	**0341** $\dfrac{11}{25}$	**0342** ①	**0343** ④
0344 $\dfrac{1}{8}$	**0345** ④	**0346** ④	**0347** 7
0348 ④	**0349** ⑤	**0350** ②	**0351** 17
0352 ③	**0353** ④	**0354** ①	**0355** $-\dfrac{1}{32}$
0356 ④	**0357** ⑤	**0358** x^2-7x-2	
0359 $\dfrac{1}{5}$	**0360** 4	**0361** ①	**0362** ①
0363 2	**0364** ⑤	**0365** ④	**0366** ⑤
0367 11	**0368** $20x^2+x-12$		**0369** ①
0370 $25a^2-30ab+18b^2$		**0371** $a^2-3a-40$	
0372 20	**0373** ③	**0374** ②	**0375** ④
0376 $4x^2-12xy+9y^2+4x-6y+1$			**0377** 21
0378 ②	**0379** $x^4+4x^3-14x^2-36x+45$		
0380 ③	**0381** 5	**0382** ②	**0383** ③
0384 ⑤	**0385** 163	**0386** ⑤	**0387** 2
0388 ①	**0389** $4+4\sqrt{3}$	**0390** ②	**0391** $-\dfrac{4}{3}$
0392 ②	**0393** ③	**0394** 4	**0395** 16
0396 8	**0397** ②	**0398** (1) 29 (2) 9	
0399 25	**0400** 4	**0401** ③	**0402** ③
0403 ①	**0404** 62	**0405** ③	**0406** 32
0407 $12+2\sqrt{7}$		**0408** ②	**0409** ⑤
0410 ③	**0411** $\pm4\sqrt{2}$	**0412** 54	**0413** ⑤
0414 ⑤	**0415** $4\sqrt{11}$	**0416** ③	**0417** ②
0418 ③	**0419** ①	**0420** 5	

0332

$(5x+2)(4y-3)=20xy-15x+8y-6$
따라서 $a=20$, $b=-15$, $c=8$이므로
$a+b+c=20+(-15)+8=13$ 답 13

0333

$(x+y-2)(x-y)=x^2-xy+xy-y^2-2x+2y$
$=x^2-y^2-2x+2y$ 답 ④

0334

$(3x+2y)(2x-y)=6x^2-3xy+4xy-2y^2$
$=6x^2+xy-2y^2$
따라서 $a=6$, $b=1$이므로 $a-b=6-1=5$ 답 ④

0335

$$(x+4y)(Ax-5y)=Ax^2-5xy+4Axy-20y^2$$
$$=Ax^2+(4A-5)xy-20y^2$$

따라서 $A=3$, $4A-5=B$이므로

$A=3$, $B=4\times3-5=7$

$\therefore B-A=7-3=4$ 답 4

0336

$(7x-3y)(5y-3x+2)$에서

x^2이 나오는 부분만 전개하면

$7x\times(-3x)=-21x^2$ $\therefore a=-21$

xy가 나오는 부분만 전개하면

$7x\times5y+(-3y)\times(-3x)=35xy+9xy=44xy$

$\therefore b=44$

$\therefore a+b=-21+44=23$ 답 ④

0337

$(5x+2y-3)(x+4y-1)$에서 y가 나오는 부분만 전개하면

$2y\times(-1)+(-3)\times4y=-2y-12y=-14y$

따라서 y의 계수는 -14이다. 답 ②

0338

$(3x-4)(2x-1)$에서

x^2이 나오는 부분만 전개하면 $3x\times2x=6x^2$

x가 나오는 부분만 전개하면

$3x\times(-1)+(-4)\times2x=-3x-8x=-11x$

따라서 x^2의 계수는 6, x의 계수는 -11이므로 구하는 합은

$6+(-11)=-5$ 답 ②

0339

$(-3x^2+5x+2)(x+a)$에서

x^2이 나오는 부분만 전개하면

$-3x^2\times a+5x\times x=(-3a+5)x^2$ ……30%

상수항은 $2\times a=2a$ ……30%

따라서 $-3a+5=2a$이므로 $-5a=-5$ ……40%

$\therefore a=1$

답 1

0340

$(2x+3y)^2=4x^2+12xy+9y^2$이므로 $a=4$, $b=12$, $c=9$

$\therefore a+b-c=4+12-9=7$ 답 ①

0341

$\left(\dfrac{1}{5}x+1\right)^2=\dfrac{1}{25}x^2+\dfrac{2}{5}x+1$

따라서 $A=\dfrac{1}{25}$, $B=\dfrac{2}{5}$이므로

$A+B=\dfrac{1}{25}+\dfrac{2}{5}=\dfrac{11}{25}$ 답 $\dfrac{11}{25}$

0342

$\left(-\dfrac{1}{3}x-5y\right)^2=\left\{-\dfrac{1}{3}(x+15y)\right\}^2=\dfrac{1}{9}(x+15y)^2$ 답 ①

0343

$(x+a)^2=x^2+2ax+a^2$이므로

$2a=14$, $a^2=b$

따라서 $a=7$, $b=7^2=49$이므로 $a+b=7+49=56$ 답 ④

0344

$(x-a)^2=x^2-2ax+a^2$이므로

$2a=1$, $a^2=b$

따라서 $a=\dfrac{1}{2}$, $b=\left(\dfrac{1}{2}\right)^2=\dfrac{1}{4}$이므로 $ab=\dfrac{1}{2}\times\dfrac{1}{4}=\dfrac{1}{8}$ 답 $\dfrac{1}{8}$

0345

① $(x+2)^2=x^2+4x+4$

② $(3x+1)^2=9x^2+6x+1$

③ $\left(\dfrac{1}{5}x-4\right)^2=\dfrac{1}{25}x^2-\dfrac{8}{5}x+16$

⑤ $\left(-2x+\dfrac{1}{2}y\right)^2=4x^2-2xy+\dfrac{1}{4}y^2$ 답 ④

0346

$(5x-3y)^2=25x^2-30xy+9y^2$이므로

$a=25$, $b=-30$, $c=9$

$\therefore a+b+c=25+(-30)+9=4$

답 ④

0347

$(3x-ay)^2=9x^2-6axy+a^2y^2$이므로 ……40%

$9=b$, $-6a=-12$, $a^2=c$

따라서 $a=2$, $b=9$, $c=2^2=4$이므로 ……40%

$a+b-c=2+9-4=7$ ……20%

답 7

0348

④ $(-x-5y)(x-5y)=-(x+5y)(x-5y)$
$$=-(x^2-25y^2)=-x^2+25y^2$$ 답 ④

0349

$\left(2x+\dfrac{1}{2}y\right)\left(2x-\dfrac{1}{2}y\right)=4x^2-\dfrac{1}{4}y^2$

따라서 $A=4$, $B=0$, $C=-\dfrac{1}{4}$이므로

$A-B-4C=4-0-4\times\left(-\dfrac{1}{4}\right)=5$ 답 ⑤

0350

① $(a-b)(a+b)=a^2-b^2$

② $(-a-b)(a-b)=-(a+b)(a-b)=-(a^2-b^2)$
$\qquad\qquad\qquad\qquad =-a^2+b^2$

③ $(-a+b)(-a-b)=(-a)^2-b^2=a^2-b^2$

④ $-(a-b)(-a-b)=(a-b)(a+b)=a^2-b^2$

⑤ $-(b-a)(b+a)=-(b^2-a^2)=a^2-b^2$

따라서 전개식이 나머지 넷과 다른 하나는 ②이다.　　답 ②

0351

$(4x-3y)(4x+3y)-2(-2x+3y)(-2x-3y)$

$=16x^2-9y^2-2(4x^2-9y^2)$ 　　　　……50%

$=16x^2-9y^2-8x^2+18y^2$

$=8x^2+9y^2$ 　　　　……30%

따라서 $A=8$, $B=9$이므로 $A+B=8+9=17$ 　　……20%

답 17

0352

$(1-a)(1+a)(1+a^2)(1+a^4)=(1-a^2)(1+a^2)(1+a^4)$
$\qquad\qquad\qquad\qquad =(1-a^4)(1+a^4)=1-a^8$

따라서 □ 안에 알맞은 수는 8이다.　　답 ③

0353

$(a-2)(a+2)(a^2+4)=(a^2-4)(a^2+4)=a^4-16$　　답 ④

0354

$(x-1)(x+1)(x^2+1)(x^4+1)(x^8+1)$

$=(x^2-1)(x^2+1)(x^4+1)(x^8+1)$

$=(x^4-1)(x^4+1)(x^8+1)$

$=(x^8-1)(x^8+1)=x^{16}-1$

따라서 $a=16$, $b=1$이므로 $a-b=16-1=15$　　답 ①

0355

$\left(x-\dfrac{1}{2}\right)\left(x+\dfrac{1}{2}\right)\left(x^2+\dfrac{1}{4}\right)\left(x^4+\dfrac{1}{16}\right)$

$=\left(x^2-\dfrac{1}{4}\right)\left(x^2+\dfrac{1}{4}\right)\left(x^4+\dfrac{1}{16}\right)$

$=\left(x^4-\dfrac{1}{16}\right)\left(x^4+\dfrac{1}{16}\right)=x^8-\dfrac{1}{256}$

따라서 $a=8$, $b=-\dfrac{1}{256}$이므로 $ab=8\times\left(-\dfrac{1}{256}\right)=-\dfrac{1}{32}$

답 $-\dfrac{1}{32}$

0356

$(x-a)(x+3)=x^2+(3-a)x-3a$

따라서 $3-a=-b$, $-3a=12$이므로

$a=-4$, $b=-7$

$\therefore a-b=-4-(-7)=3$　　답 ④

0357

⑤ $\left(x-\dfrac{1}{2}\right)\left(x+\dfrac{1}{3}\right)=x^2-\dfrac{1}{6}x-\dfrac{1}{6}$　　답 ⑤

0358

$2(x+1)(x-4)-(x-2)(x+3)$

$=2(x^2-3x-4)-(x^2+x-6)$

$=2x^2-6x-8-x^2-x+6$

$=x^2-7x-2$　　답 x^2-7x-2

0359

$(x+a)\left(x-\dfrac{1}{2}\right)=x^2+\left(a-\dfrac{1}{2}\right)x-\dfrac{a}{2}$　　……40%

따라서 $a-\dfrac{1}{2}=3\times\left(-\dfrac{a}{2}\right)$이므로 $a-\dfrac{1}{2}=-\dfrac{3}{2}a$

$\dfrac{5}{2}a=\dfrac{1}{2}$　　$\therefore a=\dfrac{1}{5}$　　……60%

답 $\dfrac{1}{5}$

0360

$(2x+a)(3x-4)=6x^2+(3a-8)x-4a$

따라서 $3a-8=b$, $-4a=-12$이므로 $a=3$, $b=1$

$\therefore a+b=3+1=4$　　답 4

0361

$(5x+6)(2x-3)=10x^2-3x-18$

따라서 $a=10$, $b=-3$, $c=-18$이므로

$a-b+c=10-(-3)+(-18)=-5$　　답 ①

0362

$(5x-a)(6x+7)=30x^2+(35-6a)x-7a$

x의 계수가 -1이므로 $35-6a=-1$, $-6a=-36$　　$\therefore a=6$

따라서 상수항은 $-7a=-7\times6=-42$　　답 ①

0363

$(3x-2)(4x+a)=12x^2+(3a-8)x-2a$이므로

$3a-8=-2a+2$, $5a=10$　　$\therefore a=2$　　답 2

0364

① $(2x+y)^2=4x^2+4xy+y^2$

② $(x-y)^2=x^2-2xy+y^2$

③ $(-x+7)(x+7)=-(x-7)(x+7)=-x^2+49$

④ $(x-3)(x+4)=x^2+x-12$　　답 ⑤

0365

① $(-x-3)^2=x^2+\boxed{6}x+9$

② $(3x-y)^2=9x^2-\boxed{6}xy+y^2$

③ $(x+7)(x-13)=x^2-\boxed{6}x-91$

④ $(x-1)(5x-2)=5x^2-\boxed{7}x+2$

⑤ $(3x-2)(4x+3)=12x^2+x-\boxed{6}$

따라서 □ 안에 알맞은 수가 나머지 넷과 다른 하나는 ④이다.

답 ④

0366

① $(x+3y)^2=x^2+6xy+9y^2$이므로 xy의 계수는 6이다.

② $(x-2y)^2=x^2-4xy+4y^2$이므로 xy의 계수는 -4이다.

③ $(2x+5y)(2x-5y)=4x^2-25y^2$이므로 xy의 계수는 0이다.

④ $(x-7y)(x+2y)=x^2-5xy-14y^2$이므로 xy의 계수는 -5이다.

⑤ $(3x+y)(2x-3y)=6x^2-7xy-3y^2$이므로 xy의 계수는 -7이다.

따라서 xy의 계수가 가장 작은 것은 ⑤이다.

답 ⑤

0367

$$(3x-y)(3x+y)-(5x-2y)^2=9x^2-y^2-(25x^2-20xy+4y^2)$$
$$=9x^2-y^2-25x^2+20xy-4y^2$$
$$=-16x^2+20xy-5y^2 \quad \cdots\cdots 70\%$$

따라서 $a=-16$, $b=-5$이므로

$b-a=-5-(-16)=11$ $\quad\cdots\cdots 30\%$

답 11

0368

$(5x+4)(4x-3)=20x^2+x-12$

답 $20x^2+x-12$

0369

(색칠한 부분의 넓이)$=(x+1)(x-1)=x^2-1$

답 ①

0370

색칠한 두 직사각형은 한 변의 길이가 각각

$5a-3b$, $3b$인 정사각형이므로 구하는 넓이의 합은

$$(5a-3b)^2+(3b)^2=25a^2-30ab+9b^2+9b^2$$
$$=25a^2-30ab+18b^2$$

답 $25a^2-30ab+18b^2$

0371

정사각형 AGHE의 한 변의 길이는 $(3a+2)-(2a-3)=a+5$

$\overline{AE}=\overline{AG}=a+5$이므로 $\overline{GB}=(2a-3)-(a+5)=a-8$

따라서 사각형 GBFH의 넓이는 $(a+5)(a-8)=a^2-3a-40$

답 $a^2-3a-40$

0372

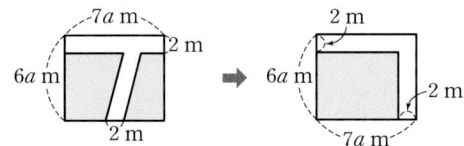

위 그림에서 길을 제외한 화단의 넓이는

$(7a-2)(6a-2)=42a^2-26a+4$이므로

$p=42$, $q=-26$, $r=4$이므로

$p+q+r=42+(-26)+4=20$

답 20

0373

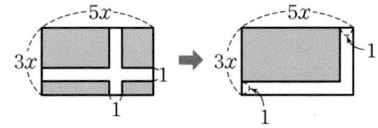

위 그림에서 도로가 아닌 부분의 넓이는

$(5x-1)(3x-1)=15x^2-8x+1$

답 ③

0374

주어진 그림에서 두 사다리꼴을 대각선을 따라 이동하면 오른쪽 그림과 같으므로 구하는 넓이는

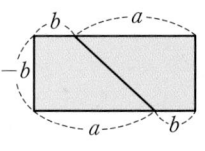

$(a+b)(a-b)=a^2-b^2$

답 ②

0375

$2x+y=A$로 놓으면

$$(2x+y+1)(2x+y-3)=(A+1)(A-3)$$
$$=A^2-2A-3$$
$$=(2x+y)^2-2(2x+y)-3$$
$$=4x^2+4xy+y^2-4x-2y-3$$

답 ④

0376

$2x-3y=A$로 놓으면

$$(2x-3y+1)^2=(A+1)^2$$
$$=A^2+2A+1$$
$$=(2x-3y)^2+2(2x-3y)+1$$
$$=4x^2-12xy+9y^2+4x-6y+1$$

답 $4x^2-12xy+9y^2+4x-6y+1$

0377

$x+y=A$로 놓으면

$$(x+y+3)(x+y-8)=(A+3)(A-8)$$
$$=A^2-5A-24$$
$$=(x+y)^2-5(x+y)-24$$
$$=x^2+2xy+y^2-5x-5y-24 \quad\cdots\cdots 70\%$$

따라서 $a=2$, $b=-5$, $c=-24$이므로 $\quad\cdots\cdots 20\%$

$a+b-c=2+(-5)-(-24)=21$ $\quad\cdots\cdots 10\%$

답 21

0378

$x-3y=A$로 놓으면

$$(x-3y+1)(x-3y-2)=(A+1)(A-2)$$
$$=A^2-A-2$$
$$=(x-3y)^2-(x-3y)-2$$
$$=x^2-6xy+9y^2-x+3y-2$$

따라서 상수항을 제외한 모든 항의 계수의 합은

$1+(-6)+9+(-1)+3=6$　　답 ②

0379

$$(x-1)(x-3)(x+3)(x+5)$$
$$=\{(x-1)(x+3)\}\{(x-3)(x+5)\}$$
$$=(x^2+2x-3)(x^2+2x-15)$$

$x^2+2x=A$로 놓으면

$$(x^2+2x-3)(x^2+2x-15)=(A-3)(A-15)$$
$$=A^2-18A+45$$
$$=(x^2+2x)^2-18(x^2+2x)+45$$
$$=x^4+4x^3+4x^2-18x^2-36x+45$$
$$=x^4+4x^3-14x^2-36x+45$$

답 $x^4+4x^3-14x^2-36x+45$

0380

$$x(x-1)(x+4)(x+5)=\{x(x+4)\}\{(x-1)(x+5)\}$$
$$=(x^2+4x)(x^2+4x-5)$$

$x^2+4x=A$로 놓으면

$$(x^2+4x)(x^2+4x-5)=A(A-5)$$
$$=A^2-5A$$
$$=(x^2+4x)^2-5(x^2+4x)$$
$$=x^4+8x^3+16x^2-5x^2-20x$$
$$=x^4+8x^3+11x^2-20x$$

따라서 x^2의 계수는 11이다.　　답 ③

0381

$$(x-1)(x-2)(x-3)(x-4)$$
$$=\{(x-1)(x-4)\}\{(x-2)(x-3)\}$$
$$=(x^2-5x+4)(x^2-5x+6)$$

$x^2-5x=A$로 놓으면

$$(x^2-5x+4)(x^2-5x+6)$$
$$=(A+4)(A+6)$$
$$=A^2+10A+24$$
$$=(x^2-5x)^2+10(x^2-5x)+24$$
$$=x^4-10x^3+25x^2+10x^2-50x+24$$
$$=x^4-10x^3+35x^2-50x+24$$　　‥‥‥ 70%

따라서 $a=-10$, $b=35$, $c=-50$이므로　‥‥‥ 20%

$a-b-c=-10-35-(-50)=5$　　‥‥‥ 10%

답 5

0382

$x^2+x-5=0$이므로 $x^2+x=5$

$$\therefore (x-1)(x-3)(x+2)(x+4)$$
$$=\{(x-1)(x+2)\}\{(x-3)(x+4)\}$$
$$=(x^2+x-2)(x^2+x-12)$$
$$=(5-2)\times(5-12)=-21$$　　답 ②

0383

① $198^2=(200-2)^2$

② $301^2=(300+1)^2$

③ $103\times98=(100+3)(100-2)$

④ $97\times92=(100-3)(100-8)$

⑤ $402\times398=(400+2)(400-2)$

따라서 옳지 않은 것은 ③이다.　　답 ③

0384

① $98^2=(100-2)^2$

② $10.1^2=(10+0.1)^2$

③ $4.9\times5.1=(5-0.1)(5+0.1)$

④ $32\times28=(30+2)(30-2)$

⑤ $102\times105=(100+2)(100+5)$

따라서 $(x+a)(x+b)=x^2+(a+b)x+ab$를 이용하면 가장 편리한 것은 ⑤이다.　　답 ⑤

0385

$$86\times94-89^2=(90-4)(90+4)-(90-1)^2$$
$$=90^2-4^2-(90^2-2\times90+1)$$
$$=90^2-4^2-90^2+2\times90-1$$
$$=-16+180-1=163$$　　답 163

0386

$$\frac{999\times1001+1}{1000}=\frac{(1000-1)(1000+1)+1}{1000}$$
$$=\frac{1000^2-1^2+1}{1000}=1000$$　　답 ⑤

0387

$$(2\sqrt{2}+1)(3\sqrt{2}+2)=6\times(\sqrt{2})^2+(4+3)\sqrt{2}+2$$
$$=12+7\sqrt{2}+2=14+7\sqrt{2}$$

따라서 $a=14$, $b=7$이므로 $\dfrac{a}{b}=\dfrac{14}{7}=2$　　답 2

0388

$$(\sqrt{5}-4)(\sqrt{5}+a)=(\sqrt{5})^2+(a-4)\sqrt{5}-4a$$
$$=5-4a+(a-4)\sqrt{5}$$

따라서 $5-4a=13$, $a-4=b$이므로 $a=-2$, $b=-6$

$\therefore a+b=-2+(-6)=-8$　　답 ①

0389

$(2\sqrt{3}+1)^2-(4-\sqrt{7})(4+\sqrt{7})$
$=(2\sqrt{3})^2+2\times2\sqrt{3}\times1+1^2-\{4^2-(\sqrt{7})^2\}$
$=12+4\sqrt{3}+1-(16-7)=4+4\sqrt{3}$

답 $4+4\sqrt{3}$

0390

$(\sqrt{6}-\sqrt{2})(\sqrt{6}+\sqrt{3})+\sqrt{3}(2+\sqrt{2})$
$=(\sqrt{6})^2+\sqrt{18}-\sqrt{12}-\sqrt{6}+2\sqrt{3}+\sqrt{6}$
$=6+3\sqrt{2}-2\sqrt{3}-\sqrt{6}+2\sqrt{3}+\sqrt{6}$
$=6+3\sqrt{2}$
따라서 $a=6$, $b=3$이므로 $ab=6\times3=18$

답 ②

0391

$(\sqrt{5}+2)^2-a(2-3\sqrt{5})=(\sqrt{5})^2+2\times\sqrt{5}\times2+2^2-2a+3a\sqrt{5}$
$=5+4\sqrt{5}+4-2a+3a\sqrt{5}$
$=(9-2a)+(4+3a)\sqrt{5}$
이때 주어진 식이 유리수가 되려면 $4+3a=0$이어야 하므로
$a=-\dfrac{4}{3}$

답 $-\dfrac{4}{3}$

0392

$\dfrac{4}{\sqrt{6}+\sqrt{2}}-\dfrac{4}{\sqrt{6}-\sqrt{2}}$
$=\dfrac{4(\sqrt{6}-\sqrt{2})}{(\sqrt{6}+\sqrt{2})(\sqrt{6}-\sqrt{2})}-\dfrac{4(\sqrt{6}+\sqrt{2})}{(\sqrt{6}-\sqrt{2})(\sqrt{6}+\sqrt{2})}$
$=\dfrac{4(\sqrt{6}-\sqrt{2})}{6-2}-\dfrac{4(\sqrt{6}+\sqrt{2})}{6-2}$
$=\sqrt{6}-\sqrt{2}-(\sqrt{6}+\sqrt{2})=-2\sqrt{2}$

답 ②

0393

$\dfrac{\sqrt{6}-\sqrt{5}}{\sqrt{6}+\sqrt{5}}=\dfrac{(\sqrt{6}-\sqrt{5})^2}{(\sqrt{6}+\sqrt{5})(\sqrt{6}-\sqrt{5})}$
$=\dfrac{6-2\sqrt{30}+5}{6-5}=11-2\sqrt{30}$

답 ③

0394

$\dfrac{\sqrt{48}}{\sqrt{5}-\sqrt{3}}=\dfrac{4\sqrt{3}(\sqrt{5}+\sqrt{3})}{(\sqrt{5}-\sqrt{3})(\sqrt{5}+\sqrt{3})}=\dfrac{4\sqrt{15}+12}{5-3}=6+2\sqrt{15}$
따라서 $a=6$, $b=2$이므로 $a-b=6-2=4$

답 4

0395

$\dfrac{1}{x}=\dfrac{1}{8+3\sqrt{7}}=\dfrac{8-3\sqrt{7}}{(8+3\sqrt{7})(8-3\sqrt{7})}=\dfrac{8-3\sqrt{7}}{64-63}=8-3\sqrt{7}$
$\therefore x+\dfrac{1}{x}=(8+3\sqrt{7})+(8-3\sqrt{7})=16$

답 16

0396

$\dfrac{2+\sqrt{3}}{2-\sqrt{3}}-\dfrac{2-\sqrt{3}}{2+\sqrt{3}}$

$=\dfrac{(2+\sqrt{3})^2}{(2-\sqrt{3})(2+\sqrt{3})}-\dfrac{(2-\sqrt{3})^2}{(2+\sqrt{3})(2-\sqrt{3})}$ ⋯⋯ 30%

$=\dfrac{4+4\sqrt{3}+3}{4-3}-\dfrac{4-4\sqrt{3}+3}{4-3}=8\sqrt{3}$ ⋯⋯ 40%

따라서 $a=0$, $b=8$이므로 $b-a=8$ ⋯⋯ 30%

답 8

0397

$x^2+y^2=(x+y)^2-2xy=8^2-2\times12=64-24=40$

답 ②

0398

(1) $x^2+y^2=(x-y)^2+2xy=(-7)^2+2\times(-10)=49-20=29$

(2) $(x+y)^2=(x-y)^2+4xy=(-7)^2+4\times(-10)=49-40=9$

답 (1) 29 (2) 9

0399

$(x-y)^2=(x+y)^2-4xy$ ⋯⋯ 50%
$=3^2-4\times(-4)$
$=9+16=25$ ⋯⋯ 50%

답 25

0400

$a^2+b^2=(a-b)^2+2ab$이므로
$12=2^2+2ab$, $2ab=8$ $\therefore ab=4$

답 4

0401

$x^2+y^2-xy=(x+y)^2-3xy$
$=(\sqrt{3})^2-3\times(-2)=3+6=9$

답 ③

0402

$x+y=(\sqrt{7}+\sqrt{3})+(\sqrt{7}-\sqrt{3})=2\sqrt{7}$
$xy=(\sqrt{7}+\sqrt{3})(\sqrt{7}-\sqrt{3})=7-3=4$
$\therefore x^2+xy+y^2=(x+y)^2-xy$
$=(2\sqrt{7})^2-4$
$=28-4=24$

답 ③

0403

$a+b=(\sqrt{5}+2)+(\sqrt{5}-2)=2\sqrt{5}$
$ab=(\sqrt{5}+2)(\sqrt{5}-2)=5-4=1$
$\therefore a^2-ab+b^2=(a+b)^2-3ab$
$=(2\sqrt{5})^2-3\times1$
$=20-3=17$

답 ①

0404

$x=\dfrac{1}{\sqrt{15}-4}=\dfrac{\sqrt{15}+4}{(\sqrt{15}-4)(\sqrt{15}+4)}=\dfrac{\sqrt{15}+4}{15-16}=-\sqrt{15}-4$,

$y=\dfrac{1}{\sqrt{15}+4}=\dfrac{\sqrt{15}-4}{(\sqrt{15}+4)(\sqrt{15}-4)}=\dfrac{\sqrt{15}-4}{15-16}=-\sqrt{15}+4$

이므로 $x+y=(-\sqrt{15}-4)+(-\sqrt{15}+4)=-2\sqrt{15}$,

$xy=(-\sqrt{15}-4)(-\sqrt{15}+4)=(-\sqrt{15})^2-4^2=15-16=-1$

$\therefore x^2+y^2=(x+y)^2-2xy$

$\qquad =(-2\sqrt{15})^2-2\times(-1)$

$\qquad =60+2=62$

답 62

0405

$x^2+\dfrac{1}{x^2}=\left(x+\dfrac{1}{x}\right)^2-2=4^2-2=14$

답 ③

0406

$\left(x-\dfrac{1}{x}\right)^2=\left(x+\dfrac{1}{x}\right)^2-4=6^2-4=32$

답 32

0407

$\left(x+\dfrac{1}{x}\right)^2=\left(x-\dfrac{1}{x}\right)^2+4=(1+\sqrt{7})^2+4$

$\qquad =1+2\sqrt{7}+7+4=12+2\sqrt{7}$

답 $12+2\sqrt{7}$

0408

$\left(x+\dfrac{1}{x}\right)^2=\left(x-\dfrac{1}{x}\right)^2+4=2^2+4=8$

이때 $x>0$이므로 $x+\dfrac{1}{x}>0$ $\quad\therefore x+\dfrac{1}{x}=\sqrt{8}=2\sqrt{2}$

답 ②

0409

$x\neq0$이므로 $x^2-5x+1=0$의 양변을 x로 나누면

$x-5+\dfrac{1}{x}=0$ $\quad\therefore x+\dfrac{1}{x}=5$

$\therefore x^2+\dfrac{1}{x^2}=\left(x+\dfrac{1}{x}\right)^2-2=5^2-2=23$

답 ⑤

보충 설명

$x=0$이면 $x^2-5x+1=1\neq0$

따라서 $x\neq0$이면 양변을 x로 나눌 수 있다.

0410

$x\neq0$이므로 $x^2-3x-1=0$의 양변을 x로 나누면

$x-3-\dfrac{1}{x}=0$ $\quad\therefore x-\dfrac{1}{x}=3$

$\therefore x^2-3+\dfrac{1}{x^2}=\left(x-\dfrac{1}{x}\right)^2-1=3^2-1=8$

답 ③

0411

$x\neq0$이므로 $x^2+6x+1=0$의 양변을 x로 나누면

$x+6+\dfrac{1}{x}=0$ $\quad\therefore x+\dfrac{1}{x}=-6$

$\left(x-\dfrac{1}{x}\right)^2=\left(x+\dfrac{1}{x}\right)^2-4=(-6)^2-4=32$

$\therefore x-\dfrac{1}{x}=\pm\sqrt{32}=\pm4\sqrt{2}$

답 $\pm4\sqrt{2}$

0412

$x\neq0$이므로 $x^2-7x+1=0$의 양변을 x로 나누면

$x-7+\dfrac{1}{x}=0$ $\quad\therefore x+\dfrac{1}{x}=7$ ⋯⋯40%

$\therefore x^2+x+\dfrac{1}{x}+\dfrac{1}{x^2}=x^2+\dfrac{1}{x^2}+x+\dfrac{1}{x}$

$\qquad =\left(x+\dfrac{1}{x}\right)^2-2+x+\dfrac{1}{x}$ ⋯⋯40%

$\qquad =7^2-2+7=54$ ⋯⋯20%

답 54

0413

$(x+y)^2-(x-y)^2=x^2+2xy+y^2-(x^2-2xy+y^2)$

$\qquad =4xy$

$\qquad =4\times(2\sqrt{3}+1)\times2\sqrt{2}$

$\qquad =16\sqrt{6}+8\sqrt{2}$

답 ⑤

0414

$(x+y)(x-y)=x^2-y^2$

$\qquad =(2+\sqrt{15})^2-(\sqrt{3}+\sqrt{5})^2$

$\qquad =(19+4\sqrt{15})-(8+2\sqrt{15})$

$\qquad =11+2\sqrt{15}$

답 ⑤

0415

$\dfrac{1}{x-y}-\dfrac{1}{x+y}=\dfrac{x+y-(x-y)}{(x-y)(x+y)}=\dfrac{2y}{x^2-y^2}$

$\qquad =\dfrac{2\times2\sqrt{11}}{(3\sqrt{5})^2-(2\sqrt{11})^2}$

$\qquad =\dfrac{4\sqrt{11}}{45-44}=4\sqrt{11}$

답 $4\sqrt{11}$

0416

$a+b=(3+\sqrt{5})+(3-\sqrt{5})=6$

$ab=(3+\sqrt{5})(3-\sqrt{5})=4$

$\therefore \dfrac{b}{a}+\dfrac{a}{b}=\dfrac{a^2+b^2}{ab}=\dfrac{(a+b)^2-2ab}{ab}$

$\qquad =\dfrac{6^2-2\times4}{4}=7$

답 ③

0417

$x=\sqrt{3}+2$에서 $x-2=\sqrt{3}$이므로 양변을 제곱하면

$(x-2)^2=(\sqrt{3})^2$

$x^2-4x+4=3$, $x^2-4x=-1$

$\therefore x^2-4x+5=-1+5=4$

답 ②

0418

$x=\sqrt{2}+1$에서 $x-1=\sqrt{2}$이므로 양변을 제곱하면

$(x-1)^2=(\sqrt{2})^2$

$x^2-2x+1=2$

답 ③

0419

$$x=\frac{2}{\sqrt{7}-3}=\frac{2(\sqrt{7}+3)}{(\sqrt{7}-3)(\sqrt{7}+3)}=\frac{2(\sqrt{7}+3)}{-2}=-\sqrt{7}-3$$

$x+3=-\sqrt{7}$이므로 양변을 제곱하면 $(x+3)^2=(-\sqrt{7})^2$

$x^2+6x+9=7$, $x^2+6x=-2$

$\therefore x^2+6x-9=-2-9=-11$ 　　　　　　🄰 ①

0420

$$x=\frac{\sqrt{2}-1}{\sqrt{2}+1}=\frac{(\sqrt{2}-1)^2}{(\sqrt{2}+1)(\sqrt{2}-1)}=3-2\sqrt{2} \quad \cdots\cdots 30\%$$

$x-3=-2\sqrt{2}$이므로 양변을 제곱하면 $(x-3)^2=(-2\sqrt{2})^2$

$x^2-6x+9=8$, $x^2-6x=-1$ 　　　　　　　$\cdots\cdots 50\%$

$\therefore x^2-6x+6=-1+6=5$ 　　　　　　　　$\cdots\cdots 20\%$

🄰 5

실력 콕콕

본문 | 69~71쪽

0421 ①	**0422** 25	**0423** 3	**0424** ③
0425 $6x^2+7x-20$		**0426** ③	**0427** 27
0428 $3x^2-21x-6$		**0429** $22x^2+86x-26$	
0430 $6\pi xy$	**0431** ②	**0432** ④	**0433** ③
0434 ①	**0435** -1	**0436** ④	
0437 $23+2\sqrt{15}$		**0438** ③	**0439** $-1+\sqrt{5}$
0440 17	**0441** ④	**0442** ②	**0443** ②
0444 0			

0421

$(3x-y-2)(4x+ay+b)$에서

xy가 나오는 부분만 전개하면

$3x\times ay-y\times 4x=(3a-4)xy$

y가 나오는 부분만 전개하면

$-y\times b-2\times ay=(-b-2a)y$

이때 xy의 계수와 y의 계수가 모두 2이므로

$3a-4=2$에서 $a=2$

$-b-2a=2$에서 $-b-2\times 2=2$, $-b=6$ 　$\therefore b=-6$

$\therefore ab=2\times(-6)=-12$ 　　　　　　🄰 ①

0422

$(3x+A)^2=9x^2+6Ax+A^2$이므로 $6A=B$, $A^2=25$

이때 A, B는 양수이므로 $A=5$, $B=30$

$\therefore B-A=30-5=25$ 　　　　　　🄰 25

0423

$$\left(a-\frac{1}{4}x\right)\left(\frac{1}{4}x+a\right)=-\left(\frac{1}{4}x-a\right)\left(\frac{1}{4}x+a\right)$$

$$=-\left(\frac{1}{16}x^2-a^2\right)=-\frac{1}{16}x^2+a^2$$

이므로 $a^2=9$ 　　$\therefore a=3 \ (\because a>0)$ 　　🄰 3

0424

$(Ax+5)(3x+B)=3Ax^2+(AB+15)x+5B$

따라서 $3A=6$, $AB+15=C$, $5B=-10$이므로

$A=2$, $B=-2$, $C=11$

$\therefore A+B+C=2+(-2)+11=11$ 　　🄰 ③

0425

$(3x+a)(5x+2)=15x^2+(6+5a)x+2a$이므로

$2a=-8$ 　　$\therefore a=-4$

따라서 바르게 계산하면

$(3x-4)(2x+5)=6x^2+7x-20$ 　　🄰 $6x^2+7x-20$

0426

① $(x+3y)^2=x^2+6xy+\boxed{9}y^2$

② $\left(3x-\frac{1}{3}y\right)^2=\boxed{9}x^2-2xy+\frac{1}{9}y^2$

③ $(5x+4)(5x-4)=25x^2-\boxed{16}$

④ $(x-3)(x+5)=x^2+2x-\boxed{15}$

⑤ $(4x+1)(3x-2)=\boxed{12}x^2-5x-2$

따라서 □ 안에 알맞은 수가 가장 큰 것은 ③이다. 　　🄰 ③

0427

$(x+2)(3x-2)-2(x+3)(x-4)-(x-1)^2$

$=3x^2+4x-4-2(x^2-x-12)-(x^2-2x+1)$

$=3x^2+4x-4-2x^2+2x+24-x^2+2x-1$

$=8x+19$

따라서 $a=0$, $b=8$, $c=19$이므로

$a+b+c=0+8+19=27$ 　　🄰 27

0428

$A+B+C$

$=(2x-5)(3x-1)+(1-2x)(1+2x)+(x-6)(x+2)$

$=6x^2-17x+5+1-4x^2+x^2-4x-12$

$=3x^2-21x-6$ 　　🄰 $3x^2-21x-6$

0429

$2\{(x+7)(2x+5)+(2x+5)(3x-4)+(x+7)(3x-4)\}$

$=2\{(2x^2+19x+35)+(6x^2+7x-20)+(3x^2+17x-28)\}$

$=2(11x^2+43x-13)$

$=22x^2+86x-26$ 　　🄰 $22x^2+86x-26$

Ⅱ-1. 다항식의 곱셈

0430

가장 큰 원의 지름의 길이는

$2x+6y$이므로 반지름의 길이는 $x+3y$이다.

따라서 구하는 넓이는

$\pi \times (x+3y)^2 - \pi \times x^2 - \pi \times (3y)^2$

$=\pi(x^2+6xy+9y^2)-\pi x^2-9\pi y^2$

$=\pi x^2+6\pi xy+9\pi y^2-\pi x^2-9\pi y^2$

$=6\pi xy$ ▣ $6\pi xy$

0431

$(x-1)(x-2)(x+5)(x+6)$

$=\{(x-1)(x+5)\}\{(x-2)(x+6)\}$

$=(x^2+4x-5)(x^2+4x-12)$

$x^2+4x=A$로 놓으면

$(x^2+4x-5)(x^2+4x-12)$

$=(A-5)(A-12)$

$=A^2-17A+60$

$=(x^2+4x)^2-17(x^2+4x)+60$

$=x^4+8x^3+16x^2-17x^2-68x+60$

$=x^4+8x^3-x^2-68x+60$

따라서 x^3의 계수는 8, x의 계수는 -68이므로 구하는 합은

$8+(-68)=-60$ ▣ ②

0432

$5.2 \times 4.8 - 5.1^2 = (5+0.2)(5-0.2)-(5+0.1)^2$

$\qquad\qquad\qquad = 5^2-0.2^2-(5^2+2\times5\times0.1+0.1^2)$

$\qquad\qquad\qquad = 25-0.04-(25+1+0.01)$

$\qquad\qquad\qquad = -1.05$ ▣ ④

0433

$(2+1)(2^2+1)(2^4+1)=(2-1)(2+1)(2^2+1)(2^4+1)$

$\qquad\qquad\qquad\qquad\quad = (2^2-1)(2^2+1)(2^4+1)$

$\qquad\qquad\qquad\qquad\quad = (2^4-1)(2^4+1)=2^8-1$

$\therefore a=8$ ▣ ③

0434

$A=(\sqrt{2}-\sqrt{3})^2=2-2\sqrt{6}+3=5-2\sqrt{6}$

$B=(\sqrt{6}+\sqrt{2})(\sqrt{6}-\sqrt{2})=6-2=4$

$C=\dfrac{1}{\sqrt{5}-2}=\dfrac{\sqrt{5}+2}{(\sqrt{5}-2)(\sqrt{5}+2)}=\dfrac{\sqrt{5}+2}{5-4}=\sqrt{5}+2$

$A-B=(5-2\sqrt{6})-4=1-2\sqrt{6}=1-\sqrt{24}<0$이므로 $A<B$

$B-C=4-(\sqrt{5}+2)=2-\sqrt{5}=\sqrt{4}-\sqrt{5}<0$이므로 $B<C$

$\therefore A<B<C$ ▣ ①

0435

$(4\sqrt{5}+9)^{2019}(4\sqrt{5}-9)^{2019}=\{(4\sqrt{5}+9)(4\sqrt{5}-9)\}^{2019}$

$\qquad\qquad\qquad\qquad\qquad\qquad = (80-81)^{2019}$

$\qquad\qquad\qquad\qquad\qquad\qquad = (-1)^{2019}$

$\qquad\qquad\qquad\qquad\qquad\qquad = -1$ ▣ -1

0436

$(\sqrt{5}-2\sqrt{2})(\sqrt{5}+\sqrt{2})+(\sqrt{2}-1)(\sqrt{2}+1)$

$=(5+\sqrt{10}-2\sqrt{10}-4)+(2-1)=2-\sqrt{10}$

따라서 $a=2$, $b=-1$이므로 $a-b=2-(-1)=3$ ▣ ④

0437

(넓이)$=(\sqrt{3}+\sqrt{5})^2+(3\sqrt{2}-\sqrt{3})(3\sqrt{2}+\sqrt{3})$

$\qquad\quad = 3+2\sqrt{15}+5+18-3=23+2\sqrt{15}$ ▣ $23+2\sqrt{15}$

0438

$\dfrac{3+2\sqrt{2}}{3-2\sqrt{2}}-\dfrac{3-2\sqrt{2}}{3+2\sqrt{2}}$

$=\dfrac{(3+2\sqrt{2})^2}{(3-2\sqrt{2})(3+2\sqrt{2})}-\dfrac{(3-2\sqrt{2})^2}{(3+2\sqrt{2})(3-2\sqrt{2})}$

$=(9+12\sqrt{2}+8)-(9-12\sqrt{2}+8)$

$=24\sqrt{2}$

따라서 $a=0$, $b=24$이므로

$a+b=0+24=24$ ▣ ③

0439

$\dfrac{1}{1-\sqrt{2}}-\dfrac{1}{\sqrt{2}-\sqrt{3}}+\dfrac{1}{\sqrt{3}-2}-\dfrac{1}{2-\sqrt{5}}$

$=\dfrac{1+\sqrt{2}}{(1-\sqrt{2})(1+\sqrt{2})}-\dfrac{\sqrt{2}+\sqrt{3}}{(\sqrt{2}-\sqrt{3})(\sqrt{2}+\sqrt{3})}$

$\qquad +\dfrac{\sqrt{3}+2}{(\sqrt{3}-2)(\sqrt{3}+2)}-\dfrac{2+\sqrt{5}}{(2-\sqrt{5})(2+\sqrt{5})}$

$=-(1+\sqrt{2})+(\sqrt{2}+\sqrt{3})-(\sqrt{3}+2)+(2+\sqrt{5})$

$=-1-\sqrt{2}+\sqrt{2}+\sqrt{3}-\sqrt{3}-2+2+\sqrt{5}=-1+\sqrt{5}$

▣ $-1+\sqrt{5}$

0440

$(x+2)(y+2)=8$에서 $xy+2(x+y)+4=8$

이때 $xy=-2$이므로 $-2+2(x+y)=4$, $2(x+y)=6$

$\therefore x+y=3$

$\therefore (x-y)^2=(x+y)^2-4xy=3^2-4\times(-2)=17$ ▣ 17

0441

$a^2+\dfrac{1}{a^2}=\left(a-\dfrac{1}{a}\right)^2+2=3^2+2=11$이므로

$a^4+\dfrac{1}{a^4}=\left(a^2+\dfrac{1}{a^2}\right)^2-2=11^2-2=119$ ▣ ④

0442

$(a-b)^2=(a+b)^2-4ab=3^2-4\times1=5$

$\therefore a-b=-\sqrt{5}\ (\because a-b<0)$

$\therefore \dfrac{\sqrt{a}+\sqrt{b}}{\sqrt{a}-\sqrt{b}}=\dfrac{(\sqrt{a}+\sqrt{b})^2}{(\sqrt{a}-\sqrt{b})(\sqrt{a}+\sqrt{b})}=\dfrac{a+b+2\sqrt{ab}}{a-b}$

$\qquad\qquad\quad=\dfrac{3+2}{-\sqrt{5}}=-\dfrac{5}{\sqrt{5}}=-\sqrt{5}$ 　　　답 ②

0443

$\dfrac{6}{3-\sqrt{3}}=\dfrac{6(3+\sqrt{3})}{(3-\sqrt{3})(3+\sqrt{3})}=3+\sqrt{3}$

$1<\sqrt{3}<2$에서 $4<3+\sqrt{3}<5$ 　　$\therefore a=3+\sqrt{3}-4=\sqrt{3}-1$

$a+1=\sqrt{3}$의 양변을 제곱하면 $(a+1)^2=(\sqrt{3})^2$

$a^2+2a+1=3,\ a^2+2a=2$

$\therefore a^2+2a-6=2-6=-4$ 　　　답 ②

0444

□ABFE는 정사각형이므로 $\overline{AE}=\overline{AB}=1$

$\therefore \overline{ED}=\overline{AD}-\overline{AE}=x-1$

□EGHD는 정사각형이므로 $\overline{EG}=\overline{GH}=\overline{ED}=x-1$

$\therefore \overline{GF}=\overline{EF}-\overline{EG}=1-(x-1)=2-x$

따라서 □GFCH의 넓이는

$\overline{GH}\times\overline{GF}=(x-1)(2-x)=-(x-1)(x-2)$

$\qquad\qquad\qquad=-(x^2-3x+2)=-x^2+3x-2$

이므로 $a=-1,\ b=3,\ c=-2$이므로

$a+b+c=-1+3+(-2)=0$ 　　　답 0

> 서술형 콕콕 　　　　　　　　　본문 | 72~73쪽
>
> | **0445** 37 | **0446** −17 | **0447** 73 | **0448** 24 |
> | **0449** 13 | **0450** 56 | **0451** 6 | **0452** 12 |
> | **0453** 17 | **0454** 40 | **0455** 4 | **0456** 5 |

0445

단계 1　$(x+1)(x-4)$에서 1을 A로 잘못 보고 전개하여

　　　x^2+3x+B가 되었으므로

　　　$(x+A)(x-4)=x^2+(A-4)x-4A=x^2+3x+B$

　　　$A-4=3$에서 $A=7$, 　$-4A=B$에서 $B=-4\times7=-28$

단계 2　$(3x-4)(x-5)$에서 3을 C로 잘못 보고 전개하여

　　　$Cx^2-14x+20$이 되었으므로

　　　$(Cx-4)(x-5)=Cx^2-(5C+4)x+20$

　　　$\qquad\qquad\qquad=Cx^2-14x+20$

$5C+4=14$에서 $C=2$

단계 3　$A-B+C=7-(-28)+2=37$ 　　　답 37

0446

$(x+3)(x-6)$에서 -6을 A로 잘못 보고 전개하여 x^2-2x+B

가 되었으므로

$(x+3)(x+A)=x^2+(A+3)x+3A=x^2-2x+B$

$A+3=-2$에서 $A=-5$

$3A=B$에서 $B=3\times(-5)=-15$ 　　　……50%

$(2x-1)(x+4)$에서 2를 C로 잘못 보고 전개하여 $Cx^2+11x-4$

가 되었으므로

$(Cx-1)(x+4)=Cx^2+(4C-1)x-4=Cx^2+11x-4$

$4C-1=11$에서 $C=3$ 　　　……30%

$\therefore A+B+C=-5+(-15)+3=-17$ 　　　……20%

답 −17

0447

단계 1　$97\times103\times(10^4+9)=(100-3)(100+3)(10^4+9)$

　　　$\qquad\qquad\qquad\qquad=(100^2-9)(10^4+9)$

　　　$\qquad\qquad\qquad\qquad=(10^4-9)(10^4+9)$

　　　$\qquad\qquad\qquad\qquad=10^8-81$

단계 2　$10^8-81=10^x-y$이므로 $x=8,\ y=81$

단계 3　$y-x=81-8=73$ 　　　답 73

0448

$98\times102\times(10^4+4)=(100-2)(100+2)(10^4+4)$

$\qquad\qquad\qquad\qquad=(100^2-4)(10^4+4)$

$\qquad\qquad\qquad\qquad=(10^4-4)(10^4+4)$

$\qquad\qquad\qquad\qquad=10^8-16$ 　　　……60%

따라서 $x=8,\ y=16$이므로 　　　……20%

$x+y=8+16=24$ 　　　……20%

답 24

0449

단계 1　$(3+2\sqrt{2})^6(3-2\sqrt{2})^5$

　　　$=(3+2\sqrt{2})(3+2\sqrt{2})^5(3-2\sqrt{2})^5$

　　　$=(3+2\sqrt{2})\{(3+2\sqrt{2})(3-2\sqrt{2})\}^5$

　　　$=(3+2\sqrt{2})\{3^2-(2\sqrt{2})^2\}^5$

　　　$=(3+2\sqrt{2})(9-8)^5$

　　　$=3+2\sqrt{2}$

단계 2　$3+2\sqrt{2}=a+b\sqrt{2}$이므로 $a=3,\ b=2$

단계 3　$a^2+b^2=3^2+2^2=13$

답 13

0450

$$(3\sqrt{2}-4)^3(3\sqrt{2}+4)^4=(3\sqrt{2}-4)^3(3\sqrt{2}+4)^3(3\sqrt{2}+4)$$
$$=\{(3\sqrt{2}-4)(3\sqrt{2}+4)\}^3(3\sqrt{2}+4)$$
$$=(18-16)^3(3\sqrt{2}+4)$$
$$=8(3\sqrt{2}+4)$$
$$=32+24\sqrt{2} \qquad \cdots\cdots 60\%$$

따라서 $a=32$, $b=24$이므로 $\qquad \cdots\cdots 20\%$

$a+b=32+24=56 \qquad \cdots\cdots 20\%$

답 56

0451

단계1 $(3-a\sqrt{5})+(b+2\sqrt{5})=3+b+(2-a)\sqrt{5}$가 유리수가 되려면 $2-a=0$이어야 하므로 $a=2$

단계2 $(3-2\sqrt{5})(b+2\sqrt{5})=3b+6\sqrt{5}-2b\sqrt{5}-20$
$$=3b-20+(6-2b)\sqrt{5}$$
가 유리수가 되려면 $6-2b=0$이어야 하므로 $2b=6$
$$\therefore b=3$$

단계3 $ab=2\times3=6$

답 6

0452

$(4+a\sqrt{7})+(b-3\sqrt{7})=4+b+(a-3)\sqrt{7}$이 유리수가 되려면
$a-3=0$이어야 하므로 $a=3$ $\qquad \cdots\cdots 40\%$
$(4+3\sqrt{7})(b-3\sqrt{7})=4b-12\sqrt{7}+3b\sqrt{7}-63$
$$=4b-63+(3b-12)\sqrt{7}$$
이 유리수가 되려면 $3b-12=0$이어야 하므로 $3b=12$
$$\therefore b=4 \qquad \cdots\cdots 40\%$$
$$\therefore ab=3\times4=12 \qquad \cdots\cdots 20\%$$

답 12

0453

단계1 $x=\dfrac{1}{2+\sqrt{3}}=\dfrac{2-\sqrt{3}}{(2+\sqrt{3})(2-\sqrt{3})}=\dfrac{2-\sqrt{3}}{4-3}=2-\sqrt{3}$

$y=\dfrac{1}{2-\sqrt{3}}=\dfrac{2+\sqrt{3}}{(2-\sqrt{3})(2+\sqrt{3})}=\dfrac{2+\sqrt{3}}{4-3}=2+\sqrt{3}$

단계2 $x+y=(2-\sqrt{3})+(2+\sqrt{3})=4$

$xy=(2-\sqrt{3})(2+\sqrt{3})=1$

단계3 $x^2+3xy+y^2=(x+y)^2+xy$
$$=4^2+1=17$$

답 17

0454

$x=\dfrac{4}{\sqrt{7}+\sqrt{3}}=\dfrac{4(\sqrt{7}-\sqrt{3})}{(\sqrt{7}+\sqrt{3})(\sqrt{7}-\sqrt{3})}$

$=\dfrac{4(\sqrt{7}-\sqrt{3})}{7-3}=\sqrt{7}-\sqrt{3}$

$y=\dfrac{4}{\sqrt{7}-\sqrt{3}}=\dfrac{4(\sqrt{7}+\sqrt{3})}{(\sqrt{7}-\sqrt{3})(\sqrt{7}+\sqrt{3})}$

$=\dfrac{4(\sqrt{7}+\sqrt{3})}{7-3}=\sqrt{7}+\sqrt{3} \qquad \cdots\cdots 30\%$

따라서 $x+y=(\sqrt{7}-\sqrt{3})+(\sqrt{7}+\sqrt{3})=2\sqrt{7}$,
$xy=(\sqrt{7}-\sqrt{3})(\sqrt{7}+\sqrt{3})=4$이므로 $\qquad \cdots\cdots 30\%$
$x^2+5xy+y^2=(x+y)^2+3xy$
$$=(2\sqrt{7})^2+3\times4$$
$$=28+12=40 \qquad \cdots\cdots 40\%$$

답 40

0455

단계1 $4<\sqrt{17}<5$이므로 $\sqrt{17}$의 정수 부분은 4이고,
소수 부분은 $\sqrt{17}-4$이다.
$$\therefore x=\sqrt{17}-4$$

단계2 $x=\sqrt{17}-4$에서 $x+4=\sqrt{17}$이므로 양변을 제곱하면
$(x+4)^2=(\sqrt{17})^2$, $x^2+8x+16=17$
$$\therefore x^2+8x=1$$

단계3 $\sqrt{2x^2+16x+14}=\sqrt{2(x^2+8x)+14}$
$$=\sqrt{2\times1+14}$$
$$=\sqrt{16}=4$$

답 4

0456

$3<\sqrt{14}<4$이므로 $\sqrt{14}$의 정수 부분은 3이고,
소수 부분은 $\sqrt{14}-3$이다.
$$\therefore x=\sqrt{14}-3 \qquad \cdots\cdots 30\%$$
$x+3=\sqrt{14}$의 양변을 제곱하면 $(x+3)^2=(\sqrt{14})^2$
$x^2+6x+9=14 \qquad \therefore x^2+6x=5 \qquad \cdots\cdots 40\%$
$$\therefore \sqrt{3x^2+18x+10}=\sqrt{3(x^2+6x)+10}$$
$$=\sqrt{3\times5+10}$$
$$=\sqrt{25}=5 \qquad \cdots\cdots 30\%$$

답 5

2 다항식의 인수분해

개념 콕콕 본문 | 75, 77쪽

0457
답 (1) $3x+12$　(2) x^2+5x　(3) $x^2+8x+16$
　(4) x^2-6x+9　(5) x^2+x-6　(6) $6x^2-13x-5$

0458
답 (1) x, $x(x+y)$　(2) 3, xy, $y(x-2)$
　(3) $x+2$, $(x+2)(x-7)$　(4) $2x-y$, x^2+3xy

0459
답 (1) $3a(x-y)$　(2) $2xy(x+3y)$　(3) $x(a+b-cx)$

0460
(3) (주어진 식)$=(x+1)(2a-b+a+b)=3a(x+1)$
답 (1) $(x+2)(ab-c)$　(2) $(x-y)(x-y-a)$　(3) $3a(x+1)$

0461
답 (1) $(x+2)^2$　(2) $(6x+1)^2$　(3) $(x+5y)^2$
　(4) $(x-9)^2$　(5) $(7x-3)^2$　(6) $\left(x-\dfrac{1}{4}\right)^2$

0462
답 (1) 49　(2) 25　(3) $\dfrac{9}{4}$　(4) ±16　(5) ±20　(6) $\pm\dfrac{2}{5}$

0463
답 (1) $(x+5)(x-5)$　(2) $\left(x+\dfrac{1}{4}\right)\left(x-\dfrac{1}{4}\right)$
　(3) $(6x+1)(6x-1)$　(4) $(4x+7y)(4x-7y)$

0464
답 (1) 1, 5　(2) -1, 7　(3) -4, 3　(4) -6, -5

0465
답 (1) $-2x$, -4, $-4x$, 4　(2) $-x$, 9, $9x$, 9

0466
답 (1) $(x+3)(x+4)$　(2) $(x-2)(x-6)$
　(3) $(x-3)(x+6)$　(4) $(x+2)(x-12)$

0467
답 (1) $3x$, $3x$, -1, $-x$, $3x-1$　(2) $-6x$, $2x$, -1, $-2x$, $2x-1$

0468
답 (1) $(x+3)(2x+1)$　(2) $(x-1)(3x-2)$
　(3) $(2x+1)(2x-3)$　(4) $(2x-3)(5x+9)$

유형 콕콕 본문 | 78~84쪽

0469 ③	**0470** ③	**0471** ③	**0472** ③
0473 ⑤	**0474** ②	**0475** ⑤	**0476** ③
0477 ⑤	**0478** ③	**0479** ②	**0480** 18
0481 14	**0482** ⑤	**0483** 1	**0484** 4
0485 ④	**0486** $\dfrac{9}{2}$	**0487** ③	**0488** $2x$
0489 ②	**0490** ①	**0491** 11	**0492** ④
0493 ⑤	**0494** ③	**0495** ②, ④	
0496 $(x-2)(x+7)$		**0497** -10	**0498** -3
0499 ②	**0500** 3	**0501** 5	**0502** $5x+1$
0503 ⑤	**0504** ⑤	**0505** ④	**0506** 8
0507 ③	**0508** ③	**0509** 7	**0510** ⑤
0511 ③	**0512** ⑤	**0513** ②	**0514** 23
0515 ④	**0516** (1) $x^2-3x-10$ (2) $(x+2)(x-5)$		
0517 ④	**0518** ①	**0519** ③	**0520** $4x+10$
0521 $2x+1$	**0522** ④	**0523** ②	**0524** $2x+6$

0469
답 ③

0470
③ ㉡의 과정에서 분배법칙이 이용된다. 답 ③

0471
답 ③

0472
$x^2(x+5)$의 인수는 1, x, x^2, $x+5$, $x(x+5)$, $x^2(x+5)$이다.
답 ③

0473
$2a^2b-2ab^2=2ab(a-b)$ 답 ⑤

0474
$3x^2-6xy=3x(x-2y)$ 답 ②

0475
⑤ $3a^2b^2-9ab^2+6b=3b(a^2b-3ab+2)$ 답 ⑤

Ⅱ-2. 다항식의 인수분해

0476

$a(x-y)-b(y-x)=a(x-y)+b(x-y)=(a+b)(x-y)$

답 ③

0477

⑤ $4a^2-4ab+b^2=(2a-b)^2$

답 ⑤

0478

$25x^2-20x+4=(5x-2)^2$

따라서 $25x^2-20x+4$의 인수는 ③ $5x-2$이다.

답 ③

0479

ㄱ. $x^2+16x+64=(x+8)^2$

ㄷ. $2x^2+2+4x=2(x^2+2x+1)=2(x+1)^2$

ㅂ. $\dfrac{1}{9}x^2+\dfrac{1}{3}xy+\dfrac{1}{4}y^2=\left(\dfrac{1}{3}x+\dfrac{1}{2}y\right)^2$

답 ②

0480

$x(x+a)+36=x^2+ax+36$, $(x+b)^2=x^2+2bx+b^2$

$36=b^2$이므로 $b=\pm6$

$a=2b$이므로 $a=\pm12$

이때 $a>0$이므로 $a=12$, $b=6$

$\therefore a+b=12+6=18$

답 18

0481

$x^2-ax+\dfrac{1}{49}=x^2-ax+\left(\dfrac{1}{7}\right)^2$이므로

$a=2\times1\times\dfrac{1}{7}=\dfrac{2}{7}$ ($\because a>0$)

$25x^2+20x+b=(5x)^2+2\times5x\times2+b$이므로 $b=2^2=4$

$\therefore \dfrac{b}{a}=4\div\dfrac{2}{7}=4\times\dfrac{7}{2}=14$

답 14

0482

$ax^2+24x+9=(\sqrt{a}x)^2+2\times\sqrt{a}x\times3+3^2$이므로

$\sqrt{a}=4$ $\therefore a=16$

답 ⑤

0483

$(x+2)(x+4)+k=x^2+6x+8+k$이므로 ······40%

$8+k=\left(\dfrac{6}{2}\right)^2$ ······40%

$8+k=9$ $\therefore k=1$ ······20%

답 1

0484

$9x^2+(7a+2)x+25=(3x)^2+(7a+2)x+5^2$

$7a+2$는 양수이므로 $7a+2=2\times3\times5$, $7a=28$

$\therefore a=4$

답 4

0485

$x+1>0$, $x-1<0$이므로

(주어진 식)$=\sqrt{(x+1)^2}-\sqrt{(x-1)^2}$

$=(x+1)-\{-(x-1)\}$

$=x+1+x-1=2x$

답 ④

0486

$x+4>0$, $x-\dfrac{1}{2}<0$이므로 ······20%

(주어진 식)$=\sqrt{(x+4)^2}+\sqrt{\left(x-\dfrac{1}{2}\right)^2}$ ······40%

$=(x+4)-\left(x-\dfrac{1}{2}\right)=\dfrac{9}{2}$ ······40%

답 $\dfrac{9}{2}$

0487

$a+b>0$, $a-b<0$이므로

(주어진 식)$=\sqrt{(a+b)^2}-\sqrt{(a-b)^2}$

$=(a+b)-\{-(a-b)\}$

$=a+b+a-b=2a$

답 ③

0488

$x-y>0$이므로

(주어진 식)$=\sqrt{(x-y)^2}+\sqrt{x^2}-\sqrt{y^2}$

$=x-y+x-(-y)$

$=x-y+x+y=2x$

답 $2x$

0489

① $x^2-\dfrac{1}{4}y^2=x^2-\left(\dfrac{1}{2}y\right)^2=\left(x+\dfrac{1}{2}y\right)\left(x-\dfrac{1}{2}y\right)$

③ $4x^2-49y^2=(2x)^2-(7y)^2=(2x+7y)(2x-7y)$

④ $-x^2-1=-(x^2+1)$

⑤ $-x^2+9y^2=-\{x^2-(3y)^2\}=-(x+3y)(x-3y)$

답 ②

0490

$16x^2-25=(4x)^2-5^2=(4x+5)(4x-5)$

따라서 $A=4$, $B=5$이므로 $B-A=5-4=1$

답 ①

0491

$-98x^2+72y^2=-2(49x^2-36y^2)$

$=-2\{(7x)^2-(6y)^2\}$

$=-2(7x+6y)(7x-6y)$

따라서 $a=-2$, $b=7$, $c=6$이므로

$a+b+c=-2+7+6=11$

답 11

0492

$(x-y)a^2+(y-x)b^2=(x-y)a^2-(x-y)b^2$
$\qquad\qquad\qquad\;\;=(x-y)(a^2-b^2)$
$\qquad\qquad\qquad\;\;=(x-y)(a+b)(a-b)$ 　　　답 ④

0493

① $x^2+5x+4=(x+1)(x+4)$
② $x^2+3x-4=(x-1)(x+4)$
③ $x^2+6x+8=(x+2)(x+4)$
④ $x^2-x-20=(x+4)(x-5)$
⑤ $x^2+4x-32=(x-4)(x+8)$
따라서 $x+4$를 인수로 갖지 않는 것은 ⑤이다. 　　　답 ⑤

0494

$x^2-7x+12=(x-3)(x-4)$
따라서 두 일차식은 $x-3$, $x-4$이므로 두 일차식의 합은
$(x-3)+(x-4)=2x-7$ 　　　답 ③

0495

$x^2-3xy-18y^2=(x+3y)(x-6y)$ 　　　답 ②, ④

0496

$(x+2)(x+3)-20=x^2+5x+6-20$
$\qquad\qquad\qquad\;\;=x^2+5x-14$
$\qquad\qquad\qquad\;\;=(x-2)(x+7)$ 　　　답 $(x-2)(x+7)$

0497

$x^2+ax-12=(x+2)(x+b)=x^2+(b+2)x+2b$ ······40%
$2b=-12$이므로 $b=-6$
$a=b+2$이므로 $a=(-6)+2=-4$ ······40%
$\therefore a+b=-4+(-6)=-10$ ······20%
　　　답 -10

0498

$6x^2-11x-10=(2x-5)(3x+2)$
따라서 $a=-5$, $b=2$이므로 $a+b=-5+2=-3$ 　　　답 -3

0499

① $2x^2-x-6=(x-2)(2x+3)$
② $2x^2-3x-2=(x-2)(2x+1)$
③ $4x^2-2x-12=2(x-2)(2x+3)$
④ $4x^2+4x-3=(2x+3)(2x-1)$
⑤ $6x^2+7x-5=(3x+5)(2x-1)$
따라서 $2x+1$을 인수로 갖는 것은 ②이다. 　　　답 ②

0500

$8x^2-2xy-3y^2=(2x+y)(4x-3y)$
따라서 $a=2$, $b=4$, $c=-3$이므로
$a+b+c=2+4+(-3)=3$ 　　　답 3

0501

$3x^2+ax+b=(x+4)(cx-2)=cx^2+(-2+4c)x-8$이므로
$c=3$, $a=-2+4c=-2+4\times3=10$, $b=-8$
$\therefore a+b+c=10+(-8)+3=5$ 　　　답 5

0502

$(3x-1)(2x+3)-17=6x^2+7x-3-17$
$\qquad\qquad\qquad\qquad\;=6x^2+7x-20=(2x+5)(3x-4)$
따라서 두 일차식은 $2x+5$, $3x-4$이므로
두 일차식의 합은 $(2x+5)+(3x-4)=5x+1$ 　　　답 $5x+1$

0503

⑤ $3x^2-10x-8=(x-4)(3x+2)$ 　　　답 ⑤

0504

①, ②, ③, ④ 2 ⑤ 3 　　　답 ⑤

0505

① $4x^2-12x+9=(2x-3)^2$
② $4x^2-9=(2x+3)(2x-3)$
③ $2x^2-x-3=(x+1)(2x-3)$
④ $2x^2-3x-9=(x-3)(2x+3)$
⑤ $2x^2+x-6=(x+2)(2x-3)$ 　　　답 ④

0506

$9x^2-6x+1=(3x-1)^2$이므로 $a=3$ ······30%
$49x^2-\dfrac{1}{9}=(7x)^2-\left(\dfrac{1}{3}\right)^2=\left(7x+\dfrac{1}{3}\right)\left(7x-\dfrac{1}{3}\right)$이므로
$b=7$ ($\because b>0$) ······30%
$6x^2-11x-35=(2x-7)(3x+5)$이므로
$c=-7$, $d=5$ ······30%
$\therefore a+b+c+d=3+7+(-7)+5=8$ ······10%
　　　답 8

0507

$2x^2-32=2(x^2-16)=2(x+4)(x-4)$
$2x^2+5x-12=(x+4)(2x-3)$
따라서 두 다항식의 공통인수는 $x+4$이다. 　　　답 ③

0508

$3x^2+5x-12=(x+3)(3x-4)$
$6x^2+x-12=(2x+3)(3x-4)$
따라서 두 다항식의 공통인수는 $3x-4$이다. 　　　답 ③

0509

$4x^2-25y^2=(2x+5y)(2x-5y)$

$2x^2-7xy-30y^2=(2x+5y)(x-6y)$
이므로 두 다항식의 공통인수는 $2x+5y$
따라서 $a=2$, $b=5$이므로 $a+b=2+5=7$ **답** 7

0510

① $x^2-9=(x+3)(x-3)$
② $x^2+x-12=(x-3)(x+4)$
③ $2x^2-3x-9=(x-3)(2x+3)$
④ $2x^2-12x+18=2(x-3)^2$
⑤ $6x^2+15x-9=3(x+3)(2x-1)$ **답** ⑤

0511

$6x^2-17x+a=(2x-5)(3x+m)$ (m은 상수)으로 놓으면
$2m-15=-17$이므로 $m=-1$
$\therefore a=-5m=-5\times(-1)=5$ **답** ③

0512

$2x^2+ax-5=(x+5)(2x+m)$ (m은 상수)으로 놓으면
$5m=-5$이므로 $m=-1$
$\therefore a=m+10=-1+10=9$ **답** ⑤

0513

$3x^2+4x+k=(x+2)(3x+m)$ (m은 상수)으로 놓으면
$m+6=4$, $2m=k$
따라서 $m=-2$, $k=-4$이므로
$3x^2+4x-4=(x+2)(3x-2)$ **답** ②

0514

$x^2+ax-6=(x-3)(x+m)$ (m은 상수)으로 놓으면
$m-3=a$, $-3m=-6$ $\therefore m=2$, $a=-1$ ……40%
$2x^2+2x+b=(x-3)(2x+n)$ (n은 상수)으로 놓으면
$n-6=2$, $-3n=b$ $\therefore n=8$, $b=-24$ ……40%
$\therefore a-b=-1-(-24)=23$ ……20%
답 23

0515

$(x-2)(x+4)=x^2+2x-8$ ➡ 처음 이차식의 상수항 : -8
$(x+1)(x-3)=x^2-2x-3$ ➡ 처음 이차식의 x의 계수 : -2
따라서 처음 이차식은 x^2-2x-8이므로 바르게 인수분해하면
$x^2-2x-8=(x+2)(x-4)$ **답** ④

0516

(1) $(x-2)(x+5)=x^2+3x-10$
➡ 처음 이차식의 상수항 : -10
$(x+3)(x-6)=x^2-3x-18$

➡ 처음 이차식의 x의 계수 : -3
따라서 처음 이차식은 $x^2-3x-10$
(2) $x^2-3x-10=(x+2)(x-5)$

답 (1) $x^2-3x-10$ (2) $(x+2)(x-5)$

0517

$(2x+1)(x-3)=2x^2-5x-3$ ➡ 처음 이차식의 상수항 : -3
$(2x+1)(x+2)=2x^2+5x+2$ ➡ 처음 이차식의 x의 계수 : 5
따라서 처음 이차식은 $2x^2+5x-3$이므로
바르게 인수분해하면 $2x^2+5x-3=(2x-1)(x+3)$ **답** ④

0518

새로운 직사각형의 넓이는 주어진 모든 직사각형의 넓이의 합과 같으므로
$x^2+2x+1=(x+1)^2$
따라서 새로운 정사각형의 한 변의 길이는 $x+1$이다. **답** ①

0519

새로운 직사각형의 넓이는 주어진 모든 직사각형의 넓이의 합과 같으므로
$x^2+3x+2=(x+1)(x+2)$
따라서 새로운 직사각형의 가로의 길이와 세로의 길이는 각각
$x+1$, $x+2$ 또는 $x+2$, $x+1$이므로 구하는 합은
$(x+1)+(x+2)=2x+3$이다. **답** ③

0520

새로운 직사각형의 넓이는 주어진 모든 직사각형의 넓이의 합과 같으므로
$x^2+5x+6=(x+2)(x+3)$ ……60%
따라서 새로운 직사각형의 가로, 세로의 길이는 각각 $x+2$, $x+3$
또는 $x+3$, $x+2$이므로 구하는 둘레의 길이는
$2\{(x+2)+(x+3)\}=4x+10$이다. ……40%
답 $4x+10$

0521

$2x^2+7x+3=(x+3)(2x+1)$
따라서 직사각형의 세로의 길이는 $2x+1$이다. **답** $2x+1$

0522

$4x^2+12xy+9y^2=(2x+3y)^2$
따라서 정사각형의 한 변의 길이는 $2x+3y$이므로
둘레의 길이는 $4\times(2x+3y)=8x+12y$이다. **답** ④

0523

$3x^2-75=3(x^2-25)=3(x+5)(x-5)$이므로
직육면체의 밑면의 가로의 길이는 $x+5$이다. **답** ②

0524

사다리꼴의 높이를 h라고 하면

$2x^2+8x+6=\dfrac{1}{2}\times\{(x-2)+(x+4)\}\times h=(x+1)h$

이때 $2x^2+8x+6=2(x+1)(x+3)=(x+1)(2x+6)$이므로

$(x+1)h=(x+1)(2x+6)$ $\therefore h=2x+6$

답 $2x+6$

실력 콕콕   본문 | 85~87쪽

0525 ②	**0526** ①	**0527** ⑤	**0528** 4
0529 $-2a$	**0530** ⑤	**0531** 21	**0532** ④
0533 $2x+10$	**0534** 5개	**0535** ③	**0536** 12
0537 ③	**0538** ⑤	**0539** -3	**0540** -45
0541 -11	**0542** -6	**0543** $20x$	**0544** $4x-6$
0545 ③	**0546** 6	**0547** $2x+5$	

0525

답 ②

0526

$(x-4)(x+2)-3(x+2)=(x+2)(x-7)$

따라서 두 일차식은 $x+2$, $x-7$이므로 두 일차식의 합은

$(x+2)+(x-7)=2x-5$

답 ①

0527

① $A=\left(\dfrac{-8}{2}\right)^2=16$

② $16x^2+Ax+1=(4x\pm1)^2$이므로 $Ax=\pm2\times4x\times1=\pm8x$

    $\therefore A=8\ (\because A>0)$

③ $A=\pm2\sqrt{49}=\pm14$ $\therefore A=14\ (\because A>0)$

④ $\dfrac{1}{4}x^2+Ax+\dfrac{1}{9}=\left(\dfrac{1}{2}x\pm\dfrac{1}{3}\right)^2$이므로

    $Ax=\pm2\times\dfrac{1}{2}x\times\dfrac{1}{3}=\pm\dfrac{1}{3}x$ $\therefore A=\dfrac{1}{3}\ (\because A>0)$

⑤ $A=\left(\dfrac{1}{2}\times\dfrac{1}{2}\right)^2=\dfrac{1}{16}$

따라서 A의 값이 가장 작은 것은 ⑤이다.

답 ⑤

0528

$x^2+(7a-14)xy+49y^2=(x\pm7y)^2$

이때 $7a-14=\pm2\times1\times7=\pm14$이므로 $a=4\ (\because a>0)$

답 4

0529

$a-4<0$, $a+4>0$이므로

$\sqrt{(a+4)^2-16a}-\sqrt{(a-4)^2+16a}$

$=\sqrt{a^2-8a+16}-\sqrt{a^2+8a+16}$

$=\sqrt{(a-4)^2}-\sqrt{(a+4)^2}$

$=-(a-4)-(a+4)$

$=-a+4-a-4=-2a$

답 $-2a$

0530

$\dfrac{1}{x}>1$이므로 $x+\dfrac{1}{x}>0$, $x-\dfrac{1}{x}<0$

$\sqrt{x^2+\dfrac{1}{x^2}+2}-\sqrt{x^2+\dfrac{1}{x^2}-2}=\sqrt{\left(x+\dfrac{1}{x}\right)^2}-\sqrt{\left(x-\dfrac{1}{x}\right)^2}$

$=\left(x+\dfrac{1}{x}\right)-\left\{-\left(x-\dfrac{1}{x}\right)\right\}$

$=\left(x+\dfrac{1}{x}\right)+\left(x-\dfrac{1}{x}\right)=2x$

답 ⑤

0531

$ax^2-81=(bx+9)(5x+c)$

$\qquad\quad=5bx^2+(bc+45)x+9c$

따라서 $a=5b$, $0=bc+45$, $-81=9c$이므로

$a=25$, $b=5$, $c=-9$

$\therefore a+b+c=25+5+(-9)=21$

답 21

0532

$x^4-81=(x^2+9)(x^2-9)=(x^2+9)(x+3)(x-3)$

답 ④

0533

$x^2+9x+14=(x+7)(x+2)$이므로 $A=x+7$

$x^2-2x-15=(x+3)(x-5)$이므로 $B=x+3$

$\therefore A+B=(x+7)+(x+3)=2x+10$

답 $2x+10$

0534

$x^2+x-n=(x+a)(x+b)=x^2+(a+b)x+ab$이므로

$a+b=1$이고 $ab=-n$

위 조건을 모두 만족하는 두 정수 a, b를 순서쌍 (a,b)로 나타내면

$(2,-1)$, $(3,-2)$, $(4,-3)$, $(5,-4)$, $(6,-5)$, $(-1,2)$,

$(-2,3)$, $(-3,4)$, $(-4,5)$, $(-5,6)$이므로 n은 2, 6, 12,

20, 30의 5개이다.

답 5개

0535

$x^2+Ax+18=(x+a)(x+b)=x^2+(a+b)x+ab$

이므로 $a+b=A$, $ab=18$

곱이 18인 두 정수는 -1, -18 또는 -2, -9 또는 -3, -6

또는 3, 6 또는 2, 9 또는 1, 18이므로 A의 값이 될 수 있는 것은

-19, -11, -9, 9, 11, 19이다.

따라서 A의 값이 될 수 없는 것은 ③이다.

답 ③

0536

$15x^2-axy-8y^2=(3x+4y)(5x+by)$
$\qquad\qquad\qquad =15x^2+(3b+20)xy+4by^2$
$4b=-8$이므로 $b=-2$
$-a=3b+20$이므로 $a=-3b-20=-3\times(-2)-20=-14$
$\therefore b-a=-2-(-14)=12$　　　　　　 답 12

0537

$3x^2+kxy-8y^2=(x+2y)(3x+my)$ (m은 상수)로 놓으면
$-8=2m$이므로 $m=-4$
$\therefore 3x^2+kxy-8y^2=(x+2y)(3x-4y)$　　 답 ③

0538

⑤ $(x-3)+(3x-x^2)=-x^2+4x-3$
$\qquad\qquad\qquad\qquad =-(x^2-4x+3)$
$\qquad\qquad\qquad\qquad =-(x-1)(x-3)$　 답 ⑤

0539

$x^2+4x+3=(x+1)(x+3)$이므로 x^2+ax-4는
$x+1$ 또는 $x+3$을 인수로 갖는다.
(i) $x^2+ax-4=(x+1)(x+m)$ (m은 상수)으로 놓으면
$\quad m+1=a,\ m=-4\qquad \therefore a=-3$
(ii) $x^2+ax-4=(x+3)(x+n)$ (n은 상수)으로 놓으면
$\quad n+3=a,\ 3n=-4\qquad \therefore n=-\dfrac{4}{3},\ a=\dfrac{5}{3}$
(i), (ii)에서 a는 정수이므로 $a=-3$　　　 답 -3

0540

$2x^2+5xy-3y^2=(x+3y)(2x-y)$이므로 $b=3$
$x+3y$가 공통인수이므로
$4x^2+7xy+ay^2=(x+3y)(4x+m)$ (m은 상수)으로 놓으면
$m+12=7,\ 3m=a\qquad \therefore m=-5,\ a=-15$
$\therefore ab=-15\times3=-45$　　　　　　 답 -45

0541

$2x^2-13x-7=(2x+1)(x-7)$,
$10x^2-x-3=(2x+1)(5x-3)$
이므로 공통인수는 $2x+1$이다.
이때 $2x^2+ax-6$도 $2x+1$을 인수로 가져야 하므로
$2x^2+ax-6=(2x+1)(x+m)$ (m은 상수)으로 놓으면 $m=-6$
$\therefore a=2m+1=2\times(-6)+1=-11$　　 답 -11

0542

$3(x-2)(x+8)=3x^2+18x-48$
➡ 처음 이차식의 상수항 : -48
$3(x-10)(x+4)=3x^2-18x-120$
➡ 처음 이차식의 x의 계수 : -18

따라서 처음 이차식을 바르게 인수분해하면
$3x^2-18x-48=3(x^2-6x-16)=3(x+2)(x-8)$이므로
$a=2,\ b=8\qquad \therefore a-b=2-8=-6$　 답 -6

0543

$25x^2-49=(5x+7)(5x-7)$
따라서 세로의 길이는 $5x+7$이므로 둘레의 길이는
$2\{(5x+7)+(5x-7)\}=20x$　　　　　　 답 $20x$

0544

$2x^2-x-3=(2x-3)(x+1)$
$\qquad\qquad =\dfrac{1}{2}\times(밑변의 길이)\times(x+1)$
이므로 밑변의 길이는 $2(2x-3)=4x-6$　 답 $4x-6$

0545

[그림 1]의 도형의 넓이는 a^2-b^2
[그림 2]의 도형은 가로의 길이가 $a+b$, 세로의 길이가 $a-b$인 직사각형이므로
그 넓이는 $(a+b)(a-b)$
이때 두 도형의 넓이가 같으므로
$a^2-b^2=(a+b)(a-b)$　　　　　　　　 답 ③

0546

$4x+4y=60$이므로 $4(x+y)=60$
$\therefore x+y=15$
$x>y$이므로 $x^2-y^2=90$
$(x+y)(x-y)=90,\ 15(x-y)=90\qquad \therefore x-y=6$
따라서 두 정사각형의 한 변의 길이의 차는 6이다.　 답 6

0547

(화단 A의 넓이)$=(2x+3)^2-2^2$
$\qquad\qquad\qquad =4x^2+12x+5=(2x+5)(2x+1)$
따라서 화단 B의 가로의 길이는 $2x+5$이다.　 답 $2x+5$

서술형 콕콕　　　　　　　　　　본문 | 88~89쪽

0548 22	**0549** 34	**0550** 2, 18	**0551** 2, 50
0552 $2x+2$	**0553** $2x-11$	**0554** 22	**0555** 42
0556 -2	**0557** 3	**0558** $n=5$, 13	
0559 $n=4$, 19			

0548

단계1 $ax^2=(4x)^2=16x^2\qquad \therefore a=16$
단계2 $24x=2\times4x\times c$이므로 $c=3$
단계3 $b=c^2=3^2=9$
단계4 $a+b-c=16+9-3=22$
　　　　　　　　　　　　　　　　　　 답 22

0549

$ax^2=(2x)^2=4x^2$이므로 $a=4$ ······ 30%

$20x=2\times 2x\times c$이므로 $c=5$ ······ 30%

$\therefore b=c^2=5^2=25$ ······ 30%

$\therefore a+b+c=4+25+5=34$ ······ 10%

답 34

0550

단계1 $(8x-1)(2x-1)+ax=16x^2-10x+1+ax$
$\qquad\qquad\qquad\qquad\quad=16x^2+(a-10)x+1$

단계2 $16x^2+(a-10)x+1=(4x)^2+(a-10)x+1$이므로
$\qquad(a-10)x=\pm 2\times 4x\times 1=\pm 8x$

단계3 $a-10=\pm 8$이므로 $a-10=-8$에서 $a=2$, $a-10=8$에서
$\qquad a=18$

답 2, 18

0551

$(9x-2)(4x-2)+ax=36x^2-26x+4+ax$
$\qquad\qquad\qquad\qquad\quad=36x^2+(a-26)x+4$ ······ 40%
$\qquad\qquad\qquad\qquad\quad=(6x)^2+(a-26)x+2^2$

이 식이 완전제곱식이 되려면
$(a-26)x=\pm 2\times 6x\times 2=\pm 24x$ ······ 40%

따라서 $a-26=\pm 24$이므로
$a-26=-24$에서 $a=2$, $a-26=24$에서 $a=50$ ······ 20%

답 2, 50

0552

단계1 $(x+3)(x-5)+4x=x^2-2x-15+4x$
$\qquad\qquad\qquad\qquad\quad=x^2+2x-15$
$\qquad\qquad\qquad\qquad\quad=(x+5)(x-3)$

단계2 두 일차식은 $x+5$, $x-3$이므로 두 일차식의 합은
$\qquad(x+5)+(x-3)=2x+2$

답 $2x+2$

0553

$(x-3)(x-6)-2x=x^2-9x+18-2x=x^2-11x+18$
$\qquad\qquad\qquad\qquad\quad=(x-2)(x-9)$ ······ 70%

따라서 두 일차식은 $x-2$, $x-9$이므로 두 일차식의 합은
$(x-2)+(x-9)=2x-11$ ······ 30%

답 $2x-11$

0554

단계1 $x^2+Ax-12=(x+m)(x+n)=x^2+(m+n)x+mn$
$\qquad$이므로 $A=m+n$, $-12=mn$
$\qquad$이때 곱하여 -12가 되는 두 정수 m, n을 순서쌍 (m, n)
$\qquad$으로 나타내면

$(-1, 12)$, $(-2, 6)$, $(-3, 4)$, $(-4, 3)$, $(-6, 2)$,
$(-12, 1)$, $(1, -12)$, $(2, -6)$, $(3, -4)$, $(4, -3)$,
$(6, -2)$, $(12, -1)$

단계2 $a=-1+12=11$, $b=1+(-12)=-11$

단계3 $a-b=11-(-11)=22$

답 22

0555

$x^2+Ax+20=(x+m)(x+n)=x^2+(m+n)x+mn$

이므로 $A=m+n$, $20=mn$

이때 곱하여 20이 되는 두 정수 m, n을 순서쌍 (m, n)으로 나타내면

$(-1, -20)$, $(-2, -10)$, $(-4, -5)$, $(-5, -4)$,
$(-10, -2)$, $(-20, -1)$, $(1, 20)$, $(2, 10)$, $(4, 5)$, $(5, 4)$,
$(10, 2)$, $(20, 1)$ ······ 60%

따라서 $a=1+20=21$, $b=-1+(-20)=-21$ ······ 30%

$\therefore a-b=21-(-21)=42$ ······ 10%

답 42

0556

단계1 $(x-3)(4x+b)=4x^2+(b-12)x-3b$

단계2 $4x^2+(2a+7)x-15=4x^2+(b-12)x-3b$이므로
$\qquad 2a+7=b-12$, $-15=-3b$
$\qquad\therefore a=-7$, $b=5$

단계3 $a+b=-7+5=-2$

답 -2

0557

$(x+6)(3x+b)=3x^2+(b+18)x+6b$에서 ······ 20%

$3x^2+(3a+1)x-12=3x^2+(b+18)x+6b$이므로

$3a+1=b+18$, $-12=6b$

$\therefore a=5$, $b=-2$ ······ 70%

$\therefore a+b=5+(-2)=3$ ······ 10%

답 3

0558

단계1 $2n^2-5n-12=(2n+3)(n-4)$

단계2 $2n^2-5n-12$가 소수가 되려면 $2n+3=1$ 또는 $n-4=1$

단계3 n은 자연수이므로 $n=5$
$\qquad$따라서 그때의 소수는 $(2\times 5+3)\times(5-4)=13$

답 $n=5$, 13

0559

$n^2+12n-45=(n+15)(n-3)$ ······ 30%

$n^2+12n-45$가 소수가 되려면

$n+15=1$ 또는 $n-3=1$ ······ 40%

n은 자연수이므로 $n=4$

따라서 그때의 소수는 $(4+15)\times(4-3)=19$ ······ 30%

답 $n=4$, 19

Ⅱ-2. 다항식의 인수분해

II. 다항식의 곱셈과 인수분해

3 인수분해 공식의 활용

본문 | 91쪽

0560

(1) (주어진 식)$=y(x^2+6x+9)=y(x+3)^2$

(2) (주어진 식)$=a(x^2-16y^2)=a(x+4y)(x-4y)$

(3) (주어진 식)$=2b(x^2-3x-4)=2b(x+1)(x-4)$

(4) (주어진 식)$=x^2(x^2-25)=x^2(x+5)(x-5)$

답 (1) $y(x+3)^2$ (2) $a(x+4y)(x-4y)$
(3) $2b(x+1)(x-4)$ (4) $x^2(x+5)(x-5)$

0561

(1) $x+y=A$로 치환하면

(주어진 식)$=A^2+4A+4=(A+2)^2=(x+y+2)^2$

(2) $x-3y=A$로 치환하면

(주어진 식)$=A^2+A-6=(A-2)(A+3)$
$=(x-3y-2)(x-3y+3)$

(3) $3x+2=A$로 치환하면

(주어진 식)$=A^2-9=(A+3)(A-3)=(3x+5)(3x-1)$

(4) $2x+3=A$로 치환하면

(주어진 식)$=A(A+2)-3=A^2+2A-3=(A-1)(A+3)$
$=(2x+2)(2x+6)=4(x+1)(x+3)$

답 (1) $(x+y+2)^2$ (2) $(x-3y-2)(x-3y+3)$
(3) $(3x+5)(3x-1)$ (4) $4(x+1)(x+3)$

0562

답 (1) $b-1$ (2) $x+1$

0563

(1) (주어진 식)$=x(3y+1)+(3y+1)=(x+1)(3y+1)$

(2) (주어진 식)$=y(x^2-1)+(x^2-1)$
$=(x^2-1)(y+1)$
$=(x+1)(x-1)(y+1)$

답 (1) $(x+1)(3y+1)$ (2) $(x+1)(x-1)(y+1)$

0564

답 (1) $x+7$ (2) $2a-1$

0565

(1) (주어진 식)$=(a-4)^2-b^2$
$=(a-4+b)(a-4-b)$
$=(a+b-4)(a-b-4)$

(2) (주어진 식)$=x^2-(y-2)^2=(x+y-2)(x-y+2)$

답 (1) $(a+b-4)(a-b-4)$ (2) $(x+y-2)(x-y+2)$

0566

(1) (주어진 식)$=15\times(97-95)=15\times2=30$

(2) (주어진 식)$=28^2+2\times28\times2+2^2=(28+2)^2=30^2=900$

(3) (주어진 식)$=(66+34)(66-34)=100\times32=3200$

답 (1) 30 (2) 900 (3) 3200

0567

(1) $x^2+4x+4=(x+2)^2=(18+2)^2=20^2=400$

(2) $x^2-10x+25=(x-5)^2=(35-5)^2=30^2=900$

(3) $x^2-y^2=(x+y)(x-y)=2\sqrt{3}\times2=4\sqrt{3}$

(4) $x^2+2x-3=(x-1)(x+3)=(\sqrt{5}-2)(\sqrt{5}+2)=5-4=1$

답 (1) 400 (2) 900 (3) $4\sqrt{3}$ (4) 1

유형 콕콕   본문 | 92~97쪽

0568 ⑤	**0569** $(a+b)(3a+b)(3a-b)$		**0570** ②, ③
0571 -8	**0572** ④	**0573** ①	**0574** ②
0575 $2x+1$	**0576** ⑤	**0577** ④	**0578** ⑤
0579 9	**0580** ②	**0581** ④	
0582 $(6x+2y+3)(6x-2y+7)$			
0583 ⓛ, $-(5x-2)(6x+13)$			**0584** -26
0585 ②	**0586** ③	**0587** $(x+2)(x-2)(x^2-6)$	
0588 -6	**0589** ③, ⑤	**0590** ①	**0591** ④
0592 ⑤	**0593** ①	**0594** ②, ④	**0595** $2x$
0596 ④	**0597** ①	**0598** ①, ⑤	**0599** 0
0600 $x-y+3$		**0601** ③	**0602** ④
0603 1	**0604** 1600	**0605** ①	**0606** ⑤
0607 ③	**0608** ②	**0609** 7	**0610** ④
0611 ①	**0612** ⑤	**0613** -7	
0614 $-2\sqrt{3}-3$		**0615** ①	**0616** ③
0617 ①			

0568

(주어진 식)$=2ab(a^2-a-6)=2ab(a+2)(a-3)$ 답 ⑤

0569

(주어진 식)$=(a+b)(9a^2-b^2)=(a+b)(3a+b)(3a-b)$

답 $(a+b)(3a+b)(3a-b)$

0570
(주어진 식)$=(x-1)(y^2-4xy+4x^2)=(x-1)(y-2x)^2$

답 ②, ③

0571
(주어진 식)$=(x-4)(y^2-3y+2)$
$\qquad\qquad=(x-4)(y-1)(y-2)$
따라서 $a=-4$, $b=-1$, $c=-2$ 또는 $a=-4$, $b=-2$, $c=-1$
이므로 $abc=-8$

답 -8

0572
$2x^3-8xy^2=2x(x^2-4y^2)=2x(x+2y)(x-2y)$
③ $x^2+2xy=x(x+2y)$
⑤ $2x-4y=2(x-2y)$

답 ④

0573
$x-3=A$로 치환하면
(좌변)$=A^2-5A+6$
$\qquad=(A-2)(A-3)$
$\qquad=(x-3-2)(x-3-3)$
$\qquad=(x-5)(x-6)$
따라서 $m=-5$, $n=-6$ 또는 $m=-6$, $n=-5$이므로
$m+n=-11$

답 ①

0574
$3x+2=A$로 치환하면
(좌변)$=A^2-6A+9=(A-3)^2=(3x+2-3)^2=(3x-1)^2$
∴ $a=-1$

답 ②

0575
$x+4=A$로 치환하면
(주어진 식)$=A^2-7A+10$
$\qquad\qquad=(A-2)(A-5)$
$\qquad\qquad=(x+4-2)(x+4-5)$
$\qquad\qquad=(x+2)(x-1)$ ······60%
따라서 두 일차식의 합은
$(x+2)+(x-1)=2x+1$ ······40%

답 $2x+1$

0576
$x+2=A$로 치환하면
(주어진 식)$=2A^2-3A-9$
$\qquad\qquad=(A-3)(2A+3)$
$\qquad\qquad=(x+2-3)\{2(x+2)+3\}$
$\qquad\qquad=(x-1)(2x+7)$

답 ⑤

0577
$x-y=A$로 치환하면
(주어진 식)$=A(A-2)-24$
$\qquad\qquad=A^2-2A-24$
$\qquad\qquad=(A+4)(A-6)$
$\qquad\qquad=(x-y+4)(x-y-6)$

답 ④

0578
$3a+b=A$로 치환하면
(주어진 식)$=A^2+10(A+2)+5$
$\qquad\qquad=A^2+10A+25$
$\qquad\qquad=(A+5)^2$
$\qquad\qquad=(3a+b+5)^2$

답 ⑤

0579
$3x-7y=A$로 치환하면
(좌변)$=A(A+9)-36$
$\qquad=A^2+9A-36$
$\qquad=(A+12)(A-3)$
$\qquad=(3x-7y+12)(3x-7y-3)$ ······70%
따라서 $p=12$, $q=-3$ 또는 $p=-3$, $q=12$이므로
$p+q=9$ ······30%

답 9

0580
$a-2b=A$로 치환하면
(주어진 식)$=(A-4)(A+2)+5$
$\qquad\qquad=A^2-2A-3$
$\qquad\qquad=(A+1)(A-3)$
$\qquad\qquad=(a-2b+1)(a-2b-3)$
따라서 두 일차식의 합은
$(a-2b+1)+(a-2b-3)=2a-4b-2$

답 ②

0581
$2a+b=A$, $a-2b=B$로 치환하면
(주어진 식)$=A^2-B^2$
$\qquad\qquad=(A+B)(A-B)$
$\qquad\qquad=(2a+b+a-2b)\{2a+b-(a-2b)\}$
$\qquad\qquad=(3a-b)(a+3b)$

답 ④

0582
$6x+5=A$, $y-1=B$로 치환하면
(주어진 식)$=A^2-4B^2$
$\qquad\qquad=A^2-(2B)^2$
$\qquad\qquad=(A+2B)(A-2B)$
$\qquad\qquad=\{6x+5+2(y-1)\}\{6x+5-2(y-1)\}$
$\qquad\qquad=(6x+2y+3)(6x-2y+7)$

답 $(6x+2y+3)(6x-2y+7)$

Ⅱ-3. 인수분해 공식의 활용

0583

$3x-4=A$, $x+1=B$로 치환하면

$(3x-4)^2-7(3x-4)(x+1)-18(x+1)^2$

$=A^2-7AB-18B^2$

$=(A+2B)(A-9B)$

$=\{3x-4+2(x+1)\}\{3x-4-9(x+1)\}$

$=(5x-2)(-6x-13)=-(5x-2)(6x+13)$

답 ㉡, $-(5x-2)(6x+13)$

0584

$x+3=A$, $x-4=B$로 치환하면

$2(x+3)^2+5(x+3)(x-4)-3(x-4)^2$

$=2A^2+5AB-3B^2$

$=(2A-B)(A+3B)$

$=\{2(x+3)-(x-4)\}\{x+3+3(x-4)\}=(x+10)(4x-9)$

따라서 $a=10$, $b=4$, $c=-9$이므로

$a+bc=10+4\times(-9)=10+(-36)=-26$ 답 -26

0585

(주어진 식)$=\{(x-1)(x+4)\}\{(x+1)(x+2)\}-7$

$\qquad = (x^2+3x-4)(x^2+3x+2)-7$

$x^2+3x=A$로 치환하면

$(x^2+3x-4)(x^2+3x+2)-7=(A-4)(A+2)-7$

$\qquad\qquad =A^2-2A-15$

$\qquad\qquad =(A+3)(A-5)$

$\qquad\qquad =(x^2+3x+3)(x^2+3x-5)$

답 ②

0586

(주어진 식)$=\{x(x+2)\}\{(x-1)(x+3)\}-10$

$\qquad =(x^2+2x)(x^2+2x-3)-10$

$x^2+2x=A$로 치환하면

$(x^2+2x)(x^2+2x-3)-10=A(A-3)-10$

$\qquad\qquad =A^2-3A-10$

$\qquad\qquad =(A+2)(A-5)$

$\qquad\qquad =(x^2+2x+2)(x^2+2x-5)$

답 ③

0587

(주어진 식)$=\{(x-1)(x+1)\}\{(x-3)(x+3)\}+15$

$\qquad =(x^2-1)(x^2-9)+15$

$x^2=A$로 치환하면

$(x^2-1)(x^2-9)+15=(A-1)(A-9)+15$

$\qquad\qquad =A^2-10A+24$

$\qquad\qquad =(A-4)(A-6)$

$\qquad\qquad =(x^2-4)(x^2-6)$

$\qquad\qquad =(x+2)(x-2)(x^2-6)$

답 $(x+2)(x-2)(x^2-6)$

0588

(좌변)$=\{x(x-2)\}\{(x-4)(x+2)\}+16$

$\qquad =(x^2-2x)(x^2-2x-8)+16$ ······ 40%

$x^2-2x=A$로 치환하면

$(x^2-2x)(x^2-2x-8)+16=A(A-8)+16$

$\qquad\qquad =A^2-8A+16=(A-4)^2$

$\qquad\qquad =(x^2-2x-4)^2$ ······ 40%

따라서 $a=-2$, $b=-4$이므로

$a+b=-2+(-4)=-6$ ······ 20%

답 -6

0589

(주어진 식)$=(x+y)(x-y)+2(x+y)$

$\qquad =(x+y)(x-y+2)$ 답 ③, ⑤

0590

(주어진 식)$=x(y-2)-2(y-2)=(x-2)(y-2)$ 답 ①

0591

(주어진 식)$=x^2(x-1)-(x-1)$

$\qquad =(x-1)(x^2-1)$

$\qquad =(x-1)(x+1)(x-1)$

$\qquad =(x-1)^2(x+1)$ 답 ④

0592

(주어진 식)$=x^2(x+2)-25(x+2)$

$\qquad =(x+2)(x^2-25)$

$\qquad =(x+2)(x+5)(x-5)$

따라서 세 일차식의 합은 $(x+2)+(x+5)+(x-5)=3x+2$

답 ⑤

0593

(주어진 식)$=(x-3)^2-y^2$

$\qquad =(x-3+y)(x-3-y)$

$\qquad =(x+y-3)(x-y-3)$ 답 ③

0594

(주어진 식)$=a^2+10a+25-b^2$

$\qquad =(a+5)^2-b^2$

$\qquad =(a+5+b)(a+5-b)$

$\qquad =(a+b+5)(a-b+5)$ 답 ②, ④

0595

(주어진 식)$=x^2-(y^2-12y+36)$

$\qquad =x^2-(y-6)^2$

$\qquad =(x+y-6)(x-y+6)$

따라서 두 일차식의 합은 $(x+y-6)+(x-y+6)=2x$ 답 $2x$

0596

(좌변)$=(x+2y)^2-5^2=(x+2y+5)(x+2y-5)$

따라서 $a=2$, $b=2$, $c=-5$이므로

$a+b-c=2+2-(-5)=9$　　　　　답 ④

0597

(주어진 식)$=xy-y+x^2-3x+2$

$\qquad=(x-1)y+x^2-3x+2$

$\qquad=(x-1)y+(x-1)(x-2)$

$\qquad=(x-1)(x+y-2)$　　　　답 ①

0598

(주어진 식)$=xy-2y+x^2-x-2$

$\qquad=(x-2)y+x^2-x-2$

$\qquad=(x-2)y+(x-2)(x+1)$

$\qquad=(x-2)(x+y+1)$　　　답 ①, ⑤

0599

(좌변)$=-6xy-3y+2x^2+5x+2$

$\qquad=-3y(2x+1)+(2x+1)(x+2)$

$\qquad=(2x+1)(x-3y+2)$　　　⋯⋯70%

따라서 $a=1$, $b=-3$, $c=2$이므로

$a+b+c=1+(-3)+2=0$　　　⋯⋯30%

답 0

0600

(좌변)$=x^2+x-(y^2-5y+6)$

$\qquad=x^2+x-(y-2)(y-3)$

$\qquad=\{x-(y-3)\}\{x+(y-2)\}$

$\qquad=(x-y+3)(x+y-2)$

$\therefore A=x-y+3$　　　　답 $x-y+3$

0601

(주어진 식)$=1.2(7.5^2-2.5^2)$

$\qquad=1.2(7.5+2.5)(7.5-2.5)$

$\qquad=1.2\times10\times5=60$　　　답 ③

0602

(주어진 식)$=4\times(29^2+2\times29+1)$

$\qquad=4\times(29+1)^2$

$\qquad=4\times30^2=3600$　　　답 ⑤

0603

(주어진 식)$=\dfrac{2001(2002+1)}{(2002+1)(2002-1)}$

$\qquad=\dfrac{2001}{2002-1}=1$　　　답 1

0604

(주어진 식)$=42.5^2-2\times42.5\times2.5+2.5^2$

$\qquad=(42.5-2.5)^2$

$\qquad=40^2=1600$　　　답 1600

0605

(주어진 식)

$=(1^2-3^2)+(5^2-7^2)+(9^2-11^2)$

$=(1+3)(1-3)+(5+7)(5-7)+(9+11)(9-11)$

$=-8+(-24)+(-40)$

$=-72$　　　답 ①

0606

$x=\dfrac{\sqrt{2}+1}{(\sqrt{2}-1)(\sqrt{2}+1)}=\sqrt{2}+1$, $y=\dfrac{\sqrt{2}-1}{(\sqrt{2}+1)(\sqrt{2}-1)}=\sqrt{2}-1$

이므로 $x+y=2\sqrt{2}$, $x-y=2$, $xy=1$

$\therefore$ (주어진 식)$=xy(x^2-y^2)$

$\qquad=xy(x+y)(x-y)$

$\qquad=1\times2\sqrt{2}\times2=4\sqrt{2}$　　　답 ⑤

0607

(주어진 식)$=2(x^2-2xy-3y^2)$

$\qquad=2(x+y)(x-3y)$

$\qquad=2(4.75+0.25)(4.75-3\times0.25)$

$\qquad=2\times5\times4=40$　　　답 ③

0608

(주어진 식)$=\dfrac{x(x^2+3x)+4}{3x+2}$

$\qquad=\dfrac{6x+4}{3x+2}$

$\qquad=\dfrac{2(3x+2)}{3x+2}=2$　　　답 ②

0609

$x+5=A$로 치환하면

$(x+5)^2-2(x+5)+1=A^2-2A+1$

$\qquad=(A-1)^2$

$\qquad=(x+4)^2$　　　⋯⋯70%

$\qquad=(\sqrt{7}-4+4)^2$

$\qquad=(\sqrt{7})^2=7$　　　⋯⋯30%

답 7

0610

(주어진 식)$=(x+y)(x-y)+3(x-y)$

$\qquad=(x-y)(x+y+3)$

$\qquad=\sqrt{3}\times(-2+3)=\sqrt{3}$　　　답 ④

0611

$(주어진 식)=a(c-b)+b(c-b)$
$=-(a+b)(b-c)$
$=-1\times3\times2=-6$　　답 ①

0612

$(주어진 식)=x^2-(y^2-8y+16)$
$=x^2-(y-4)^2$
$=(x+y-4)(x-y+4)$
$=(2\sqrt{2}-1)(2\sqrt{2}+1)$
$=8-1=7$　　답 ⑤

0613

$a(a+2)-b(b-2)=a^2+2a-b^2+2b$
$=a^2-b^2+2a+2b$
$=(a+b)(a-b)+2(a+b)$
$=(a+b)(a-b+2)$

이때 $a+b=-3$이므로 $-3(a-b+2)=15$
$a-b+2=-5$　　∴ $a-b=-7$　　답 -7

0614

$x+2y=\dfrac{2+\sqrt{3}}{(2-\sqrt{3})(2+\sqrt{3})}=2+\sqrt{3}$,

$x-2y=\dfrac{2-\sqrt{3}}{(2+\sqrt{3})(2-\sqrt{3})}=2-\sqrt{3}$이므로　　……30%

$x^2-2x-4y^2-4y=x^2-4y^2-2x-4y$
$=(x+2y)(x-2y)-2(x+2y)$
$=(x+2y)(x-2y-2)$　　……50%
$=(2+\sqrt{3})(2-\sqrt{3}-2)$
$=-2\sqrt{3}-3$　　……20%

답 $-2\sqrt{3}-3$

0615

도형 A의 넓이는
$(3x+5)^2-(x+1)^2=(3x+5+x+1)(3x+5-x-1)$
$=(4x+6)(2x+4)$
따라서 도형 B의 세로의 길이는 $2x+4$이다.

답 ①

0616

직육면체의 부피는
$x^3-x^2-xy^2+y^2=x^2(x-1)-y^2(x-1)$
$=(x-1)(x^2-y^2)$
$=(x-1)(x+y)(x-y)$
따라서 직육면체의 높이는 $x+y$이다.　　답 ③

0617

큰 반원의 반지름의 길이는 $x+y$이고, 작은 반원의 반지름의 길이는 y이므로 색칠한 부분의 넓이는

$\dfrac{1}{2}\pi(x+y)^2-\dfrac{1}{2}\pi y^2=\dfrac{1}{2}\pi\{(x+y)^2-y^2\}$
$=\dfrac{1}{2}\pi(x+y+y)(x+y-y)$
$=\dfrac{1}{2}\pi x(x+2y)$　　답 ①

실력 콕콕　　　　본문 | 98~99쪽

0618 ④	**0619** ②, ④	**0620** ②	**0621** 4개
0622 ⑤	**0623** -8		
0624 $(x-1)(x-2)(x+1)(x-4)$			**0625** 24
0626 ④	**0627** ㄱ, ㄷ, ㅁ		
0628 $x+y+1$		**0629** ②	
0630 $\dfrac{7}{10}$	**0631** ⑤	**0632** ①	**0633** 150π m²

0618

$(주어진 식)=(a^2-1)^2-3(a^2-1)$
$=(a^2-1)(a^2-1-3)$
$=(a^2-1)(a^2-4)$
$=(a+1)(a-1)(a+2)(a-2)$　　답 ④

0619

$(주어진 식)=(3x-1)y^2+4(3x-1)y-12(3x-1)$
$=(3x-1)(y^2+4y-12)$
$=(3x-1)(y+6)(y-2)$　　답 ②, ④

0620

$A=(a-b)(a-b+1)$
$B=(a-3)(a^2-b^2)=(a-3)(a+b)(a-b)$
따라서 두 다항식의 공통인수는 $a-b$이다.　　답 ②

0621

$x(y+2)+3(y+2)=7$이므로 $(x+3)(y+2)=7$
이때 x, y가 정수이므로

$x+3$	1	7	-1	-7
$y+2$	7	1	-7	-1

→

x	-2	4	-4	-10
y	5	-1	-9	-3

따라서 x, y의 순서쌍 (x, y)는 $(-2, 5)$, $(4, -1)$, $(-4, -9)$, $(-10, -3)$의 4개이다.　　답 4개

0622

$x+2y=A$로 치환하면

$3(x+2y)^2-x-2y-2$
$=3(x+2y)^2-(x+2y)-2$
$=3A^2-A-2$
$=(3A+2)(A-1)$
$=(3x+6y+2)(x+2y-1)$

따라서 $a=6$, $b=2$, $c=2$, $d=-1$이므로

$a+b+c+d=6+2+2+(-1)=9$ 답 ⑤

0623

$2x-y=A$로 치환하면

$(좌변)=(A-3)(A+5)+7$
$=A^2+2A-8$
$=(A-2)(A+4)$
$=(2x-y-2)(2x-y+4)$

따라서 $m=-2$, $n=4$ 또는 $m=4$, $n=-2$이므로 $mn=-8$

답 -8

0624

$x^2-3x=A$로 치환하면

$(주어진 식)=(A+1)(A-3)-5$
$=A^2-2A-8$
$=(A+2)(A-4)$
$=(x^2-3x+2)(x^2-3x-4)$
$=(x-1)(x-2)(x+1)(x-4)$

답 $(x-1)(x-2)(x+1)(x-4)$

0625

$x+2y=A$, $x-2y=B$로 치환하면

$(주어진 식)=2A^2+5AB-3B^2$
$=(A+3B)(2A-B)$
$=\{x+2y+3(x-2y)\}\{2(x+2y)-(x-2y)\}$
$=(4x-4y)(x+6y)$
$=4(x-y)(x+6y)$

따라서 $a=4$, $b=1$, $c=6$이므로 $abc=4\times1\times6=24$ 답 24

0626

$(주어진 식)=\{x(x-6)\}\{(x-2)(x-4)\}+k$
$=(x^2-6x)(x^2-6x+8)+k$

$x^2-6x=A$로 치환하면

$(x^2-6x)(x^2-6x+8)+k=A(A+8)+k$
$=A^2+8A+k$

$\therefore k=\left(\dfrac{8}{2}\right)^2=16$ 답 ④

0627

$(주어진 식)=\{(x-5)(x+3)\}\{(x-3)(x+1)\}+35$
$=(x^2-2x-15)(x^2-2x-3)+35$

$x^2-2x=A$로 치환하면

$(A-15)(A-3)+35=A^2-18A+80$
$=(A-8)(A-10)$
$=(x^2-2x-8)(x^2-2x-10)$
$=(x+2)(x-4)(x^2-2x-10)$

답 ㄱ, ㄷ, ㅁ

0628

$(주어진 식)=x^2+6x-y^2+4y+5$
$=x^2+6x-(y^2-4y-5)$
$=x^2+6x-(y-5)(y+1)$
$=\{x-(y-5)\}\{x+(y+1)\}$
$=(x-y+5)(x+y+1)$

따라서 구하는 인수는 $x+y+1$이다. 답 $x+y+1$

0629

$(주어진 식)=xz-yz+x^2-4xy+3y^2$
$=(x-y)z+x^2-4xy+3y^2$
$=(x-y)z+(x-y)(x-3y)$
$=(x-y)(x-3y+z)$

따라서 두 일차식의 합은

$(x-y)+(x-3y+z)=2x-4y+z$ 답 ②

0630

$(주어진 식)$
$=\left(1-\dfrac{1}{3}\right)\left(1+\dfrac{1}{3}\right)\left(1-\dfrac{1}{4}\right)\left(1+\dfrac{1}{4}\right)\left(1-\dfrac{1}{5}\right)\left(1+\dfrac{1}{5}\right)$
$\cdots\left(1-\dfrac{1}{19}\right)\left(1+\dfrac{1}{19}\right)\left(1-\dfrac{1}{20}\right)\left(1+\dfrac{1}{20}\right)$

$=\dfrac{2}{3}\times\dfrac{4}{3}\times\dfrac{3}{4}\times\dfrac{5}{4}\times\dfrac{4}{5}\times\dfrac{6}{5}\times\cdots\times\dfrac{18}{19}\times\dfrac{20}{19}\times\dfrac{19}{20}\times\dfrac{21}{20}$

$=\dfrac{2}{3}\times\dfrac{21}{20}=\dfrac{7}{10}$ 답 $\dfrac{7}{10}$

0631

$1<\sqrt{2}<2$이므로 $3<2+\sqrt{2}<4$

$\therefore a=3$, $b=2+\sqrt{2}-3=\sqrt{2}-1$

$\therefore (주어진 식)=a^2-(b^2+6b+9)$
$=a^2-(b+3)^2$
$=(a+b+3)(a-b-3)$
$=(3+\sqrt{2}-1+3)(3-\sqrt{2}+1-3)$
$=(5+\sqrt{2})(1-\sqrt{2})$
$=5-4\sqrt{2}-2=3-4\sqrt{2}$ 답 ⑤

0632

$a-2b=A$, $2a-b=B$로 치환하면

(주어진 식)$=A^2-B^2=(A+B)(A-B)$

$=(a-2b+2a-b)(a-2b-2a+b)$

$=(3a-3b)(-a-b)=-3(a-b)(a+b)$

이때 $(a-b)^2=(a+b)^2-4ab=4^2-4\times1=12$이므로

$a-b=2\sqrt{3}$ $(\because a>b)$

$\therefore$ (주어진 식)$=(-3)\times2\sqrt{3}\times4=-24\sqrt{3}$

답 ①

0633

(산책로의 넓이)$=$(땅의 넓이)$-$(연못의 넓이)

$=17.5^2\pi-(17.5-5)^2\pi$

$=\pi\{17.5^2-(17.5-5)^2\}$

$=\pi(17.5^2-12.5^2)$

$=\pi(17.5+12.5)(17.5-12.5)$

$=\pi\times30\times5=150\pi(\text{m}^2)$

답 150π m²

서술형 콕콕   본문 | 100~101쪽

0634 3	**0635** 12	**0636** $2x+2y-2$
0637 $2x-4y-5$	**0638** 64	**0639** 54
0640 4585	**0641** 18	**0642** 200
0643 $22\sqrt{13}+77$		

0634

단계1 $x-3y=A$로 치환하면

$2(x-3y)^2+12(x-3y)+18=2A^2+12A+18$

$=2(A^2+6A+9)$

$=2(A+3)^2$

$=2(x-3y+3)^2$

단계2 $a=2$, $b=1$, $c=-3$, $d=3$이므로

$a+b+c+d=2+1+(-3)+3=3$

답 3

0635

$2x+5y=A$로 치환하면

$3(2x+5y)^2+12(2x+5y)+12$

$=3A^2+12A+12$

$=3(A^2+4A+4)$

$=3(A+2)^2$

$=3(2x+5y+2)^2$ 80%

따라서 $a=3$, $b=2$, $c=5$, $d=2$이므로

$a+b+c+d=3+2+5+2=12$ 20%

답 12

0636

단계1 $x^2+y^2+2xy-2x-2y-3$

$=x^2+(2y-2)x+y^2-2y-3$

$=x^2+(2y-2)x+(y+1)(y-3)$

$=(x+y+1)(x+y-3)$

단계2 두 일차식의 합은 $(x+y+1)+(x+y-3)=2x+2y-2$

답 $2x+2y-2$

0637

$x^2-4xy+3y^2-5x-y-24$

$=x^2-(4y+5)x+3y^2-y-24$

$=x^2-(4y+5)x+(y-3)(3y+8)$

$=\{x-(y-3)\}\{x-(3y+8)\}$

$=(x-y+3)(x-3y-8)$ 70%

따라서 두 일차식의 합은

$(x-y+3)+(x-3y-8)=2x-4y-5$ 30%

답 $2x-4y-5$

0638

단계1 $2^{40}-1=(2^{20}+1)(2^{20}-1)$

$=(2^{20}+1)(2^{10}+1)(2^{10}-1)$

$=(2^{20}+1)(2^{10}+1)(2^5+1)(2^5-1)$

단계2 $2^{40}-1$은 2^5+1과 2^5-1, 즉 33과 31로 나누어떨어지므로 구하는 합은 $33+31=64$

답 64

0639

$3^{24}-1=(3^{12}+1)(3^{12}-1)$

$=(3^{12}+1)(3^6+1)(3^6-1)$

$=(3^{12}+1)(3^6+1)(3^3+1)(3^3-1)$ 50%

따라서 $3^{24}-1$은 3^3+1과 3^3-1, 즉 28과 26으로 나누어떨어지므로 구하는 합은 $28+26=54$ 50%

답 54

0640

단계1 $A=25.5^2\times1.7-24.5^2\times1.7$

$=1.7(25.5^2-24.5^2)$

$=1.7(25.5+24.5)(25.5-24.5)$

$=1.7\times50\times1=85$

단계2 $B=5\times31^2-5\times62+5$

$=5\times(31^2-2\times31+1)$

$=5\times(31-1)^2$

$=5\times30^2=4500$

단계3 $A+B=85+4500=4585$

답 4585

0641

$A = \sqrt{34^2 - 30^2} = \sqrt{(34+30)(34-30)}$

$\quad = \sqrt{64 \times 4} = \sqrt{256} = 16$ 40%

$B = \dfrac{4 \times 2019^2}{2 \times 2016^2 + 12 \times 2016 + 18}$

$\quad = \dfrac{4 \times 2019^2}{2(2016^2 + 2 \times 2016 \times 3 + 3^2)}$

$\quad = \dfrac{4 \times 2019^2}{2 \times (2016+3)^2} = 2$ 40%

$\therefore A+B = 16+2 = 18$ 20%

답 18

0642

단계 1 □ABCD의 넓이가 5이므로

$\overline{AP} = \overline{AB} = \sqrt{5}$, $\overline{AQ} = \overline{AD} = \sqrt{5}$

$\therefore a = 5+\sqrt{5}$, $b = 5-\sqrt{5}$

단계 2 $a+b = (5+\sqrt{5}) + (5-\sqrt{5}) = 10$

$a-b = (5+\sqrt{5}) - (5-\sqrt{5}) = 2\sqrt{5}$

단계 3 $a^3 - a^2 b - ab^2 + b^3 = a^2(a-b) - b^2(a-b)$

$\qquad\qquad\qquad\qquad = (a^2 - b^2)(a-b)$

$\qquad\qquad\qquad\qquad = (a+b)(a-b)(a-b)$

$\qquad\qquad\qquad\qquad = (a+b)(a-b)^2$

단계 4 $(a+b)(a-b)^2$에 $a+b = 10$, $a-b = 2\sqrt{5}$를 대입하면

$10 \times (2\sqrt{5})^2 = 10 \times 20 = 200$

답 200

0643

□ABCD의 넓이가 13이므로

$\overline{AP} = \overline{AB} = \sqrt{13}$, $\overline{AQ} = \overline{AD} = \sqrt{13}$

$\therefore a = 2+\sqrt{13}$, $b = 2-\sqrt{13}$ 20%

$a+b = (2+\sqrt{13}) + (2-\sqrt{13}) = 4$

$a-b = (2+\sqrt{13}) - (2-\sqrt{13}) = 2\sqrt{13}$ 10%

$\therefore a^2 - b^2 + 14a + 49 = a^2 + 14a + 49 - b^2$

$\qquad\qquad\qquad\qquad = (a+7)^2 - b^2$

$\qquad\qquad\qquad\qquad = (a+7+b)(a+7-b)$ 50%

$\qquad\qquad\qquad\qquad = 11(2\sqrt{13}+7)$

$\qquad\qquad\qquad\qquad = 22\sqrt{13}+77$ 20%

답 $22\sqrt{13}+77$

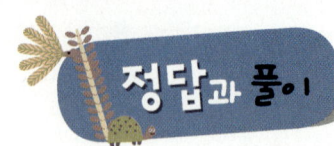

Ⅲ. 이차방정식

1 이차방정식의 풀이

개념 콕콕

본문 | 105쪽

0644

(2) $x^2-2x-3=0$

(3) $-x-2=0$

(4) $2x^2+5x=0$

답 (1) × (2) ○ (3) × (4) ○

0645

(1) $5\times(5-5)=0$

(2) $(-2)^2-6\times(-2)+8=24\neq0$

(3) $3\times(3+4)=2\times3+15$

답 (1) ○ (2) × (3) ○

0646

(1) $x=0$ 또는 $x-1=0$ ∴ $x=0$ 또는 $x=1$

(2) $x+5=0$ 또는 $x+2=0$ ∴ $x=-5$ 또는 $x=-2$

(3) $3x+4=0$ 또는 $3x-1=0$ ∴ $x=-\dfrac{4}{3}$ 또는 $x=\dfrac{1}{3}$

답 (1) $x=0$ 또는 $x=1$

(2) $x=-5$ 또는 $x=-2$

(3) $x=-\dfrac{4}{3}$ 또는 $x=\dfrac{1}{3}$

0647

(1) $x(x+7)=0$ ∴ $x=0$ 또는 $x=-7$

(2) $(x+8)(x-8)=0$ ∴ $x=-8$ 또는 $x=8$

(3) $(x-2)(x-3)=0$ ∴ $x=2$ 또는 $x=3$

(4) $(3x+1)(x-3)=0$ ∴ $x=-\dfrac{1}{3}$ 또는 $x=3$

답 (1) $x=0$ 또는 $x=-7$

(2) $x=-8$ 또는 $x=8$

(3) $x=2$ 또는 $x=3$

(4) $x=-\dfrac{1}{3}$ 또는 $x=3$

0648

(1) $(x-5)^2=0$ ∴ $x=5$

(2) $9x^2-6x+1=0,\ (3x-1)^2=0$ ∴ $x=\dfrac{1}{3}$

(3) $4x^2+20x+25=0,\ (2x+5)^2=0$ ∴ $x=-\dfrac{5}{2}$

답 (1) $x=5$ (2) $x=\dfrac{1}{3}$ (3) $x=-\dfrac{5}{2}$

0649

(1) $2x^2=6,\ x^2=3$ ∴ $x=\pm\sqrt{3}$

(2) $x+1=\pm\sqrt{3}$ ∴ $x=-1\pm\sqrt{3}$

(3) $(x+2)^2=2,\ x+2=\pm\sqrt{2}$ ∴ $x=-2\pm\sqrt{2}$

답 (1) $x=\pm\sqrt{3}$ (2) $x=-1\pm\sqrt{3}$ (3) $x=-2\pm\sqrt{2}$

0650

(1) $x^2+2x=4,\ x^2+2x+1=5$ ∴ $(x+1)^2=5$

(2) $x^2+4x=3,\ x^2+4x+4=7$ ∴ $(x+2)^2=7$

(3) 양변을 2로 나누면

$x^2-2x-3=0,\ x^2-2x=3,\ x^2-2x+1=4$

∴ $(x-1)^2=4$

(4) 양변을 3으로 나누면

$x^2-6x-3=0,\ x^2-6x=3,\ x^2-6x+9=12$

∴ $(x-3)^2=12$

답 (1) $(x+1)^2=5$ (2) $(x+2)^2=7$ (3) $(x-1)^2=4$ (4) $(x-3)^2=12$

0651

(1) $x^2-4x=2,\ x^2-4x+4=6,\ (x-2)^2=6$ ∴ $x=2\pm\sqrt{6}$

(2) $x^2+6x=11,\ x^2+6x+9=20,\ (x+3)^2=20$

∴ $x=-3\pm2\sqrt{5}$

(3) 양변을 2로 나누면

$x^2-2x-2=0,\ x^2-2x=2,\ x^2-2x+1=3,\ (x-1)^2=3$

∴ $x=1\pm\sqrt{3}$

(4) 양변을 3으로 나누면

$x^2+4x+2=0,\ x^2+4x=-2,\ x^2+4x+4=2,\ (x+2)^2=2$

∴ $x=-2\pm\sqrt{2}$

답 (1) $x=2\pm\sqrt{6}$ (2) $x=-3\pm2\sqrt{5}$ (3) $x=1\pm\sqrt{3}$ (4) $x=-2\pm\sqrt{2}$

본문 | 106~113쪽

0652 ㄷ, ㅁ, ㅂ   **0653** ④   **0654** -5

0655 ④   **0656** ⑤   **0657** ④   **0658** ⑤

0659 $x=1$ **0660** ④   **0661** ④   **0662** -16

0663 ⑤   **0664** ①   **0665** ⑤   **0666** 11

0667 7   **0668** ③   **0669** -3 **0670** ⑤

0671 5   **0672** ④   **0673** ②   **0674** ⑤

0675 $x=1$ 또는 $x=5$ **0676** ②   **0677** $x=\dfrac{1}{3}$

0678 ①   **0679** ②   **0680** ④   **0681** 2

0682 ⑤   **0683** -1 **0684** ③, ⑤   **0685** 3개

0686 ①   **0687** 3   **0688** ⑤   **0689** ①, ⑤

0690 ⑤

0691 $a=-\dfrac{5}{2}$일 때 $x=5$, $a=1$일 때 $x=-2$

0692 ③   **0693** ⑤   **0694** $\dfrac{5}{2}$ **0695** $-\dfrac{7}{2}$

0696 ②   **0697** ②   **0698** -2 **0699** 16

0700 ④   **0701** ①   **0702** ②   **0703** 3

0704 $a\geq2$ **0705** ①   **0706** ②   **0707** ⑤

0708 ①   **0709** $\dfrac{13}{4}$ **0710** 36   **0711** ②

0712 -5 **0713** ⑤   **0714** ④   **0715** 6

0652

ㄱ. $-3x=0$ (일차방정식)

ㄴ. 이차식

ㄷ. $x^2-1=0$ (이차방정식)

ㄹ. 분모에 x^2이 있으므로 이차방정식이 아니다.

ㅁ. $\dfrac{2}{3}x^2-\dfrac{1}{3}=0$ (이차방정식)

ㅂ. $x^2-3x=0$ (이차방정식)   답 ㄷ, ㅁ, ㅂ

0653

① 이차식   ② $-2x-2=0$ (일차방정식)

③ $x+2=0$ (일차방정식)   ④ $2x^2-3x=0$ (이차방정식)

⑤ $x^3-x^2=0$이므로 이차방정식이 아니다.   답 ④

0654

$(x+2)(x-3)=-2$에서 $x^2-x-4=0$이므로

$a=-1$, $b=-4$

$\therefore a+b=-1+(-4)=-5$ 답 -5

0655

$(ax+1)(2x+1)=4x^2$에서 $(2a-4)x^2+(a+2)x+1=0$

이차방정식이 되려면 $2a-4\neq0$

$\therefore a\neq2$ 답 ④

0656

① $0^2=0$ ② $3\times(3-3)=0$

③ $2\times(-5)^2+10\times(-5)=0$ ④ $1^2+1-2=0$

⑤ $(-2)^2+3\times(-2)=-2\neq2$ 답 ⑤

0657

① $2^2=4$ ② $2\times(2-2)=0$

③ $(2-5)^2=9$ ④ $2^2-2+2=4\neq0$

⑤ $2^2-4\times2+4=0$ 답 ④

0658

① $(-1)^2+(-1)-12=-12\neq0$, $3^2+3-12=0$

② $(-1)^2+7\times(-1)+6=0$, $3^2+7\times3+6=36\neq0$

③ $(-1+5)^2=16\neq36$, $(3+5)^2=64\neq36$

④ $(-1)^2+2\times(-1)+1=0$, $3^2+2\times3+1=16\neq0$

⑤ $(-1)^2-2\times(-1)-3=0$, $3^2-2\times3-3=0$ 답 ⑤

0659

$10+2x\geq5x+1$에서 $-3x\geq-9$ $\therefore x\leq3$ ……30%

이때 x는 자연수이므로 $x=1$, 2, 3   ……20%

$x=1$일 때, $1^2-5\times1+4=0$

$x=2$일 때, $2^2-5\times2+4=-2\neq0$

$x=3$일 때, $3^2-5\times3+4=-2\neq0$

따라서 $x^2-5x+4=0$의 해는 $x=1$이다.   ……50%

답 $x=1$

0660

$x=-1$을 $x^2-2x+a=0$에 대입하면

$(-1)^2-2\times(-1)+a=0$, $3+a=0$ $\therefore a=-3$ 답 ④

0661

$x=-2$를 $x^2+(a-1)x-4a=0$에 대입하면

$(-2)^2+(a-1)\times(-2)-4a=0$, $4-2a+2-4a=0$

$-6a=-6$ $\therefore a=1$ 답 ④

0662

$x=-4$를 $x^2+ax+b=0$에 대입하면

$(-4)^2+a\times(-4)+b=0$ $\therefore -4a+b=-16$ ……㉠

$x=2$를 $x^2+ax+b=0$에 대입하면

$2^2+a\times2+b=0$ $\therefore 2a+b=-4$ ……㉡

㉠, ㉡을 연립하여 풀면 $a=2$, $b=-8$

$\therefore ab=2\times(-8)=-16$ 답 -16

0663

$x=3$을 $x^2+ax-15=0$에 대입하면

$3^2+a\times3-15=0$, $3a=6$ $\therefore a=2$

$x=4$를 $x^2-7x+b=0$에 대입하면

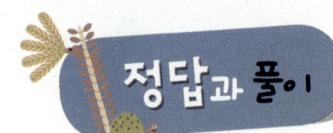

$4^2-7\times4+b=0$ $\therefore b=12$

$\therefore a+b=2+12=14$ 답 ⑤

0664

❍ $x=\alpha$를 $x^2+4x-2=0$에 대입하면 $\alpha^2+4\alpha-2=0$

양변을 α로 나누면

$\alpha+4-\dfrac{2}{\alpha}=0$ $\therefore \alpha-\dfrac{2}{\alpha}=-4$ 답 ①

0665

① $x=\alpha$를 $x^2-4x-1=0$에 대입하면 $\alpha^2-4\alpha-1=0$ ······ ㉠

② ㉠에서 $\alpha^2-4\alpha=1$ $\therefore 2\alpha^2-8\alpha=2(\alpha^2-4\alpha)=2\times1=2$

③ ㉠의 양변을 α로 나누면 $\alpha-4-\dfrac{1}{\alpha}=0$ $\therefore \alpha-\dfrac{1}{\alpha}=4$

④ $6-\alpha^2+4\alpha=6-(\alpha^2-4\alpha)=6-1=5$

⑤ $3\alpha^2-12\alpha+3=3(\alpha^2-4\alpha)+3=3\times1+3=6\neq0$ 답 ⑤

0666

$x=\alpha$를 $x^2+5x-6=0$에 대입하면

$\alpha^2+5\alpha-6=0$ $\therefore \alpha^2+5\alpha=6$

$x=\beta$를 $3x^2-x-2=0$에 대입하면

$3\beta^2-\beta-2=0$ $\therefore 3\beta^2-\beta=2$

$\therefore 2\alpha^2-3\beta^2+10\alpha+\beta+1=2(\alpha^2+5\alpha)-(3\beta^2-\beta)+1$

$=2\times6-2+1=11$ 답 11

0667

$x=\alpha$를 $x^2-3x+1=0$에 대입하면 $\alpha^2-3\alpha+1=0$ ······20%

양변을 α로 나누면 $\alpha-3+\dfrac{1}{\alpha}=0$ $\therefore \alpha+\dfrac{1}{\alpha}=3$ ······40%

$\therefore \alpha^2+\dfrac{1}{\alpha^2}=\left(\alpha+\dfrac{1}{\alpha}\right)^2-2=3^2-2=7$ ······40%

답 7

0668

① $x=2$ 또는 $x=3$ ② $x=2$ 또는 $x=-3$

③ $x=-2$ 또는 $x=3$ ④ $x=-2$ 또는 $x=-3$

⑤ $x=\dfrac{1}{2}$ 또는 $x=-\dfrac{1}{3}$ 답 ③

0669

$\left(\dfrac{1}{2}x-1\right)(x+5)=0$에서 $x=2$ 또는 $x=-5$

따라서 두 근의 합은 $2+(-5)=-3$ 답 -3

0670

①, ②, ③, ④ $x=\dfrac{1}{2}$ 또는 $x=-\dfrac{1}{3}$

⑤ $x=\dfrac{1}{2}$ 또는 $x=-\dfrac{2}{9}$ 답 ⑤

0671

$(x-2)(x+3)=0$의 해는 $x=2$ 또는 $x=-3$

$(2x-1)(x+3)=0$의 해는 $x=\dfrac{1}{2}$ 또는 $x=-3$

따라서 $\alpha=-3$, $\beta=2$이므로 $\alpha^2-\beta^2=(-3)^2-2^2=5$ 답 5

0672

$(3x+1)(x-2)=0$이므로 $x=-\dfrac{1}{3}$ 또는 $x=2$

$a>b$이므로 $a=2$, $b=-\dfrac{1}{3}$

$\therefore a-b=2-\left(-\dfrac{1}{3}\right)=\dfrac{7}{3}$ 답 ④

0673

$4x^2+3x-1=0$에서 $(x+1)(4x-1)=0$

$\therefore x=-1$ 또는 $x=\dfrac{1}{4}$ 답 ②

0674

$x=k$를 $x^2-6x-k+6=0$에 대입하면

$k^2-6k-k+6=0$, $k^2-7k+6=0$

$(k-1)(k-6)=0$ $\therefore k=1$ 또는 $k=6$

이때 $k>1$이므로 $k=6$ 답 ⑤

0675

$(x+2)(2x-1)=4x+4$에서 $(2x+3)(x-2)=0$

$\therefore x=-\dfrac{3}{2}$ 또는 $x=2$ ······40%

$\therefore a=-\dfrac{3}{2}$, $b=2$ ($\because a<b$)   ······10%

따라서 $x^2+4ax-2a+b=0$에서 $x^2-6x+5=0$ ······10%

$(x-1)(x-5)=0$ $\therefore x=1$ 또는 $x=5$ ······40%

답 $x=1$ 또는 $x=5$

0676

$x=-1$을 $2x^2-3x+a=0$에 대입하면

$2\times(-1)^2-3\times(-1)+a=0$ $\therefore a=-5$

$2x^2-3x-5=0$이므로 $(x+1)(2x-5)=0$

$\therefore x=-1$ 또는 $x=\dfrac{5}{2}$

따라서 다른 한 근은 $x=\dfrac{5}{2}$ 답 ②

0677

$x=-3$을 $(a-1)x^2+8x-3=0$에 대입하면

$(a-1)\times(-3)^2+8\times(-3)-3=0$, $9a=36$ $\therefore a=4$

$3x^2+8x-3=0$이므로 $(x+3)(3x-1)=0$

$\therefore x=-3$ 또는 $x=\dfrac{1}{3}$

따라서 다른 한 근은 $x=\dfrac{1}{3}$ 답 $x=\dfrac{1}{3}$

0678

$x=4$를 $x^2-2x+a=0$에 대입하면

$4^2-2\times4+a=0$ $\quad\therefore a=-8$

$x^2-2x-8=0$이므로 $(x+2)(x-4)=0$

$\therefore x=-2$ 또는 $x=4$

$\therefore b=-2$

$\therefore a+b=-8+(-2)=-10$ 답 ①

0679

$x=4$를 $ax^2-(2a+3)x+a^2-8=0$에 대입하면

$a^2+8a-20=0,\ (a+10)(a-2)=0$ $\quad\therefore a=2\ (\because a>0)$

$2x^2-7x-4=0$이므로 $(2x+1)(x-4)=0$

$\therefore x=-\dfrac{1}{2}$ 또는 $x=4$

$\therefore b=-\dfrac{1}{2}$ $\quad\therefore ab=2\times\left(-\dfrac{1}{2}\right)=-1$ 답 ②

0680

$x^2+x-12=0$에서 $(x+4)(x-3)=0$ $\quad\therefore x=-4$ 또는 $x=3$

$-4<3$이므로 $x=-4$를 $x^2+ax-8=0$에 대입하면

$(-4)^2+a\times(-4)-8=0,\ -4a=-8$ $\quad\therefore a=2$ 답 ④

0681

$x^2-x-6=0$에서 $(x+2)(x-3)=0$

$\therefore x=-2$ 또는 $x=3$ ······50%

$-2<3$이므로 $x=3$을 $2x^2-(2a+1)x-3=0$에 대입하면

$2\times3^2-(2a+1)\times3-3=0,\ -6a=-12$

$\therefore a=2$ ······50%

답 2

0682

$4x^2-9x+2=0$에서 $(4x-1)(x-2)=0$

$\therefore x=\dfrac{1}{4}$ 또는 $x=2$

$\dfrac{1}{4}<2$이므로 $x=2$를 $x^2-(a-1)x+a+3=0$에 대입하면

$2^2-(a-1)\times2+a+3=0,\ -a=-9$ $\quad\therefore a=9$

$x=\dfrac{1}{4}$을 $4x^2-bx-1=0$에 대입하면

$4\times\left(\dfrac{1}{4}\right)^2-b\times\dfrac{1}{4}-1=0,\ -\dfrac{1}{4}b=\dfrac{3}{4}$ $\quad\therefore b=-3$

$\therefore a+b=9+(-3)=6$ 답 ⑤

0683

$x=-2$를 $2x^2-3ax+4=0$에 대입하면

$2\times(-2)^2-3a\times(-2)+4=0,\ 6a=-12$ $\quad\therefore a=-2$

$2x^2+6x+4=0$이므로 $2(x+1)(x+2)=0$

$\therefore x=-1$ 또는 $x=-2$

따라서 다른 한 근은 $x=-1$이므로 $bx^2-x+2b=0$에 $x=-1$을

대입하면

$b\times(-1)^2-(-1)+2b=0,\ 3b=-1$ $\quad\therefore b=-\dfrac{1}{3}$

$\therefore a-3b=-2-3\times\left(-\dfrac{1}{3}\right)=-1$ 답 -1

0684

① $(x-1)^2=0$ $\quad\therefore x=1$

② $(x-2)^2=0$ $\quad\therefore x=2$

③ $(x+3)(x-3)=0$ $\quad\therefore x=-3$ 또는 $x=3$

④ $(x+3)^2=0$ $\quad\therefore x=-3$

⑤ $x(x+4)=0$ $\quad\therefore x=0$ 또는 $x=-4$

따라서 중근을 갖지 않는 것은 ③, ⑤이다. 답 ③, ⑤

0685

ㄱ. $(x+4)(x+1)=0$ $\quad\therefore x=-4$ 또는 $x=-1$

ㄴ. $(x-4)^2=0$ $\quad\therefore x=4$

ㄷ. $(x-6)^2=0$ $\quad\therefore x=6$

ㄹ. $(x+1)(x-1)=0$ $\quad\therefore x=-1$ 또는 $x=1$

ㅁ. $2(x+1)^2=0$ $\quad\therefore x=-1$

ㅂ. $x(x-5)=0$ $\quad\therefore x=0$ 또는 $x=5$

따라서 중근을 갖는 이차방정식은 ㄴ, ㄷ, ㅁ의 3개이다. 답 3개

0686

$x^2+14x+49=0$에서 $(x+7)^2=0$ $\quad\therefore x=-7$

$x=-7$을 $x^2+6x+a=0$에 대입하면

$(-7)^2+6\times(-7)+a=0$ $\quad\therefore a=-7$ 답 ①

0687

x^2의 계수가 1이고 $x=3$을 중근으로 가지는 이차방정식은

$(x-3)^2=0$이므로 $x^2-6x+9=0$ $\quad\therefore a=-6,\ b=9$

$\therefore a+b=-6+9=3$ 답 3

0688

$2k-1=\left(\dfrac{6}{2}\right)^2=9,\ 2k=10$ $\quad\therefore k=5$ 답 ⑤

0689

$4=\left(\dfrac{a}{2}\right)^2,\ a^2=16$ $\quad\therefore a=\pm4$ 답 ①, ⑤

0690

$x^2-2(m+1)x+7m-5=0$에서 $7m-5=\left\{\dfrac{-2(m+1)}{2}\right\}^2$

$m^2-5m+6=0,\ (m-2)(m-3)=0$

$\therefore m=2$ 또는 $m=3$

따라서 모든 m의 값의 합은 $2+3=5$ 답 ⑤

0691

$x^2+4ax-6a+10=0$에서

$-6a+10=\left(\dfrac{4a}{2}\right)^2,\ 2(2a^2+3a-5)=0$

$2(2a+5)(a-1)=0$ $\therefore a=-\dfrac{5}{2}$ 또는 $a=1$ ······40%

(i) $a=-\dfrac{5}{2}$일 때

$\quad x^2-10x+25=0$이므로 $(x-5)^2=0$ $\therefore x=5$ ······30%

(ii) $a=1$일 때

$\quad x^2+4x+4=0$이므로 $(x+2)^2=0$ $\therefore x=-2$ ······30%

답 $a=-\dfrac{5}{2}$일 때 $x=5$, $a=1$일 때 $x=-2$

0692

$x^2-6x+8=0$에서 $(x-2)(x-4)=0$

$\therefore x=2$ 또는 $x=4$

$x^2+3x-10=0$에서 $(x+5)(x-2)=0$

$\therefore x=-5$ 또는 $x=2$

따라서 두 이차방정식의 공통인 근은 $x=2$ 답 ③

0693

$x=-3$을 $x^2+ax-3=0$에 대입하면

$(-3)^2+a\times(-3)-3=0,\ -3a=-6$ $\therefore a=2$

$x=-3$을 $x^2+5x+b=0$에 대입하면

$(-3)^2+5\times(-3)+b=0$ $\therefore b=6$

$\therefore a+b=2+6=8$ 답 ⑤

0694

$x=-1$을 $x^2-4x+a=0$에 대입하면

$(-1)^2-4\times(-1)+a=0$ $\therefore a=-5$ ······15%

$x=-1$을 $2x^2+bx-1=0$에 대입하면

$2\times(-1)^2+b\times(-1)-1=0$ $\therefore b=1$ ······15%

$x^2-4x-5=0$에서 $(x+1)(x-5)=0$

$\therefore x=-1$ 또는 $x=5$ ······30%

$2x^2+x-1=0$에서 $(x+1)(2x-1)=0$

$\therefore x=-1$ 또는 $x=\dfrac{1}{2}$ ······30%

따라서 구하는 곱은 $5\times\dfrac{1}{2}=\dfrac{5}{2}$ ······10%

답 $\dfrac{5}{2}$

0695

$x^2+ax+a-1=0$에서 $(x+a-1)(x+1)=0$

$\therefore x=-a+1$ 또는 $x=-1$

$x^2-(a+4)x+4a=0$에서 $(x-a)(x-4)=0$

$\therefore x=a$ 또는 $x=4$

(i) 공통인 근이 $x=-1$일 때, $a=-1$

(ii) 공통인 근이 $x=4$일 때, $-a+1=4$ $\therefore a=-3$

(iii) 공통인 근이 $x=a(a\neq-1,\ a\neq4)$일 때, $-a+1=a$

$\qquad \therefore a=\dfrac{1}{2}$

따라서 모든 상수 a의 값의 합은 $-1+(-3)+\dfrac{1}{2}=-\dfrac{7}{2}$ 답 $-\dfrac{7}{2}$

0696

$x^2-7x+12=0$에서 $(x-3)(x-4)=0$

$\therefore x=3$ 또는 $x=4$

$x^2-x-6=0$에서 $(x+2)(x-3)=0$

$\therefore x=-2$ 또는 $x=3$

따라서 $x=3$이 $x^2+ax+6a=0$의 한 근이므로

$3^2+3a+6a=0,\ 9a=-9$ $\therefore a=-1$ 답 ②

0697

$x^2-4x-5=0$에서 $(x+1)(x-5)=0$

$\therefore x=-1$ 또는 $x=5$

$x^2-7x+10=0$에서 $(x-2)(x-5)=0$

$\therefore x=2$ 또는 $x=5$

따라서 $x=5$가 $x^2+kx+15=0$의 한 근이므로

$5^2+k\times5+15=0,\ 5k=-40$ $\therefore k=-8$ 답 ②

0698

$5x^2+7x-6=0$에서 $(x+2)(5x-3)=0$

$\therefore x=-2$ 또는 $x=\dfrac{3}{5}$

이때 $x=-2$가 $x^2-(2a+5)x-10=0$과 $x^2+bx-2=0$의 공통인 근이므로

$(-2)^2-(2a+5)\times(-2)-10=0,\ 4a=-4$ $\therefore a=-1$

$(-2)^2+b\times(-2)-2=0,\ -2b=-2$ $\therefore b=1$

$\therefore a-b=-1-1=-2$ 답 -2

0699

$x^2+(a+1)x-21=0$에 $x=3$을 대입하면

$3^2+(a+1)\times3-21=0,\ 3a=9$ $\therefore a=3$

이때 $a=3$을 $x^2+(a+1)x-21=0$에 대입하면

$x^2+4x-21=0$이므로 $(x+7)(x-3)=0$

$\therefore x=-7$ 또는 $x=3$

이차방정식 $2x^2+13x+b=0$과 $x^2+cx-7=0$의 공통인 근이

$x=-7$이므로

$2\times(-7)^2+13\times(-7)+b=0$ $\therefore b=-7$

$(-7)^2+c\times(-7)-7=0,\ -7c=-42$ $\therefore c=6$

$\therefore a-b+c=3-(-7)+6=16$ 답 16

0700

$(x-1)^2=3,\ x-1=\pm\sqrt{3}$ $\therefore x=1\pm\sqrt{3}$

따라서 $a=1,\ b=3$이므로 $a+b=4$ 답 ④

0701

$x+3=\pm\sqrt{5}$ ∴ $x=-3\pm\sqrt{5}$

따라서 두 근의 합은

$(-3+\sqrt{5})+(-3-\sqrt{5})=-6$ 답 ①

0702

$(x+a)^2=12$, $x+a=\pm2\sqrt{3}$ ∴ $x=-a\pm2\sqrt{3}$

따라서 $a=4$, $b=3$이므로 $ab=4\times3=12$ 답 ②

0703

$(x+4)^2=3k$, $x+4=\pm\sqrt{3k}$ ∴ $x=-4\pm\sqrt{3k}$ ⋯⋯30%

$3k$는 (자연수)^2 꼴인 수이어야 하므로 $3k=1, 4, 9, 16, \cdots$ ⋯⋯30%

∴ $k=\dfrac{1}{3}, \dfrac{4}{3}, 3, \dfrac{16}{3}, \cdots$ ⋯⋯20%

따라서 가장 작은 자연수 k의 값은 3이다. ⋯⋯20%

답 3

0704

$(x+3)^2-a+2=0$에서 $(x+3)^2=a-2$가 해를 가지려면

$a-2\geq0$ ∴ $a\geq2$ 답 $a\geq2$

0705

$(x-1)^2-a-1=0$에서 $(x-1)^2=a+1$이 해를 갖지 않으려면

$a+1<0$ ∴ $a<-1$ 답 ①

0706

$2(x-3)^2=m+5$가 중근을 가지므로 $m+5=0$ ∴ $m=-5$

따라서 이차방정식 $x^2-2mx+21=0$은 $x^2+10x+21=0$

$(x+7)(x+3)=0$ ∴ $x=-7$ 또는 $x=-3$ 답 ②

0707

ㄱ. $a=0$이면 $(x-4)^2=1$ ∴ $x=3$ 또는 $x=5$

 ∴ (두 근의 곱)$=15$

ㄴ. $a=-1$이면 $(x-4)^2=0$ ∴ $x=4$

ㄷ. $a=-2$이면 $(x-4)^2=-1$

 이때 제곱하여 -1이 되는 수는 없으므로 해가 존재하지 않는다. 답 ⑤

0708

양변을 2로 나누면 $x^2-4x+1=0$이므로

$x^2-4x=-1$, $x^2-4x+4=3$, $(x-2)^2=3$

따라서 $a=-2$, $b=3$이므로

$a-b=-2-3=-5$ 답 ①

0709

양변을 4로 나누면 $x^2-x-3=0$이므로

$x^2-x=3$, $x^2-x+\dfrac{1}{4}=\dfrac{13}{4}$, $\left(x-\dfrac{1}{2}\right)^2=\dfrac{13}{4}$

∴ $k=\dfrac{13}{4}$ 답 $\dfrac{13}{4}$

0710

$(x-3)(x+7)=-7$에서 $x^2+4x-21=-7$

$x^2+4x=14$, $x^2+4x+4=18$, $(x+2)^2=18$

따라서 $a=2$, $b=18$이므로

$ab=2\times18=36$ 답 36

0711

$2(x^2+4x+4)=x^2+6x+9$에서 $x^2+2x-1=0$

$x^2+2x=1$, $x^2+2x+1=2$ ∴ $(x+1)^2=2$

따라서 $m=1$, $n=2$이므로 $m+n=1+2=3$ 답 ②

0712

$A=36$, $B=6$, $C=35$이므로

$A-B-C=36-6-35=-5$ 답 -5

0713

⑤ $E=-1$ 답 ⑤

0714

$x^2-6x+9=k+9$이므로 $(x-3)^2=k+9$

∴ $x=3\pm\sqrt{k+9}$

따라서 $a=3$, $k+9=7$이므로 $k=-2$

∴ $a+k=3+(-2)=1$ 답 ④

0715

양변을 3으로 나누면

$x^2+\dfrac{2}{3}x-\dfrac{2}{3}=0$, $x^2+\dfrac{2}{3}x=\dfrac{2}{3}$, $x^2+\dfrac{2}{3}x+\dfrac{1}{9}=\dfrac{7}{9}$

∴ $\left(x+\dfrac{1}{3}\right)^2=\dfrac{7}{9}$

∴ $x=-\dfrac{1}{3}\pm\dfrac{\sqrt{7}}{3}=\dfrac{-1\pm\sqrt{7}}{3}$ ⋯⋯60%

따라서 $a=-1$, $b=7$이므로 ⋯⋯20%

$a+b=-1+7=6$ ⋯⋯20%

답 6

실력 **콕콕**

본문 | 114~115쪽

0716 ②	**0717** ④	**0718** ②	**0719** ⑤
0720 ⑤	**0721** ②	**0722** ②	**0723** -2
0724 $\frac{1}{3}$	**0725** ①	**0726** ③, ⑤	**0727** ②
0728 18	**0729** 37	**0730** ②	**0731** ③

0716

$(ax+1)(3x-1)=-x^2$에서 $(3a+1)x^2+(3-a)x-1=0$

$3a+1 \neq 0$이어야 하므로 $a \neq -\dfrac{1}{3}$ 　 답 ②

0717

$x=-5$를 $x^2+6x+a=0$에 대입하면

$(-5)^2+6 \times (-5)+a=0$ 　 $\therefore a=5$

$x=1$을 $2x^2-x-b=0$에 대입하면

$2 \times 1^2-1-b=0$ 　 $\therefore b=1$

$\therefore ab=5 \times 1=5$ 　 답 ④

0718

$x=a$를 $x^2+2x-2=0$에 대입하면

$a^2+2a-2=0$

$\therefore$ (주어진 식)$=a^3(a^2+2a-2)+(a^2+2a-2)+4=4$ 　 답 ②

0719

$x=a$를 $x^2+x-1=0$에 대입하면

$a^2+a-1=0$이므로 $a^2=1-a$, $a^2-1=-a$

$\therefore$ (주어진 식)$=\dfrac{a^2}{a^2}-\dfrac{2a}{-a}=1+2=3$ 　 답 ⑤

0720

$4x(1+x)=2(12x-8)$이므로 $4x^2-20x+16=0$

$4(x^2-5x+4)=0$, $4(x-1)(x-4)=0$

$\therefore x=1$ 또는 $x=4$

따라서 모든 x의 값의 합은 $1+4=5$ 　 답 ⑤

0721

$2A=B$에서 $2(3x^2-2x-1)=4x^2-3x-1$, $2x^2-x-1=0$

$(2x+1)(x-1)=0$ 　 $\therefore x=-\dfrac{1}{2}$ 또는 $x=1$

이때 $A \neq 0$이므로 $3x^2-2x-1 \neq 0$

$(3x+1)(x-1) \neq 0$ 　 $\therefore x \neq -\dfrac{1}{3}$이고 $x \neq 1$

따라서 조건을 만족하는 x의 값은 $-\dfrac{1}{2}$이다. 　 답 ②

0722

$x=2$를 $(3a-1)x^2-5ax+3(a^2+1)=0$에 대입하면

$4(3a-1)-10a+3a^2+3=0$

$3a^2+2a-1=0$, $(a+1)(3a-1)=0$

주어진 방정식이 이차방정식이므로 $a \neq \dfrac{1}{3}$ 　 $\therefore a=-1$ 　 답 ②

0723

$x=1$을 $ax^2+a(a+1)x+3-2a^2=0$에 대입하면

$a+a(a+1)+3-2a^2=0$

$a^2-2a-3=0$, $(a+1)(a-3)=0$ 　 $\therefore a=3 \ (\because a>0)$

즉, $3x^2+12x-15=0$이므로 $3(x^2+4x-5)=0$

$3(x+5)(x-1)=0$ 　 $\therefore x=-5$ 또는 $x=1$

따라서 a의 값과 다른 한 근의 합은 $3+(-5)=-2$ 　 답 -2

0724

x의 계수와 상수항을 바꾸어 놓은 이차방정식은

$3x^2+(a-1)x-2a=0$

$x=1$이 이 이차방정식의 한 근이므로

$3+a-1-2a=0$ 　 $\therefore a=2$

이때 처음 이차방정식은 $3x^2-4x+1=0$

$(3x-1)(x-1)=0$ 　 $\therefore x=\dfrac{1}{3}$ 또는 $x=1$

따라서 $p=\dfrac{1}{3}$, $q=1$ 또는 $p=1$, $q=\dfrac{1}{3}$이므로

$pq=\dfrac{1}{3} \times 1=\dfrac{1}{3}$ 　 답 $\dfrac{1}{3}$

0725

$x=-2$를 $x^2+5x+2a=0$에 대입하면

$4-10+2a=0$, $2a=6$ 　 $\therefore a=3$

즉, $x^2+5x+6=0$이므로 $(x+2)(x+3)=0$

$\therefore x=-2$ 또는 $x=-3$

이때 $x=-3$을 $x^2+(b-3)x-3b=0$에 대입하면

$9-3b+9-3b=0$, $-6b=-18$ 　 $\therefore b=3$

$\therefore a+b=3+3=6$ 　 답 ①

0726

① $(2x+3)(2x-3)=0$ 　 $\therefore x=-\dfrac{3}{2}$ 또는 $x=\dfrac{3}{2}$

② $x^2+14x+40=0$, $(x+10)(x+4)=0$

　 $\therefore x=-10$ 또는 $x=-4$

③ $x^2-16x+64=0$, $(x-8)^2=0$ 　 $\therefore x=8$

④ $(x+1)(x-5)=0$ 　 $\therefore x=-1$ 또는 $x=5$

⑤ $x^2-18x+81=0$, $(x-9)^2=0$ 　 $\therefore x=9$

따라서 중근을 갖는 것은 ③, ⑤이다. 　 답 ③, ⑤

0727

$m=\left(\dfrac{-10}{2}\right)^2=25$이므로

(i) $x^2+8x+12=0$에서 $(x+2)(x+6)=0$

$\therefore x=-2$ 또는 $x=-6$

(ii) $3x^2+16x-12=0$에서 $(x+6)(3x-2)=0$

$\quad\therefore x=-6$ 또는 $x=\dfrac{2}{3}$

따라서 공통인 근은 $x=-6$이다.   답 ②

0728

$9(x+a)^2=b$에서 $(x+a)^2=\dfrac{b}{9}$이므로 $x=-a\pm\sqrt{\dfrac{b}{9}}$

따라서 $-a=-1$, $\dfrac{b}{9}=2$이므로 $a=1$, $b=18$

$\therefore ab=1\times18=18$ 답 18

0729

$x^2+4x+\dfrac{a-2}{9}=0$이므로 $(x+2)^2=\dfrac{38-a}{9}$

이때 주어진 이차방정식이 서로 다른 두 근을 가지려면

$\dfrac{38-a}{9}>0$ $\therefore a<38$

따라서 가장 큰 정수 a의 값은 37이다.   답 37

0730

$2(x^2+x-2)=x^2-2x-3$이므로

$x^2+4x-1=0$, $x^2+4x=1$, $x^2+4x+4=5$

$\therefore (x+2)^2=5$

따라서 $a=2$, $b=5$이므로

$a-b=2-5=-3$ 답 ②

0731

이차방정식 $x^2-2ax+b=0$이 중근을 가지려면

$b=\left(\dfrac{-2a}{2}\right)^2$ $\therefore a^2=b$

이때 $a^2=b$를 만족하는 a, b의 순서쌍 (a, b)는 $(1, 1)$, $(4, 16)$의 2가지이다.

따라서 모든 경우의 수는 $5\times6=30$이므로

구하는 확률은 $\dfrac{2}{30}=\dfrac{1}{15}$ 답 ③

서술형 콕콕   본문 | 116~117쪽

0732 2	0733 2	0734 10	0735 -2
0736 $k=-1$, $x=2$		0737 $k=-\dfrac{2}{3}$, $x=-2$	
0738 $x=\dfrac{7}{4}$	0739 $x=4$	0740 26	0741 16
0742 12	0743 15		

0732

단계 1 $2x^2-7x+6=0$에서 $(2x-3)(x-2)=0$

$x=\dfrac{3}{2}$ 또는 $x=2$이므로 두 근 중 큰 근은 $x=2$이다.

단계 2 $x=2$를 $3x^2-(3a+2)x+4=0$에 대입하면

$3\times2^2-(3a+2)\times2+4=0$, $-6a=-12$ $\therefore a=2$

답 2

0733

$10x^2-3x-1=0$에서 $(5x+1)(2x-1)=0$

$x=-\dfrac{1}{5}$ 또는 $x=\dfrac{1}{2}$이므로 두 근 중 큰 근은 $x=\dfrac{1}{2}$이다. ……50%

$x=\dfrac{1}{2}$을 $2x^2+(4a+1)x-5=0$에 대입하면

$2\times\left(\dfrac{1}{2}\right)^2+(4a+1)\times\dfrac{1}{2}-5=0$, $2a=4$ $\therefore a=2$ ……50%

답 2

0734

단계 1 $x^2+3x-18=0$에서 $(x+6)(x-3)=0$

$\quad\therefore x=-6$ 또는 $x=3$

단계 2 $2x^2-x-15=0$에서 $(2x+5)(x-3)=0$

$\quad\therefore x=-\dfrac{5}{2}$ 또는 $x=3$

단계 3 공통인 근 $x=3$을 $x^2-px+21=0$에 대입하면

$3^2-3p+21=0$, $-3p=-30$ $\therefore p=10$

답 10

0735

$x^2-10x+24=0$에서 $(x-4)(x-6)=0$

$\therefore x=4$ 또는 $x=6$ ……35%

$3x^2-13x+4=0$에서 $(3x-1)(x-4)=0$

$\therefore x=\dfrac{1}{3}$ 또는 $x=4$ ……35%

따라서 공통인 근 $x=4$를 $x^2+px-8=0$에 대입하면

$4^2+4p-8=0$, $4p=-8$ $\therefore p=-2$ ……30%

답 -2

0736

단계 1 $x^2+3=k(1-4x)$에서 $x^2+4kx+3-k=0$

이 이차방정식이 중근을 가지려면 $3-k=\left(\dfrac{4k}{2}\right)^2$

단계2 $3-k=\left(\dfrac{4k}{2}\right)^2$에서 $4k^2+k-3=0$, $(4k-3)(k+1)=0$

$\therefore k=-1\ (\because k<0)$

단계3 $k=-1$을 이차방정식 $x^2+4kx+3-k=0$에 대입하면

$x^2-4x+4=0$, $(x-2)^2=0$

$\therefore x=2$

답 $k=-1$, $x=2$

0737

$x^2+10=3k(2x-3)$에서 $x^2-6kx+9k+10=0$

이 이차방정식이 중근을 가지려면

$9k+10=\left(\dfrac{-6k}{2}\right)^2$ ······40%

$9k^2-9k-10=0$

$(3k-5)(3k+2)=0$

$k=-\dfrac{2}{3}\ (\because k<0)$ ······30%

$k=-\dfrac{2}{3}$를 $x^2-6kx+9k+10=0$에 대입하면

$x^2+4x+4=0$, $(x+2)^2=0$

$\therefore x=-2$ ······30%

답 $k=-\dfrac{2}{3}$, $x=-2$

0738

단계1 $x=1$을 $(k-1)x^2+(k^2+2)x-(4-k)=0$에 대입하면

$k-1+k^2+2-(4-k)=0$, $k^2+2k-3=0$

$(k+3)(k-1)=0$ $\therefore k=-3\ (\because k\ne1)$

단계2 $k=-3$을 $(k-1)x^2+(k^2+2)x-(4-k)=0$에 대입하면

$4x^2-11x+7=0$, $(x-1)(4x-7)=0$

$\therefore x=1$ 또는 $x=\dfrac{7}{4}$

따라서 다른 한 근은 $x=\dfrac{7}{4}$이다.

답 $x=\dfrac{7}{4}$

0739

$x=2$를 $(a-1)x^2-(a^2+3)x+4(a+1)=0$에 대입하면

$4(a-1)-2(a^2+3)+4(a+1)=0$, $-2a^2+8a-6=0$

$2(a^2-4a+3)=0$, $2(a-1)(a-3)=0$

$\therefore a=3\ (\because a\ne1)$ ······50%

$a=3$을 $(a-1)x^2-(a^2+3)x+4(a+1)=0$에 대입하면

$2x^2-12x+16=0$, $2(x^2-6x+8)=0$

$2(x-2)(x-4)=0$ $\therefore x=2$ 또는 $x=4$

따라서 다른 한 근은 $x=4$이다. ······50%

답 $x=4$

0740

단계1 $x=a$를 $x^2+5x-3=0$에 대입하면 $a^2+5a-3=0$

양변을 a로 나누면 $a+5-\dfrac{3}{a}=0$ $\therefore a-\dfrac{3}{a}=-5$

단계2 $\left(a-\dfrac{3}{a}\right)^2=25$, $a^2-6+\dfrac{9}{a^2}=25$ $\therefore a^2+\dfrac{9}{a^2}=31$

$a^2+a-\dfrac{3}{a}+\dfrac{9}{a^2}=\left(a-\dfrac{3}{a}\right)+\left(a^2+\dfrac{9}{a^2}\right)=31-5=26$

답 26

0741

$x=a$를 $x^2-4x+2=0$에 대입하면 $a^2-4a+2=0$

양변을 a로 나누면 $a-4+\dfrac{2}{a}=0$

$\therefore a+\dfrac{2}{a}=4$ ······40%

$\left(a+\dfrac{2}{a}\right)^2=16$, $a^2+4+\dfrac{4}{a^2}=16$ $\therefore a^2+\dfrac{4}{a^2}=12$

$a^2+a+\dfrac{2}{a}+\dfrac{4}{a^2}=\left(a+\dfrac{2}{a}\right)+\left(a^2+\dfrac{4}{a^2}\right)=4+12=16$ ······60%

답 16

0742

단계1 $x^2+2x-12k+1=0$에서

$x^2+2x=12k-1$, $x^2+2k+1=12k$

$\therefore (x+1)^2=12k$

단계2 $x+1=\pm\sqrt{12k}$

$\therefore x=-1\pm2\sqrt{3k}$

단계3 서로 다른 두 근이 정수가 되려면 $\sqrt{3k}$가 자연수이어야 하므로 $k=3m^2\ (m$은 자연수$)$ 꼴이다.

$\therefore k=3,\ 12,\ 27,\ \cdots$

따라서 가장 작은 두 자리 자연수 k의 값은 12이다.

답 12

0743

$3x^2-12x-k=0$에서 $x^2-4x-\dfrac{k}{3}=0$

$x^2-4x=\dfrac{k}{3}$, $x^2-4x+4=\dfrac{k}{3}+4$

$(x-2)^2=\dfrac{k}{3}+4$ ······20%

$x-2=\pm\sqrt{\dfrac{k}{3}+4}$, $x=2\pm\sqrt{\dfrac{k}{3}+4}$ ······20%

서로 다른 두 근이 정수가 되려면 $\sqrt{\dfrac{k}{3}+4}$가 자연수이어야 하므로

$\dfrac{k}{3}+4$는 4보다 큰 (자연수)² 꼴인 수이어야 한다.

$\dfrac{k}{3}+4=9,\ 16,\ 25,\ 36,\ \cdots$ $\therefore k=15,\ 36,\ 63,\ 96,\ \cdots$

따라서 가장 작은 두 자리 자연수 k의 값은 15이다. ······60%

답 15

2 이차방정식의 활용

개념 콕콕

본문 | 119, 121쪽

0744

주어진 이차방정식을 $ax^2+bx+c=0\,(a\neq0)$의 해는

$x=\dfrac{-b\pm\sqrt{b^2-4ac}}{2a}$이다.

답 (1) $x=\dfrac{-1\pm\sqrt{21}}{2}$ (2) $x=\dfrac{3\pm\sqrt{21}}{2}$ (3) $x=\dfrac{-5\pm\sqrt{13}}{6}$

(4) $x=\dfrac{1\pm\sqrt{33}}{4}$ (5) $x=\dfrac{11\pm\sqrt{61}}{10}$ (6) $x=\dfrac{3\pm\sqrt{33}}{6}$

0745

주어진 이차방정식을 $ax^2+2b'x+c=0\,(a\neq0)$의 해는

$x=\dfrac{-b'\pm\sqrt{b'^2-ac}}{a}$이다.

답 (1) $x=-1\pm\sqrt{2}$ (2) $x=1\pm\sqrt{7}$ (3) $x=\dfrac{-2\pm\sqrt{10}}{2}$

(4) $x=\dfrac{4\pm\sqrt{10}}{3}$ (5) $x=\dfrac{-2\pm\sqrt{7}}{3}$ (6) $x=\dfrac{-3\pm\sqrt{11}}{2}$

0746

(1) $4x^2-3x-1=0$, $(4x+1)(x-1)=0$

$\therefore x=-\dfrac{1}{4}$ 또는 $x=1$

(2) $x^2-4x-2=0$ $\therefore x=2\pm\sqrt{6}$

(3) $6x^2-5x+1=0$, $(2x-1)(3x-1)=0$

$\therefore x=\dfrac{1}{2}$ 또는 $x=\dfrac{1}{3}$

(4) $x^2-5x-1=0$ $\therefore x=\dfrac{5\pm\sqrt{29}}{2}$

(5) $2x^2+4x-1=0$ $\therefore x=\dfrac{-2\pm\sqrt{6}}{2}$

(6) $x^2-4x-3=0$ $\therefore x=2\pm\sqrt{7}$

(7) $x+2=A$로 치환하면 $A^2-4A+3=0$, $(A-1)(A-3)=0$

$\therefore A=1$ 또는 $A=3$

즉, $x+2=1$ 또는 $x+2=3$ $\therefore x=-1$ 또는 $x=1$

답 (1) $x=-\dfrac{1}{4}$ 또는 $x=1$ (2) $x=2\pm\sqrt{6}$

(3) $x=\dfrac{1}{2}$ 또는 $x=\dfrac{1}{3}$ (4) $x=\dfrac{5\pm\sqrt{29}}{2}$

(5) $x=\dfrac{-2\pm\sqrt{6}}{2}$ (6) $x=2\pm\sqrt{7}$ (7) $x=-1$ 또는 $x=1$

0747

(1), (2) $(-6)^2-4\times9\times1=0$이므로 근의 개수는 1개이다.

(3), (4) $5^2-4\times4\times3=-23<0$이므로 근의 개수는 0개이다.

(5), (6) $2^2-4\times1\times(-7)=32>0$이므로 근의 개수는 2개이다.

답 (1) 0 (2) 1개 (3) -23 (4) 0개 (5) 32 (6) 2개

0748

(1) $(-3)^2-4\times1\times(-2)=17>0$이므로 근의 개수는 2개이다.

(2) $4^2-4\times1\times4=0$이므로 근의 개수는 1개이다.

(3) $8^2-4\times2\times(-9)=136>0$이므로 근의 개수는 2개이다.

(4) $(-5)^2-4\times3\times5=-35<0$이므로 근의 개수는 0개이다.

답 (1) 2개 (2) 1개 (3) 2개 (4) 0개

0749

답 (1) -5, 1 (2) 2, -7 (3) $-\dfrac{1}{2}$, $-\dfrac{3}{2}$ (4) 2, $\dfrac{2}{3}$

0750

(1) $(x+1)(x-3)=0$ $\therefore x^2-2x-3=0$

(2) $x(x+4)=0$ $\therefore x^2+4x=0$

(3) $(x-2)^2=0$ $\therefore x^2-4x+4=0$

(4) $\left(x+\dfrac{2}{5}\right)(x-1)=0$ $\therefore x^2-\dfrac{3}{5}x-\dfrac{2}{5}=0$

답 (1) $x^2-2x-3=0$ (2) $x^2+4x=0$

(3) $x^2-4x+4=0$ (4) $x^2-\dfrac{3}{5}x-\dfrac{2}{5}=0$

0751

(1) $(x-1)(x-5)=0$ $\therefore x^2-6x+5=0$

(2) $-2(x+2)(x+5)=0$ $\therefore -2x^2-14x-20=0$

(3) $-4\left(x-\dfrac{1}{2}\right)^2=0$, $-4\left(x^2-x+\dfrac{1}{4}\right)=0$

$\therefore -4x^2+4x-1=0$

(4) $3(x+1)(x+2)=0$ $\therefore 3x^2+9x+6=0$

(5) $6\left(x+\dfrac{1}{3}\right)\left(x-\dfrac{1}{2}\right)=0$ $\therefore 6x^2-x-1=0$

답 (1) $x^2-6x+5=0$ (2) $-2x^2-14x-20=0$

(3) $-4x^2+4x-1=0$ (4) $3x^2+9x+6=0$

(5) $6x^2-x-1=0$

0752

답 (1) $2+\sqrt{2}$ (2) $-4-\sqrt{5}$ (3) $6-\sqrt{10}$ (4) $-1+5\sqrt{3}$

0753

(1) $(x+4)^2=6x+24$, $x^2+8x+16=6x+24$

$\therefore x^2+2x-8=0$

(2) $x^2+2x-8=0$에서 $(x+4)(x-2)=0$

$\therefore x=-4$ 또는 $x=2$

답 (1) $x^2+2x-8=0$ (2) $x=-4$ 또는 $x=2$

0754

(2) $x(x+1)=90$ $\therefore x^2+x-90=0$

(3) $x^2+x-90=0$에서 $(x+10)(x-9)=0$

$\therefore x=9\ (\because x>0)$

답 (1) $x+1$ (2) $x^2+x-90=0$ (3) $x=9$ (4) 9, 10

0755

(2) $-5t^2+50t=0$에서 $-5t(t-10)=0$

∴ $t=10$ $(∵ t>0)$

답 (1) 0 m (2) 10초

0756

(1) 가로의 길이가 x cm이므로 세로의 길이는 $(14-x)$ cm

$x(14-x)=40$ ∴ $x^2-14x+40=0$

(2) $x^2-14x+40=0$에서 $(x-4)(x-10)=0$

∴ $x=4$ 또는 $x=10$

답 (1) $x^2-14x+40=0$ (2) $x=4$ 또는 $x=10$ (3) 4 cm

유형 콕콕

본문 | 122~134쪽

0757 ③	**0758** ③	**0759** $2\sqrt{2}$	**0760** ④
0761 1	**0762** ③	**0763** $x=-1\pm\sqrt{5}$	
0764 ③	**0765** ⑤	**0766** ④	**0767** ③
0768 $x=-4$	**0769** ③	**0770** ④	
0771 $x=-3\pm\sqrt{22}$	**0772** ④	**0773** ④	
0774 ②	**0775** ⑤	**0776** $3+\sqrt{29}$	**0777** ④
0778 ㄷ, ㄹ	**0779** ①	**0780** 1	**0781** ④
0782 ③	**0783** ①	**0784** 1	**0785** 2
0786 $x=1$ 또는 $x=4$	**0787** ①	**0788** ②	
0789 $k<3$	**0790** ⑤	**0791** ⑤	**0792** ④
0793 ①	**0794** ②	**0795** ③	**0796** $-\dfrac{5}{3}$
0797 ②	**0798** ④	**0799** 8	**0800** ②
0801 ②	**0802** ⑤	**0803** ④	**0804** 6
0805 $x=-3$ 또는 $x=2$	**0806** 1		
0807 $x=-4$ 또는 $x=1$	**0808** $x=-2\pm\sqrt{19}$		
0809 ①	**0810** 4	**0811** ③	**0812** -16
0813 ①	**0814** ②	**0815** 8명	**0816** ①
0817 ②	**0818** 1	**0819** 24	**0820** 26
0821 ④	**0822** 20	**0823** ③	**0824** 6, 8, 10
0825 ④	**0826** ⑤	**0827** ④	**0828** $\dfrac{15}{2}$
0829 ④	**0830** ④	**0831** ②	**0832** 4초
0833 3 cm	**0834** 9	**0835** ⑤	**0836** 4 cm
0837 8 cm	**0838** 6 cm	**0839** 17 cm	**0840** ②
0841 ④	**0842** 4 cm	**0843** $(-3+3\sqrt{2})$ cm	
0844 ④	**0845** ④	**0846** ③	
0847 $(18+12\sqrt{3})\pi$ m	**0848** ③	**0849** 2	
0850 8 cm²	**0851** 17초	**0852** 2 cm	**0853** 13 cm
0854 3 cm	**0855** 2 m	**0856** ③	**0857** 4 m

0757

$$x=\dfrac{-1\pm\sqrt{1^2-4\times1\times(-3)}}{2\times1}=\dfrac{-1\pm\sqrt{13}}{2}$$

따라서 $A=-1$, $B=13$이므로

$A+B=-1+13=12$

답 ③

0758

$$x=\dfrac{-(-5)\pm\sqrt{(-5)^2-4\times2\times(-1)}}{2\times2}=\dfrac{5\pm\sqrt{33}}{4}$$이므로

$a=\dfrac{5+\sqrt{33}}{4}$

∴ $4a-5=4\times\left(\dfrac{5+\sqrt{33}}{4}\right)-5=\sqrt{33}$

답 ③

0759

$x=-(-2)\pm\sqrt{(-2)^2-1\times2}=2\pm\sqrt{2}$

∴ $α=2+\sqrt{2}$, $β=2-\sqrt{2}$

∴ $α-β=(2+\sqrt{2})-(2-\sqrt{2})=2\sqrt{2}$

답 $2\sqrt{2}$

0760

$x=-4\pm\sqrt{4^2-1\times2}=-4\pm\sqrt{14}$

∴ $α=-4-\sqrt{14}$, $β=-4+\sqrt{14}$

따라서 $-\sqrt{14}<n<\sqrt{14}$를 만족하는 정수 n은

-3, -2, -1, 0, 1, 2, 3의 7개이다.

답 ④

0761

$$x=\dfrac{-(-2)\pm\sqrt{(-2)^2-2\times k}}{2}=\dfrac{2\pm\sqrt{4-2k}}{2}$$이므로

$4-2k=2$ ∴ $k=1$

답 1

0762

$$x=\dfrac{-(-3)\pm\sqrt{(-3)^2-4\times2\times a}}{2\times2}=\dfrac{3\pm\sqrt{9-8a}}{4}$$이므로

$b=3$, $9-8a=33$에서 $a=-3$

∴ $a+b=-3+3=0$

답 ③

0763

$k-1=\left(\dfrac{2}{2}\right)^2=1$이므로 $k=2$ ……50%

$x^2+2x-4=0$에서

$x=-1\pm\sqrt{1^2-1\times(-4)}=-1\pm\sqrt{5}$ ……50%

답 $x=-1\pm\sqrt{5}$

0764

$x=-1$을 $7x^2+ax-1=0$에 대입하면

$7\times(-1)^2+a\times(-1)-1=0$, $7-a-1=0$ ∴ $a=6$

즉 $3x^2+ax+1=0$에서 $3x^2+6x+1=0$

$x=\dfrac{-3\pm\sqrt{3^2-3\times1}}{3}=\dfrac{-3\pm\sqrt{6}}{3}$이므로 $A=3$, $B=6$

$\therefore A+B=9$ 　　　　　　　　　　　　　　　　답 ③

0765

양변에 10을 곱하면 $2x^2+2x-1=0$

$\therefore x=\dfrac{-1\pm\sqrt{1^2-2\times(-1)}}{2}=\dfrac{-1\pm\sqrt{3}}{2}$

따라서 $p=-1$, $q=3$이므로 $p+q=-1+3=2$　　답 ⑤

0766

양변에 12를 곱하면 $3x^2-4x-6=0$

$\therefore x=\dfrac{-(-2)\pm\sqrt{(-2)^2-3\times(-6)}}{3}=\dfrac{2\pm\sqrt{22}}{3}$

따라서 $a=2$, $b=22$이므로 $b-a=20$　　　답 ④

0767

양변에 10을 곱하면 $2x^2+3x-5=0$

$(2x+5)(x-1)=0$　　$\therefore x=-\dfrac{5}{2}$ 또는 $x=1$

따라서 두 근의 곱은 $\left(-\dfrac{5}{2}\right)\times1=-\dfrac{5}{2}$　　답 ③

0768

$\dfrac{1}{4}x^2+0.5x-2=0$의 양변에 4를 곱하면 $x^2+2x-8=0$

$(x+4)(x-2)=0$　　$\therefore x=-4$ 또는 $x=2$ ······ 40%

$\dfrac{1}{5}x^2+1.8x+4=0$의 양변에 5를 곱하면 $x^2+9x+20=0$

$(x+4)(x+5)=0$　　$\therefore x=-4$ 또는 $x=-5$ ······ 40%

따라서 공통인 근은 $x=-4$이다. ······ 20%

　　　　　　　　　　　　　　　　　답 $x=-4$

0769

양변에 2를 곱하면 $2-4x(x+1)=x^2$, $5x^2+4x-2=0$

$\therefore x=\dfrac{-2\pm\sqrt{2^2-5\times(-2)}}{5}=\dfrac{-2\pm\sqrt{14}}{5}$

따라서 $p=-2$, $q=14$이므로 $q-p=14-(-2)=16$　답 ③

0770

양변에 10을 곱하면 $3x(3x-4)=5$

$9x^2-12x-5=0$, $(3x+1)(3x-5)=0$

$\therefore x=-\dfrac{1}{3}$ 또는 $x=\dfrac{5}{3}$

따라서 $\alpha=-\dfrac{1}{3}$, $\beta=\dfrac{5}{3}$이므로 $\beta-\alpha=\dfrac{5}{3}-\left(-\dfrac{1}{3}\right)=2$　답 ④

0771

양변에 6을 곱하면 $3(x-1)^2-2(x-2)(x-4)=0$

$3x^2-6x+3-2x^2+12x-16=0$

$x^2+6x-13=0$　　$\therefore x=-3\pm\sqrt{3^2-1\times(-13)}=-3\pm\sqrt{22}$

　　　　　　　　　　　　　　　答 $x=-3\pm\sqrt{22}$

0772

$4x^2-12x=3x^2-9x+6$, $x^2-3x-6=0$

$\therefore x=\dfrac{-(-3)\pm\sqrt{(-3)^2-4\times1\times(-6)}}{2\times1}=\dfrac{3\pm\sqrt{33}}{2}$

이때 $\dfrac{3-\sqrt{33}}{2}<0$이고, $4<\dfrac{3+\sqrt{33}}{2}<\dfrac{9}{2}$이므로 두 근 사이에 있는

자연수는 1, 2, 3, 4의 4개이다. 　　　　　답 ④

0773

$x+1=A$로 치환하면 $A^2-5A+6=0$

$(A-2)(A-3)=0$　　$\therefore A=2$ 또는 $A=3$

즉, $x+1=2$ 또는 $x+1=3$이므로

$x=1$ 또는 $x=2$ 　　　　　　　　　　　답 ④

0774

$4\left(x+\dfrac{1}{2}\right)^2-8\left(x+\dfrac{1}{2}\right)+3=0$

$x+\dfrac{1}{2}=A$로 치환하면 $4A^2-8A+3=0$, $(2A-1)(2A-3)=0$

$\therefore A=\dfrac{1}{2}$ 또는 $A=\dfrac{3}{2}$

즉, $x+\dfrac{1}{2}=\dfrac{1}{2}$ 또는 $x+\dfrac{1}{2}=\dfrac{3}{2}$이므로 $x=0$ 또는 $x=1$

따라서 두 근의 합은 $0+1=1$ 　　　　　답 ②

0775

$2a-b=A$로 치환하면 $A(A-10)=-25$

$A^2-10A+25=0$, $(A-5)^2=0$　　$\therefore A=5$

$\therefore 2a-b=5$ 　　　　　　　　　　　답 ⑤

0776

$x-y=A$로 치환하면

$A(A-3)=5$, $A^2-3A-5=0$ ······ 30%

$\therefore A=\dfrac{-(-3)\pm\sqrt{(-3)^2-4\times1\times(-5)}}{2\times1}=\dfrac{3\pm\sqrt{29}}{2}$ ······ 30%

$A=x-y>0$이므로 $x-y=\dfrac{3+\sqrt{29}}{2}$ ······ 20%

$\therefore 2x-2y=2(x-y)=2\times\left(\dfrac{3+\sqrt{29}}{2}\right)=3+\sqrt{29}$ ······ 20%

　　　　　　　　　　　　　　　答 $3+\sqrt{29}$

0777

① $(-1)^2-4\times2\times1=-7<0$이므로 근을 갖지 않는다.

② $(-4)^2-4\times1\times4=0$이므로 중근을 갖는다.

③ $(-5)^2-4\times1\times7=-3<0$이므로 근을 갖지 않는다.

④ $4^2-4\times1\times3=4>0$이므로 서로 다른 두 근을 갖는다.

⑤ $2^2-4\times3\times3=-32<0$이므로 근을 갖지 않는다. 답 ④

0778
ㄱ. $(-1)^2-4\times3\times(-2)=25>0$이므로 서로 다른 두 근을 갖는다.
ㄴ. $2^2-4\times1\times1=0$이므로 중근을 갖는다.
ㄷ. $(-4)^2-4\times1\times6=-8<0$이므로 근을 갖지 않는다.
ㄹ. $(-8)^2-4\times4\times9=-80<0$이므로 근을 갖지 않는다.
답 ㄷ, ㄹ

0779
① $(-6)^2-4\times9\times1=0$이므로 근의 개수는 1개이다.
② $(-4)^2-4\times1\times(-12)=64>0$이므로 근의 개수는 2개이다.
③ $1^2-4\times2\times(-2)=17>0$이므로 근의 개수는 2개이다.
④ $8^2-4\times1\times12=16>0$이므로 근의 개수는 2개이다.
⑤ $12^2-4\times1\times6=120>0$이므로 근의 개수는 2개이다. 답 ①

0780
㉠에서 $2x^2+3x+6=0$이므로
$3^2-4\times2\times6=-39<0$ $\therefore a=0$
㉡에서 $x^2+5x+6=0$이므로
$5^2-4\times1\times6=1>0$ $\therefore b=2$
㉢에서 $x^2+4x+4=0$이므로
$4^2-4\times1\times4=0$ $\therefore c=1$
$\therefore a+b-c=0+2-1=1$ 답 1

0781
$\{-(k+1)\}^2-4\times1\times4=0$이어야 하므로
$k^2+2k-15=0$, $(k+5)(k-3)=0$
$\therefore k=-5$ 또는 $k=3$
따라서 모든 k의 값의 합은
$-5+3=-2$ 답 ④

0782
$(-6)^2-4\times1\times(k+2)=0$이어야 하므로
$36-4k-8=0$, $-4k=-28$
$\therefore k=7$

다른 풀이
$\left(\dfrac{-6}{2}\right)^2=k+2$, $9=k+2$ $\therefore k=7$ 답 ③

0783
$10^2-4\times1\times(4k+1)=0$이어야 하므로
$100-16k-4=0$, $-16k=-96$ $\therefore k=6$
$x^2+10x+25=0$에서 $(x+5)^2=0$ $\therefore x=-5$
따라서 $\alpha=-5$이므로
$k+\alpha=6+(-5)=1$

다른 풀이
$\left(\dfrac{10}{2}\right)^2=4k+1$, $4k=24$ $\therefore k=6$ 답 ①

0784
$(k+3)^2-4\times2\times(k+1)=0$이어야 하므로
$k^2-2k+1=0$, $(k-1)^2=0$
$\therefore k=1$ 답 1

0785
$x^2-8x-m=0$이 중근을 가지므로 $(-8)^2-4\times1\times(-m)=0$
$64+4m=0$ $\therefore m=-16$
$m=-16$을 $x^2+(m+4)x+2n=0$에 대입하면
$x^2-12x+2n=0$
이 이차방정식이 중근을 가지므로
$(-12)^2-4\times1\times2n=0$, $144-8n=0$ $\therefore n=18$
$\therefore m+n=-16+18=2$ 답 2

0786
$x^2+6x+7-2k=0$이 중근을 가지므로
$6^2-4\times1\times(7-2k)=0$, $36-28+8k=0$, $8k=-8$
$\therefore k=-1$ 40%
$k=-1$을 $(k+2)x^2-5x+4=0$에 대입하면
$x^2-5x+4=0$ 20%
$(x-1)(x-4)=0$ $\therefore x=1$ 또는 $x=4$ 40%
답 $x=1$ 또는 $x=4$

0787
$x^2+2x-k=0$이 중근을 가지므로
$2^2-4\times1\times(-k)=0$, $4+4k=0$ $\therefore k=-1$
$x=-1$을 $3x^2-ax+a+1=0$에 대입하면
$3+a+a+1=0$, $2a=-4$ $\therefore a=-2$ 답 ①

0788
$a^2-16b=0$, $a^2=16b$ $\therefore a=4\sqrt{b}(\because a, b$는 자연수)
a가 자연수이므로 b는 제곱수이어야 하고, a의 값이 최대가 되려면 b의 값이 최대가 되어야 하므로 b는 두 자리 자연수 중 가장 큰 제곱수이어야 한다.
$\therefore b=81$ $\therefore a=4\sqrt{81}=36$ 답 ②

0789
$2^2-4\times1\times(k-2)>0$이어야 하므로
$12-4k>0$ $\therefore k<3$ 답 $k<3$

0790
$2^2-4\times1\times(k-5)\geq0$이어야 하므로
$24-4k\geq0$ $\therefore k\leq6$ 답 ⑤

0791

$(4k+1)^2-4\times1\times4k^2<0$이어야 하므로

$8k+1<0$　　$\therefore k<-\dfrac{1}{8}$　　　답 ⑤

0792

$4^2-4\times(2m-1)\times1>0$이어야 하므로

$20-8m>0$　　$\therefore m<\dfrac{5}{2}$

이때 $m\neq\dfrac{1}{2}$이므로 $m<\dfrac{1}{2}$ 또는 $\dfrac{1}{2}<m<\dfrac{5}{2}$　　답 ④

0793

$a=-3$, $b=-5$이므로

$a+b=-3+(-5)=-8$　　　답 ①

0794

$x^2-4x+4=-2x^2-6x+15$, $3x^2+2x-11=0$

$\therefore \alpha+\beta=-\dfrac{2}{3}$　　　답 ②

0795

$x^2+7x-3=0$의 두 근의 곱이 -3이므로

$x=-3$을 $x^2+4x+k=0$에 대입하면

$(-3)^2+4\times(-3)+k=0$　　$\therefore k=3$　　답 ③

0796

$x^2-6x+k+6=0$이 중근을 가지므로

$(-6)^2-4\times1\times(k+6)=0$, $12-4k=0$

$\therefore k=3$　　　　……50%

$k=3$을 $kx^2+(2k-1)x-5=0$에 대입하면 $3x^2+5x-5=0$

따라서 두 근의 합은 $-\dfrac{5}{3}$이다.　　　……50%

답 $-\dfrac{5}{3}$

0797

$2(x+3)(x-5)=0$　　$\therefore 2x^2-4x-30=0$　　답 ②

0798

$9(x+2)^2=0$　　$\therefore 9x^2+36x+36=0$

따라서 $A=36$, $B=18$이므로

$\dfrac{A}{B}=\dfrac{36}{18}=2$　　　답 ④

0799

$15\left(x-\dfrac{2}{3}\right)\left(x+\dfrac{3}{5}\right)=0$, $15\left(x^2-\dfrac{1}{15}x-\dfrac{2}{5}\right)=0$

$\therefore 15x^2-x-6=0$

따라서 $a=15$, $b=-1$, $c=-6$이므로

$a+b+c=15+(-1)+(-6)=8$　　답 8

0800

$x^2-4x+2=0$에서 $x^2-4x=-2$, $x^2-4x+4=-2+4$

$\therefore (x-2)^2=2$

즉 $a=-2$, $b=2$이므로 a, b를 두 근으로 하고 x^2의 계수가 1인 이차방정식은

$(x+2)(x-2)=0$　　$\therefore x^2-4=0$　　답 ②

0801

두 근을 α, $\alpha+2$로 놓으면 $(x-\alpha)\{x-(\alpha+2)\}=0$에서

$x^2-(2\alpha+2)x+\alpha(\alpha+2)=0$이므로 $2\alpha+2=4$　　$\therefore \alpha=1$

$\therefore k=\alpha(\alpha+2)=1\times3=3$　　　답 ②

0802

두 근을 α, 2α로 놓으면

$(x-\alpha)(x-2\alpha)=0$에서 $x^2-3\alpha x+2\alpha^2=0$이므로

$-3\alpha=3$　　$\therefore \alpha=-1$

$\therefore k=2\alpha^2=2\times(-1)^2=2$　　　답 ⑤

0803

두 근을 2α, 3α로 놓으면

$2(x-2\alpha)(x-3\alpha)=0$에서 $2x^2-10\alpha x+12\alpha^2=0$이므로

$-10\alpha=-5$　　$\therefore \alpha=\dfrac{1}{2}$

$\therefore k=12\alpha^2=12\times\left(\dfrac{1}{2}\right)^2=3$　　　답 ④

0804

두 근을 α, $\alpha+3$으로 놓으면

$3(x-\alpha)\{x-(\alpha+3)\}=0$, $3x^2-3(2\alpha+3)x+3\alpha(\alpha+3)=0$이므로

$-3(2\alpha+3)=-3$　　$\therefore \alpha=-1$　　……40%

$-m^2+5m=3\alpha(\alpha+3)=3\times(-1)\times2=-6$　　……30%

$m^2-5m-6=0$

$(m+1)(m-6)=0$　　$\therefore m=6\,(\because m>0)$　　……30%

답 6

0805

연아가 푼 이차방정식은 $(x-6)(x+1)=0$, $x^2-5x-6=0$

연아는 상수항은 바르게 보았으므로 상수항은 -6

태환이가 푼 이차방정식은 $(x-3)(x+4)=0$, $x^2+x-12=0$

태환이는 x의 계수는 바르게 보았으므로 x의 계수는 1

따라서 원래 주어진 이차방정식은

$x^2+x-6=0$, $(x+3)(x-2)=0$

$\therefore x=-3$ 또는 $x=2$　　　답 $x=-3$ 또는 $x=2$

0806

기연이는 상수항을 바르게 보았으므로

$(x-2)(x+3)=0$, $x^2+x-6=0$에서 $b=-6$ 40%
연준이는 x의 계수를 바르게 보았으므로
$(x-1)(x+8)=0$, $x^2+7x-8=0$에서 $a=7$ 40%
$\therefore a+b=7+(-6)=1$ 20%

目 1

0807
$x^2-4ax+3a=0$에 $x=3$을 대입하면
$9-12a+3a=0$ $\therefore a=1$
즉 $x^2+3x-4=0$에서 $(x+4)(x-1)=0$
$\therefore x=-4$ 또는 $x=1$ 目 $x=-4$ 또는 $x=1$

0808
원래 주어진 이차방정식을 $x^2+ax+b=0$이라 하면
정인이는 상수항을 바르게 보았으므로
$(x-1)(x+15)=0$, $x^2+14x-15=0$에서 $b=-15$
수연이는 x의 계수를 바르게 보았으므로
$x=-2\pm\sqrt{17}$, $x+2=\pm\sqrt{17}$, $(x+2)^2=17$
$x^2+4x+4=17$, $x^2+4x-13=0$ $\therefore a=4$
따라서 $x^2+4x-15=0$의 해는 $x=-2\pm\sqrt{19}$ 目 $x=-2\pm\sqrt{19}$

0809
다른 한 근은 $1-\sqrt{6}$이므로
$k+1=(1+\sqrt{6})(1-\sqrt{6})=-5$
$\therefore k=-6$ 目 ①

0810
다른 한 근은 $-3+\sqrt{5}$이므로
$-\dfrac{a}{2}=(-3-\sqrt{5})+(-3+\sqrt{5})=-6$ $\therefore a=12$
$\dfrac{b}{2}=(-3-\sqrt{5})(-3+\sqrt{5})=4$ $\therefore b=8$
$\therefore a-b=12-8=4$ 目 4

0811
다른 한 근은 $3+\sqrt{2}$이므로
x^2의 계수가 3인 이차방정식을 $3x^2+ax+b=0$이라고 하면
$-\dfrac{a}{3}=(3-\sqrt{2})+(3+\sqrt{2})=6$, $\dfrac{b}{3}=(3-\sqrt{2})(3+\sqrt{2})=7$
$\therefore a=-18$, $b=21$
따라서 구하는 이차방정식은
$3x^2-18x+21=0$ 目 ③

0812
$1<4-\sqrt{5}<2$이므로 $a=1$, $b=3-\sqrt{5}$
따라서 $x^2+px+q=0$의 한 근이 $3-\sqrt{5}$이므로 다른 한 근은 $3+\sqrt{5}$
$-p=(3-\sqrt{5})+(3+\sqrt{5})=6$ $\therefore p=-6$

$q=(3-\sqrt{5})(3+\sqrt{5})=4$
$\therefore 2p-q=2\times(-6)-4=-16$ 目 -16

0813
$\dfrac{n(n+1)}{2}=36$에서 $n(n+1)=72$
$n^2+n-72=0$, $(n+9)(n-8)=0$ $\therefore n=8$ $(\because n>0)$
따라서 1부터 8까지의 자연수를 더해야 한다. 目 ①

0814
$\dfrac{n(n-3)}{2}=35$에서 $n(n-3)=70$
$n^2-3n-70=0$, $(n+7)(n-10)=0$ $\therefore n=10$ $(\because n>3)$
따라서 구하는 다각형은 십각형이다. 目 ③

0815
$\dfrac{n(n-1)}{2}=28$에서 $n(n-1)=56$
$n^2-n-56=0$, $(n+7)(n-8)=0$ $\therefore n=8$ $(\because n>1)$
따라서 회원 수는 8명이다. 目 8명

0816
$\dfrac{n(n+1)}{2}=55$에서 $n(n+1)=110$
$n^2+n-110=0$, $(n+11)(n-10)=0$ $\therefore n=10$ $(\because n>0)$
따라서 55개의 바둑돌이 놓이는 경우는 10번째이다. 目 ①

0817
차가 4인 두 자연수를 x, $x+4$라고 하면 $x(x+4)=192$
$x^2+4x-192=0$, $(x+16)(x-12)=0$
$\therefore x=12$ $(\because x$는 자연수$)$
따라서 두 수는 12, 16이므로 그 합은 28이다. 目 ②

0818
어떤 양수를 x라고 하면 $3(x+4)=(x+4)^2-10$
$x^2+5x-6=0$, $(x+6)(x-1)=0$
$\therefore x=1$ $(\because x$는 자연수$)$
따라서 구하는 양수는 1이다. 目 1

0819
십의 자리의 숫자를 x라고 하면 일의 자리의 숫자는 $2x$이다.
(단, x, $2x$는 한 자리 자연수)
이때 각 자리의 숫자의 제곱의 합은 $x^2+(2x)^2$이고 이 자연수는
$10x+2x$이므로
$x^2+(2x)^2=12x-4$에서 $5x^2-12x+4=0$
$(5x-2)(x-2)=0$ $\therefore x=\dfrac{2}{5}$ 또는 $x=2$
그런데 x는 한 자리의 자연수이므로 $x=2$

따라서 구하는 자연수는 24이다. 답 24

0820
십의 자리의 숫자를 x라고 하면 일의 자리의 숫자는 $(8-x)$이다.
이때 이 자연수는 $10x+8-x$이고 각 자리의 숫자의 곱은
$x(8-x)$이므로
$9x+8=x(8-x)+14$, $x^2+x-6=0$ ······ 40%
$(x+3)(x-2)=0$ ∴ $x=2$ ($\because$ x는 자연수) ······ 40%
따라서 구하는 자연수는 26이다. ······ 20%
  답 26

0821
연속하는 세 자연수를 $x-1$, x, $x+1$로 놓으면
$(x+1)^2=(x-1)^2+x^2$, $x^2-4x=0$, $x(x-4)=0$
∴ $x=4$ ($\because$ x는 자연수)
따라서 3, 4, 5 중 가장 큰 수는 5이다. 답 ④

0822
연속하는 두 자연수를 x, $x+1$로 놓으면
$x(x+1)=420$, $x^2+x-420=0$
$(x+21)(x-20)=0$ ∴ $x=20$ ($\because$ x는 자연수)
따라서 20, 21 중 작은 수는 20이다. 답 20

0823
연속하는 두 홀수를 x, $x+2$로 놓으면
$x^2+(x+2)^2=34$, $x^2+2x-15=0$
$(x+5)(x-3)=0$ ∴ $x=3$ ($\because$ x는 자연수)
따라서 3, 5 중 큰 수는 5이다. 답 ③

0824
연속하는 세 짝수를 $x-2$, x, $x+2$로 놓으면
$(x-2)^2=2(x+x+2)$ ······ 50%
$x^2-4x+4=4x+4$, $x^2-8x=0$, $x(x-8)=0$
∴ $x=8$ ($\because$ x는 자연수) ······ 40%
따라서 연속하는 세 짝수는 6, 8, 10이다. ······ 10%
  답 6, 8, 10

0825
동생의 나이를 x살이라고 하면 영훈이의 나이는 $(x+3)$살이므로
$x^2=4(x+3)$, $x^2-4x-12=0$, $(x+2)(x-6)=0$
∴ $x=6$ ($\because$ $x>0$)
따라서 동생의 나이는 6살이다. 답 ④

0826
펼쳐진 두 면의 쪽수를 x, $x+1$이라고 하면
$x(x+1)=210$, $x^2+x-210=0$
$(x+15)(x-14)=0$ ∴ $x=14$ ($\because$ $x>0$)

따라서 펼쳐진 두 면의 쪽수는 14, 15이므로 그 합은 $14+15=29$
  답 ⑤

0827
여행하는 3일 간의 날짜를 $(x-1)$일, x일, $(x+1)$일이라고 하면
$(x-1)^2+x^2+(x+1)^2=365$, $x^2=121$ ∴ $x=11$ ($\because$ $x>0$)
따라서 출발 날짜는 10일이다. 답 ④

0828
인상하기 전 물건의 가격을 A원, 이때의 판매량을 B개라고 하면
$AB=A\left(1+\dfrac{8x}{100}\right)B\left(1-\dfrac{5x}{100}\right)$, $1=1+\dfrac{3x}{100}-\dfrac{40x^2}{100^2}$
$40x^2-300x=0$, $2x^2-15x=0$, $x(2x-15)=0$
∴ $x=\dfrac{15}{2}$ ($\because$ $x>0$) 답 $\dfrac{15}{2}$

0829
$20t-5t^2=0$에서 $t^2-4t=0$
$t(t-4)=0$ ∴ $t=4$ ($\because$ $t>0$)
따라서 물체가 지면에 떨어지는 것은 쏘아 올린 지 4초 후이다.
  답 ④

0830
$10+40t-5t^2=90$에서 $t^2-8t+16=0$
$(t-4)^2=0$ ∴ $t=4$
따라서 지면으로부터의 공의 높이가 90 m가 되는 것은 4초 후이다.
  답 ④

0831
$25t-5t^2=30$에서 $t^2-5t+6=0$
$(t-2)(t-3)=0$ ∴ $t=2$ 또는 $t=3$
따라서 물체의 높이가 처음으로 30 m가 되는 것은 쏘아 올린 지 2초 후이다. 답 ②

0832
$x=2$일 때, $-5\times2^2+30\times2+40=80$(m) ······ 40%
물 로켓의 지면으로부터의 높이가 80 m일 때에는
$-5x^2+30x+40=80$
$x^2-6x+8=0$, $(x-2)(x-4)=0$
∴ $x=2$ 또는 $x=4$ ······ 50%
따라서 지면으로부터의 높이가 80 m인 지점을 다시 지나는 것은 쏘아 올린 지 4초 후이다. ······ 10%
  답 4초

0833
세로의 길이를 x cm라고 하면 가로의 길이는 $(9-x)$ cm이므로
넓이는 $(9-x)x=18$

$x^2-9x+18=0$, $(x-3)(x-6)=0$ $\quad\therefore x=3$ 또는 $x=6$
이때 세로의 길이가 가로의 길이보다 짧으므로 세로의 길이는 $3\,\mathrm{cm}$이다.
답 $3\,\mathrm{cm}$

0834

$\overline{\mathrm{AC}}^2=\overline{\mathrm{CH}}\times\overline{\mathrm{CB}}$이므로 $15^2=x(x+x+7)$
$2x^2+7x-225=0$, $(2x+25)(x-9)=0$ $\quad\therefore x=9\,(\because x>0)$
답 9

0835

세로의 길이를 $x\,\mathrm{m}$라고 하면 가로의 길이는 $(26-2x)\,\mathrm{m}$이므로
$x(26-2x)=60$, $x^2-13x+30=0$, $(x-3)(x-10)=0$
$\therefore x=3$ 또는 $x=10$
즉 세로의 길이는 $3\,\mathrm{m}$ 또는 $10\,\mathrm{m}$이므로 세로의 길이가 될 수 있는 것은 ⑤이다.
답 ⑤

0836

$\overline{\mathrm{CQ}}=x\,\mathrm{cm}$라고 하면 $\overline{\mathrm{AP}}=2x\,\mathrm{cm}$이므로
$\overline{\mathrm{BQ}}=(12-x)\,\mathrm{cm}$, $\overline{\mathrm{BP}}=(12-2x)\,\mathrm{cm}$
$\dfrac{1}{2}\times(12-x)(12-2x)=16$이므로 $x^2-18x+56=0$
$(x-4)(x-14)=0$ $\quad\therefore x=4\,(\because 0<x<6)$
따라서 $\overline{\mathrm{CQ}}$의 길이는 $4\,\mathrm{cm}$이다.
답 $4\,\mathrm{cm}$

0837

$\overline{\mathrm{AD}}=x\,\mathrm{cm}$라고 하면 $\overline{\mathrm{AH}}=x\,\mathrm{cm}$, $\overline{\mathrm{BC}}=(x+4)\,\mathrm{cm}$
$\dfrac{1}{2}\times(x+x+4)\times x=24$이므로
$x^2+2x-24=0$, $(x+6)(x-4)=0$
$\therefore x=4\,(\because x>0)$ $\quad\therefore \overline{\mathrm{BC}}=4+4=8\,(\mathrm{cm})$
답 $8\,\mathrm{cm}$

0838

$\overline{\mathrm{FE}}=x\,\mathrm{cm}$라고 하면 $\overline{\mathrm{AE}}=\overline{\mathrm{FE}}=x\,\mathrm{cm}$이므로
$\overline{\mathrm{EC}}=(8-x)\,\mathrm{cm}$ ······ 40%
$x(8-x)=12$이므로 $x^2-8x+12=0$
$(x-2)(x-6)=0$ $\quad\therefore x=2$ 또는 $x=6$ ······ 40%
그런데 $\overline{\mathrm{FE}}>\overline{\mathrm{EC}}$이므로 $\overline{\mathrm{FE}}=6\,\mathrm{cm}$ ······ 20%
답 $6\,\mathrm{cm}$

0839

정사각형 PQRS의 한 변의 길이를 $x\,\mathrm{cm}$라고 하면 정사각형 ABCD의 한 변의 길이는 $(2x-9)\,\mathrm{cm}$이므로
$(2x-9)^2-x^2=120$, $x^2-12x-13=0$, $(x+1)(x-13)=0$
$\therefore x=13\,(\because x>0)$
따라서 정사각형 ABCD의 한 변의 길이는
$2x-9=2\times13-9=17\,(\mathrm{cm})$
답 $17\,\mathrm{cm}$

0840

두 번째로 큰 정사각형의 한 변의 길이를 $x\,\mathrm{cm}$라고 하면 가장 큰 정사각형의 한 변이 길이는 $(x+4)\,\mathrm{cm}$, 가장 작은 정사각형의 한 변의 길이는 $(x-4)\,\mathrm{cm}$이므로
$(x+4)^2=x^2+(x-4)^2$, $x^2-16x=0$, $x(x-16)=0$
$\therefore x=16\,(\because x>4)$
따라서 색칠한 부분의 넓이는
$16^2-(16-4)^2=256-144=112\,(\mathrm{cm}^2)$
답 ②

0841

큰 정사각형의 한 변의 길이를 $x\,\mathrm{cm}$라고 하면
작은 정사각형의 한 변의 길이는 $(8-x)\,\mathrm{cm}$이므로
$x^2+(8-x)^2=40$
$x^2-8x+12=0$, $(x-2)(x-6)=0$
$\therefore x=6\,(\because 4<x<8)$
따라서 큰 정사각형의 한 변의 길이는 $6\,\mathrm{cm}$이다.
답 ④

0842

$\overline{\mathrm{AP}}=x\,\mathrm{cm}$라고 하면 $\overline{\mathrm{BP}}=(10-x)\,\mathrm{cm}$이므로
$x^2+\dfrac{1}{2}(10-x)^2=34$, $2x^2+(10-x)^2=68$
$3x^2-20x+100=68$, $3x^2-20x+32=0$
$(x-4)(3x-8)=0$ $\quad\therefore x=4$ 또는 $x=\dfrac{8}{3}$
이때 x는 자연수이므로 $\overline{\mathrm{AP}}$의 길이는 $4\,\mathrm{cm}$이다.
답 $4\,\mathrm{cm}$

0843

작은 정사각형의 한 변의 길이를 $x\,\mathrm{cm}$라고 하면 작은 정사각형의 둘레의 길이는 $4x\,\mathrm{cm}$이므로 큰 정사각형의 둘레의 길이는 $(12-4x)\,\mathrm{cm}$이고, 큰 정사각형의 한 변의 길이는 $(3-x)\,\mathrm{cm}$이다.
$x^2:(3-x)^2=1:2$이므로 $(3-x)^2=2x^2$
$x^2+6x-9=0$ $\quad\therefore x=-3+3\sqrt{2}\,(\because x>0)$
따라서 작은 정사각형의 한 변의 길이는 $(-3+3\sqrt{2})\,\mathrm{cm}$이다.
답 $(-3+3\sqrt{2})\,\mathrm{cm}$

0844

$\pi(4+x)^2=\pi\times4^2+20\pi$이므로 $x^2+8x-20=0$
$(x+10)(x-2)=0$ $\quad\therefore x=2\,(\because x>0)$
답 ②

0845

처음 원의 반지름의 길이를 $x\,\mathrm{cm}$라고 하면
$\pi(x+6)^2=4\pi x^2$, $x^2-4x-12=0$
$(x+2)(x-6)=0$ $\quad\therefore x=6\,(\because x>0)$
따라서 처음 원의 반지름의 길이는 $6\,\mathrm{cm}$이다.
답 ③

0846

가장 작은 반원의 반지름의 길이를 x cm라고 하면 두 번째로 큰 반원의 반지름의 길이는 $(15-x)$ cm이므로

$\frac{1}{2}\pi \times 15^2 - \frac{1}{2}\pi x^2 - \frac{1}{2}\pi(15-x)^2 = 50\pi$

$x^2 - 15x + 50 = 0,\ (x-5)(x-10) = 0$

$\therefore x = 5\ \left(\because 0 < x < \frac{15}{2}\right)$

따라서 가장 작은 반원의 반지름의 길이는 5 cm이다.　　🔲 ③

0847

연못의 반지름의 길이를 x m라고 하면 산책로를 포함한 원의 반지름의 길이는 $(x+3)$ m이므로

$\pi(x+3)^2 - \pi x^2 = \frac{1}{3}\pi x^2,\ x^2 - 18x - 27 = 0$

$\therefore x = 9 + 6\sqrt{3}\ (\because x > 0)$

따라서 연못의 둘레의 길이는

$2\pi \times (9 + 6\sqrt{3}) = (18 + 12\sqrt{3})\pi\,(\text{m})$　🔲 $(18 + 12\sqrt{3})\pi$ m

0848

처음 정사각형의 한 변의 길이를 x cm라고 하면

$(x+5)(x-4) = 36,\ x^2 + x - 56 = 0$

$(x+8)(x-7) = 0$　　$\therefore x = 7\ (\because x > 4)$

따라서 처음 정사각형의 한 변의 길이는 7 cm이다.　🔲 ③

0849

x m만큼 늘인 화단의 넓이는

$(4+x)(3+x) = 4 \times 3 + 18,\ x^2 + 7x - 18 = 0$

$(x+9)(x-2) = 0$　　$\therefore x = 2\ (\because x > 0)$　🔲 2

0850

처음 삼각형의 밑변의 길이를 x cm라고 하면

$\frac{1}{2}(x+4)(x+2) = 3\left(\frac{1}{2} \times x \times x\right)$

$x^2 - 3x - 4 = 0,\ (x+1)(x-4) = 0$　　$\therefore x = 4\ (\because x > 0)$

따라서 처음 삼각형의 넓이는 $\frac{1}{2} \times 4 \times 4 = 8\,(\text{cm}^2)$　🔲 8 cm²

0851

x초 후에 직사각형의 가로의 길이는 $(25-x)$ cm, 세로의 길이는 $(16+2x)$ cm이므로 $(25-x)(16+2x) = 25 \times 16$　……40%

$x^2 - 17x = 0,\ x(x-17) = 0$

$\therefore x = 17\ (\because 0 < x < 25)$　……40%

따라서 처음 직사각형과 넓이가 같아지는 것은 17초 후이다.

　……20%

🔲 17초

0852

잘라 낸 정사각형의 한 변의 길이를 x cm라고 하면

상자의 밑면의 가로와 세로의 길이는 모두 $(12-2x)$ cm이므로

$(12-2x)^2 = 64,\ x^2 - 12x + 20 = 0,\ (x-2)(x-10) = 0$

$\therefore x = 2\ (\because 0 < x < 6)$

따라서 잘라 낸 정사각형의 한 변의 길이는 2 cm이다.　🔲 2 cm

0853

처음 정사각형의 한 변의 길이를 x cm라고 하면 상자의 밑면의 가로와 세로의 길이는 모두 $(x-6)$ cm이므로

$3(x-6)^2 = 147$　　　　　　　　　　　……40%

$(x-6)^2 = 49,\ x-6 = \pm 7$　　$\therefore x = 13\ (\because x > 6)$　……50%

따라서 처음 정사각형의 한 변의 길이는 13 cm이다.　……10%

다른 풀이

$3(x-6)^2 = 147,\ (x-6)^2 = 49$

$x^2 - 12x - 13 = 0,\ (x+1)(x-13) = 0$

$\therefore x = 13\ (\because x > 6)$　🔲 13 cm

0854

색칠한 부분의 세로의 길이를 x cm라고 하면 가로의 길이는 $(20-2x)$ cm이므로

$x(20-2x) = 42,\ x^2 - 10x + 21 = 0,\ (x-3)(x-7) = 0$

$\therefore x = 3$ 또는 $x = 7$

색칠한 부분의 가로의 길이가 세로의 길이보다 길므로 $x = 3$

따라서 색칠한 부분의 세로의 길이는 3 cm이다.　🔲 3 cm

0855

도로의 폭을 x m라고 하면

$(14-x)(12-x) = 120,\ x^2 - 26x + 48 = 0$

$(x-2)(x-24) = 0$　　$\therefore x = 2\ (\because 0 < x < 12)$

따라서 도로의 폭은 2 m이다.　🔲 2 m

0856

산책로의 폭을 x m라고 하면

$(10+2x)(6+2x) - 10 \times 6 = 80,\ x^2 + 8x - 20 = 0$

$(x+10)(x-2) = 0$　　$\therefore x = 2\ (\because x > 0)$

따라서 산책로의 폭은 2 m이다.　🔲 ③

0857

길의 폭을 x m라고 하면

$(20-2x)(16-x) = 144,\ x^2 - 26x + 88 = 0$

$(x-4)(x-22) = 0$　　$\therefore x = 4\ (\because 0 < x < 10)$

따라서 길의 폭은 4 m이다.　🔲 4 m

실력 콕콕

0858 ③	**0859** ⑤	**0860** 4	**0861** ②
0862 ⑤	**0863** 4	**0864** 1	**0865** ③
0866 -2	**0867** ②	**0868** ④	**0869** ④
0870 $-10, 10$		**0871** ④	**0872** ⑤
0873 6명	**0874** ③	**0875** 18	**0876** 40 cm²
0877 2초	**0878** ⑤	**0879** $3+\sqrt{5}$	**0880** ④
0881 16마리 또는 48마리			

0858

$\dfrac{-b-\sqrt{b^2-4ac}}{6a}=-1$에서 $\dfrac{-b-\sqrt{b^2-4ac}}{2a}=-3$

$\dfrac{-b+\sqrt{b^2-4ac}}{6a}=4$에서 $\dfrac{-b+\sqrt{b^2-4ac}}{2a}=12$

따라서 옳은 두 근의 합은 $-3+12=9$　　답 ③

0859

양변에 6을 곱하면

$12x-2(x-1)(x+1)=3(x-1)$

$2x^2-9x-5=0$, $(2x+1)(x-5)=0$

$\therefore x=-\dfrac{1}{2}$ 또는 $x=5$

따라서 두 근 $-\dfrac{1}{2}$과 5 사이에 있는 자연수는 1, 2, 3, 4이므로

그 합은 10이다.　　답 ⑤

0860

$x^2-2x=A$로 치환하면 $A^2-7A+10=0$

$(A-2)(A-5)=0$　　$\therefore A=2$ 또는 $A=5$

(i) $A=2$일 때, $x^2-2x=2$

$x^2-2x-2=0$

$\therefore x=-(-1)\pm\sqrt{(-1)^2-1\times(-2)}=1\pm\sqrt{3}$

(ii) $A=5$일 때, $x^2-2x=5$

$x^2-2x-5=0$

$\therefore x=-(-1)\pm\sqrt{(-1)^2-1\times(-5)}=1\pm\sqrt{6}$

따라서 주어진 이차방정식의 모든 근의 합은

$(1+\sqrt{3})+(1-\sqrt{3})+(1+\sqrt{6})+(1-\sqrt{6})=4$　　답 4

0861

ㄴ. $x^2+4=0$에서 $0^2-4\times1\times4=-16<0$이므로 근을 갖지 않는다.

ㄷ. $m=-5$, $n=1$이면 $(-5)^2-4\times1\times1=21>0$이므로 서로 다른 두 근을 갖는다.

또한 $m=-2$, $n=1$이면 $(-2)^2-4\times1\times1=0$이므로 중근을 갖는다.　　답 ②

0862

$(2k+1)^2-4(2k+1)=0$이어야 하므로 $4k^2-4k-3=0$

$(2k+1)(2k-3)=0$　　$\therefore k=-\dfrac{1}{2}$ 또는 $k=\dfrac{3}{2}$

이때 $k\neq-\dfrac{1}{2}$이므로 $k=\dfrac{3}{2}$　　답 ⑤

0863

$(k+2)^2-4\times1\times4=0$이므로 $k^2+4k-12=0$

$(k+6)(k-2)=0$　　$\therefore k=-6$ 또는 $k=2$

따라서 $3x^2-4ax+a^2+4=0$의 한 근이 $x=2$이므로

$3\times2^2-4a\times2+a^2+4=0$

$a^2-8a+16=0$, $(a-4)^2=0$　　$\therefore a=4$　　답 4

0864

$3x^2-2x-k+1=0$이 해를 가지므로

$(-2)^2-4\times3\times(-k+1)\geq0$

$12k-8\geq0$　　$\therefore k\geq\dfrac{2}{3}$

따라서 가장 작은 정수 k의 값은 1이다.　　답 1

0865

모든 경우의 수는 $6\times6=36$

$x^2+ax+b=0$이 서로 다른 두 근을 가지려면

$a^2-4b>0$　　$\therefore a^2>4b$

이것을 만족하는 순서쌍 (a, b)는 $(3, 1)$, $(3, 2)$, $(4, 1)$, $(4, 2)$, $(4, 3)$, $(5, 1)$, $(5, 2)$, $(5, 3)$, $(5, 4)$, $(5, 5)$, $(5, 6)$, $(6, 1)$, $(6, 2)$, $(6, 3)$, $(6, 4)$, $(6, 5)$, $(6, 6)$의 17가지이므로

구하는 확률은 $\dfrac{17}{36}$이다.　　답 ③

0866

$3x^2+5x-2-2x^2-3x-1=5$

$x^2+2x-8=0$

이때 $\alpha+\beta=-2$, $\alpha\beta=-8$이므로

$\alpha^2+\beta^2=(\alpha+\beta)^2-2\alpha\beta=(-2)^2-2\times(-8)=20$

$\therefore \dfrac{\beta}{\alpha+1}+\dfrac{\alpha}{\beta+1}=\dfrac{(\alpha^2+\beta^2)+(\alpha+\beta)}{\alpha\beta+(\alpha+\beta)+1}$

$=\dfrac{20+(-2)}{-8+(-2)+1}=-2$　　답 -2

0867

$x^2+4x-8=0$의 두 근이 2α, 2β이므로

$2\alpha+2\beta=2(\alpha+\beta)=-4$에서 $\alpha+\beta=-2$

$2\alpha\times2\beta=4\alpha\beta=-8$에서 $\alpha\beta=-2$

$x^2+ax+b=0$의 두 근이 α, β이므로

$-a=\alpha+\beta=-2$, $b=\alpha\beta=-2$이므로

$a=2$, $b=-2$

$\therefore ab=2\times(-2)=-4$　　답 ②

0868

두 근을 α, β라고 하면 $\alpha\beta = -12$를 만족하는 두 정수 α, β의 순서쌍 (α, β)는

$(-12, 1)$, $(-6, 2)$, $(-4, 3)$, $(-3, 4)$, $(-2, 6)$, $(-1, 12)$,

$(12, -1)$, $(6, -2)$, $(4, -3)$, $(3, -4)$, $(2, -6)$, $(1, -12)$

따라서 $\alpha + \beta = a$이므로 a의 값이 될 수 있는 수는 -11, -4, -1,

1, 4, 11이다. **답** ④

0869

$8x^2 + ax + b = 0$의 두 근이 $\dfrac{1}{2}$, $\dfrac{1}{4}$이므로

$8\left(x - \dfrac{1}{2}\right)\left(x - \dfrac{1}{4}\right) = 0$, $8x^2 - 6x + 1 = 0$

$a = -6$, $b = 1$

따라서 -6, 1을 두 근으로 하고 x^2의 계수가 1인 이차방정식은

$(x + 6)(x - 1) = 0$ $\quad \therefore x^2 + 5x - 6 = 0$ **답** ④

0870

두 근을 $2a$, $3a$로 놓으면

$(x - 2a)(x - 3a) = 0$, $x^2 - 5ax + 6a^2 = 0$

$6a^2 = 24$이므로 $a^2 = 4$ $\quad \therefore a = \pm 2$

따라서 두 근은 -4, -6 또는 4, 6이므로 $k = \pm 10$ **답** -10, 10

0871

$x = -4$, $x = 3$을 두 근으로 하고 x^2의 계수가 1인 이차방정식은

$(x + 4)(x - 3) = 0$, $x^2 + x - 12 = 0$ $\quad \therefore b = -12$

$x = 2$, $x = 5$를 두 근으로 하고 x^2의 계수가 1인 이차방정식은

$(x - 2)(x - 5) = 0$, $x^2 - 7x + 10 = 0$ $\quad \therefore a = -7$

$\therefore ab = (-7) \times (-12) = 84$ **답** ④

0872

다른 한 근은 $4 + 2\sqrt{3}$이므로

두 근의 곱은 $(4 - 2\sqrt{3})(4 + 2\sqrt{3}) = 4$

이때 $k - 2 = 4$이므로 $k = 6$

다른 풀이

$x = 4 \pm 2\sqrt{3}$, $x - 4 = \pm 2\sqrt{3}$

$(x - 4)^2 = 12$, $x^2 - 8x + 16 = 12$ $\quad \therefore x^2 - 8x + 4 = 0$

이때 $k - 2 = 4$이므로 $k = 6$

답 ⑤

0873

$\dfrac{n(n-1)}{2} = 15$에서 $n(n-1) = 30$

$n^2 - n - 30 = 0$, $(n + 5)(n - 6) = 0$

$\therefore n = 6 \ (\because n > 0)$

따라서 회의에 참석한 사람은 6명이다. **답** 6명

0874

$(2x+1) ▲ (x-3) = (2x+1)^2 + (x-3)^2 - (2x+1)(x-3)$
$= 4x^2 + 4x + 1 + x^2 - 6x + 9 - 2x^2 + 5x + 3$
$= 3x^2 + 3x + 13$

즉, $3x^2 + 3x + 13 = 15$이므로 $3x^2 + 3x - 2 = 0$

$\therefore x = \dfrac{-3 \pm \sqrt{33}}{6}$

따라서 모든 실수 x의 값의 합은

$\dfrac{-3 + \sqrt{33}}{6} + \dfrac{-3 - \sqrt{33}}{6} = -1$ **답** ③

0875

연속하는 세 자연수를 $x-1$, x, $x+1$로 놓으면

$(x-1)^2 + x^2 + (x+1)^2 = 110$

$3x^2 + 2 = 110$, $x^2 = 36$ $\quad \therefore x = 6 \ (\because x > 1)$

따라서 연속하는 세 자연수는 5, 6, 7이므로 그 합은 $5 + 6 + 7 = 18$이다. **답** 18

0876

타일의 짧은 변의 길이를 x cm, 긴 변의 길이를 y cm라고 하면 벽면의 가로의 길이에서

$4x = 2y + 4$ $\quad \therefore y = 2x - 2$

벽면의 넓이는 260 cm^{2}이므로

$4x(x + y) = 260$, $4x(3x - 2) = 260$

$3x^2 - 2x - 65 = 0$, $(3x + 13)(x - 5) = 0$

$\therefore x = 5 \ (\because x > 1)$

$\therefore y = 2 \times 5 - 2 = 8$

따라서 타일 한 개의 넓이는 $xy = 5 \times 8 = 40 \ (\text{cm}^2)$ **답** 40 cm^2

0877

x초 후에 $\triangle PCQ$의 넓이가 8 cm^{2}가 된다고 하면

$\dfrac{1}{2} \times (12 - 2x) \times x = 8$

$x^2 - 6x + 8 = 0$, $(x - 2)(x - 4) = 0$ $\quad \therefore x = 2$ 또는 $x = 4$

따라서 출발한 지 2초 후에 처음으로 $\triangle PCQ$의 넓이가 8 cm^{2}가 된다. **답** 2초

0878

점 A의 좌표를 $(a, 3a)$라고 하면 $B(a, 0)$, $C(8, 0)$, $D(8, 3a)$

직사각형 ABCD의 넓이가 45이므로 $\overline{AD} \times \overline{AB} = 45$에서

$(8 - a) \times 3a = 45$, $a^2 - 8a + 15 = 0$, $(a - 3)(a - 5) = 0$

$\therefore a = 3$ 또는 $a = 5$

따라서 $\begin{cases} a = 3 \\ b = 9 \end{cases}$ 또는 $\begin{cases} a = 5 \\ b = 15 \end{cases}$ 이므로 $a + b$의 최댓값은 20이다.

답 ⑤

0879

$\triangle ABC$가 $\overline{AB} = \overline{AC}$, $\angle A = 36°$인 이등변삼각형이므로

$\angle ABC = \angle C = 72°$, $\angle ABD = \angle CBD = 36°$,
$\angle BDC = \angle BCD = 72°$
$\overline{BC} = x$라고 하면 $\overline{BC} = \overline{BD} = \overline{AD} = x$, $\overline{AB} = \overline{AC} = x+2$
이때 $\triangle ABC \circ \triangle BCD$이므로
$\overline{AB} : \overline{BC} = \overline{BC} : \overline{CD}$, $(x+2) : x = x : 2$
$x^2 = 2(x+2)$, $x^2 - 2x - 4 = 0$ $\qquad \therefore x = 1+\sqrt{5}$ ($\because x > 0$)
$\therefore \overline{AB} = (1+\sqrt{5})+2 = 3+\sqrt{5}$
답 $3+\sqrt{5}$

0880

밑면의 반지름의 길이를 x cm라고 하면 높이는 $(x+4)$cm이므로
$2\pi x(x+4) = 90\pi$, $x^2 + 4x - 45 = 0$
$(x+9)(x-5) = 0$
$\therefore x = 5$ ($\because x > 0$)
따라서 밑면의 반지름의 길이는 5 cm, 높이는 9 cm이므로 원기둥의 부피는
$\pi \times 5^2 \times 9 = 225\pi (\text{cm}^3)$
답 ④

0881

숲 속에 사는 원숭이를 모두 x마리라고 하면 $\left(\dfrac{1}{8}x\right)^2 + 12 = x$
$\dfrac{1}{64}x^2 - x + 12 = 0$, $x^2 - 64x + 768 = 0$
$(x-16)(x-48) = 0$ $\qquad \therefore x = 16$ 또는 $x = 48$
따라서 숲 속에 사는 원숭이는 16마리 또는 48마리이다.
답 16마리 또는 48마리

서술형 콕콕 본문 | 138~139쪽

0882 -2	**0883** 2	
0884 $2x^2+3x-6=0$		
0885 $6x^2-24x+2=0$	**0886** -3	**0887** 4
0888 8	**0889** 3	**0890** 15 **0891** 12명
0892 10	**0893** 5	

0882

단계1 $3x^2 + 8x + a = 0$에서
$x = \dfrac{-4 \pm \sqrt{4^2 - 3 \times a}}{3} = \dfrac{-4 \pm \sqrt{16-3a}}{3}$

단계2 $10 = 16 - 3a$, $b = -4$
$\therefore a = 2$, $b = -4$

단계3 $a + b = 2 + (-4) = -2$
답 -2

0883

$2x^2 + 14x + a = 0$에서
$x = \dfrac{-7 \pm \sqrt{7^2 - 2 \times a}}{2} = \dfrac{-7 \pm \sqrt{49-2a}}{2}$ ······40%
이때 $31 = 49 - 2a$, $b = -7$이므로
$\therefore a = 9$, $b = -7$ ······40%
$\therefore a + b = 9 + (-7) = 2$ ······20%
답 2

0884

단계1 $2x^2 - 5x - 4 = 0$에서 $\alpha + \beta = \dfrac{5}{2}$, $\alpha\beta = \dfrac{-4}{2} = -2$

단계2 $(\alpha - 2) + (\beta - 2) = \alpha + \beta - 4 = \dfrac{5}{2} - 4 = -\dfrac{3}{2}$
$(\alpha - 2)(\beta - 2) = \alpha\beta - 2(\alpha + \beta) + 4$
$\qquad\qquad\qquad\quad = -2 - 2 \times \dfrac{5}{2} + 4 = -3$

따라서 구하는 이차방정식은 $2\left(x^2 + \dfrac{3}{2}x - 3\right) = 0$
$\therefore 2x^2 + 3x - 6 = 0$
답 $2x^2 + 3x - 6 = 0$

0885

$3x^2 - 6x - 8 = 0$에서 $\alpha + \beta = -\left(\dfrac{-6}{3}\right) = 2$, $\alpha\beta = -\dfrac{8}{3}$ ······40%
$(\alpha + 1) + (\beta + 1) = \alpha + \beta + 2 = 2 + 2 = 4$
$(\alpha + 1)(\beta + 1) = \alpha\beta + (\alpha + \beta) + 1 = -\dfrac{8}{3} + 2 + 1 = \dfrac{1}{3}$
따라서 구하는 이차방정식은
$6\left(x^2 - 4x + \dfrac{1}{3}\right) = 0$ $\qquad \therefore 6x^2 - 24x + 2 = 0$ ······60%
답 $6x^2 - 24x + 2 = 0$

0886

단계1 계수가 유리수인 이차방정식의 한 근이 $1+\sqrt{2}$이므로 다른 한 근은 $1-\sqrt{2}$이다.

단계2 근과 계수의 관계에서 $-a = (1+\sqrt{2}) + (1-\sqrt{2}) = 2$
$\therefore a = -2$

단계3 근과 계수의 관계에서 $b = (1+\sqrt{2})(1-\sqrt{2}) = 1 - 2 = -1$

단계4 $a = -2$, $b = -1$이므로 $a + b = -2 + (-1) = -3$
답 -3

0887

계수가 유리수인 이차방정식의 한 근이 $3+\sqrt{5}$이므로 다른 한 근은 $3-\sqrt{5}$이다. ······20%
근과 계수의 관계에 의하여
$2p = (3+\sqrt{5}) + (3-\sqrt{5})$에서
$2p = 6$ $\qquad \therefore p = 3$ ······30%
$3q + 1 = (3+\sqrt{5})(3-\sqrt{5})$에서

$3q+1=4 \qquad \therefore q=1$ 30%

$\therefore p+q=3+1=4$ 20%

답 4

0888

단계1 두 근이 모두 자연수이고 두 근의 비가 $1:3$이므로 두 근을
α, 3α라고 하면
$(x-\alpha)(x-3\alpha)=0$, $x^2-4\alpha x+3\alpha^2=0$이므로
$3\alpha^2=12$, $\alpha^2=4 \qquad \therefore \alpha=\pm 2$

단계2 α는 자연수이므로 $\alpha=2$
$\therefore k=4\alpha=4\times 2=8$

다른풀이

α는 자연수이므로 $\alpha=2$

이때 두 근은 2와 6이므로 근과 계수의 관계에 의하여 $k=2+6=8$

답 8

0889

두 근의 비가 $3:4$이므로 두 근을 3α, 4α라고 하면
$4(x-3\alpha)(x-4\alpha)=0$, $4x^2-28\alpha x+48\alpha^2=0$이므로
$-28\alpha=-7 \qquad \therefore \alpha=\dfrac{1}{4}$ 50%

$\therefore k=48\alpha^2=48\times\left(\dfrac{1}{4}\right)^2=3$ 50%

다른풀이

두 근이 $\dfrac{3}{4}$과 1이므로 근과 계수의 관계에 의하여

$\dfrac{k}{4}=\dfrac{3}{4}\times 1 \qquad \therefore k=3$

답 3

0890

단계1 $\dfrac{n(n+1)}{2}=120$에서 $n(n+1)=240$

$n^2+n-240=0$

단계2 $(n+16)(n-15)=0 \qquad \therefore n=15$ (∵ n은 자연수)

따라서 1부터 15까지의 자연수를 더해야 한다.

답 15

0891

$\dfrac{n(n+1)}{2}=66$에서 $n^2-n-132=0$

$(n+11)(n-12)=0$ 50%

$\therefore n=12$ (∵ n은 자연수)

따라서 동아리 회원은 12명이다. 50%

답 12명

0892

단계1 $(60-x)(40-x)=1500 \qquad \therefore x^2-100x+900=0$

단계2 $(x-10)(x-90)=0$

$\therefore x=10$ 또는 $x=90$

단계3 $0<x<40$이므로 $x=10$

답 10

0893

$(30-x)(50-x)=1125$이므로

$x^2-80x+375=0$ 40%

$(x-5)(x-75)=0$

$\therefore x=5$ 또는 $x=75$ 40%

그런데 $0<x<30$이므로

$x=5$ 20%

답 5

Ⅳ. 이차함수

1 이차함수의 그래프 (1)

개념 콕콕　　　　　　　　　　本문 | 143, 145쪽

0894

(5) $y=2x+1$

(6) $y=x^2+x-1$

답 (1) ○ (2) × (3) ○ (4) × (5) × (6) ○

0895

(3) $y=x(x+4)=x^2+4x$이므로 이차함수이다.

답 (1) $y=700x$, × (2) $y=6x^2$, ○

(3) $y=x^2+4x$, ○ (4) $y=3x$, ×

0896

(1) $f(0)=0^2-2\times0-1=-1$

(2) $f(2)=2^2-2\times2-1=-1$

(3) $f(-1)=(-1)^2-2\times(-1)-1=2$

(4) $f\left(\dfrac{1}{2}\right)=\left(\dfrac{1}{2}\right)^2-2\times\dfrac{1}{2}-1=-\dfrac{7}{4}$

답 (1) -1 (2) -1 (3) 2 (4) $-\dfrac{7}{4}$

0897

답 (1) 0, 0 (2) 아래 (3) y, $x=0$ (4) 증가

0898

답 (1) 0, 0 (2) 위 (3) y, $x=0$ (4) 감소

0899

답 (1) ㄱ, ㄹ, ㅁ (2) ㄴ, ㄷ, ㅂ (3) ㄹ (4) ㄴ (5) ㄱ과 ㅂ

0900

답 (1) $y=3x^2+2$ (2) $y=-\dfrac{4}{3}x^2-\dfrac{1}{2}$

0901

답 (1) $\left(0, -\dfrac{1}{2}\right)$, $x=0$ (2) $\left(0, \dfrac{1}{5}\right)$, $x=0$

0902

답 (1) $a>0$, $q<0$ (2) $a<0$, $q>0$

0903

답 (1) $y=3(x+2)^2$ (2) $y=\dfrac{1}{2}(x-3)^2$

0904

답 (1) $(-3, 0)$, $x=-3$ (2) $\left(\dfrac{1}{2}, 0\right)$, $x=\dfrac{1}{2}$

0905

답 (1) $a>0$, $p<0$ (2) $a<0$, $p>0$

0906

답 (1) $y=2(x-3)^2+4$ (2) $y=-(x-1)^2-2$

0907

답 (1) $(1, 4)$, $x=1$ (2) $(-2, -3)$, $x=-2$

0908

답 (1) $>$, $<$, $<$ (2) $<$, $=$, $>$

0909

(1) $y=2(x-2)^2-1-1=2(x-2)^2-2$

(2) $y=-(x+1+3)^2+5=-(x+4)^2+5$

(3) $y=4(x+4-2)^2+1+2=4(x+2)^2+3$

답 (1) $y=2(x-2)^2-2$ (2) $y=-(x+4)^2+5$ (3) $y=4(x+2)^2+3$

유형 콕콕　　　　　　　　　　本문 | 146～155쪽

0910 ②	**0911** ㄱ, ㄷ, ㅂ	**0912** ②, ⑤	**0913** ⑤
0914 ⑤	**0915** ⑤	**0916** ①	**0917** -19
0918 ③	**0919** (1) ⓛ (2) ⓐ (3) ⓜ (4) ㄱ		
0920 $0<a<2$	**0921** ⑤	**0922** ②	**0923** ④
0924 ②, ⑤	**0925** ⑤	**0926** ④	**0927** ㄴ, ㄹ
0928 -16	**0929** ③	**0930** -3	**0931** ①
0932 ①	**0933** ②	**0934** $y=-\dfrac{3}{2}x^2$	
0935 ④	**0936** ②	**0937** -3	**0938** ⑤
0939 ④	**0940** ⑤	**0941** ④, ⑤	**0942** ④
0943 -2	**0944** -6	**0945** ④	**0946** 5
0947 ⑤	**0948** 81	**0949** ③	**0950** ⑤
0951 ⑤	**0952** 2, 4	**0953** ⑤	
0954 제1사분면		**0955** 9	**0956** $\dfrac{7}{3}$
0957 -16	**0958** ③	**0959** ④	**0960** 7
0961 ④	**0962** $\dfrac{1}{2}$	**0963** ⑤	**0964** -2
0965 ②	**0966** ②	**0967** $y=-2(x-3)^2+8$	
0968 ⑤	**0969** -2	**0970** $(0, 7)$	**0971** ②
0972 -1	**0973** ④	**0974** ①	**0975** ④
0976 -2	**0977** ③	**0978** ④	**0979** ④
0980 ②	**0981** ①	**0982** ④	**0983** ⑤
0984 ④	**0985** ④		

0910

① 이차함수 ② $y=x^3+x^2-6x$ (이차함수가 아니다.)

③ $y=-\dfrac{1}{3}x^2-\dfrac{2}{3}x$ (이차함수) ④ 이차함수 ⑤ 이차함수 답 ②

0911

ㄱ. $y=x^2+2x-1$ (이차함수)

ㄴ. $y=4x$ (일차함수)

ㄷ. 이차함수

ㄹ. 이차함수가 아니다.

ㅁ. x^2이 분모에 있으므로 이차함수가 아니다.

ㅂ. 이차함수 답 ㄱ, ㄷ, ㅂ

0912

① $y=2\pi x$ (일차함수)

② $y=x^2$ (이차함수)

③ $y=x^3$ (이차함수가 아니다.)

④ $y=\dfrac{1}{2}\times(x+3x)\times3=6x$ (일차함수)

⑤ $y=\pi\times x^2\times\dfrac{120}{360}=\dfrac{1}{3}\pi x^2$ (이차함수) 답 ②, ⑤

0913

$3-k\neq0$ $\therefore k\neq3$ 답 ⑤

0914

$f(1)=-3\times1^2-1+5=1$

$f(0)=-3\times0^2-0+5=5$

$\therefore f(1)+f(0)=1+5=6$ 답 ⑤

0915

$f(-1)=2\times(-1)^2+a\times(-1)+5=2-a+5=2$

$\therefore a=5$ 답 ⑤

0916

$f(a)=3a^2+5a+7=9$, $3a^2+5a-2=0$

$(a+2)(3a-1)=0$ $\therefore a=-2$ 또는 $a=\dfrac{1}{3}$

이때 $a>0$이므로 $a=\dfrac{1}{3}$ 답 ①

0917

$f(3)=a\times3^2-5\times3+3=6$이므로

$9a=18$ $\therefore a=2$ ······ 40%

즉, $f(x)=2x^2-5x+3$이므로

$f(-2)=2\times(-2)^2-5\times(-2)+3=21$

$\therefore b=21$ ······ 40%

$\therefore a-b=2-21=-19$ ······ 20%

답 -19

0918

$y=ax^2$의 그래프에서 $a<0$이면 위로 볼록하고 폭은 a의 절댓값이 작을수록 넓어진다. 답 ③

0919

답 (1) ㉡ (2) ㉣ (3) ㉢ (4) ㉠

0920

$0<3a<6$이므로 $0<a<2$ 답 $0<a<2$

0921

$-4<a<-\dfrac{3}{4}$이므로 ⑤ $-\dfrac{1}{2}$은 a의 값이 될 수 없다. 답 ⑤

0922

⑤ $a<0$일 때, $x>0$인 범위에서 x의 값이 증가하면 y의 값은 감소한다. 답 ⑤

0923

① 축의 방정식은 $x=0$이다.

② 점 $(2,3)$을 지난다.

③ 아래로 볼록한 포물선이다.

⑤ $x<0$일 때, x의 값이 증가하면 y의 값은 감소한다. 답 ④

0924

답 ②, ⑤

0925

① 꼭짓점의 좌표는 $(0,0)$이다.

② 축의 방정식은 $x=0$이다.

③ 위로 볼록한 포물선이다.

④ $y=-\dfrac{1}{3}x^2$의 그래프보다 폭이 좁다. 답 ⑤

0926

$y=-4x^2$의 그래프와 x축에 대하여 대칭인 그래프를 나타내는 이차함수의 식은 $y=4x^2$이고, 이 그래프가 점 $(-1,k)$를 지나므로

$k=4\times(-1)^2=4$ 답 ④

0927

ㄱ. 원점을 지나는 포물선이다.

ㄷ. 아래로 볼록한 포물선이다. 답 ㄴ, ㄹ

0928

$y=\dfrac{4}{3}x^2$의 그래프가 점 $(-3,a)$를 지나므로

$a=\dfrac{4}{3}\times(-3)^2=12$ ······ 40%

또한 $y=\dfrac{4}{3}x^2$의 그래프는 $y=bx^2$의 그래프와

x축에 대하여 대칭이므로 $b=-\dfrac{4}{3}$ ······40%

$\therefore ab=12\times\left(-\dfrac{4}{3}\right)=-16$ ······20%

답 -16

0929

포물선의 식을 $y=ax^2$으로 놓으면 이 그래프가 점 $(2, 1)$을 지나므로

$1=4a$ $\therefore a=\dfrac{1}{4}$

$\therefore y=\dfrac{1}{4}x^2$ 답 ③

0930

포물선의 식을 $y=ax^2$으로 놓으면 이 그래프가 점 $(3, -27)$을 지나므로

$-27=9a$ $\therefore a=-3$

$y=-3x^2$의 그래프가 점 $(1, k)$를 지나므로 $k=-3$ 답 -3

0931

이차함수의 식을 $f(x)=ax^2$으로 놓으면

$f(-3)=9a=-6$ $\therefore a=-\dfrac{2}{3}$

따라서 $f(x)=-\dfrac{2}{3}x^2$이므로

$f(9)=-\dfrac{2}{3}\times9^2=-54$ 답 ①

0932

이차함수의 식을 $f(x)=ax^2$으로 놓으면

$-20=4a$ $\therefore a=-5$

따라서 $f(x)=-5x^2$이므로 $f(-3)=-5\times(-3)^2=-45$

답 ①

0933

포물선의 식을 $y=ax^2$으로 놓으면 이 그래프가 점 $(-3, -9)$를 지나므로

$-9=9a$ $\therefore a=-1$

$y=-x^2$의 그래프가 점 $(k, -16)$을 지나므로

$-16=-k^2$ $\therefore k=\pm4$

이때 $k<0$이므로 $k=-4$ 답 ②

0934

포물선의 식을 $y=ax^2$으로 놓으면 이 그래프가

점 $(-2, 6)$을 지나므로 $6=4a$ $\therefore a=\dfrac{3}{2}$ ······50%

즉, $y=\dfrac{3}{2}x^2$의 그래프와 x축에 대하여 대칭인 그래프를 나타내는

이차함수의 식은

$y=-\dfrac{3}{2}x^2$ ······50%

답 $y=-\dfrac{3}{2}x^2$

0935

$y=3x^2+1$의 꼭짓점의 좌표는 $(0, 1)$이고 축의 방정식은 $x=0$이다.

따라서 $p=0$, $q=1$, $m=0$이므로

$p+q+m=0+1+0=1$ 답 ④

0936

답 ②

0937

$y=\dfrac{1}{2}x^2-3$의 그래프의 꼭짓점의 좌표가 $(0, -3)$이므로

$q=-3$ 답 -3

0938

$y=3x^2+k$의 그래프가 점 $(-1, 7)$을 지나므로

$7=3\times(-1)^2+k$ $\therefore k=4$ 답 ⑤

0939

$y=x^2+5$의 그래프가 점 $(a, 9)$를 지나므로

$9=a^2+5$, $a^2=4$ $\therefore a=2$ $(\because a>0)$

또한 점 $(-3, b)$를 지나므로 $b=(-3)^2+5=14$

$\therefore \dfrac{b}{a}=\dfrac{14}{2}=7$ 답 ④

0940

⑤ $y=-\dfrac{1}{2}x^2$의 그래프를 y축의 방향으로 8만큼 평행이동한 것이다. 답 ⑤

0941

$y=3(x-2)^2$이므로

④ $x<2$일 때, x의 값이 증가하면 y의 값은 감소한다.

⑤ $x=2$일 때, $y=0$이므로 모든 x의 값에 대하여 $y\geq0$이다.

답 ④, ⑤

0942

$y=\dfrac{1}{4}(x-k)^2$의 그래프의 축의 방정식이 $x=k$이므로

$k=5$ 답 ④

0943

$y=-3(x-p-1)^2$과 $y=-3(x+1)^2$이 일치해야 하므로

$-p-1=1$ $\therefore p=-2$ 답 -2

0944

$y=-\dfrac{1}{5}x^2$의 그래프를 x축의 방향으로 a만큼 평행이동한 그래프를

나타내는 이차함수의 식은 $y=-\dfrac{1}{5}(x-a)^2$

이 그래프의 꼭짓점의 좌표가 $(a,\ 0)$이므로 $a=-1$

$y=-\dfrac{1}{5}(x+1)^2$의 그래프가 점 $(4,\ b)$를 지나므로

$b=-\dfrac{1}{5}\times(4+1)^2=-5$

$\therefore a+b=-1+(-5)=-6$

답 -6

0945

$y=a(x+1)^2$의 그래프가 점 $(-2,\ 2)$를 지나므로

$2=a(-2+1)^2$ $\therefore a=2$

$\therefore y=2(x+1)^2$

$x=0$일 때, $y=2$이므로 이 그래프가 y축과 만나는 점의 좌표는

$(0,\ 2)$이다.   답 ④

0946

꼭짓점의 좌표가 $(3,\ 0)$이므로 $p=3$

$y=a(x-3)^2$의 그래프가 점 $(0,\ 18)$을 지나므로

$18=a(0-3)^2$ $\therefore a=2$

$\therefore a+p=2+3=5$ 답 5

0947

$y=-\dfrac{3}{2}(x-6)^2$이므로 $x>6$에서 x의 값이 증가할 때, y의 값은

감소한다.   답 ⑤

0948

평행이동한 그래프를 나타내는 이차함수의 식은

$y=3(x+2)^2$ ……20%

이 그래프가 점 $(1,\ m)$을 지나므로

$m=3\times(1+2)^2=27$ ……30%

또한 점 $(-3,\ n)$을 지나므로

$n=3\times(-3+2)^2=3$ ……30%

$\therefore mn=27\times3=81$ ……20%

답 81

0949

$y=4(x-2)^2-3$의 그래프가 점 $(4,\ a)$를 지나므로

$a=4\times(4-2)^2-3=13$ 답 ③

0950

① $(0,\ 2)$ ⇨ y축   ② $(-1,\ 0)$ ⇨ x축

③ $(1,\ 5)$ ⇨ 제1사분면   ④ $(-2,\ -4)$ ⇨ 제3사분면

⑤ $(3,\ -7)$ ⇨ 제4사분면   답 ⑤

0951

축의 방정식을 각각 구하면

① $x=0$ ② $x=0$ ③ $x=-4$ ④ $x=2$ ⑤ $x=-5$

따라서 축이 가장 왼쪽에 있는 것은 ⑤이다.   답 ⑤

0952

$y=-x^2+1$의 그래프를 x축의 방향으로 p만큼, y축의 방향으로

-3만큼 평행이동하면

$y=-(x-p)^2+1-3$, 즉 $y=-(x-p)^2-2$이고,

이 그래프가 점 $(3,\ -3)$을 지나므로

$-3=-(3-p)^2-2$, $p^2-6p+8=0$, $(p-2)(p-4)=0$

$\therefore p=2$ 또는 $p=4$ 답 2, 4

0953

④ 그래프는 오른쪽 그림과 같이 제1, 2, 3사분면
을 지난다.

⑤ 평행이동하면 $y=x^2$의 그래프와 포개어진다.

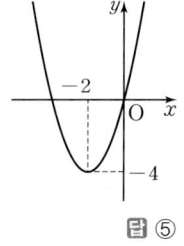

답 ⑤

0954

$y=-(x+3)^2+5$의 그래프는 오른쪽 그림과 같
이 꼭짓점의 좌표가 $(-3,\ 5)$이고 점 $(0,\ -4)$
를 지난다.

따라서 그래프는 제1사분면을 지나지 않는다.

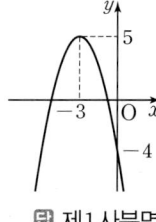

답 제1사분면

0955

$y=\dfrac{1}{3}(x-4)^2+q$의 그래프가 점 $(1,\ 5)$를 지나므로

$5=\dfrac{1}{3}\times(1-4)^2+q$, $5=3+q$ $\therefore q=2$

$\therefore y=\dfrac{1}{3}(x-4)^2+2$

또한 이 그래프가 점 $(3,\ k)$를 지나므로

$k=\dfrac{1}{3}\times(3-4)^2+2$ $\therefore k=\dfrac{7}{3}$

$\therefore q+3k=2+3\times\dfrac{7}{3}=9$ 답 9

0956

$y=3(x-2p)^2+3p^2$의 그래프에서 꼭짓점의 좌표가

$(2p, 3p^2)$이므로 $y=2x+7$에 $x=2p$, $y=3p^2$을 대입하면 ······40%

$3p^2=4p+7$에서 $3p^2-4p-7=0$ ······40%

$(p+1)(3p-7)=0$ ∴ $p=-1$ 또는 $p=\dfrac{7}{3}$

이때 $p>0$이므로 $p=\dfrac{7}{3}$ ······20%

답 $\dfrac{7}{3}$

0957

$y=3(x-m-2)^2+1+n$의 그래프의 꼭짓점의 좌표가 $(6, -3)$이므로

$2+m=6$에서 $m=4$, $1+n=-3$에서 $n=-4$

∴ $mn=4\times(-4)=-16$ 답 -16

0958

$y=-\dfrac{1}{3}(x-2-2)^2+3+1$

∴ $y=-\dfrac{1}{3}(x-4)^2+4$ 답 ③

0959

$y=-(x-k+1)^2-2+2k$의 그래프가 점 $(1, 3)$을 지나므로

$3=-(1-k+1)^2-2+2k$

$k^2-6k+9=0$, $(k-3)^2=0$ ∴ $k=3$ 답 ④

0960

$y=-2(x+3+b)^2+c+1$의 그래프가 $y=a(x-2)^2+5$의 그래프와 일치하므로

$a=-2$, $3+b=-2$, $c+1=5$ ∴ $a=-2$, $b=-5$, $c=4$

∴ $a-b+c=-2-(-5)+4=7$ 답 7

0961

x축에 대하여 대칭이동한 그래프의 식은 y 대신 $-y$를 대입하면

$-y=-(x+1)^2+2$ ∴ $y=(x+1)^2-2$ 답 ④

0962

y축에 대하여 대칭이동한 그래프의 식은 x 대신 $-x$를 대입하면

$y=-\dfrac{1}{2}(-x-3)^2+1$ ∴ $y=-\dfrac{1}{2}(x+3)^2+1$

이 그래프가 점 $(-2, k)$를 지나므로

$k=-\dfrac{1}{2}\times(-2+3)^2+1=\dfrac{1}{2}$ 답 $\dfrac{1}{2}$

0963

x축에 대하여 대칭이동한 그래프의 식은 y 대신 $-y$를 대입하면

$-y=a(x+4)^2$ ∴ $y=-a(x+4)^2$

이 그래프를 y축에 대하여 대칭이동한 그래프의 식은 x 대신 $-x$를 대입하면

$y=-a(-x+4)^2$ ∴ $y=-a(x-4)^2$

이 그래프가 점 $(3, -5)$를 지나므로 $-5=-a(3-4)^2$

∴ $a=5$ 답 ⑤

0964

x축에 대하여 대칭이동한 그래프의 식은 y 대신 $-y$를 대입하면

$-y=\dfrac{1}{4}x^2+6$ ∴ $y=-\dfrac{1}{4}x^2-6$ ······30%

이 그래프를 y축의 방향으로 b만큼 평행이동하면

$y=-\dfrac{1}{4}x^2-6+b$ ······30%

$y=ax^2+2$의 그래프와 일치하므로 $a=-\dfrac{1}{4}$, $b=8$ ······20%

∴ $ab=-\dfrac{1}{4}\times8=-2$ ······20%

답 -2

0965

꼭짓점의 좌표가 $(-1, -4)$이므로 $p=-1$, $q=-4$

$y=a(x+1)^2-4$의 그래프가 점 $(0, -2)$를 지나므로

$-2=a-4$ ∴ $a=2$

∴ $a+p+q=2+(-1)+(-4)=-3$ 답 ②

0966

$y=-\dfrac{1}{3}(x-2)^2+6$이므로 $a=-\dfrac{1}{3}$, $p=2$, $q=6$

∴ $apq=-\dfrac{1}{3}\times2\times6=-4$ 답 ②

0967

꼭짓점의 좌표가 $(3, 8)$이므로 이차함수의 식은

$y=a(x-3)^2+8$

이 그래프가 점 $(0, -10)$을 지나므로

$-10=9a+8$ ∴ $a=-2$

∴ $y=-2(x-3)^2+8$ 답 $y=-2(x-3)^2+8$

0968

꼭짓점의 좌표가 $(0, 3)$이므로 이차함수의 식은 $y=ax^2+3$

이 그래프가 점 $(-2, 11)$을 지나므로 $11=4a+3$ ∴ $a=2$

∴ $y=2x^2+3$

⑤ $x=3$일 때, $y=2\times3^2+3=21$

따라서 $y=2x^2+3$의 그래프 위의 점인 것은 ⑤이다.   답 ⑤

0969

축의 방정식이 $x=-1$이므로 $p=-1$

$y=a(x+1)^2+q$의 그래프가 두 점 $(-1, 5)$, $(0, -1)$을 지나므로

$5=q$, $-1=a+q$ ∴ $a=-6$, $q=5$

∴ $y=-6(x+1)^2+5$

∴ $a+p+q=-6-1+5=-2$ 답 -2

0970

꼭짓점의 좌표가 $(-2, 5)$이므로 이차함수의 식은

$y=a(x+2)^2+5$ ······20%

이 그래프가 점 $(-6, 13)$을 지나므로 $13=a(-6+2)^2+5$

$16a=8$, $a=\dfrac{1}{2}$ $\quad \therefore y=\dfrac{1}{2}(x+2)^2+5$ ······40%

따라서 $x=0$일 때, $y=\dfrac{1}{2}\times4+5=7$이므로

y축과 만나는 점의 좌표는 $(0, 7)$이다. ······40%

답 $(0, 7)$

0971

$y=-2(x+1)^2+3$의 그래프가 점 $(k, -5)$를 지나므로

$-5=-2(k+1)^2+3$, $(k+1)^2=4$, $k+1=\pm2$

$\therefore k=-3$ 또는 $k=1$

따라서 모든 k의 값의 합은 -2이다.

다른 풀이

$y=-2(x+1)^2+3$의 그래프가 점 $(k, -5)$를 지나므로

$-5=-2(k+1)^2+3$, $(k+1)^2=4$, $k^2+2k-3=0$

$(k+3)(k-1)=0$ $\quad \therefore k=-3$ 또는 $k=1$

따라서 모든 k의 값의 합은 -2이다. 답 ②

0972

$y=a(x-p)^2+q$의 그래프가 x축과 두 점 $(-3, 0)$, $(5, 0)$에서 만나므로

$p=\dfrac{-3+5}{2}=1$

꼭짓점은 직선 $y=-4$ 위에 있으므로 꼭짓점의 y좌표는 -4이다.

$\therefore q=-4$

따라서 $y=a(x-1)^2-4$에 $x=5$, $y=0$을 대입하면

$0=16a-4$ $\quad \therefore a=\dfrac{1}{4}$

$\therefore apq=\dfrac{1}{4}\times1\times(-4)=-1$ 답 -1

0973

① $x>-1$ ② $x>0$ ③ $x>-4$ ④ $x<-4$ ⑤ $x<4$

답 ④

0974

$y=-(x+6)^2+3$의 그래프는 오른쪽 그림과 같으므로 x의 값이 증가할 때 y의 값도 증가하는 x의 값의 범위는 $x<-6$

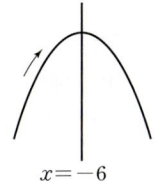

$x=-6$

답 ①

0975

$y=\dfrac{4}{5}(x-4)^2-2$의 그래프에서 x의 값이 증가할 때, y의 값이 감소하는 x의 값의 범위는 $x<4$

답 ④

0976

x의 값이 증가할 때, y의 값이 감소하는 x의 값의 범위가 $x>2$이려면 축의 방정식이 $x=2$이어야 하므로 $p=2$

$\therefore y=a(x-2)^2+1$ ······40%

이 이차함수의 그래프가 점 $(3, -1)$을 지나므로

$-1=a(3-2)^2+1$ $\quad \therefore a=-2$ ······40%

$\therefore 2a+p=2\times(-2)+2=-2$ ······20%

답 -2

0977

그래프가 아래로 볼록한 포물선이므로 $a>0$

꼭짓점 (p, q)가 제3사분면에 있으므로 $p<0$, $q<0$ 답 ③

0978

그래프가 위로 볼록한 포물선이므로 $a<0$

꼭짓점의 좌표가 $(p, 0)$이고 꼭짓점이 y축의 왼쪽에 있으므로

$p<0$ 답 ④

0979

$a>0$이고 $q\geq0$이므로 $aq\geq0$ 답 ④

0980

이차함수 $y=(x-a)^2+b$의 그래프의 꼭짓점의 좌표는 (a, b)이고 일차함수 $y=ax+b$의 그래프에서 $a<0$, $b>0$이므로

꼭짓점 (a, b)는 제2사분면에 있다. 답 ②

0981

$a>0$이므로 아래로 볼록한 포물선이다. 또한 꼭짓점의 좌표가 (p, q)이고 $p<0$, $q<0$이므로 꼭짓점은 제3사분면에 있다. 답 ②

0982

$a>0$, $p<0$, $q>0$이므로 $y=p(x-q)^2+a$의 그래프는 위로 볼록한 포물선이다. 또한 꼭짓점의 좌표가 (q, a)이고 $q>0$, $a>0$이므로 꼭짓점은 제1사분면에 있다.

답 ④

0983

그래프가 아래로 볼록하므로 $-a>0$ $\quad \therefore a<0$

꼭짓점의 좌표가 $(-p, 0)$이므로 $-p<0$ $\quad \therefore p>0$

이차함수 $y=-px^2+a$의 그래프는 $-p<0$이므로 위로 볼록하고 $a<0$이므로 이차함수 $y=-px^2$의 그래프를 y축의 방향으로 a만큼 평행이동한 것이다.

따라서 이차함수 $y=-px^2+a$의 그래프는 오른쪽 그림과 같이 제3, 4사분면만을 지난다.

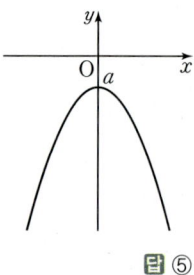

답 ⑤

0984

이차함수 $y=-2(x-1)^2+4$의 그래프를 x축의 방향으로 2만큼 평행이동하면 이차함수 $y=-2(x-3)^2+4$의 그래프와 겹쳐지므로 색칠한 부분의 넓이는 그림의 빗금친 부분의 넓이와 같다. 이차함수 $y=-2(x-1)^2+4$, $y=-2(x-3)^2+4$의 꼭짓점의 좌표는 각각 $(1, 4)$, $(3, 4)$이므로
$A(1, 4)$, $B(3, 4)$
따라서 구하는 넓이는 $2 \times 4 = 8$

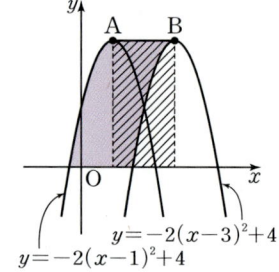

답 ④

0985

이차함수 $y=x^2$의 그래프를 x축의 방향으로 2만큼, y축의 방향으로 -4만큼 평행이동하면 이차함수 $y=(x-2)^2-4$의 그래프와 겹쳐지므로 색칠한 부분의 넓이는 그림의 빗금친 부분의 넓이와 같다.

이때 점 A는 이차함수 $y=x^2$의 그래프 위의 점이므로 $y=x^2$에서 $x=2$일 때 $y=4$
$\therefore A(2, 4)$
따라서 구하는 넓이는 $2 \times 4 = 8$

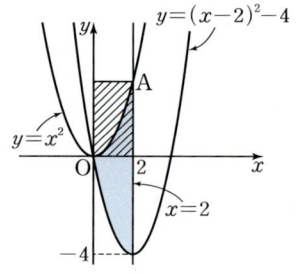

답 ④

실력 콕콕

본문 | 156~157쪽

0986 ①	0987 ①	0988 4	0989 ③
0990 2	0991 ⑤	0992 ⑤	0993 1
0994 ①	0995 ⑤	0996 ③	
0997 $-1<k<3$		0998 50	0999 ②
1000 ⑤			

0986

$y=2x^2-4x(ax-5)=(2-4a)x^2+20x$
$2-4a \neq 0$　　$\therefore a \neq \dfrac{1}{2}$

답 ①

0987

$f(1)=3+a+b=0$　　$\therefore a+b=-3$　　…… ㉠
$f(-2)=12-2a+b=6$　　$\therefore -2a+b=-6$　　…… ㉡
㉠, ㉡을 연립하여 풀면 $a=1$, $b=-4$
$\therefore f(x)=3x^2+x-4$
$\therefore f(0)=-4$

답 ①

0988

점 A와 점 D는 $y=x^2$의 그래프와 직선 $y=9$의 교점이므로
$x^2=9$에서 $x=\pm 3$　　$\therefore A(-3, 9)$, $B(3, 9)$
이때 $\overline{AB}=\overline{BE}=\overline{EC}=\overline{CD}$이므로 $B\left(-\dfrac{3}{2}, 9\right)$, $C\left(\dfrac{3}{2}, 9\right)$
따라서 $y=ax^2$의 그래프가 점 $B\left(-\dfrac{3}{2}, 9\right)$를 지나므로
$9=a \times \left(-\dfrac{3}{2}\right)^2$, $9=\dfrac{9}{4}a$　　$\therefore a=4$

답 4

0989

색칠한 부분을 지나는 이차함수의 식을 $y=ax^2 (a \neq 0)$으로 놓으면
$-2<a<0$ 또는 $0<a<\dfrac{1}{4}$

답 ③

0990

$y=ax^2$의 그래프가 점 $(-6, 8)$을 지나므로
$8=36a$　　$\therefore a=\dfrac{2}{9}$
$y=\dfrac{2}{9}x^2$의 그래프가 점 $(3, k)$를 지나므로
$k=\dfrac{2}{9} \times 3^2=2$

답 2

0991

$y=ax^2$의 그래프가 점 $(2, -8)$을 지나므로
$-8=a \times 2^2$　　$\therefore a=-2$
$y=-2x^2$의 그래프와 x축에 대하여 대칭인 포물선의 식은 $y=2x^2$
$x=3$일 때 $y=18$이므로 이 포물선이 지나는 점이 아닌 것은 ⑤이다.

답 ⑤

0992

조건 ㈎에 의하여 이차함수의 식은 $y=ax^2+5$
조건 ㈏에 의하여 $a>1$ 또는 $a<-1$
조건 ㈐에 의하여 $a<-1$
즉, $y=ax^2+5$의 꼴 중 $a<-1$인 것을 찾으면 ⑤이다.

답 ⑤

0993

$y=0$을 대입하면 $0=-4(x-p)^2$
$x=p$이므로 $A(p, 0)$
$x=0$을 대입하면 $y=-4p^2$이므로 $B(0, -4p^2)$
이때 $\overline{OB}=4\overline{OA}$이므로 $4p^2=4p$, $p(p-1)=0$
$\therefore p=1 (\because p>0)$

답 1

0994

$y=-\dfrac{1}{6}x^2$의 그래프를 x축의 방향으로 -4만큼, y축의 방향으로 2만큼 평행이동하면

$y=-\dfrac{1}{6}(x+4)^2+2$

따라서 $a=-\dfrac{1}{6}$, $p=-4$, $q=2$이므로

$a+p+q=-\dfrac{1}{6}+(-4)+2=-\dfrac{13}{6}$ 답 ①

0995

$y=4(x-1)^2+5+a$의 그래프가 점 $(2, 12)$를 지나므로
$12=4+5+a$ $\therefore a=3$
$y=4(x-b-1)^2+5$의 그래프가 점 $(3, 21)$을 지나므로
$21=4(b-2)^2+5$, $(b-2)^2=4$, $b-2=\pm2$
$\therefore b=4$ $(\because b>0)$
$\therefore ab=3\times4=12$ 답 ⑤

0996

$y=-\dfrac{1}{4}(x-3+p)^2+q$의 그래프의 꼭짓점의 좌표는 $(3-p, q)$
이므로 $3-p=5$, $q=2$
$\therefore p=-2$, $q=2$
$y=-\dfrac{1}{4}(x-5)^2+2$의 그래프가 점 $(3, k)$를 지나므로 $k=1$
$\therefore k+p+q=1+(-2)+2=1$ 답 ③

0997

$y=\dfrac{3}{4}(x-k-1)^2+3-k$의 그래프의 꼭짓점의 좌표는
$(k+1, 3-k)$이고 꼭짓점이 제1사분면에 있으므로
$k+1>0$이고 $3-k>0$ $\therefore -1<k<3$ 답 $-1<k<3$

0998

빗금 친 ㉠의 넓이와 ㉡의 넓이는 같으
므로 색칠한 부분의 넓이는 $\square ADBC$의
넓이와 같다.
$A(2, -10)$, $B(-3, -10)$이므로
$\overline{AB}=2-(-3)=5$, $\overline{BC}=10$
$\therefore \square ADBC=\overline{AB}\times\overline{BC}$
$\qquad=5\times10=50$

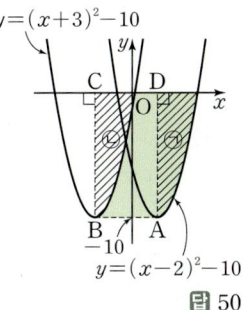

답 50

0999

$y=a(x-p)^2+q$의 그래프는 아래로 볼록한 포물선이므로 $a>0$이
고, 꼭짓점 (p, q)가 제4사분면에 있으므로 $p>0$, $q<0$이다.
따라서 $ap>0$, $q<0$이므로 $y=apx+q$의 그래프는 기울기가 양수
이고 y절편이 음수인 직선이다. 답 ②

1000

세 점 O, A, B가 있는 직선을 x축, $\overline{OP}$의 연장선을 y축이라고 하면
레일이 나타내는 포물선의 꼭짓점이 $(0, 7)$이므로 이차함수의 식은
$y=ax^2+7$
이때 이 포물선이 점 $(4, 9)$를 지나므로
$9=16a+7$ $\therefore a=\dfrac{1}{8}$
$y=\dfrac{1}{8}x^2+7$은 점 $(8, h)$를 지나므로 $h=8+7=15$ 답 ⑤

서술형 콕콕

본문 | 158~159쪽

1001 -2	1002 -2, 6	1003 9	1004 -5
1005 36	1006 -8	1007 $\dfrac{1}{4}$	1008 $-\dfrac{1}{4}$
1009 1	1010 -2	1011 $x>2$	1012 $x<2$

1001

단계1 이차함수 $y=2x^2$의 그래프를 x축의 방향으로 2만큼, y축의
방향으로 -4만큼 평행이동한 그래프를 나타내는 이차함수
의 식은 $y=2(x-2)^2-4$

단계2 $y=2(x-2)^2-4$의 그래프가 점 $(3, k)$를 지나므로
$\therefore k=2\times(3-2)^2-4=2-4=-2$ 답 -2

1002

$y=\dfrac{1}{4}x^2$의 그래프를 x축의 방향으로 2만큼, y축의 방향으로 -1만
큼 평행이동한 그래프를 나타내는 이차함수의 식은

$y=\dfrac{1}{4}(x-2)^2-1$ ······50%

이때 점 $(k, 3)$을 지나므로
$\dfrac{1}{4}(k-2)^2-1=3$, $\dfrac{1}{4}(k-2)^2=4$
$(k-2)^2=16$, $k-2=\pm4$
$\therefore k=6$ 또는 $k=-2$ ······50%

답 -2, 6

1003

단계1 $y=-2x^2$에 y 대신 $-y$를 대입하면
$-y=-2x^2$ $\therefore y=2x^2$

단계2 $y=2x^2$의 그래프가 점 $(a-4, 2a-1)$을 지나므로
$2a-1=2(a-4)^2$ $\therefore 2a^2-18a+33=0$
근과 계수의 관계에 의하여 모든 a의 값의 합은
$-\left(\dfrac{-18}{2}\right)=9$

답 9

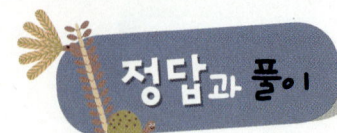

1004

$y=6x^2$에 y 대신 $-y$를 대입하면

$-y=6x^2$ $\therefore y=-6x^2$ ······30%

$y=-6x^2$의 그래프가 점 $(a+2,\ 6a-2)$를 지나므로

$6a-2=-6(a+2)^2$ $\therefore 3a^2+15a+11=0$

따라서 근과 계수의 관계에 의하여 모든 a의 값의 합은

$-\dfrac{15}{3}=-5$ ······70%

답 -5

1005

단계1 축의 방정식이 $x=-1$이므로 $p=-1$

단계2 $y=a(x+1)^2+q$의 그래프가 두 점 $(-3,\ 0)$, $(0,\ -9)$를 지나므로

$4a+q=0$ ······㉠

$a+q=-9$ ······㉡

㉠, ㉡을 연립하여 풀면 $a=3$, $q=-12$

단계3 $apq=3\times(-1)\times(-12)=36$

답 36

1006

축의 방정식이 $x=2$이므로 $p=2$ ······30%

$y=a(x-2)^2+q$의 그래프가 두 점 $(0,\ -6)$, $(3,\ 0)$을 지나므로

$4a+q=-6$ ······㉠

$a+q=0$ ······㉡

㉠, ㉡을 연립하여 풀면

$a=-2$, $q=2$ ······50%

$\therefore apq=(-2)\times2\times2=-8$ ······20%

답 -8

1007

단계1 $y=x^2$에 $y=4$를 대입하면 $4=x^2$ $\therefore x=\pm2$

$\therefore \mathrm{B}(-2,\ 4)$, $\mathrm{D}(2,\ 4)$

단계2 $\overline{\mathrm{AB}}=\overline{\mathrm{BC}}=\overline{\mathrm{CD}}=\overline{\mathrm{DE}}=2$이므로 $\mathrm{A}(-4,\ 4)$, $\mathrm{E}(4,\ 4)$이고

점 E가 $y=ax^2$ 위에 있으므로 $4=16a$ $\therefore a=\dfrac{1}{4}$

답 $\dfrac{1}{4}$

1008

$y=-x^2$에 $y=-9$를 대입하면 $-9=-x^2$ $\therefore x=\pm3$

$\therefore \mathrm{B}(-3,\ -9)$, $\mathrm{D}(3,\ -9)$ ······50%

$\overline{\mathrm{AB}}=\overline{\mathrm{BC}}=\overline{\mathrm{CD}}=\overline{\mathrm{DE}}=3$이므로

$\mathrm{A}(-6,\ -9)$, $\mathrm{E}(6,\ -9)$

점 E가 $y=ax^2$ 위에 있으므로

$-9=a\times6^2$ $\therefore a=-\dfrac{1}{4}$ ······50%

답 $-\dfrac{1}{4}$

1009

단계1 $y=-5x^2+a$에 y 대신 $-y$를 대입하면

$-y=-5x^2+a$ $\therefore y=5x^2-a$

단계2 $y=5x^2-a$에 y 대신 $y-3$을 대입하면

$y-3=5x^2-a$ $\therefore y=5x^2-a+3$

단계3 $y=5x^2-a+3$의 그래프와 $y=bx^2+7$의 그래프가 일치하므로

$b=5$, $7=-a+3$ $\therefore a=-4$, $b=5$

$\therefore a+b=-4+5=1$

답 1

1010

$y=\dfrac{1}{3}x^2-a$에 y 대신 $-y$를 대입하면

$-y=\dfrac{1}{3}x^2-a$ $\therefore y=-\dfrac{1}{3}x^2+a$ ······35%

$y=-\dfrac{1}{3}x^2+a$에 y 대신 $y+2$를 대입하면

$y+2=-\dfrac{1}{3}x^2+a$ $\therefore y=-\dfrac{1}{3}x^2+a-2$ ······35%

이때 $y=-\dfrac{1}{3}x^2+a-2$의 그래프와 $y=bx^2+4$의 그래프가 일치하므로

$b=-\dfrac{1}{3}$, $4=a-2$ $\therefore a=6$, $b=-\dfrac{1}{3}$

$\therefore ab=6\times\left(-\dfrac{1}{3}\right)=-2$ ······30%

답 -2

1011

단계1 $y=-3(x+2)^2-4$의 그래프를 y축에 대하여 대칭이동한 그래프의 식은 x 대신 $-x$를 대입하면

$y=-3(-x+2)^2-4$ $\therefore y=-3(x-2)^2-4$

단계2 $y=-3(x-2)^2-4$의 그래프는 오른쪽 그림과 같으므로 $x>2$일 때, x의 값이 증가하면 y의 값은 감소한다.

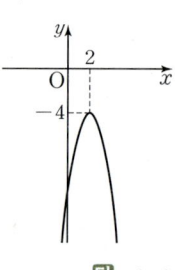

답 $x>2$

1012

$y=-2(x-2)^2+5$의 그래프를 x축에 대하여 대칭이동한 그래프의 식은 y 대신 $-y$를 대입하면

$-y=-2(x-2)^2+5$ ······50%

$y=2(x-2)^2-5$의 그래프는 오른쪽 그림과 같으므로 $x<2$일 때, x의 값이 증가하면 y의 값은 감소한다. ······50%

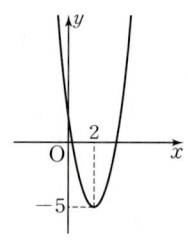

답 $x<2$

2 이차함수의 그래프 (2)

개념 콕콕

본문 | 161, 163쪽

1013

답 4, 4, 2, 2

1014

답 (1) $y=(x+1)^2-4$, $(-1, -4)$, $x=-1$

(2) $y=-(x-2)^2+7$, $(2, 7)$, $x=2$

(3) $y=\frac{1}{2}(x-3)^2-\frac{21}{2}$, $\left(3, -\frac{21}{2}\right)$, $x=3$

(4) $y=-\frac{1}{4}(x+2)^2+2$, $(-2, 2)$, $x=-2$

1015

답 0, 0, 0, 6, 6, 6, -6, -6

1016

답 (1) $(-1, 0)$, $(1, 0)$ / $(0, -3)$

(2) $(-3, 0)$, $(1, 0)$ / $(0, 6)$

1017

답 (1) > (2) >, > (3) <

1018

답 (1) < (2) <, > (3) >

1019

답 2, 3, 1, 4, 1, $y=x^2-4x+7$

1020

(1) 꼭짓점의 좌표가 $(2, 0)$이므로 $y=a(x-2)^2$으로 놓고

$x=1$, $y=2$를 대입하면 $2=a(1-2)^2$ ∴ $a=2$

∴ $y=2(x-2)^2$

(2) 꼭짓점의 좌표가 $(1, -1)$이므로 $y=a(x-1)^2-1$로 놓고

$x=2$, $y=2$를 대입하면

$2=a(2-1)^2-1$ ∴ $a=3$

∴ $y=3(x-1)^2-1$

답 (1) $y=2(x-2)^2$ (2) $y=3(x-1)^2-1$

1021

답 2, 0, 4, 1, -1, $y=x^2-4x+3$

1022

(1) 축의 방정식이 $x=1$이므로 $y=a(x-1)^2+q$로 놓고

$x=-1$, $y=-8$을 대입하면 $-8=4a+q$ …… ㉠

$x=2$, $y=-2$를 대입하면 $-2=a+q$ …… ㉡

㉠, ㉡을 연립하여 풀면 $a=-2$, $q=0$

∴ $y=-2(x-1)^2$

(2) 축의 방정식이 $x=-3$이므로 $y=a(x+3)^2+q$로 놓고

$x=-2$, $y=1$을 대입하면 $1=a+q$ …… ㉠

$x=0$, $y=2$를 대입하면 $2=9a+q$ …… ㉡

㉠, ㉡을 연립하여 풀면 $a=\frac{1}{8}$, $q=\frac{7}{8}$

∴ $y=\frac{1}{8}(x+3)^2+\frac{7}{8}$

답 (1) $y=-2(x-1)^2$ (2) $y=\frac{1}{8}(x+3)^2+\frac{7}{8}$

1023

답 -1, 7, $a-b-2$, 9, 1, 5, $a+b-2$, 7, 8, -1, $y=8x^2-x-2$

1024

답 2, 2, 0, 8, -4, -2, -2, 2, 2, $-2x^2+8$

유형 콕콕

본문 | 164~171쪽

1025 ④	**1026** ②	**1027** 22	**1028** ①
1029 ④	**1030** -9	**1031** ⑤	**1032** ⑤
1033 ①	**1034** ④	**1035** $(0, -1)$	**1036** ②
1037 ③	**1038** ③	**1039** $k>-1$	**1040** -9
1041 ④	**1042** $k>11$	**1043** ⑤	**1044** ②
1045 $(4, -3)$	**1046** -5	**1047** ①	**1048** ②
1049 ④	**1050** ③	**1051** 1	**1052** ②
1053 ①, ③	**1054** ③	**1055** ⑤	**1056** ④
1057 3	**1058** ③	**1059** 8	**1060** ③
1061 ③	**1062** ④	**1063** ④	
1064 제2사분면		**1065** ①	**1066** ⑤
1067 ⑤	**1068** $y=\frac{1}{2}x^2+6x+18$		**1069** ⑤
1070 -17	**1071** 25	**1072** ③	**1073** 2
1074 ③	**1075** ①	**1076** ⑤	**1077** ①
1078 -2	**1079** ③	**1080** ③	**1081** -5
1082 ④			

1025

$y=3x^2-12x+7=3(x^2-4x)+7$
$\quad=3(x^2-4x+4-4)+7$
$\quad=3(x-2)^2-5$

따라서 $a=3$, $p=2$, $q=-5$이므로
$a+p+q=3+2+(-5)=0$ 답 ④

1026

$y=\dfrac{1}{3}x^2-2x+1=\dfrac{1}{3}(x^2-6x)+1$
$\quad=\dfrac{1}{3}(x^2-6x+9-9)+1$
$\quad=\dfrac{1}{3}(x-3)^2-2$

따라서 $a=\dfrac{1}{3}$, $p=3$, $q=-2$이므로
$3a+p+q=3\times\dfrac{1}{3}+3+(-2)=2$ 답 ②

1027

$y=-\dfrac{1}{2}x^2+3x+5=-\dfrac{1}{2}(x^2-6x)+5$
$\quad=-\dfrac{1}{2}(x^2-6x+9-9)+5$
$\quad=-\dfrac{1}{2}(x-3)^2+\dfrac{19}{2}$ ······50%

따라서 $p=3$, $\dfrac{q}{2}=\dfrac{19}{2}$이므로 $p=3$, $q=19$ ······40%
$\therefore p+q=3+19=22$ ······10%

답 22

1028

$y=\left\{x^2+mx+\left(\dfrac{m}{2}\right)^2-\left(\dfrac{m}{2}\right)^2\right\}+n$
$\quad=\left(x+\dfrac{m}{2}\right)^2-\dfrac{m^2}{4}+n$

$\therefore p=-\dfrac{m}{2}$, $q=-\dfrac{m^2}{4}+n$

$p+q=\dfrac{9}{4}$이므로 $-\dfrac{m}{2}-\dfrac{m^2}{4}+n=\dfrac{9}{4}$ ······㉠

그래프가 점 $(1, 1)$을 지나므로 $1=1+m+n$
$\therefore n=-m$ ······㉡

㉡을 ㉠에 대입하여 정리하면
$m^2+6m+9=0$, $(m+3)^2=0$
$\therefore m=-3$ $\quad \therefore n=3$ $\quad \therefore mn=-9$ 답 ①

1029

$y=x^2-2ax+5$의 그래프가 점 $(1, 2)$를 지나므로
$2=1-2a+5$ $\quad \therefore a=2$
$y=x^2-4x+5=(x^2-4x+4-4)+5=(x-2)^2+1$
따라서 꼭짓점의 좌표는 $(2, 1)$이다. 답 ④

1030

$y=-2x^2+12x+a=-2(x^2-6x)+a$
$\quad=-2(x^2-6x+9-9)+a$
$\quad=-2(x-3)^2+18+a$

이때 꼭짓점의 좌표는 $(3, 18+a)$이므로
$18+a=6$에서 $a=-12$, $b=3$
$\therefore a+b=-12+3=-9$ 답 -9

1031

① $y=(x+1)^2+2$에서 꼭짓점의 좌표는 $(-1, 2)$이므로 제2사분면에 있다.
② $y=2(x+3)^2$에서 꼭짓점의 좌표는 $(-3, 0)$이므로 x축 위에 있다.
③ $y=-(x-2)^2+1$에서 꼭짓점의 좌표는 $(2, 1)$이므로 제1사분면에 있다.
④ $y=3(x-2)^2-3$에서 꼭짓점의 좌표는 $(2, -3)$이므로 제4사분면에 있다.
⑤ $y=-(x+2)^2-4$에서 꼭짓점의 좌표는 $(-2, -4)$이므로 제3사분면에 있다. 답 ⑤

1032

$y=\dfrac{1}{2}x^2-ax+4=\dfrac{1}{2}(x^2-2ax)+4$
$\quad=\dfrac{1}{2}(x^2-2ax+a^2-a^2)+4$
$\quad=\dfrac{1}{2}(x-a)^2-\dfrac{1}{2}a^2+4$

이때 축의 방정식은 $x=a$이므로 $a=4$ 답 ⑤

1033

$y=-2x^2+16x+m-1=-2(x-4)^2+m+31$
이 그래프의 꼭짓점 $(4, m+31)$이 직선 $y=x+7$ 위에 있으므로
$m+31=4+7$ $\quad \therefore m=-20$ 답 ①

1034

$y=x^2-6x+8$에 $y=0$을 대입하면 $x^2-6x+8=0$이므로
$(x-2)(x-4)=0$ $\quad \therefore x=2$ 또는 $x=4$
$\therefore p=2$, $q=4$ $(\because p<q)$
$x=0$을 대입하면 $y=8$이므로 $r=8$
$\therefore p+q+r=2+4+8=14$ 답 ④

1035

$y=10x^2-3x+a$에 $x=-\dfrac{1}{5}$, $y=0$을 대입하면
$0=10\times\left(-\dfrac{1}{5}\right)^2-3\times\left(-\dfrac{1}{5}\right)+a$
$\therefore a=-1$ ······50%

따라서 $y=10x^2-3x-1$에 $x=0$을 대입하면 $y=-1$이므로 이 그

래프가 y축과 만나는 점의 좌표는 $(0, -1)$이다. ······50%

답 $(0, -1)$

1036

$y=-2x^2+7x-6$에 $y=0$을 대입하면 $-2x^2+7x-6=0$이므로
$2x^2-7x+6=0$
$(2x-3)(x-2)=0$ ∴ $x=\dfrac{3}{2}$ 또는 $x=2$

따라서 그래프와 x축의 교점의 좌표가 $\left(\dfrac{3}{2}, 0\right)$, $(2, 0)$이므로
$\overline{\mathrm{AB}}=2-\dfrac{3}{2}=\dfrac{1}{2}$

답 ②

1037

$y=-\dfrac{1}{2}x^2+2x-3=-\dfrac{1}{2}(x-2)^2-1$이므로

꼭짓점의 좌표가 $(2, -1)$, y축과의 교점의 좌표가 $(0, -3)$이고 위로 볼록한 포물선이다.

답 ③

1038

$y=x^2-6x+3=(x-3)^2-6$이므로 꼭짓점의 좌표가 $(3, -6)$,
y축과의 교점의 좌표가 $(0, 3)$이고 아래로 볼록한 포물선이므로
제3사분면을 지나지 않는다.

답 ③

1039

$y=-2x^2+4x+k+1=-2(x-1)^2+k+3$의 그래프가 모든 사분면을 지나므로
$k+1>0$ ∴ $k>-1$

답 $k>-1$

1040

$y=-x^2+8x+2k+2=-(x-4)^2+2k+18$의 그래프가 x축과 한 점에서 만나려면
$2k+18=0$ ∴ $k=-9$

답 -9

1041

① $y=x^2-2$ ② $y=(x-2)^2-1$
③ $y=-(x-2)^2+9$ ④ $y=-(x-3)^2$
⑤ $y=-(x-3)^2+1$

따라서 그래프가 x축과 한 점에서 만나는 이차함수는 ④이다.

답 ④

1042

$y=2x^2-8x+k-3=2(x-2)^2+k-11$
이 그래프가 x축과 만나지 않으려면
$k-11>0$ ∴ $k>11$

답 $k>11$

1043

① $y=-2(x-1)^2-3$ ② $y=(x-6)^2$
③ $y=-(x+2)^2$ ④ $y=(x-3)^2+1$

⑤ $y=3(x+3)^2-22$

따라서 그래프가 x축과 서로 다른 두 점에서 만나는 이차함수는 ⑤이다.

답 ⑤

1044

$y=2x^2+x-2=2\left(x+\dfrac{1}{4}\right)^2-\dfrac{17}{8}$의 그래프를 x축의 방향으로 1만큼, y축의 방향으로 2만큼 평행이동하면

$y=2\left(x-1+\dfrac{1}{4}\right)^2-\dfrac{17}{8}+2=2\left(x-\dfrac{3}{4}\right)^2-\dfrac{1}{8}=2x^2-3x+1$

따라서 $a=2$, $b=-3$, $c=1$이므로
$a+b-c=2+(-3)-1=-2$

답 ②

1045

$y=x^2-4x-5=(x-2)^2-9$의 그래프를 x축의 방향으로 2만큼, y축의 방향으로 6만큼 평행이동하면
$y=(x-2-2)^2-9+6=(x-4)^2-3$

따라서 꼭짓점의 좌표는 $(4, -3)$이다.

답 $(4, -3)$

1046

$y=2x^2-2x-3=2\left(x-\dfrac{1}{2}\right)^2-\dfrac{7}{2}$ ······30%

이 그래프를 x축의 방향으로 1만큼, y축의 방향으로 -2만큼 평행이동하면

$y=2\left(x-1-\dfrac{1}{2}\right)^2-\dfrac{7}{2}-2=2\left(x-\dfrac{3}{2}\right)^2-\dfrac{11}{2}$ ······40%

이때 그래프가 점 $(2, k)$를 지나므로

$k=2\times\left(2-\dfrac{3}{2}\right)^2-\dfrac{11}{2}=-5$ ······30%

답 -5

1047

$y=-x^2+10x+k=-(x-5)^2+k+25$의 그래프를 y축의 방향으로 -10만큼 평행이동하면 $y=-(x-5)^2+k+15$
이 그래프가 x축과 만나지 않으려면
$k+15<0$ ∴ $k<-15$

답 ①

1048

$y=-x^2+6x-4=-(x-3)^2+5$
따라서 $x<3$에서 x의 값이 증가할 때, y의 값도 증가한다.

답 ②

1049

$y=2x^2-4x-5=2(x-1)^2-7$
따라서 $x>1$에서 x의 값이 증가할 때, y의 값도 증가한다.

답 ④

1050

x^2의 계수는 음수이고 축의 방정식이 $x=1$인 것을 찾는다.

③ $y=-\dfrac{1}{2}x^2+x-3=-\dfrac{1}{2}(x-1)^2-\dfrac{5}{2}$

답 ③

IV-2. 이차함수의 그래프 (2)

1051

$y = -\dfrac{1}{4}x^2 + ax - 1 = -\dfrac{1}{4}(x-2a)^2 - 1 + a^2$ 50%

축의 방정식이 $x=2$이므로 $2a=2$ $\therefore a=1$ 50%

답 1

1052

$y = 2x^2 + 12x + 10 = 2(x+3)^2 - 8$

③ $y = 2x^2 + 12x + 10$에 $y=0$을 대입하면

  $2x^2 + 12x + 10 = 0$, $x^2 + 6x + 5 = 0$

  $(x+5)(x+1) = 0$ $\therefore x = -5$ 또는 $x = -1$

따라서 x축과의 교점의 좌표는 $(-5, 0)$, $(-1, 0)$이다. 답 ③

1053

$y = -\dfrac{1}{3}x^2 + 2x - 1 = -\dfrac{1}{3}(x-3)^2 + 2$

① 모든 x의 값에 대하여 $y \le 2$이다.

③ 위로 볼록한 포물선이다. 답 ①, ③

1054

$y = -3x^2 - 12x + 2 = -3(x+2)^2 + 14$

ㄱ. 꼭짓점의 좌표는 $(-2, 14)$이다.

ㄹ. $y = -3x^2$의 그래프를 평행이동한 것이다.

ㅁ. $x < -2$일 때, x의 값이 증가하면 y의 값도 증가한다. 답 ③

1055

$y = 2x^2 - 4x - 6$에 $y=0$을 대입하면

$2x^2 - 4x - 6 = 0$, $x^2 - 2x - 3 = 0$

$(x+1)(x-3) = 0$ $\therefore x = -1$ 또는 $x = 3$

즉, A$(-1, 0)$, B$(3, 0)$이므로 $\overline{AB} = 4$

$y = 2x^2 - 4x - 6 = 2(x-1)^2 - 8$ $\therefore$ C$(1, -8)$

$\therefore \triangle ACB = \dfrac{1}{2} \times 4 \times 8 = 16$ 답 ⑤

1056

$y = -x^2 + 2x + 8$에 $y=0$을 대입하면

$-x^2 + 2x + 8 = 0$, $x^2 - 2x - 8 = 0$

$(x+2)(x-4) = 0$ $\therefore x = -2$ 또는 $x = 4$

즉, A$(-2, 0)$, B$(4, 0)$이므로 $\overline{AB} = 6$

$y = -x^2 + 2x + 8$에 $x=0$을 대입하면 $y=8$ $\therefore$ C$(0, 8)$

$\therefore \triangle ABC = \dfrac{1}{2} \times 6 \times 8 = 24$ 답 ④

1057

$y = x^2 + 3x - 4 = \left(x + \dfrac{3}{2}\right)^2 - \dfrac{25}{4}$

$\therefore$ A$\left(-\dfrac{3}{2}, -\dfrac{25}{4}\right)$

$y = x^2 + 3x - 4$에 $x=0$을 대입하면 $y=-4$ $\therefore$ B$(0, -4)$

그림과 같이 점 A에서 y축에 내린 수선의 발을 C라고 하자.

$\triangle OAB$에서 $\overline{OB} = 4$, $\overline{AC} = \dfrac{3}{2}$이므로

$\triangle OAB = \dfrac{1}{2} \times 4 \times \dfrac{3}{2} = 3$

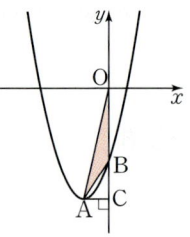

답 3

1058

이차함수 $y = x^2 + 2ax$의 그래프가 점 $(6, 0)$을 지나므로

$0 = 6^2 + 2a \times 6$, $0 = 36 + 12a$ $\therefore a = -3$

$y = x^2 - 6x = (x-3)^2 - 9$ $\therefore$ P$(3, -9)$

따라서 점 P와 x축 사이의 거리는 9이고 $\overline{OA} = 6$이므로

$\therefore \triangle OPA = \dfrac{1}{2} \times 6 \times 9 = 27$ 답 ③

1059

축의 방정식이 $x = -2$이므로

점 B의 좌표는 $(-4, 0)$이다. 30%

$y = -x^2 + ax + b$의 그래프가 두 점 $(0, 0)$, $(-4, 0)$을 지나므로

$0 = b$, $0 = -16 - 4a$에서 $a = -4$

$\therefore y = -x^2 - 4x = -(x+2)^2 + 4$ 40%

따라서 점 A의 좌표는 $(-2, 4)$이므로

$\triangle ABO = \dfrac{1}{2} \times 4 \times 4 = 8$ 30%

답 8

1060

이차함수 $y = -x^2 + 4x + 5$에 $y=0$을 대입하면

$0 = -x^2 + 4x + 5$

$x^2 - 4x - 5 = 0$, $(x+1)(x-5) = 0$

$\therefore x = -1$ 또는 $x = 5$

즉, A$(-1, 0)$, B$(5, 0)$이므로 $\overline{AB} = 6$

이차함수 $y = -x^2 + 4x + 5$에 $x=0$을 대입하면 $y=5$

$\therefore$ C$(0, 5)$

$y = -x^2 + 4x + 5 = -(x-2)^2 + 9$ $\therefore$ P$(2, 9)$

$\triangle ABC$와 $\triangle ABP$의 넓이를 각각 구하면

$\triangle ABC = \dfrac{1}{2} \times 6 \times 5 = 15$, $\triangle ABP = \dfrac{1}{2} \times 6 \times 9 = 27$

$\therefore \triangle ABC : \triangle ABP = 15 : 27 = 5 : 9$ 답 ③

1061

그래프가 아래로 볼록하므로 $a > 0$

축이 y축의 오른쪽에 있으므로 $ab < 0$ $\therefore b < 0$

y축과의 교점이 원점의 아래쪽에 있으므로 $c < 0$ 답 ③

1062

그래프가 위로 볼록하므로 $a < 0$

축이 y축의 왼쪽에 있으므로 $ab > 0$ $\therefore b < 0$

y축과의 교점이 원점의 아래쪽에 있으므로 $c < 0$ 답 ④

1063

그래프가 위로 볼록하므로 $a<0$

축이 y축의 오른쪽에 있으므로 $ab<0$ ∴ $b>0$

y축과의 교점이 원점의 위쪽에 있으므로 $c>0$

① $ab<0$ ② $ac<0$ ③ $\dfrac{b}{c}>0$

④ $x=-1$일 때, $y=a-b+c<0$

⑤ $x=1$일 때, $y=a+b+c>0$

답 ④

1064

$y=ax^2+bx+c$의 그래프가 오른쪽 그림과 같으
므로 꼭짓점은 제2사분면에 있다

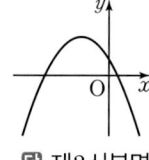

답 제2사분면

1065

$a>0$, $b<0$이므로

$y=ax^2+bx+ab$의 그래프에서

(i) $a>0$이므로 아래로 볼록

(ii) $ab<0$이므로 축은 y축의 오른쪽에 위치

(iii) $ab<0$이므로 y축과의 교점은 원점의 아래쪽에 위치

따라서 $y=ax^2+bx+ab$의 그래프로 알맞은 것은 ①이다.

답 ①

1066

$a>0$, $b<0$, $c>0$이므로

$y=-cx^2+bx-a$의 그래프에서

(i) $-c<0$이므로 위로 볼록

(ii) $-cb>0$이므로 축은 y축의 왼쪽에 위치

(iii) $-a<0$이므로 y축과의 교점은 원점의 아래쪽에 위치

따라서 $y=-cx^2+bx-a$의 그래프로 알맞은 것은 ⑤이다.

답 ⑤

1067

$y=a(x-2)^2+5$의 그래프가 점 $(0, 1)$을 지나므로

$1=4a+5$ ∴ $a=-1$

따라서 $y=-(x-2)^2+5=-x^2+4x+1$이므로 $b=4$, $c=1$

∴ $a+b-c=-1+4-1=2$

답 ⑤

1068

조건 ㈎, ㈏에서 이차함수의 그래프의 꼭짓점의 좌표는 $(-6, 0)$

이므로

$y=a(x+6)^2$

조건 ㈐에서 $y=a(x+6)^2$의 그래프가 점 $(-2, 8)$을 지나므로

$8=16a$

∴ $a=\dfrac{1}{2}$ ∴ $y=\dfrac{1}{2}(x+6)^2=\dfrac{1}{2}x^2+6x+18$

답 $y=\dfrac{1}{2}x^2+6x+18$

1069

꼭짓점의 좌표가 $(2, 1)$이므로 $y=a(x-2)^2+1$

이 그래프가 점 $(0, -3)$을 지나므로

$-3=4a+1$ ∴ $a=-1$

$y=-(x-2)^2+1=-x^2+4x-3$이므로

$b=4$, $c=-3$

∴ $abc=-1\times4\times(-3)=12$

답 ⑤

1070

꼭짓점의 좌표가 $(3, -1)$이므로 $y=a(x-3)^2-1$

이 그래프가 점 $(1, -5)$를 지나므로

$-5=4a-1$ ∴ $a=-1$

∴ $y=-(x-3)^2-1$

이때 $y=-(x-3)^2-1$의 그래프가 점 $(7, k)$를 지나므로

$k=-(7-3)^2-1=-17$

답 -17

1071

축의 방정식이 $x=-2$이므로 $y=a(x+2)^2+q$

이 그래프가 두 점 $(0, 9)$, $(1, 19)$를 지나므로

$9=4a+q$, $19=9a+q$ ∴ $a=2$, $q=1$

$y=2(x+2)^2+1=2x^2+8x+9$이므로 $b=8$, $c=9$

∴ $ab+c=2\times8+9=25$

답 25

1072

축의 방정식이 $x=-2$이고 x^2의 계수가 $-\dfrac{1}{2}$이므로

$y=-\dfrac{1}{2}(x+2)^2+q$

이 그래프가 점 $(-4, 7)$을 지나므로 $7=-2+q$ ∴ $q=9$

$y=-\dfrac{1}{2}(x+2)^2+9=-\dfrac{1}{2}x^2-2x+7$이므로 $a=-2$, $b=7$

∴ $a+b=-2+7=5$

답 ③

1073

축의 방정식이 $x=2$이므로

$y=a(x-2)^2+q$ ······30%

이 그래프가 두 점 $(0, -5)$, $(5, 0)$을 지나므로

$-5=4a+q$, $0=9a+q$

∴ $a=1$, $q=-9$ ······40%

$y=(x-2)^2-9=x^2-4x-5$이므로

$b=-4$, $c=-5$ ······20%

∴ $a+b-c=1+(-4)-(-5)=2$ ······10%

답 2

1074

축의 방정식이 $x=-3$이므로 $y=a(x+3)^2+q$

이 그래프가 두 점 $(-4, 3)$, $(2, -21)$을 지나므로

$3=a+q$, $-21=25a+q$ ∴ $a=-1$, $q=4$

$y=-(x+3)^2+4=-x^2-6x-5$이므로

y축과 만나는 점의 좌표는 $(0,\,-5)$이다.　　　　답 ③

1075

$y=ax^2+bx+c$의 그래프가 점 $(0,\,-2)$를 지나므로 $c=-2$

$y=ax^2+bx-2$의 그래프가 두 점 $(1,\,2)$, $(2,\,4)$를 지나므로

$2=a+b-2$, $4=4a+2b-2$

즉, $a+b=4$, $2a+b=3$이므로 $a=-1$, $b=5$

$\therefore a+bc=-1+5\times(-2)=-11$　　　　답 ①

1076

그래프가 점 $(0,\,5)$를 지나므로 $y=ax^2+bx+5$

이 그래프가 두 점 $(-1,\,0)$, $(3,\,8)$을 지나므로

$0=a-b+5$, $8=9a+3b+5$

즉, $a-b=-5$, $3a+b=1$이므로 $a=-1$, $b=4$

$\therefore y=-x^2+4x+5=-(x-2)^2+9$

따라서 꼭짓점의 좌표는 $(2,\,9)$이다.　　　　답 ⑤

1077

$y=2x^2+ax+b$의 그래프가 점 $(0,\,-6)$을 지나므로 $b=-6$

$y=2x^2+ax-6$의 그래프가 점 $(1,\,0)$을 지나므로

$0=2+a-6$　　$\therefore a=4$

$\therefore y=2x^2+4x-6$

이 그래프가 점 $(-1,\,k)$를 지나므로 $k=2-4-6=-8$

$\therefore a+b+k=4+(-6)+(-8)=-10$　　　　답 ①

1078

그래프가 점 $(0,\,-1)$을 지나므로

$y=ax^2+bx-1$

이 그래프가 두 점 $(3,\,2)$, $(5,\,-6)$을 지나므로

$2=9a+3b-1$, $-6=25a+5b-1$

즉, $3a+b=1$, $5a+b=-1$이므로 $a=-1$, $b=4$

$\therefore y=-x^2+4x-1$

이 그래프가 점 $(k,\,-13)$을 지나므로

$-13=-k^2+4k-1$, $k^2-4k-12=0$

$(k+2)(k-6)=0$　　$\therefore k=-2\ (\because k<0)$　　答 -2

1079

x축과 두 점 $(-3,\,0)$, $(1,\,0)$에서 만나므로 $y=a(x+3)(x-1)$

이 그래프가 점 $(0,\,3)$을 지나므로 $3=-3a$　　$\therefore a=-1$

$y=-(x+3)(x-1)=-x^2-2x+3$이므로 $b=-2$, $c=3$

$\therefore a-b+c=-1-(-2)+3=4$　　　　답 ③

1080

x축과 두 점 $(-2,\,0)$, $(4,\,0)$에서 만나고,

$y=\dfrac{1}{2}x^2+3x-5$의 그래프를 평행이동하면 완전히 포개어지므로

$y=\dfrac{1}{2}(x+2)(x-4)=\dfrac{1}{2}x^2-x-4$　　　　답 ③

1081

x축과 두 점 $(-6,\,0)$, $(2,\,0)$에서 만나므로

$y=a(x+6)(x-2)$　　　　　……30%

이 그래프가 점 $(0,\,-4)$를 지나므로

$-4=-12a$　　$\therefore a=\dfrac{1}{3}$　　　　……30%

$y=\dfrac{1}{3}(x+6)(x-2)=\dfrac{1}{3}x^2+\dfrac{4}{3}x-4$이므로

$b=\dfrac{4}{3}$, $c=-4$　　　　……30%

$\therefore a-b+c=\dfrac{1}{3}-\dfrac{4}{3}+(-4)=-5$　　　　……10%

答 -5

1082

y축을 축으로 하므로 축의 방정식은 $x=0$이고, x축과 만나는 두 점 사이의 거리가 4이므로 구하는 이차함수의 식은

$y=a(x-2)(x+2)$

이 그래프가 점 $(3,\,-5)$를 지나므로 $-5=5a$　　$\therefore a=-1$

따라서 $y=-(x-2)(x+2)=-x^2+4$이므로 $b=0$, $c=4$

$\therefore a+b+c=-1+0+4=3$　　　　답 ④

실력 콕콕　　　　본문 | 172~173쪽

1083 ③	**1084** ⑤	**1085** ⑤	**1086** ①
1087 ①	**1088** 4	**1089** ④	**1090** ⑤
1091 ④	**1092** -1	**1093** ②	**1094** ⑤
1095 $\dfrac{133}{2}$	**1096** ④	**1097** $(400,\,10)$	

1083

$y=\dfrac{1}{2}x^2+x-\dfrac{3}{2}=\dfrac{1}{2}(x+1)^2-2$

$\therefore p=-1$, $q=-2$

$\therefore p+q=-1+(-2)=-3$　　　　답 ③

1084

$y=-x^2+2kx-3=-(x-k)^2+k^2-3$

이 그래프의 꼭짓점의 좌표는 $(k,\,k^2-3)$이고

$y=3x+7$의 그래프가 이 점을 지나므로

$k^2-3=3k+7$, $k^2-3k-10=0$

$(k+2)(k-5)=0$　　$\therefore k=5\ (\because k>0)$　　답 ⑤

1085

$y=ax^2+4x+6$의 그래프가 점 $(-1, 0)$을 지나므로

$0=a-4+6$ $\therefore a=-2$

$y=-2x^2+4x+6$에 $y=0$을 대입하면

$-2x^2+4x+6=0$, $x^2-2x-3=0$, $(x+1)(x-3)=0$

$\therefore x=-1$ 또는 $x=3$

따라서 다른 한 점의 좌표는 $(3, 0)$이다.   🔁 ⑤

1086

$y=-3x^2+6x-4=-3(x-1)^2-1$

꼭짓점의 좌표가 $(1, -1)$, y축과의 교점의 좌표가 $(0, -4)$이고 위로 볼록한 포물선이므로 제 1, 2 사분면을 지나지 않는다.   🔁 ①

1087

$y=3x^2+6x-a+1=3(x+1)^2-a-2$

이 그래프는 아래로 볼록하고 꼭짓점의 좌표가 $(-1, -a-2)$이므로 x축과 만나지 않으려면

$-a-2>0$ $\therefore a<-2$ 🔁 ①

1088

$y=-2x^2+3x=-2\left(x-\dfrac{3}{4}\right)^2+\dfrac{9}{8}$의 그래프를 x축의 방향으로 p만큼, y축의 방향으로 q만큼 평행이동하면

$y=-2\left(x-p-\dfrac{3}{4}\right)^2+\dfrac{9}{8}+q$

이 그래프가 $y=-2x^2-x-3=-2\left(x+\dfrac{1}{4}\right)^2-\dfrac{23}{8}$의 그래프와 일치하므로

$-p-\dfrac{3}{4}=\dfrac{1}{4}$, $\dfrac{9}{8}+q=-\dfrac{23}{8}$ $\therefore p=-1$, $q=-4$

$\therefore pq=-1\times(-4)=4$ 🔁 4

1089

$y=-\dfrac{1}{2}x^2+ax+b$의 그래프가 점 $(0, 1)$을 지나므로 $b=1$

꼭짓점의 좌표가 $(k, 3)$이므로

$y=-\dfrac{1}{2}(x-k)^2+3=-\dfrac{1}{2}x^2+kx-\dfrac{k^2}{2}+3$

$-\dfrac{k^2}{2}+3=1$에서 $-\dfrac{k^2}{2}=-2$, $k^2=4$ $\therefore k=2\,(\because k>0)$

$k=a$에서 $a=2$ $\therefore a+b+k=2+1+2=5$ 🔁 ④

1090

① $y=\dfrac{1}{4}x^2+3x-7=\dfrac{1}{4}(x+6)^2-16$에서 꼭짓점의 좌표는

$(-6, -16)$

② $y=0$을 대입하면 $\dfrac{1}{4}x^2+3x-7=0$

$x^2+12x-28=0$, $(x+14)(x-2)=0$

$\therefore x=-14$ 또는 $x=2$

따라서 x축과 $(-14, 0)$, $(2, 0)$에서 만난다.

③ $x=0$을 대입하면 $y=-7$이므로 y축과 만나는 점의 y좌표는 -7이다.

⑤ $y=\dfrac{1}{4}x^2$의 그래프를 x축의 방향으로 -6만큼, y축의 방향으로 -16만큼 평행이동한 것이다.   🔁 ⑤

1091

꼭짓점의 좌표가 $(1, 9)$이므로 그래프의 식을 $y=a(x-1)^2+9$라 하면

점 $(0, 8)$을 지나므로 $8=a+9$ $\therefore a=-1$

따라서 $y=-(x-1)^2+9=-x^2+2x+8$이므로 $b=2$, $c=8$

$\therefore a-2b+c=-1-2\times2+8=3$ 🔁 ④

1092

축의 방정식이 $x=-2$이고 x축과 만나는 두 점 사이의 거리가 6이므로 x축과의 교점의 좌표는 $(-5, 0)$, $(1, 0)$이다.

$\therefore y=(x+5)(x-1)=x^2+4x-5$

따라서 $a=4$, $b=-5$이므로 $a+b=4+(-5)=-1$ 🔁 -1

1093

$y=ax^2+bx+c$의 그래프가 $(0, 8)$을 지나므로 $c=8$

$y=ax^2+bx+8$의 그래프가 두 점 $(-1, 5)$, $(3, 5)$를 지나므로

$5=a-b+8$, $5=9a+3b+8$

즉, $a-b=-3$, $3a+b=-1$이므로 $a=-1$, $b=2$

$y=-x^2+2x+8$에 $y=0$을 대입하면 $-x^2+2x+8=0$

$x^2-2x-8=0$에서 $(x+2)(x-4)=0$

$x=-2$ 또는 $x=4$

즉, x축과의 교점의 좌표는 $(-2, 0)$, $(4, 0)$이므로

$\overline{AB}=6$ 🔁 ②

1094

$a>0$, $b<0$, $c<0$이므로

④ $x=-1$을 대입하면 $y=a-b+c<0$

⑤ $x=\dfrac{1}{2}$을 대입하면 $y=\dfrac{1}{4}a+\dfrac{1}{2}b+c<0$ 🔁 ⑤

1095

$y=-x^2+6x+7=-(x-3)^2+16$

$\therefore$ A$(3, 16)$

$y=-x^2+6x+7$에 $x=0$을 대입하면 $y=7$ $\therefore$ B$(0, 7)$

$y=-x^2+6x+7$에 $y=0$을 대입하면

$0=-x^2+6x+7$, $x^2-6x-7=0$, $(x+1)(x-7)=0$

$\therefore x=-1$ 또는 $x=7$ $\therefore$ C$(7, 0)$

$\square$ABOC에서 대각선 AO를 그으면

$\triangle$ABO$=\dfrac{1}{2}\times7\times3=\dfrac{21}{2}$

$\triangle \text{AOC} = \dfrac{1}{2} \times 7 \times 16 = 56$

$\square \text{ABOC} = \triangle \text{ABO} + \triangle \text{AOC} = \dfrac{21}{2} + 56 = \dfrac{133}{2}$ 답 $\dfrac{133}{2}$

1096

이차함수 $y = -x^2 - 7x + 5$의 그래프를 x축에 대하여 대칭이동한 그래프의 식은 y 대신 $-y$를 대입하면

$-y = -x^2 - 7x + 5$, $y = x^2 + 7x - 5$

따라서 $a = 1$, $b = 7$, $c = -5$이므로 $a + b + c = 3$ 답 ④

1097

$y = \dfrac{1}{1000} x^2 - \dfrac{1}{10} ax + 170 = \dfrac{1}{1000}(x - 50a)^2 - \dfrac{5}{2}a^2 + 170$

이 이차함수의 그래프의 축의 방정식은 $x = 50a$이므로

$50a = 400$ $\therefore a = 8$

이때 꼭짓점의 좌표는 $\left(50a, \ -\dfrac{5}{2}a^2 + 170\right)$이므로 $(400, 10)$이다.

답 $(400, 10)$

1098

단계 1 $y = 2x^2 - 4x + 4 = 2(x - 1)^2 + 2$

$y = 2x^2 + 8x + 16 = 2(x + 2)^2 + 8$

단계 2   이차함수 $y = 2(x - 1)^2 + 2$의 그래프를 x축의 방향으로 m만큼, y축의 방향으로 n만큼 평행이동하면

$y = 2(x - m - 1)^2 + 2 + n$

$-m - 1 = 2$, $2 + n = 8$이므로 $m = -3$, $n = 6$

단계 3 $m + n = -3 + 6 = 3$

답 3

1099

$y = 2x^2 - 4x - 3 = 2(x - 1)^2 - 5$ ······ 40%

이차함수 $y = 2x^2 - 2$의 그래프를 x축의 방향으로 a만큼, y축의 방향으로 b만큼 평행이동하면 $y = 2(x - a)^2 - 2 + b$

$a = 1$, $-2 + b = -5$이므로 $a = 1$, $b = -3$ ······ 40%

$\therefore a + b = 1 + (-3) = -2$ ······ 20%

답 -2

1100

단계 1 $y = 2x^2 - 12x + 2 = 2(x - 3)^2 - 16$

단계 2   이 그래프는 아래로 볼록하고 축의 방정식이 $x = 3$이므로 $x > 3$일 때, x의 값이 증가하면 y의 값도 증가한다

답 $x > 3$

1101

$y = -3x^2 - 6x + 11 = -3(x + 1)^2 + 14$ ······ 50%

이 그래프는 위로 볼록하고 축의 방정식이 $x = -1$이므로 $x > -1$일 때, x의 값이 증가하면 y의 값은 감소한다.   ······ 50%

답 $x > -1$

1102

단계 1   점 $(1, 4)$를 지나므로 $4 = 1 - 2a - b$에서

$b = -2a - 3$ ······ ㉠

$y = x^2 - 2ax - b$

$= (x - a)^2 - a^2 - b$

$= (x - a)^2 - a^2 + 2a + 3 \ (\because ㉠)$

따라서 꼭짓점의 좌표는 $(a, \ -a^2 + 2a + 3)$

단계 2   꼭짓점이 직선 $y = -2x + 7$ 위에 있으므로

$-a^2 + 2a + 3 = -2a + 7$에서

$a^2 - 4a + 4 = 0$, $(a - 2)^2 = 0$ $\therefore a = 2$

$a = 2$를 ㉠에 대입하면 $b = -7$

$\therefore a - b = 2 - (-7) = 9$

답 9

1103

점 $(-1, 5)$를 지나므로 $5 = 1 - 2a + 2b$

$\therefore b = a + 2$ ······ ㉠

$y = x^2 + 2ax + 2b$

$= (x + a)^2 - a^2 + 2b$

$= (x + a)^2 - a^2 + 2a + 4 \ (\because ㉠)$

따라서 꼭짓점의 좌표는 $(-a, \ -a^2 + 2a + 4)$ ······ 60%

이때 꼭짓점이 직선 $y = 2x + 8$ 위에 있으므로

$-a^2 + 2a + 4 = -2a + 8$에서

$a^2 - 4a + 4 = 0$, $(a - 2)^2 = 0$ $\therefore a = 2$

$a = 2$를 ㉠에 대입하면 $b = 4$

$\therefore a + b = 2 + 4 = 6$ ······ 40%

답 6

1104

단계 1 $y = ax^2 + 2x + 8$의 그래프가 점 $(-2, 0)$을 지나므로

$0 = 4a - 4 + 8$ $\therefore a = -1$

$y = -x^2 + 2x + 8 = -(x - 1)^2 + 9$에서 A$(1, 9)$

단계 2 $y = -x^2 + 2x + 8$에 $y = 0$을 대입하면

$0 = -x^2 + 2x + 8$, $x^2 - 2x - 8 = 0$, $(x + 2)(x - 4) = 0$

$\therefore x=-2$ 또는 $x=4$ $\therefore \mathrm{C}(4,0)$

단계3 $\triangle \mathrm{ABC}=\dfrac{1}{2}\times 6\times 9=27$

답 27

1105

$y=ax^2+6x+7$의 그래프가 점 $(-1,0)$을 지나므로

$0=a-6+7$ $\therefore a=-1$

$y=-x^2+6x+7=-(x-3)^2+16$에서 $\mathrm{A}(3,16)$ ……50%

$y=-x^2+6x+7$에 $y=0$을 대입하면

$0=-x^2+6x+7,\ x^2-6x-7=0,\ (x+1)(x-7)=0$

$\therefore x=-1$ 또는 $x=7$ $\therefore \mathrm{C}(7,0)$ ……30%

$\therefore \triangle \mathrm{ABC}=\dfrac{1}{2}\times 8\times 16=64$ ……20%

답 64

1106

단계1 점 $(0,7)$을 지나므로 $y=ax^2+bx+1$

이 그래프가 두 점 $(3,1)$, $(-1,17)$을 지나므로

$1=9a+3b+7,\ 17=a-b+7$

위의 두 식을 연립하여 풀면

$a=2,\ b=-8$

$\therefore y=2x^2-8x+7$

단계2 $y=2x^2-8x+7=2(x-2)^2-1$이므로

꼭짓점의 좌표는 $(2,-1)$이다.

답 $(2,-1)$

1107

그래프가 점 $(0,1)$을 지나므로 $y=ax^2+bx+1$

이 그래프가 두 점 $(-2,-15)$, $(1,6)$을 지나므로

$-15=4a-2b+1,\ 6=a+b+1$

위의 두 식을 연립하여 풀면 $a=-1,\ b=6$

$\therefore y=-x^2+6x+1$ ……70%

$y=-x^2+6x+1=-(x-3)^2+10$이므로

꼭짓점의 좌표는 $(3,10)$이다.   ……30%

답 $(3,10)$

1108

단계1 이차함수의 그래프가 두 점 $(-2,0)$, $(4,0)$을 지나므로

$y=a(x+2)(x-4)$로 놓고 $x=0$, $y=-8$을 대입하면

$-8=-8a$ $\therefore a=1$

단계2 즉, $y=(x+2)(x-4)=x^2-2x-8$이므로

$b=-2,\ c=-8$

단계3 $abc=1\times(-2)\times(-8)=16$

답 16

1109

이차함수의 그래프가 두 점 $(2,0)$, $(-3,0)$을 지나므로

$y=a(x-2)(x+3)$으로 놓고 $x=0$, $y=6$을 대입하면

$6=-6a$ $\therefore a=-1$ ……40%

즉, $y=-(x-2)(x+3)=-x^2-x+6$이므로

$b=-1,\ c=6$ ……40%

$\therefore a+b+c=-1+(-1)+6=4$ ……20%

답 4

I. 제곱근과 실수

1. 제곱근의 뜻과 성질

개념 콕콕　　　　　본문 | 7쪽

0001 (1) 6, −6 (2) 14, −14 (3) 0
(4) 없다. (5) $\frac{1}{7}$, $-\frac{1}{7}$ (6) 1.2, −1.2

0002 (1) $\pm\sqrt{12}$ (2) $\pm\sqrt{42}$
(3) $\pm\sqrt{\frac{7}{20}}$ (4) $\pm\sqrt{2.9}$

0003 (1) 4 (2) −13 (3) $\frac{2}{9}$ (4) ±0.8

0004 (1) $\pm\sqrt{6}$ (2) $\sqrt{6}$ (3) ±5
(4) 5 (5) $\pm\sqrt{\frac{1}{7}}$ (6) $\sqrt{\frac{1}{7}}$

0005 (1) $\sqrt{5}$ (2) $\pm\sqrt{13}$ (3) $\sqrt{24}$ (4) $-\sqrt{20}$

0006 (1) 7 (2) −2.8 (3) −11
(4) −17 (5) $\frac{4}{7}$ (6) $-\frac{2}{3}$

0007 (1) 13 (2) −8 (3) 4 (4) −2

0008 (1) $3a$ (2) $2a$ (3) $-5a$ (4) $-4a$

0009 (1) < (2) > (3) < (4) <

유형 콕콕　　　　　본문 | 8～16쪽

0010 ④　**0011** ⑤　**0012** ④　**0013** 27
0014 ③　**0015** ④　**0016** ③, ⑤
0017 ①　**0018** ②, ④　　　**0019** ②
0020 −3　**0021** 28 cm²　　**0022** $\sqrt{63}$
0023 $\sqrt{34}$ cm　　**0024** $\sqrt{61}$ cm
0025 ③　**0026** ④　**0027** ②
0028 ①, ⑤　　**0029** ③　**0030** ⑤
0031 ②　**0032** −7　**0033** ⑤　**0034** ⑤
0035 ②　**0036** 21　**0037** ②, ⑤
0038 ⑤　**0039** ②　**0040** ⑤　**0041** ⑤
0042 ②　　**0043** $a-3b$
0044 $-4a-3b$　　**0045** ②　**0046** ④
0047 ③　**0048** $2a-2c$　　**0049** ⑤
0050 ⑤　**0051** ②　**0052** ②　**0053** 6
0054 ④　**0055** 147　**0056** 15　**0057** 4
0058 ⑤　**0059** ⑤　**0060** ⑤　**0061** ⑤
0062 ②　**0063** ⑤　**0064** 61　**0065** ④
0066 ⑤　**0067** $\sqrt{5.9}$, $\sqrt{11}$, $\sqrt{\frac{62}{5}}$, 4, $\sqrt{23}$

0068 11　**0069** ③　**0070** ⑤　**0071** 1
0072 4　**0073** ④　**0074** 12개　**0075** ②
0076 3　**0077** ②　**0078** 9　**0079** ②
0080 ④

실력 콕콕　　　　　본문 | 17～19쪽

0081 ②, ⑤　　　**0082** $\sqrt{6}$
0083 $\sqrt{72}$ cm　　**0084** $\sqrt{12}$ cm
0085 5　**0086** ㄷ, ㄹ　　**0087** ③
0088 −1　**0089** 5　**0090** ②　**0091** 8
0092 ⑤　**0093** ③　**0094** 90　**0095** ④
0096 ②　**0097** ①　**0098** ②
0099 $2x+10$　　**0100** $2a$　**0101** ③
0102 ①　**0103** ①　**0104** 9

서술형 콕콕　　　　　본문 | 20～21쪽

0105 11　**0106** 1　**0107** −6　**0108** 4
0109 $a+6b$　　**0110** $-2a+2b$
0111 9　**0112** 16　**0113** 12　**0114** 5
0115 52　**0116** 22

2. 무리수와 실수

개념 콕콕　　　　　본문 | 23쪽

0117 (1) 무 (2) 유 (3) 무 (4) 유 (5) 무 (6) 유
0118 (1) × (2) ○ (3) × (4) ○
0119 (1) $\sqrt{10}$ (2) $-\sqrt{5}$
0120 (1) ○ (2) × (3) ○ (4) × (5) × (6) ○
0121 −3, $-\sqrt{7.1}$, $-\sqrt{5}$, $\sqrt{\frac{15}{4}}$, 2
0122 (1) < (2) > (3) > (4) > (5) < (6) >

유형 콕콕　　　　　본문 | 24～28쪽

0123 3개　**0124** ③　**0125** ①, ④
0126 ④　**0127** ④　**0128** ④
0129 ㄱ, ㄷ　　　**0130** ④　**0131** ④
0132 ㄹ　**0133** ④　**0134** 5
0135 P : $-1-\sqrt{18}$, Q : $1+\sqrt{8}$
0136 $3-\sqrt{11}$　　**0137** ③, ⑤
0138 $-2+\sqrt{13}$　　**0139** ④, ⑤
0140 ③　**0141** ③, ④　　**0142** ⑤
0143 ③　**0144** 구간 B　　**0145** ④
0146 ㄷ, ㅁ　　**0147** ⑤　**0148** 5개
0149 ③, ④　　**0150** ②　**0151** ①
0152 ③　**0153** ⑤　**0154** $c<a<b$
0155 B　**0156** $\sqrt{2}+\sqrt{5}$

실력 콕콕　　　　　본문 | 29～31쪽

0157 ⑤　**0158** ①, ⑤　　　**0159** 25개
0160 ③　**0161** ③　**0162** ④　**0163** ②
0164 $5-\sqrt{12}$　　**0165** $3-\pi$
0166 ③　**0167** $-2-\sqrt{10}$
0168 ①, ④　　**0169** ④　**0170** 16
0171 ②, ④　　**0172** ④
0173 ①, ④　　**0174** ④
0175 $-\sqrt{20}$, $-\sqrt{10}$, $\sqrt{10}$, $\sqrt{20}$, 풀이 참조

서술형 콕콕　　　　　본문 | 32～33쪽

0176 138개　　**0177** 90개
0178 $-1+\sqrt{17}$　　**0179** $1+\sqrt{10}$
0180 60　　**0181** 42　**0182** 8개
0183 5개　**0184** 4, $2-\sqrt{5}$
0185 $\sqrt{5}+3$, $-\sqrt{8}-2$

3. 근호를 포함한 식의 계산

개념 콕콕
본문 | 35, 37쪽

0186 (1) $\sqrt{26}$ (2) $\sqrt{66}$ (3) $\sqrt{6}$
(4) $\sqrt{\dfrac{5}{6}}$ (5) $4\sqrt{21}$ (6) $6\sqrt{10}$

0187 (1) $\sqrt{2}$ (2) $\sqrt{5}$ (3) $\sqrt{6}$ (4) $2\sqrt{\dfrac{3}{2}}$

0188 (1) $3\sqrt{3}$ (2) $6\sqrt{2}$ (3) $-4\sqrt{5}$ (4) $-2\sqrt{17}$

0189 (1) $\sqrt{20}$ (2) $\sqrt{48}$ (3) $-\sqrt{50}$ (4) $-\sqrt{54}$

0190 (1) $\dfrac{\sqrt{6}}{5}$ (2) $\dfrac{\sqrt{11}}{6}$ (3) $\dfrac{\sqrt{13}}{10}$ (4) $-\dfrac{\sqrt{5}}{3}$

0191 (1) $\sqrt{\dfrac{3}{25}}$ (2) $\sqrt{\dfrac{5}{36}}$ (3) $-\sqrt{\dfrac{2}{49}}$
(4) $-\sqrt{\dfrac{3}{64}}$ (5) $\sqrt{\dfrac{63}{4}}$ (6) $-\sqrt{\dfrac{50}{36}}$

0192 (1) $\dfrac{\sqrt{5}}{5}$ (2) $-\dfrac{5\sqrt{6}}{6}$ (3) $\dfrac{\sqrt{77}}{11}$
(4) $\dfrac{2\sqrt{3}}{9}$ (5) $\dfrac{\sqrt{15}}{10}$ (6) $-\dfrac{3\sqrt{7}}{14}$

0193 (1) 1.435 (2) 1.507 (3) 1.533 (4) 1.578

0194 (1) 10.1 (2) 13.3 (3) 12.0 (4) 14.4

0195 (1) 100, 10, 14.14 (2) 20, 20, 44.72
(3) 100, 10, 0.1414 (4) 20, 20, 0.4472

0196 (1) $4\sqrt{5}$ (2) $10\sqrt{3}$ (3) $\sqrt{10}$
(4) $-2\sqrt{2}$ (5) $2\sqrt{6}$

0197 (1) $5\sqrt{2}$ (2) $6\sqrt{5}$ (3) $-\sqrt{6}$ (4) $\sqrt{2}$

0198 (1) $\sqrt{6}+\sqrt{10}$ (2) $10\sqrt{2}-\sqrt{10}$ (3) $3-\sqrt{10}$
(4) $2\sqrt{3}+2$ (5) $4\sqrt{6}$ (6) $\dfrac{4\sqrt{3}}{3}$

유형 콕콕
본문 | 38~49쪽

0199 ⑤ **0200** ⑤ **0201** 12 **0202** 3
0203 -8 **0204** ② **0205** 6배 **0206** $\sqrt{2}$
0207 57 **0208** ④ **0209** 15 **0210** $4\sqrt{5}$
0211 ②, ⑤ **0212** $\dfrac{2}{9}$ **0213** ③
0214 30 **0215** ③ **0216** ⑤ **0217** ④
0218 3 **0219** $\dfrac{\sqrt{3}}{3}$ **0220** ④ **0221** 11
0222 ㄱ, ㄷ, ㄹ **0223** $\dfrac{\sqrt{2}}{5}$ **0224** 32
0225 ③ **0226** ② **0227** ③ **0228** 10
0229 $\dfrac{5\sqrt{2}}{18}$ **0230** ⑤ **0231** $8\sqrt{3}$ **0232** ⑤
0233 $\dfrac{3}{2}$ **0234** $2\sqrt{3}$ **0235** $9\sqrt{6}$ cm²
0236 $4\sqrt{2}$ cm **0237** $\sqrt{2}$

0238 $3\sqrt{3}$ cm **0239** $16\sqrt{3}$ cm²
0240 $4\sqrt{3}$ cm **0241** 10 cm
0242 $6\sqrt{3}$ cm² **0243** 1854
0244 537.3 **0245** 22 **0246** ④
0247 ③, ④ **0248** ④ **0249** ④
0250 6 **0251** $18\sqrt{6}$ **0252** ②
0253 ⑤ **0254** $\sqrt{10}$ **0255** 0 **0256** ②
0257 28 **0258** $3\sqrt{6}-2\sqrt{3}$ **0259** $\dfrac{1}{3}$
0260 -2 **0261** 8 **0262** $\dfrac{4}{3}$ **0263** ③
0264 56 **0265** ⑤ **0266** ④ **0267** ②
0268 34 **0269** ① **0270** ③ **0271** 6
0272 $\sqrt{2}$ **0273** ④ **0274** ① **0275** ②
0276 $5+15\sqrt{6}$ **0277** ③ **0278** ⑤
0279 5 **0280** (1) 3 (2) 5 **0281** ④
0282 ① **0283** ③ **0284** $9-\sqrt{3}$
0285 $28\sqrt{6}$ cm **0286** 3
0287 $13\sqrt{2}$ cm **0288** $24\sqrt{3}$ cm³
0289 15 **0290** $-1+2\sqrt{2}$
0291 $-6-2\sqrt{5}$ **0292** ④ **0293** ④
0294 ② **0295** $b<a<c$

실력 콕콕
본문 | 50~51쪽

0296 30 **0297** 17 **0298** $\dfrac{6}{5}$ **0299** ④
0300 $\dfrac{27}{5}$ **0301** ③ **0302** 20 **0303** ④
0304 $72\sqrt{3}\pi$ cm³ **0305** $12\sqrt{5}$ cm
0306 $5\sqrt{2}-7$ **0307** ③ **0308** ③
0309 $8\sqrt{3}-13$ **0310** $18\sqrt{2}$ cm
0311 $6+4\sqrt{10}$ **0312** 47

서술형 콕콕
본문 | 52~53쪽

0313 $\dfrac{2\sqrt{3}}{3}$ **0314** $\dfrac{\sqrt{15}}{2}$ **0315** 2 **0316** 3
0317 9 **0318** 10 **0319** 3 **0320** 2
0321 1 **0322** $\dfrac{8}{3}$ **0323** $-1+\sqrt{6}$
0324 $10-7\sqrt{2}$

1. 다항식의 곱셈

개념 콕콕
본문 | 57쪽

0325 (1) $ac+2ad+3bc+6bd$
(2) $4xy-8x+3y-6$
(3) $2x^2-xy+x-3y^2+y$

0326 (1) a^2+2a+1 (2) $4x^2+4x+1$
(3) a^2-4a+4 (4) $9x^2-30x+25$
(5) a^2-9 (6) $25a^2-4$
(7) $x^2-2x-15$ (8) $x^2+7xy-44y^2$
(9) $6a^2+11a+4$ (10) $8x^2-22x+15$

0327 (1) 1, 1, 10201
(2) 3, 600, 9, 9409
(3) 50, 50, 2500, 2491
(4) $\sqrt{13}$, $\sqrt{7}$, 13, 6

0328 (1) $\sqrt{5}-2$ (2) $3+\sqrt{7}$
(3) $5\sqrt{2}-3\sqrt{5}$ (4) $\dfrac{\sqrt{10}+\sqrt{6}}{2}$
(5) $3-2\sqrt{2}$ (6) $\dfrac{13+2\sqrt{30}}{7}$

0329 (1) $2xy$, -2, 18 (2) $4xy$, -4, 20

0330 (1) $2xy$, 4, 13 (2) $4xy$, 8, 17

0331 (1) 2, 2, 23 (2) 4, 4, 21

유형 콕콕
본문 | 58~68쪽

0332 13 **0333** ④ **0334** ④ **0335** 4
0336 ④ **0337** ② **0338** ② **0339** 1
0340 ① **0341** $\dfrac{11}{25}$ **0342** ①
0343 ④ **0344** $\dfrac{1}{8}$ **0345** ④ **0346** ④
0347 7 **0348** ④ **0349** ⑤ **0350** ②
0351 17 **0352** ③ **0353** ④ **0354** ①
0355 $-\dfrac{1}{32}$ **0356** ④ **0357** ⑤
0358 x^2-7x-2 **0359** $\dfrac{1}{5}$ **0360** 4
0361 ① **0362** ① **0363** 2 **0364** ⑤
0365 ④ **0366** ⑤ **0367** 11
0368 $20x^2+x-12$ **0369** ①
0370 $25a^2-30ab+18b^2$

0371 $a^2-3a-40$ **0372** 20   **0373** ③

0374 ②   **0375** ④

0376 $4x^2-12xy+9y^2+4x-6y+1$

0377 21   **0378** ②

0379 $x^4+4x^3-14x^2-36x+45$ **0380** ③

0381 5   **0382** ②   **0383** ③   **0384** ⑤

0385 163   **0386** ⑤   **0387** 2   **0388** ①

0389 $4+4\sqrt{3}$ **0390** ②   **0391** $-\dfrac{4}{3}$

0392 ②   **0393** ③   **0394** 4   **0395** 16

0396 8   **0397** ②   **0398** (1) 29   (2) 9

0399 25   **0400** 4   **0401** ③   **0402** ⑤

0403 ①   **0404** 62   **0405** ③   **0406** 32

0407 $12+2\sqrt{7}$ **0408** ②   **0409** ⑤

0410 ③   **0411** $\pm4\sqrt{2}$ **0412** 54

0413 ⑤   **0414** ⑤   **0415** $4\sqrt{11}$

0416 ③   **0417** ②   **0418** ③   **0419** ①

0420 5

실력 콕콕   본문 | 69~71쪽

0421 ①   **0422** 25   **0423** 3   **0424** ③

0425 $6x^2+7x-20$ **0426** ③   **0427** 27

0428 $3x^2-21x-6$ **0429** $22x^2+86x-26$

0430 $6\pi xy$ **0431** ②   **0432** ④

0433 ③   **0434** ①   **0435** -1 **0436** ④

0437 $23+2\sqrt{15}$ **0438** ③

0439 $-1+\sqrt{5}$ **0440** 17   **0441** ④

0442 ②   **0443** ②   **0444** 0

서술형 콕콕   본문 | 72~73쪽

0445 37   **0446** -17 **0447** 73   **0448** 24

0449 13   **0450** 56   **0451** 6   **0452** 12

0453 17   **0454** 40   **0455** 4   **0456** 5

---

2. 다항식의 인수분해

개념 콕콕   본문 | 75, 77쪽

0457 (1) $3x+12$ (2) x^2+5x (3) $x^2+8x+16$
(4) x^2-6x+9 (5) x^2+x-6
(6) $6x^2-13x-5$

0458 (1) x, $x(x+y)$ (2) 3, xy, $y(x-2)$
(3) $x+2$, $(x+2)(x-7)$
(4) $2x-y$, x^2+3xy

0459 (1) $3a(x-y)$ (2) $2xy(x+3y)$
(3) $x(a+b-cx)$

0460 (1) $(x+2)(ab-c)$
(2) $(x-y)(x-y-a)$ (3) $3a(x+1)$

0461 (1) $(x+2)^2$ (2) $(6x+1)^2$ (3) $(x+5y)^2$
(4) $(x-9)^2$ (5) $(7x-3)^2$ (6) $\left(x-\dfrac{1}{4}\right)^2$

0462 (1) 49   (2) 25   (3) $\dfrac{9}{4}$
(4) ±16 (5) ±20 (6) $\pm\dfrac{2}{5}$

0463 (1) $(x+5)(x-5)$
(2) $\left(x+\dfrac{1}{4}\right)\left(x-\dfrac{1}{4}\right)$
(3) $(6x+1)(6x-1)$
(4) $(4x+7y)(4x-7y)$

0464 (1) 1, 5 (2) -1, 7
(3) -4, 3 (4) -6, -5

0465 (1) $-2x$, -4, $-4x$, 4
(2) $-x$, 9, $9x$, 9

0466 (1) $(x+3)(x+4)$ (2) $(x-2)(x-6)$
(3) $(x-3)(x+6)$ (4) $(x+2)(x-12)$

0467 (1) $3x$, $3x$, -1, $-x$, $3x-1$
(2) $-6x$, $2x$, -1, $-2x$, $2x-1$

0468 (1) $(x+3)(2x+1)$
(2) $(x-1)(3x-2)$
(3) $(2x+1)(2x-3)$
(4) $(2x-3)(5x+9)$

유형 콕콕   본문 | 78~84쪽

0469 ③   **0470** ③   **0471** ③   **0472** ③

0473 ⑤   **0474** ②   **0475** ⑤   **0476** ③

0477 ⑤   **0478** ③   **0479** ②   **0480** 18

0481 14   **0482** ⑤   **0483** 1   **0484** 4

0485 ④   **0486** $\dfrac{9}{2}$ **0487** ③   **0488** $2x$

0489 ②   **0490** ①   **0491** 11   **0492** ④

0493 ⑤   **0494** ③   **0495** ②, ④

0496 $(x-2)(x+7)$ **0497** -10 **0498** -3

0499 ②   **0500** 3   **0501** 5

0502 $5x+1$ **0503** ⑤   **0504** ⑤

0505 ④   **0506** 8   **0507** ③   **0508** ③

0509 7   **0510** ⑤   **0511** ③   **0512** ⑤

0513 ②   **0514** 23   **0515** ④

0516 (1) $x^2-3x-10$ (2) $(x+2)(x-5)$

0517 ④   **0518** ①   **0519** ③

0520 $4x+10$ **0521** $2x+1$

0522 ④   **0523** ②   **0524** $2x+6$

실력 콕콕   본문 | 85~87쪽

0525 ②   **0526** ①   **0527** ⑤   **0528** 4

0529 $-2a$ **0530** ⑤   **0531** 21   **0532** ④

0533 $2x+10$ **0534** 5개   **0535** ③

0536 12   **0537** ③   **0538** ⑤   **0539** -3

0540 -45 **0541** -11 **0542** -6 **0543** $20x$

0544 $4x-6$ **0545** ③   **0546** 6

0547 $2x+5$

서술형 콕콕   본문 | 88~89쪽

0548 22   **0549** 34   **0550** 2, 18   **0551** 2, 50

0552 $2x+2$ **0553** $2x-11$

0554 22   **0555** 42   **0556** -2 **0557** 3

0558 $n=5$, 13   **0559** $n=4$, 19

3. 인수분해 공식의 활용

개념 콕콕 본문 | 91쪽

0560 (1) $y(x+3)^2$ (2) $a(x+4y)(x-4y)$
(3) $2b(x+1)(x-4)$
(4) $x^2(x+5)(x-5)$

0561 (1) $(x+y+2)^2$
(2) $(x-3y-2)(x-3y+3)$
(3) $(3x+5)(3x-1)$
(4) $4(x+1)(x+3)$

0562 (1) $b-1$ (2) $x+1$

0563 (1) $(x+1)(3y+1)$
(2) $(x+1)(x-1)(y+1)$

0564 (1) $x+7$ (2) $2a-1$

0565 (1) $(a+b-4)(a-b-4)$
(2) $(x+y-2)(x-y+2)$

0566 (1) 30 (2) 900 (3) 3200

0567 (1) 400 (2) 900 (3) $4\sqrt{3}$ (4) 1

유형 콕콕 본문 | 92~97쪽

0568 ⑤ **0569** $(a+b)(3a+b)(3a-b)$
0570 ②, ③ **0571** -8 **0572** ④
0573 ① **0574** ② **0575** $2x+1$
0576 ⑤ **0577** ④ **0578** ⑤ **0579** 9
0580 ② **0581** ④
0582 $(6x+2y+3)(6x-2y+7)$
0583 ㉡, $-(5x-2)(6x+13)$ **0584** -26
0585 ② **0586** ③
0587 $(x+2)(x-2)(x^2-6)$ **0588** -6
0589 ③, ⑤ **0590** ① **0591** ④
0592 ⑤ **0593** ③ **0594** ②, ④
0595 $2x$ **0596** ④ **0597** ①
0598 ①, ⑤ **0599** 0
0600 $x-y+3$ **0601** ③ **0602** ⑤
0603 1 **0604** 1600 **0605** ① **0606** ⑤
0607 ③ **0608** ② **0609** 7 **0610** ④
0611 ① **0612** ⑤ **0613** -7
0614 $-2\sqrt{3}-3$ **0615** ① **0616** ③
0617 ①

실력 콕콕 본문 | 98~99쪽

0618 ④ **0619** ②, ④ **0620** ②
0621 4개 **0622** ⑤ **0623** -8
0624 $(x-1)(x-2)(x+1)(x-4)$
0625 24 **0626** ④ **0627** ㄱ, ㄷ, ㅁ
0628 $x+y+1$ **0629** ② **0630** $\dfrac{7}{10}$
0631 ⑤ **0632** ① **0633** 150π m^2

서술형 콕콕 본문 | 100~101쪽

0634 3 **0635** 12 **0636** $2x+2y-2$
0637 $2x-4y-5$ **0638** 64 **0639** 54
0640 4585 **0641** 18 **0642** 200
0643 $22\sqrt{13}+77$

Ⅲ. 이차방정식

1. 이차방정식의 풀이

개념 콕콕 본문 | 105쪽

0644 (1) × (2) ○ (3) × (4) ○

0645 (1) ○ (2) × (3) ○

0646 (1) $x=0$ 또는 $x=1$
(2) $x=-5$ 또는 $x=-2$
(3) $x=-\dfrac{4}{3}$ 또는 $x=\dfrac{1}{3}$

0647 (1) $x=0$ 또는 $x=-7$
(2) $x=-8$ 또는 $x=8$
(3) $x=2$ 또는 $x=3$
(4) $x=-\dfrac{1}{3}$ 또는 $x=3$

0648 (1) $x=5$ (2) $x=\dfrac{1}{3}$ (3) $x=-\dfrac{5}{2}$

0649 (1) $x=\pm\sqrt{3}$ (2) $x=-1\pm\sqrt{3}$
(3) $x=-2\pm\sqrt{2}$

0650 (1) $(x+1)^2=5$ (2) $(x+2)^2=7$
(3) $(x-1)^2=4$ (4) $(x-3)^2=12$

0651 (1) $x=2\pm\sqrt{6}$ (2) $x=-3\pm2\sqrt{5}$
(3) $x=1\pm\sqrt{3}$ (4) $x=-2\pm\sqrt{2}$

유형 콕콕 본문 | 106~113쪽

0652 ㄷ, ㅁ, ㅂ **0653** ④ **0654** -5
0655 ④ **0656** ⑤ **0657** ④ **0658** ⑤
0659 $x=1$ **0660** ④ **0661** ④ **0662** -16
0663 ⑤ **0664** ① **0665** ⑤ **0666** 11
0667 7 **0668** ③ **0669** -3 **0670** ⑤
0671 5 **0672** ④ **0673** ② **0674** ⑤
0675 $x=1$ 또는 $x=5$ **0676** ②
0677 $x=\dfrac{1}{3}$ **0678** ① **0679** ②
0680 ④ **0681** 2 **0682** ⑤ **0683** -1
0684 ③, ⑤ **0685** 3개 **0686** ①
0687 3 **0688** ⑤ **0689** ①, ⑤
0690 ⑤
0691 $a=-\dfrac{5}{2}$일 때 $x=5$, $a=1$일 때 $x=-2$
0692 ③ **0693** ⑤ **0694** $\dfrac{5}{2}$ **0695** $-\dfrac{7}{2}$
0696 ② **0697** ② **0698** -2 **0699** 16
0700 ④ **0701** ① **0702** ② **0703** 3
0704 $a\geq2$ **0705** ① **0706** ② **0707** ⑤
0708 ① **0709** $\dfrac{13}{4}$ **0710** 36 **0711** ②
0712 -5 **0713** ⑤ **0714** ④ **0715** 6

실력 콕콕 본문 | 114~115쪽

0716 ② **0717** ④ **0718** ② **0719** ⑤
0720 ⑤ **0721** ② **0722** ② **0723** -2
0724 $\dfrac{1}{3}$ **0725** ① **0726** ③, ⑤
0727 ② **0728** 18 **0729** 37 **0730** ②
0731 ③

서술형 콕콕 본문 | 116~117쪽

0732 2 **0733** 2 **0734** 10 **0735** -2
0736 $k=-1$, $x=2$
0737 $k=-\dfrac{2}{3}$, $x=-2$
0738 $x=\dfrac{7}{4}$ **0739** $x=4$
0740 26 **0741** 16 **0742** 12 **0743** 15

2. 이차방정식의 활용

개념 콕콕   본문 | 119, 121쪽

0744 (1) $x=\dfrac{-1\pm\sqrt{21}}{2}$ (2) $x=\dfrac{3\pm\sqrt{21}}{2}$

(3) $x=\dfrac{-5\pm\sqrt{13}}{6}$ (4) $x=\dfrac{1\pm\sqrt{33}}{4}$

(5) $x=\dfrac{11\pm\sqrt{61}}{10}$ (6) $x=\dfrac{3\pm\sqrt{33}}{6}$

0745 (1) $x=-1\pm\sqrt{2}$ (2) $x=1\pm\sqrt{7}$

(3) $x=\dfrac{-2\pm\sqrt{10}}{2}$ (4) $x=\dfrac{4\pm\sqrt{10}}{3}$

(5) $x=\dfrac{-2\pm\sqrt{7}}{3}$ (6) $x=\dfrac{-3\pm\sqrt{11}}{2}$

0746 (1) $x=-\dfrac{1}{4}$ 또는 $x=1$ (2) $x=2\pm\sqrt{6}$

(3) $x=\dfrac{1}{2}$ 또는 $x=\dfrac{1}{3}$ (4) $x=\dfrac{5\pm\sqrt{29}}{2}$

(5) $x=\dfrac{-2\pm\sqrt{6}}{2}$ (6) $x=2\pm\sqrt{7}$

(7) $x=-1$ 또는 $x=1$

0747 (1) 0 (2) 1개 (3) -23
(4) 0개 (5) 32 (6) 2개

0748 (1) 2개 (2) 1개 (3) 2개 (4) 0개

0749 (1) -5, 1 (2) 2, -7
(3) $-\dfrac{1}{2}$, $-\dfrac{3}{2}$ (4) 2, $\dfrac{2}{3}$

0750 (1) $x^2-2x-3=0$ (2) $x^2+4x=0$
(3) $x^2-4x+4=0$ (4) $x^2-\dfrac{3}{5}x-\dfrac{2}{5}=0$

0751 (1) $x^2-6x+5=0$
(2) $-2x^2-14x-20=0$
(3) $-4x^2+4x-1=0$
(4) $3x^2+9x+6=0$
(5) $6x^2-x-1=0$

0752 (1) $2+\sqrt{2}$ (2) $-4-\sqrt{5}$
(3) $6-\sqrt{10}$ (4) $-1+5\sqrt{3}$

0753 (1) $x^2+2x-8=0$
(2) $x=-4$ 또는 $x=2$

0754 (1) $x+1$ (2) $x^2+x-90=0$
(3) $x=9$ (4) 9, 10

0755 (1) 0 m (2) 10초

0756 (1) $x^2-14x+40=0$
(2) $x=4$ 또는 $x=10$ (3) 4 cm

유형 콕콕   본문 | 122~134쪽

0757 ③   **0758** ③   **0759** $2\sqrt{2}$ **0760** ④
0761 1   **0762** ③   **0763** $x=-1\pm\sqrt{5}$
0764 ④   **0765** ⑤   **0766** ④   **0767** ④
0768 $x=-4$ **0769** ③   **0770** ④
0771 $x=-3\pm\sqrt{22}$ **0772** ④   **0773** ④
0774 ②   **0775** ⑤   **0776** $3+\sqrt{29}$
0777 ④   **0778** ㄷ, ㄹ   **0779** ①
0780 1   **0781** ④   **0782** ③   **0783** ①
0784 1   **0785** 2   **0786** $x=1$ 또는 $x=4$
0787 ①   **0788** ②   **0789** $k<3$
0790 ⑤   **0791** ⑤   **0792** ④   **0793** ①
0794 ②   **0795** ③   **0796** $-\dfrac{5}{3}$
0797 ②   **0798** ④   **0799** 8   **0800** ②
0801 ②   **0802** ⑤   **0803** ④   **0804** 6
0805 $x=-3$ 또는 $x=2$ **0806** 1
0807 $x=-4$ 또는 $x=1$
0808 $x=-2\pm\sqrt{19}$ **0809** ①   **0810** 4
0811 ③   **0812** -16 **0813** ①
0814 ③   **0815** 8명   **0816** ①   **0817** ②
0818 1   **0819** 24   **0820** 26   **0821** ④
0822 20   **0823** ③   **0824** 6, 8, 10
0825 ④   **0826** ⑤   **0827** ④   **0828** $\dfrac{15}{2}$
0829 ④   **0830** ④   **0831** ②   **0832** 4초
0833 3 cm   **0834** 9   **0835** ⑤
0836 4 cm   **0837** 8 cm
0838 6 cm   **0839** 17 cm
0840 ②   **0841** ④   **0842** 4 cm
0843 $(-3+3\sqrt{2})$ cm   **0844** ②
0845 ③   **0846** ③
0847 $(18+12\sqrt{3})\pi$ m   **0848** ③
0849 2   **0850** 8 cm²   **0851** 17초
0852 2 cm   **0853** 13 cm
0854 3 cm   **0855** 2 m   **0856** ③
0857 4 m

실력 콕콕   본문 | 135~137쪽

0858 ③   **0859** ⑤   **0860** 4   **0861** ②
0862 ⑤   **0863** 4   **0864** 1   **0865** ③
0866 -2 **0867** ②   **0868** ④   **0869** ④
0870 -10, 10   **0871** ④   **0872** ⑤
0873 6명   **0874** ③   **0875** 18
0876 40 cm²   **0877** 2초   **0878** ⑤
0879 $3+\sqrt{5}$ **0880** ④
0881 16마리 또는 48마리

서술형 콕콕   본문 | 138~139쪽

0882 -2 **0883** 2   **0884** $2x^2+3x-6=0$
0885 $6x^2-24x+2=0$ **0886** -3
0887 4   **0888** 8   **0889** 3   **0890** 15
0891 12명   **0892** 10   **0893** 5

Ⅳ. 이차함수

1. 이차함수의 그래프 (1)

개념 콕콕   본문 | 143, 145쪽

0894 (1) ○ (2) × (3) ○ (4) × (5) × (6) ○

0895 (1) $y=700x$, × (2) $y=6x^2$, ○
(3) $y=x^2+4x$, ○ (4) $y=3x$, ×

0896 (1) -1 (2) -1 (3) 2 (4) $-\dfrac{7}{4}$

0897 (1) 0, 0 (2) 아래 (3) y, $x=0$ (4) 증가

0898 (1) 0, 0 (2) 위 (3) y, $x=0$ (4) 감소

0899 (1) ㄱ, ㄹ, ㅁ (2) ㄴ, ㄷ, ㅂ
(3) ㄹ (4) ㄴ (5) ㄱ과 ㅂ

0900 (1) $y=3x^2+2$ (2) $y=-\dfrac{4}{3}x^2-\dfrac{1}{2}$

0901 (1) $\left(0, -\dfrac{1}{2}\right)$, $x=0$ (2) $\left(0, \dfrac{1}{5}\right)$, $x=0$

0902 (1) $a>0$, $q<0$ (2) $a<0$, $q>0$

0903 (1) $y=3(x+2)^2$ (2) $y=\dfrac{1}{2}(x-3)^2$

0904 (1) $(-3, 0)$, $x=-3$

(2) $\left(\dfrac{1}{2}, 0\right)$, $x=\dfrac{1}{2}$

0905 (1) $a>0$, $p<0$ (2) $a<0$, $p>0$

0906 (1) $y=2(x-3)^2+4$

(2) $y=-(x-1)^2-2$

0907 (1) $(1, 4)$, $x=1$

(2) $(-2, -3)$, $x=-2$

0908 (1) $>$, $<$, $<$ (2) $<$, $=$, $>$

0909 (1) $y=2(x-2)^2-2$

(2) $y=-(x+4)^2+5$

(3) $y=4(x+2)^2+3$

본문 | 146~155쪽

0910 ② **0911** ㄱ, ㄷ, ㅂ

0912 ②, ⑤ **0913** ⑤ **0914** ⑤

0915 ⑤ **0916** ① **0917** -19 **0918** ③

0919 (1) ㉡ (2) ㉣ (3) ㉢ (4) ㉠

0920 $0<a<2$ **0921** ⑤ **0922** ⑤

0923 ④ **0924** ②, ⑤ **0925** ⑤

0926 ④ **0927** ㄴ, ㄹ **0928** -16

0929 ③ **0930** -3 **0931** ① **0932** ①

0933 ② **0934** $y=-\dfrac{3}{2}x^2$ **0935** ④

0936 ② **0937** -3 **0938** ⑤ **0939** ④

0940 ⑤ **0941** ④, ⑤ **0942** ④

0943 -2 **0944** -6 **0945** ④ **0946** 5

0947 ⑤ **0948** 81 **0949** ③ **0950** ⑤

0951 ⑤ **0952** 2, 4 **0953** ⑤

0954 제1사분면 **0955** 9 **0956** $\dfrac{7}{3}$

0957 -16 **0958** ③ **0959** ④ **0960** 7

0961 ④ **0962** $\dfrac{1}{2}$ **0963** ⑤ **0964** -2

0965 ② **0966** ②

0967 $y=-2(x-3)^2+8$ **0968** ⑤

0969 -2 **0970** $(0, 7)$ **0971** ②

0972 -1 **0973** ④ **0974** ① **0975** ④

0976 -2 **0977** ③ **0978** ④ **0979** ⑤

0980 ② **0981** ② **0982** ④ **0983** ⑤

0984 ④ **0985** ④

본문 | 156~157쪽

0986 ① **0987** ① **0988** 4 **0989** ③

0990 2 **0991** ⑤ **0992** ⑤ **0993** 1

0994 ① **0995** ⑤ **0996** ③

0997 $-1<k<3$ **0998** 50 **0999** ②

1000 ⑤

본문 | 158~159쪽

1001 -2 **1002** -2, 6 **1003** 9

1004 -5 **1005** 36 **1006** -8 **1007** $\dfrac{1}{4}$

1008 $-\dfrac{1}{4}$ **1009** 1 **1010** -2

1011 $x>2$ **1012** $x<2$

2. 이차함수의 그래프 (2)

본문 | 161, 163쪽

1013 4, 4, 2, 2

1014 (1) $y=(x+1)^2-4$, $(-1, -4)$,

$x=-1$

(2) $y=-(x-2)^2+7$, $(2, 7)$, $x=2$

(3) $y=\dfrac{1}{2}(x-3)^2-\dfrac{21}{2}$, $\left(3, -\dfrac{21}{2}\right)$,

$x=3$

(4) $y=-\dfrac{1}{4}(x+2)^2+2$, $(-2, 2)$,

$x=-2$

1015 0, 0, 0, 6, 6, 6, -6, -6

1016 (1) $(-1, 0)$, $(1, 0)$ / $(0, -3)$

(2) $(-3, 0)$, $(1, 0)$ / $(0, 6)$

1017 (1) $>$ (2) $>$, $>$ (3) $<$

1018 (1) $<$ (2) $<$, $>$ (3) $>$

1019 2, 3, 1, 4, 1, $y=x^2-4x+7$

1020 (1) $y=2(x-2)^2$ (2) $y=3(x-1)^2-1$

1021 2, 0, 4, 1, -1, $y=x^2-4x+3$

1022 (1) $y=-2(x-1)^2$

(2) $y=\dfrac{1}{8}(x+3)^2+\dfrac{7}{8}$

1023 -1, 7, $a-b-2$, 9, 1, 5, $a+b-2$,

7, 8, -1, $y=8x^2-x-2$

1024 2, 2, 0, 8, -4, -2, -2, 2, 2,

$-2x^2+8$

본문 | 164~171쪽

1025 ④ **1026** ② **1027** 22 **1028** ①

1029 ④ **1030** -9 **1031** ⑤ **1032** ⑤

1033 ① **1034** ④ **1035** $(0, -1)$

1036 ② **1037** ③ **1038** ③

1039 $k>-1$ **1040** -9 **1041** ④

1042 $k>11$ **1043** ⑤ **1044** ②

1045 $(4, -3)$ **1046** -5 **1047** ①

1048 ② **1049** ④ **1050** ③ **1051** 1

1052 ③ **1053** ①, ③ **1054** ③

1055 ⑤ **1056** ④ **1057** 3 **1058** ③

1059 8 **1060** ③ **1061** ③ **1062** ④

1063 ④ **1064** 제2사분면 **1065** ①

1066 ⑤ **1067** ⑤

1068 $y=\dfrac{1}{2}x^2+6x+18$ **1069** ⑤

1070 -17 **1071** 25 **1072** ③ **1073** 2

1074 ③ **1075** ① **1076** ⑤ **1077** ①

1078 -2 **1079** ③ **1080** ③ **1081** -5

1082 ④

본문 | 172~173쪽

1083 ③ **1084** ⑤ **1085** ⑤ **1086** ①

1087 ① **1088** 4 **1089** ④ **1090** ⑤

1091 ④ **1092** -1 **1093** ② **1094** ⑤

1095 $\dfrac{133}{2}$ **1096** ④ **1097** $(400, 10)$

본문 | 174~175쪽

1098 3 **1099** -2 **1100** $x>3$

1101 $x>-1$ **1102** 9 **1103** 6

1104 27 **1105** 64 **1106** $(2, -1)$

1107 $(3, 10)$ **1108** 16 **1109** 4

MeMo

MeMo

MeMo

MeMo

MeMo

新 수학의 바이블 유형 BOB

新 수학의 바이블 유형은
新 수학의 바이블 개념의 기본 개념과
꼭 알아야 할 필수 유형만 선정하여 수록한 유형서입니다.